KB205579

이 책은 '청년 사역' 도서가 아니다. 현대 교회가 우리 주변 문화를 어떻게 반영하게 되었는지, 또한 그것이 신앙 형성에 대한 우리의 접근 방식을 어떻게 변화시켰는지 살펴보도록 돕는 거울이 되는 책이다. 이러한 변화가 청년에게 크나큰 영향을 끼쳤지만, 우리 중 어느 누구도 그 영향으로부터 자유로울 수 없다. 앤드루 루트는 주의 깊은 학식과 목회적 지혜, 생동감 넘치는 글을 결합해 문제를 진단할 뿐 아니라 앞으로 나아갈 길을 건설적으로 제시해 준다. 신앙 형성의 미래를 염려한다면, 모든 신학도는 반드시 이 책을 읽어야 한다.

제임스 K. A. 스미스 《습관이 영성이다》 저자, 캘빈대학교

루트는 그리스도 안에서 참여를 통한 초월성에 근거를 둔 신앙 형성의 비전을 성경적이고 신학적이며 철학적으로 일관성 있게 제시한다. 현대 미국 교회 전반에 대한 세심한 연구와 숙고에 있어 주목할 만하다.

데이브 스콧 풀러신학교 선교대학원

이 책은 역사와 사회과학, 신학 분야를 훌륭하게 엮어 낸 책이다. 간단히 말해서, 이 책은 실천적인 신학자가 된다는 것이 무엇을 의미하는지를 잘 보여 주며, 궁극적으로는 독자들이 하나님을 더 많이 알고 사랑하게 만든다.

어맨다 J. 드루리 인디애나웨슬리언대학교

앤드루 루트는 청년 사역의 관점을 확장하고, 대화의 초점을 필요한 곳—하나님의 행동, 칭의, 신앙, 신앙 형성, 그리고 인격—에 다시 맞춘다. 만약 당신이 사역의 리더라면, 당신이 고려할 청년 사역을 위한 비전과 언어가 바로 여기에 있다. 만약 당신이 혹시 자신의 사역에 무언가 해야 할 일이 더 있을지도 모른다고 여기는 숙련된 청년 사역자라면, 이 책을 읽어라. 만약 당신이 야심 찬 청년 사역자라면, 이 책을 당신의 필독서 목록에 올려놓으라.

스티븐 아규 풀러청년연구소, 풀러신학교

앤드루 루트는 아직 교회에게 낯선 예언자로 철학자 찰스 테일러를 지목하여 또 한 번 '신학적 전환'을 꾀한다. 이 책은 우리의 유일한 희망인 하나님과의 만남을

옹호함으로써, 우리로 하여금 상상력을 발휘하게 하고, 또한 '구원하는' 신앙 형성의 패러다임에 대한 우리의 끊임없는 탐구를 재구성한다.

샤론 갤게이 케첨 고든칼리지

처음으로 교회에 '관계적 청년 사역을 재고하라'고 도전한 이후, 루트의 작업은 순례 중에 있는 독자들을 성육신적 사역에 대한 보다 깊은 이해 속으로 이끌어 왔다. 이 책은 날카롭고 접근하기 쉬운 방식으로 순례의 풍성한 열매에 초점을 맞춘다. 루트는 세속 시대가 어떻게 해서 만남과 초월, 혹은 변화 없는 신앙이라는 개념을 낳았는지에 대한 찰스 테일러의 진단에 천착하면서, 우리를 변화시키기 위해 다가오시는 그리스도와의 초월적 만남에 초점이 맞춰진 신앙과 사역의 빛나는 전망을 교회에 제공한다. 만약 당신이 신학생이라면, 당신은 이 책을 당신의 필독서 목록에 추가시켜야 할 것이다. 만약 당신이 청년 사역자라면, 이 책은 참으로 변화를 일으키는 사역에 대한 신선한 영감과 처방 모두를 당신에게 제공할 것이다.

스킵 매스백 예일청년사역연구소, 예일대학교

앤드루 루트는 청년 사역 분야의 상징적 인물이다. 청년 사역은 그를 통해 학문의 정점에 이르렀고 사회문화적 정체성과 신학적 희망을 발견했다. 이 책에서 그는 세속성에 관한 찰스 테일러의 심오한 철학적 설명의 가시덤불 속으로 독자들을 이끌어 가는데, 이 관점에 따르면 청년 사역은 진정성이라는 맹목적 숭배의 대상, 즉 현대적 자아를 위한 겉치레—이신론과 프로이트적 리비도의 해방으로 이뤄진 구성물—라고도 할 수 있다. 초월에 관한 테일러의 개념으로부터 약간의 도움을 받으면서 루트는 단순한 '진정성'에 맞서 케노시스적 신학이라는 교정 수단을 제공한다. 케노시스적 신학에서는, 기독교적 형성(formation)을 소속이 아니라 사역을 통한 '그리스도 안에서'의 연합으로 여긴다. 루트는 살아 있는 그 어떤 저자보다도 한 세대의 청년 사역자들에게 신학적 상상력을 불러일으킨다. 이 책은 '방법과 재주와 기술'로 악명이 높은 실천 분야에서, 쉽게 앞으로 나아가는 길이 아니라 믿을 만한 길을 약속한다.

데이빗 F. 화이트 오스틴장로교신학교

세 속 시 대 의 기 독 교 신 앙 형 성

Faith Formation in a Secular Age

© 2017 by Andrew Root
Originally published in English under the title
Faith Formation in a Secular Age by Baker Academic,
A division of Baker Publishing Group
P.O. Box 6287, Grand Rapids, MI 49516, U. S. A.
All rights reserved.

Used and translated by the permission of Baker Publishing Group
through rMaeng2, Seoul, Republic of Korea.

This Korean translation edition © 2024 by VisionBook, an Imprint of Short Pencil Books, Paju-si, Gyeonggi-do, Republic of Korea

이 한국어판의 저작권은 알맹2를 통하여 Baker Publishing Group 사와 독점 계약한 몽당연필(비전북)에 있습니다. 신저작권법에 의하여 한국 내에서 보호받는 저작물이므로 무단전재와 무단복제를 금합니다.

Faith Formation in a Secular Age

세속 시대의 기독교 신앙 형성

엔드루 루트 지음 김광남 옮김

비전북

2부
세속 시대와 바울의 만남, 젊은 정신과 사역 정신의 만남

아마도 그 전환은 놀라울 정도로 비슷하면서도 아주 다르게 느껴졌을 것이다. 당신이 10월 4일에 잠들었다가 10월 15일에 깨어났다고 상상해 보라. 당신은 고작 8시간을 잤을 뿐인데 열흘을 잃어버렸다. 일당을 받는 노동자들은 행복하지 않았다. 이것은 그들의 주머니에서 돈이 빠져나갔음을 의미했다. 그리고 모두가 겁을 먹었다. 사람들은 열흘이 그렇게 순식간에 **사라질 수 있다**는 것에 놀랐다. 믿어 왔던 하루하루 중에서 순식간에 열흘이 사라졌다. 사람들은 그 상실감을 떨쳐 버릴 수 없었다.

이것은 공상과학 영화의 한 장면이 아니다. 1582년에 실제로 일어난 일이다. 천재 수학자인 크리스토퍼 클라비우스(Christopher Clavius, 1538-1612)가 율리우스력에서 오류를 발견했다. 그 오산으로 인해 달력이 매년 0.002퍼센트씩 늦어졌다. 얼핏 이것은 큰 숫자처럼 보이지 않을 수도 있다. 하지만 클라비우스는 그것이 오랜 세월 누적되어 꽉 찬 열흘에 이르렀음을 깨달았다. 너무 사소해서 거의 눈에 띄지도 않는 변화가 일주일 이상의 차이를 만들어 낸 것이다. 그로 인해 교황 그레고리우스 13세(Gregory XIII)의 지도하에서 그 교황의 이름을 딴 새로운 달력이 공개되었다. 사람들은 율리우스력 10월 4일에 잠자리에 들었다가 그레고리력 10월 15일에 깨어났다. 이것은 엄청난 변화였다.

오늘 우리는 전환 한가운데서 살아가고 있다. 서구 세계를 세웠던 틀의 변화를 경험하고 있다. 우리 중 대부분은 자신들이 새로운 달력과 함께 살고 있다는 사실을 인식하지 못한다. 16세기 사람들처럼 우리 역시 달력 전체가 변한 것보다 우리가 잃어버린 것에 더 관심을 두고 있는 듯하다. 이런 변화는 찰스 테일러(Charles Taylor, 캐나다의 철학자이자 맥길대학교 교수로, 이 책 저자에게 절대적 영향을 주었으며 이 시리즈에서 계속해서 언급될 것이다―옮긴이)가 제기한 역사적 질문을 통해 가장 잘 요약될 수 있다. 그 질문은 교황 그레고리우스와 프로테스탄트 종교개혁 시기까지 거슬러 올라간다.

테일러는 이렇게 묻는다. "1500년에 서구 사회에서 하나님을 믿지 않는 것은 사실상 불가능했는데, 2000년에 이르러서는 어째서 우리 중 많은 이에게 그것이 쉬울 뿐 아니라 심지어 불가피해진 것인가?"[1] 테일러의 질문은 우리 세계에서 일어난 엄청난 달력의 변화를 가리킨다. 지금 우리는 하나님 경험이라는 것이 논쟁의 여지가 있을 뿐 아니라 많은 이들에게(심지어 여전히 믿음을 가진 자들에게도) 의심스럽게 여겨지는 시대를 살고 있다.

그럼에도 우리는 16세기 사람들이 그랬듯, 세속 시대의 완전히

---

1 Charles Taylor, *A Secular Age* (Cambridge, MA: Belknap Press of Harvard University Press, 2007), 25.

새로운 달력보다는 우리가 잃어버린 것에 더 마음을 쓰고 있는 것처럼 보인다. 우리는 교인들의 상실, 청년들이 청년 집단에서 떠나는 것, 그리고 우리의 조직의 활력이 상실되는 것에 대해 깊이 우려한다. 의심할 바 없이 그것은 크게 우려할 만한 것들이다. 하지만 그것은 우리가 새로운 시대를 살아가고 있다는 사실을 깨닫기 전까지는 사실상 해결할 수 없는 문제들이다.

이 프로젝트(그리고 이어지는 '세속 시대의 목회' 시리즈)를 통해 우리는 이 새로운 '달력'을 탐구하면서 우리가 처한 세속 시대의 영향에 대해 살펴볼 것이다. 이 첫 번째 책에서 우리는 그렇게 인식된 상실의 시간에 대한 핵심적 대응, 곧 신앙 형성(faith formation)으로의 전환에 대해 살펴볼 것이다.

신앙 형성은 기독교 사상과 사역의 역사 속에서 확고한 기반을 갖추고 있다. 그러나 지난 10년 동안 형성이라는 말은 훨씬 더 중요해졌다. 하지만 너무 자주 우리는 우리가 마주한 변화를 다루기 위해서보다는 우리가 인식한 상실에 대응하기 위해 형성이라는 말을 사용해 왔다. 교회에서 진행되는 여러 인기 있는 신앙 형성 프로그램들은, 내 생각에는, 이런 상실이라는 개념에 사로잡힌 상태에서 쇠퇴와 탈퇴를 뒤집기 위한 실용적 행동을 제공하려 할 뿐이다. 우리가 신앙 형성에 관심을 가졌던 이유는 젊은 성인들 중 '비신자들'의 부상과 젊은이들의 신앙적 표류 때문이다. 그러나 이렇게 상실에 집중하면, 지금 우리가 살아가는 세속 시대에 실제로 무엇이 위기에 처해 있으며 어떤 새로운 신학적 비전이 필요한지를 보지 못한다.

이 책과 뒤이어 나올 두 권의 책들은 유사한 패턴을 따를 것이다. 그것들은 테일러의 책《세속 시대》(*A Secular Age*)에 실려 있는 그의 주장 중 몇 가지 요소에 대한 집중적인 논의로 시작된다. 나는 테일러의 책이 21세기에 쓰인 가장 중요한 책들 중 하나라고 믿는다. 종종 나는 학생들과 목회자들에게 테일러의《세속 시대》가 21세기에 쓰인 책들 중 22세기에 읽히게 될 첫 번째 철학서가 될 것이라고 말한다. 그러므로 이 시리즈에 포함된 나의 책들 각각은 사역의 특정한 과업과 관련해 테일러의 개념들을 풍성하게 표현하게 될 것이다. 그러나 처음부터 혼란을 피하는 게 중요하다. 테일러가 '세속적'이라고 말할 때, 그가 의미하는 것은 종교가 없는 세상이 아니라 **모든** 믿음 체계에 논쟁의 여지가 생기고 신적 행위에 대한 모든 주장이 의문시되는 시대다. 테일러는 우리의 문제가 필연적으로 사람들이 교회를 떠나는 것이라기보다 사람들이 더는 신적 행위나 초월의 가능성을 상상하는 방법을 모르는 점일 가능성을 지적한다. 세속 시대에 대한 테일러의 표현은 아주 미묘하고 훌륭해서 나의 책들 각각은 그의 주장 중 일부만을 끌어올 수 있을 뿐이다. 이 책에서 나는 특히 진정성의 시대와 세속성의 세 가지 징후에 대한 그의 설명에 주목할 것이다.[2] 이어서 나올 책들에서는 테일러의 책에 있는 다른

---

2 나는 Chris Ryan이 Taylor의 책에 있는 이런 문제들 모두에 대한 우리의 논의에 참여해 준 것에 감사한다. Chris와 나는 Taylor가 말하는 세속적인 것들의 숫자의 미묘함을 두고 여전히 논쟁 중이다. 가톨릭 신자인 Chris는 Taylor에게서 내가 보지 못하는 많은 것들을 본다. 그리고 어쩌면 결국 이런 세속적인 것들의 숫자에 대한 나의 헤아림이 아주 옳지는 않다는 그의 생각이 옳을지도 모른다. 나의 읽기는 Taylor 자신보다는 K. A. Smith의 이해에 더 가까울 수 있다. 이 책이 출판될 때까지도 이것은 여전히 내 마음속에서 열려 있는 논쟁거리였다. 청년 사역자들 중 Taylor에 관한 중요한 작품을 찾는 이들에게는, Chris Ryan의 학위 논문 "The Baptismal Catechumenate as a Source for Youth Ministry"가 가치 있는 자료가 될 것이다.

요점과 이론들을 다룰 것이다.

　지금 우리는 오해를 푸는 중이니 한 가지만 더 설명하겠다. 내가 이 책의 1부에서 다루게 될 테일러의 핵심적 개념은 **진정성의 시대**(the age of authenticity, 각 사람이 인간이 되는 것이 무엇인지를 **자기 스스로** 정의할 권리를 갖고 있다고 가정하는 1960년대 이후 세계)에 대한 그의 견해다. 테일러는 지금 우리 모두가 살아가는 이 새로운 여명기에 대해 상당히 우호적이다. 그는 그 시대의 도래에서 이득과 손실을 모두 발견하지만, 전체적으로는 부정적인 것보다는 긍정적인 것을 더 많이 찾아낸다. 예컨대 테일러는 이렇게 설명한다.

　　이런 전환은 자주 전적으로 부정적 시각에서 관찰되었다. …… 그 변화는 방종과 자기도취로 향하는 것처럼 보였다. 그러나 나는 우리가 여기서 어떤 윤리, 즉 '진정성'의 윤리라고 불리게 된 것을 인식해야 한다고 생각한다. 이 윤리의 확산은 실제로 여러 가지 사소한 발전을 동반했다. 그것이 소비자 자본주의의 확산과 보조를 맞춰 가며 발전한 것은 특히 운명적이다. 이것은 진정성에 대한 추구가 운동화 상표를 고르는 것처럼 아주 사소한 기재 사항 항목에 코드화될 수도 있다는 것을 의미한다. 요컨대 우리 문화의 이 새로운 단계에는 여러 가지 문제가 있다. 우리가 여기서 그 문제를 다룰 만한 여유는 없다. 그러나 나는 그중 두 가지 특성을 지적해 두고자 한다. 첫째, 그 변화는 일시적인 유행이 아니며, 둘째, 거기에는 심각한 윤리적 차원이 있다는 것이다.[3]

머리말

이 책의 1부는 테일러가 자신이 다룰 만한 여유가 없다고 말한 것을 다루고자 하는 나의 시도다. 즉 소비자 의식을 향해 코드화하는 진정성의 시대에 길을 따라 걸으면서 이 특별한 코드화가 교회와 신앙의 형성에 어떻게 도전거리가 되는지를 살피는 것이다. 그래서 때때로 나는 내가 원하는 것 이상으로 진정성의 시대에 대해 부정적인 것처럼 보일 것이다. 그러나 그것은 나의 바람(혹은 심지어 나의 입장)이 아니다. 2부에서 말하겠지만, 나는 우리가 오직 진정성(과 그것의 윤리)을 통해서만 사역으로서의 하나님의 행동에 관해 말하는 방식을 다시 상상할 수 있으리라고 생각한다. 사실 나는 테일러만큼이나 진정성의 시대를 지지한다. 그러나 내가 말하고자 하는 것은, 진정성의 시대의 이 강력하고도 사소한 요소들이 어떻게 우리 문화에 존재하는 것만큼이나 교회에도 존재하게 되었느냐 하는 것이다. 나는 진정성의 시대의 사소한 요소들이 젊음의 영을 미화시켜 온 방식, 즉 교회가 그리스도의 영보다 젊음의 영을 갈망하도록 유혹받아 온 방식에 반대한다. 나는 이 젊음의 영이 진정성의 시대의 사소한 요소들이 발현한 것(바로 그 힘)이라고 믿는다.

이제 '세속 시대의 목회' 시리즈라는 더 넓은 범위로 돌아가 보자. 이 시리즈 각 권의 후반부는 테일러가 제기한 문제들을 해결하기 위한 신학적 비전을 제공하는 보다 직접적인 신학적 설명이 될

---

3 Charles Taylor, "The Church Speaks—to Whom?," in *Church and People: Disjunctions in a Secular Age*, ed. Charles Taylor, José Casanova, George F. McLean, Christian Philosophical Studies 1 (Washington, DC: The Council for Research in Values and Philosophy, 2012), 17-18.

것이다. 궁극적으로 나는 우리가 살아온 경험을 통해 하나님의 행동과 만나는 길을 모색할 것이다. 여러 면에서 이 세 권의 책 각각의 후반부는 '크리스토프락시스'(Christopraxis)라는 내 자신의 실천신학에 대한 직접적인 설명이다. 나는 이런 입장을 나의 책《크리스토프락시스: 실천적인 십자가의 신학》(Christopraxis: A Practical Theology of the Cross)에서 발전시킨 바 있다. 이 시리즈에 속한 책들은 내가 나의 신학적 입장을 통해 다룰 문제를 제기하기 위해 테일러의 작품을 이용하면서 나의 앞선 신학적 설명을 사역의 세계에 맞춘다. 이 책에서 독자는 바울 신학 및 루터에 대한 핀란드식 해석과의 토론을 통해, 그리고 위격(hypostasis), 자기 비움, 신화(神化, theosis)와의 상호적 담론을 통해 신앙에 관한 대화를 해나가게 될 것이다. 인기 있는 여러 신앙 형성 프로그램들과 달리, 나는 신앙 형성의 근거를 신학적으로 설명된 하나님의 행동과의 만남에서 찾을 것이다. 만약 당신이 역사나 철학적 계보에 대한 관심이 없이 그저 신앙 형성에 관한 신학적 의견을 얻기 위해 이 책을 읽는다면, 당신은 2부로 건너뛰고 싶을 것이다. 만약 당신이 단지 문화적 역사만을 원한다면, 1부가 당신을 만족시킬 것이고, 2부의 보다 복잡한 신학적 논의(와 그리스어들)는 조금 어려울 수도 있을 것이다. 그러나 나는 대부분의 독자들이 그 두 부분을 함께 읽음으로써 풍성해질 것이라고 믿는다.

깊은 이야기를 하기에 앞서 이 첫 번째 책이 나오도록 도움을 준 이들에게 감사를 전하고 싶다. 늘 그랬듯이 베이커아카데믹 출판사의 밥 호색과 그의 팀원들(특히 아리카 데율 밴 댐)과 함께 일하는 것은 놀랍도록 즐거웠다. 나는 데니의 집에서 '멋진' 아침 식사를 하면서 밥과 이 프로젝트의 내용에 관해 이야기를 나눴다. 밥은 관심을 표했지만, 나는 그의 말이 그저 하는 말일 수도 있다고 여겨 기다렸다. 한데 그는 베이커 출판사가 실제로 이 프로젝트에 대해 믿음을 갖고 있다는 확신을 주는 이메일을 보내 왔다.

나는 이 책의 원고 전체를 읽고 의견을 말해 준 두 명의 학생에게 감사한다. 짐 비탈레와 크리스천 곤잘레스는 내가 지금껏 만났던 가장 재능 있는 학생 중 두 사람인데, 그 둘 모두가 이 프로젝트에 특별하고 독특한 통찰을 제공해 주었다. 그들은 재능 있는 청년 사역자들이었고, 짐은 정교회 전통과 관련하여 루터와 기독교에 대한 핀란드식 해석에 통찰력을 가져다주었다. 이 프로젝트는 나의 개혁주의 십자가 신학을 동방 정교회의 상상력과 더 완전하게 연결시키고자 노력한다. 세 명의 좋은 친구인 데이빗 우드, 웨스 엘리스, 그리고 존 왓슨 역시 이 책의 원고 전체를 읽고 의견을 주었다. 그들은 나의 가장 가깝고 가장 창의적인 독자들이며, 그들 모두 이 책을 위해 중요한 통찰을 제공해 주었다. 나의 동료인 에이미 마르가와 매트 스키너 역시 원고 전체를 읽었다. 에이미와 나는 여러 해 함께 테일러의 책을 읽고 가르쳤고, 매트는 내가 바울의 세계와 바울에 관한 연구를 더 잘 이해하도록 도와주었다. 매트는 나에게 나의 주장이 소수 의견이 될 만한 지점을 지적해 주었고, 특히 내가 어떻게 바울을 잘못 읽고 있는지 깨닫도록 도와주었다. 물론 결국 모든 부족함은 나의 것이다. 또한 루터교 신학교에서 가르치는 동안 나의 직접적인 파트너가 되었던 낸시 리 가우치에게 깊은 감사를 전한다.

마지막으로, 카라 루트에게 가장 큰 감사를 전한다. 나의 컴퓨터에서부터 카라가 먼저 편집하지 않은 상태로 다른 이들의 손에 넘어간 것은 아무것도 없다. 이 수고는 카라가 나를 위해 사랑스럽게 짊어진 짐이다. 그리고 나는 카라가 나에게 베푼 선물과 은혜 그리고 나를 믿어 준 것에 깊이깊이 감사한다.

본회퍼가 보기에 우리는 취했다

알람이 울리길래 즉각 메일함을 들여다보았다. 나는 파블로프의 개처럼 반사적으로 디지털 음에 반응하면서 하던 일에서 주의를 돌렸다. 나는 그것이 스팸 메일이거나 학생의 면담 요청일 거라고 여겼다. 한데 아주 기쁘게도 어느 큰 교단의 지도자들 모임에서 강연해 달라는 초대장이었다. 그 메일에는 '비신자들'(Nones), '영적이지만 종교를 갖지 않은', '쇠퇴하는 교회', '청년을 붙잡아 두어야 할 필요', 그리고 '도덕주의적 치료적 이신론'(Moralistic Therapeutic Diesm, MTD) 같은 유행어들이 들어 있었다. 모두 내가 아주 잘 아는 표현이었다. 그것은 청년 사역, 목회 리더십, 혹은 실천신학 분야에 종사하는 이라면 누구나 알 만한 개념들이었다.

나는 일정표를 점검한 후 답신을 보내 그 행사에 참여하는 데 관심이 있다고 알렸다. 그 후 내가 준비할 자료가 그들의 주제 및 목적에 부합하는지 알아보기 위해 그 콘퍼런스의 준비 위원회와 화상 통화를 했다. 준비 위원회 측은 그 모든 유행어를 되풀이하면서 자기들의 실제 관심사가 '비신자들의 증가'라고 설명했다.

물론 여기서 '비신자'는 설문조사에서 종교적 소속에 대한 질문을 받을 때 선택된 항목을 가리킨다. 사람들은 자신이 그 어떤 종교에도 소속되어 있지 않을 때 '비신자' 칸에 체크한다. 최근에 퓨리서치센터(The Pew Research Center)는 종교적 소속 항목이 7포인트나 하락한 조사 결과를 발표한 바 있다. 한때 주류 개신교, 가톨릭, 복음주의 그리스도인 등의 항목에 체크했던 젊은 성인들이 이제 자신의 종교를 묘사하거나 규정할 때 '비신자' 항목을 택하고 있다는 것이었다. 패닉 상태에 빠진 지도자들이 보기에 그것은 젊은 성인들이 기독교 신앙에서 떠나고 있음을 보여 주는 사회학적 증거이기도 했다. 그리고 그런 우려는, 그들이 자신들의 교회에 남아 있는 청년들(과 그들의 부모들)이 '도덕주의적 치료적 이신론'으로 묘사되는 신앙을 갖고 있다고 설명할 때 두 배가 되었다.

도덕주의적 치료적 이신론은 크리스천 스미스(Christian Smith)의 사회학적 연구를 통해 나타난 개념으로, 실천신학자인 켄다 크리지딘(Kenda Creasy Dean)에 의해 대중화되었다.[1] 스미스는 청년과 종교에 관한 광범위한 전국적 규모의 연구에서 미국 청년에게 영향을 주는 종교적 성질이 다음과 같은 용어들로 특징지어진다고 말했다.

도덕주의적(Moralistic): 하나님은 내가 바보가 아니라 좋은 사람이

---

1 Smith는 그의 책 *Soul Searching: The Religious and Spiritual Lives of American Teenagers* (New York: Oxford University Press, 2005)에서 이런 견해를 분명하게 표현한다. Dean은 *Almost Christian: What the Faith of Our Teenagers Is Telling the American Church* (New York: Oxford University Press, 2010)에서 가장 직접적으로 그것의 함의를 드러낸다.

되기를 원하신다.

치료적(Therapeutic): 하나님 혹은 종교는 내가 좋은 기분을 갖도록 도와주어야 한다.

이신론(Deism): 신은 우리의 삶을 장식하는 개념이지만 실제로 무언가를 하는 작인(agent)은 아니다.[2]

MTD는 기독교 신앙을 일종의 개인주의화된 소비자 영성으로 제시한다.

켄다 크리지 딘은 책 《거의 그리스도인》(Almost Christian)에서 교회가 지난 몇십 년 동안 다른 어느 때보다 청년들을 위해 많은 일을 해왔다고 지적한다. 그에 따르면, 그동안 교회는 청년 사역, 캠프, 콘퍼런스, 그리고 전문적인 청년 사역자 등을 제공해 왔다. 그러나 그는 한탄하기를, 우리 시대의 최고의 연구들이 보여 주는 바 오늘날 교회 안에는 신앙 형성 자체가 부족하고, 교회는 성령의 역사가 없는 절름발이 신학적 헌신을 가르치고 있으며, 그런 곳에서 하나님은 우리가 좋은 사람이 되기를 바라시지만 우리가 좋은 느낌을 갖게 하는 것 이상으로는 아무것도 하시지 않는다는 것이다. 또 그에 따르면, 이런 견해는 오늘날 미국의 청년과 그들의 부모들에게 영향을 주는 종교적 신념이 되었다.

나와 전화로 회의를 하는 동안 그 교단의 지도자들은 비신자와

2 그 연구에 관한 더 많은 정보를 위해서는, National Study of Youth and Religion, University of Nortre Dame, http://youthandreligion.nd.edu를 보라.

MTD라는 현실이 신앙을 위태롭게 만들고 있다고 설명했다. 한 명은 이렇게 말했다. "우리는 **진정한** 믿음을 전달할 방법이 필요해요. 지속되는 중요한 믿음 말입니다." 나는 진지함을 표현하기 위해 '믿음' 앞에 형용사를 붙이는 방식을 이전에도 접한 적이 있지만, 이때처럼 충격을 받은 적은 없었다. 그의 말은 단순한 믿음만으로는 문화적 흐름을 거스를 수 없다는 것처럼 들렸다. 하지만 우리가 참으로 그것을 원한다면, 즉 진심으로 노력하고, 정말로 관심을 갖고, 사람들에게 결정적이고 강하고 생명력 있고 뛰어난 믿음을 제공한다면, 비신자들이 줄어들고 MTD의 감염이 사라질 것이다!

대화가 계속되는 동안 나는 우리의 문화적 상황에 관한 이런 유행어와 서술어들이 우리를 얼마나 사로잡고 있는지 생각하며 마음이 복잡해졌다. 우리는 사람들이 교회를 떠나고 있다는 사회학적 진술에 얽매여 있다. 그리고 그런 말들이 묘사하는 상실의 긴급함을 너무나 확신하기에, 잠시 멈춰서 다음과 같은 질문조차 던지지 않는다. 그나저나 믿음이란 무엇인가? 이런 사회학적 서술어들은 우리에게 신앙을 어떻게 정의(혹은 재정의)하는가? MTD의 문제 및 비신자들의 부상과의 싸움을 계속해 왔음에도 어째서 우리는 그것들에 별 영향을 주지 못하는 것처럼 보이는가? 혹시 우리는 이런 서술어들로 표현되는 개념들에 지나치게 얽매여서 애초에 그런 현실을 가능하게 만든 더 큰 역사적 흐름을 보지 못하고 있는 것은 아닌가? 나는 비신자와 MTD가 사실상 우리가 보지 못하는 보다 큰 질병의 징후가 아닐까 궁금해졌다.

나의 방황은 전화 회의 도중에 지도자들 중 하나가 이런 말을 하는 소리를 듣고 중단되었다. "들어 보세요. 우리의 상황은 다른 교단들의 상황과 다르지 않아요. 우리는 사람들을 잃어버리고 있고, 그들은 신앙을 잃어버리고 있어요. 그리고 우리는 그들을 어떻게 붙들어 두어야 할지 알지 못해요."

내 마음이 방금 나를 이끌어 갔던 곳 때문에, 나는 그가 "사람들을 붙들어 두는 것"과 "신앙"을 그렇게 직접 연결시키는 것에 놀랐다. 그동안 나 역시 교회 밖에서는 신앙이 불가능하다고 믿으며 그 둘이 서로 연결되어 있다고 보았다. 하지만 나는 그렇게 35분에 걸쳐 통화하는 동안에 우리에게 신앙이 하나님의 행동이라는 차원을 지닌 적이 한 번도 없으며 (나 자신을 포함해) 그 누구도 신앙이 실제로 무엇을 의미하는지 정의하도록 도울 생각을 하지 않고 있음을 알게 되었다. 오히려 신앙과 그것의 형성은 명백한 그 무엇, 즉 그것 자체로 측정될 수 있는 어떤 사회학적 현실인 것처럼 보였다. 비신자와 MTD 모두 유익한 개념들이다. 하지만 그럼에도 그것들은 전적으로 사회학적 서술어들이다. 그것들은 유익하기는 하나 오랜 세월 신앙에 대해 논의해 온 신학적 혹은 성경적 관점과는 다른 사고 전통에서 비롯되었다.

그들이 말을 계속해 나가는 동안 나는 조금 지치고 지루해졌다. 나는 그들의 근심을 이해했고 실제로 스스로도 그렇게 느꼈다. 하지만 이제 나는 그 모든 사회학적 서술어들이 어느 단계에서는 유익하지만 다른 단계에서는 우리를 오도하고 있음을 알게 되었다. 잠시 시간이 걸리기는 했으나 그것이 어째서 그렇게 김빠진 소리처럼 들리는지 결국 알게 되었다. 우리는 신앙이 마치 유일하게 자연스러운 사회적 현실인 것처럼 신앙을 논의하고 있었다. 우리는 초월이나 하나님의 행동에 관한 그 어떤 말도 없이 신앙에 관해 말했다. 우리는 '신앙'에 관해 말하고 있었으나 우리 너머의 영역, 즉 죽음과 부활, 성령과 변화를 통해 우리에게 다가오시는 하나님과 관련이 있는 신앙에 대해서는 그 어떤 주장도 하지 않았다. 하지만 그런 것이야말로 교회에 소속된 사람들과 연관된 기관을 유지하는 방법을 찾는 일을 훨씬 능가하는 깊은 현실이었다.

　　우리가 이야기를 계속하는 동안, 그들의 목소리에 묻어 있는 근심이 점점 커졌고, 신앙을 '참된' 혹은 '활기찬' 혹은 '지속적인' 같은 형용사들과 연결시킬 방법을 찾는 그들의 노력도 그만큼 커졌다. 그들이 내게 간청했다. "우리를 도와주실 수 있겠습니까?" 나는 두려움을 느끼며 생각했다. "아니오! 내게는 묘책도 없고 도움이 될 만한 계획도 없어요!" 피로감이 강했던 것만큼이나 놀라움도 그러했다. 신앙과 신앙 형성에 관한 우리의 그 진지한 대화에는 하나님도, 초월도, 심지어 신비도 포함되어 있지 않았다!

　　우리에게 무슨 일이 일어난 것일까? 도대체 우리는 어쩌다가 그렇게 자주, 거의 완전하게, 사회학적 외피에 싸여 있고, 거의 전적으로 측정된 제도적 참여에 묶여 있고, 변수들을 조사하는 것으로 만족하는 신앙에 관해 말하는 사람들이 된 것일까? 나는 똑똑하고 열정적이며 중요한 교회 지도자들과 이야기하고 있었으나, 우리 중 그 누구도 자연의 질서를 초월하는 하나님의 행동과 연관된 현실로서의 믿음에 대해 말하지 않았다. 도대체 우리와 우리의 역사에 무슨 일이 일어났기에 우리가 하나님의 행동에 관한 논의를 그친 채 오직 교회의 문화적·사회적 기반에 관해서만 그토록 근심하게 된 것일까? 무엇이 우리로 하여금 교회가 적절해지고 진정성 있는 존재가 되는 문제를 두고 그토록 과도하게 근심하도록 만든 것일까?

"그래서, 우리와 함께해 주시겠습니까?" 그들 중 어떤 이가 내게 물었다. 나는 나에게 토론을 위한 좋은 소재가 될 만한 몇 가지 발표 자료가 있다고 설명하고 기꺼이 참석하겠노라고 말했다. 그러자 다른 지도자 한 사람이 내게 물었다. "당신의 발표 자료 중 적어도 하나가 청년에게 초점을 맞출 것이라고 생각해도 될까요?" 내가 긍정적으로 답하자 그가 즉각 다시 말했다. "아주 좋습니다. 청년이 없다면 교회에 미래가 없으니까요. 나는 만약 누군가 우리를 구원한다면 그것은 청년이 되리라고 진심으로 믿습니다. 그러나 먼저 우리는 그들을 붙들어 두어야 해요."

전화 회의를 마쳤을 때 나는 그 마지막 말을 떨쳐 낼 수가 없었다. 나는 그 마지막 말들이 내 머릿속에서 달그락거렸던 이유를 금세 깨달았다. 그것은 이메일이 도착했을 때 마침 내가 디트리히 본회퍼(Dietrich Bonhoeffer)에 관한 책의 한 장을 쓰고 있었기 때문이다. 그때 나는 특히 본회퍼가 쓴 '청년 사역에 관한 테제들'(Theses on Youth Work)을 분석하고 있었는데, 그것은 유감스럽게도 본회퍼의 생애에서 거의 알려지지 않은 요소에 관한 잘 알려지지 않은 에세이다. 나의 책—지금은 《청년 사역자 본회퍼》(Bonhoeffer as Youth Worker)라는 제목으로 출판되어 있다—은 특별히 본회퍼의 사역이 어떻게 그의 신학에 영향을 주었는지를 살피면서 청년들과 함께했던 그의 사역의 일관성을 탐구하고 있었다.

본회퍼의 '청년 사역에 관한 테제들'은 그가 교회의 신앙 형성의 문제점인 동시에 가능성이라고 보았던 것을 제시하는 특별히 예언자적인 작품이다. 나는 청년들이 우리를 구원해 줄 것(**만약** 우리가 그들을 붙잡아 둘 수 있다면)이라는 그 마지막 말들에 본회퍼가 어떻게 대응했을지를 알았다. 아마도 그는 그의 첫 번째 테제에서 쓴 것처럼 말했을 것이다. "청년 운동의 시대 이후 종종 교회의 청년 사역에는 기독교적 절제가 부족했고, 그것을 통해 우리는 청년의 영이 곧 성령인 것은 아니며 교회의 미래란 청년이 아니라 주 예수 그리스도임을 인식할 수 있다."[3]

혹시 본회퍼는 그 선의를 지닌 지도자의 말을 가로막으며 "당신은 술에 취한 것 같군요!"라고 대답하지 않았을까? 상상 속 리얼리티 TV 드라마에서 나는 그런 모습을 보고 싶었다. 그러나 어쩌면 본회퍼는 정말로 그렇게 대답했을 수도 있다. 나는 그가 이렇게 말했을 것이라고 여긴다. "당신들 모두 너무 취했군요. 당신들은 젊음의 정신에 집착해 왔고, 실제로 젊음이 교회를 구원해 줄 거라고 상상하고 있어요. 당신들이 신앙 혹은 신앙의 형성과 관련해 어려움을 겪고 있다고 느끼는 것은 놀라울 게 없어요. 당신들은 모든 관심을 온통 특정한 연령 집단이 제공하는 문화적 유익에 집중하느라 정작 당신들이 구하는 것을 주시는 분인 성령의 역사에는 관심을 갖고 있지 않아요."

---

3 이 테제와 다른 것들은 Dietrich Bonhoeffer, *Berlin: 1983-1933, Dietrich Bonhoeffer Works 12* (Minneapolis: Fortress, 2009), 515-17에서 찾을 수 있다.

방금 설명한 전화 회의를 통해 분명하게 드러나듯이, 오늘 우리는 교단과 전통을 막론하고 청년을 잃어버린다는 것에 분명하게 불안을 느끼고 있다. 교회의 교인 수가 줄어들고 문화적 적절성이 감소할수록 우리는 우리의 무기력함을 활력으로 바꿔 줄 한 가지 방법이 있는 것처럼 느낀다. 우리는 젊은이들이 우리의 운명을 바꿔 주리라고 믿는다. "만약 우리가 이곳에 젊은이들을 붙잡아 둘 수만 있다면," 우리는 거듭해서 그렇게 단언한다. "그러면 우리는 괜찮아질 거야." 물론 이때 "괜찮다"는 것은 대개 제도적으로 안정되기에 충분할 만큼 생기가 넘치는 무언가를 가리킨다. 미래를 지닌 교회는 **젊**은 가족, **젊은이** 사역, 그리고 **젊은** 성인들을 가진 교회다. 젊은이의 존재는 나무의 새싹처럼 회중에게 생명이 있음을 알리는 징표인 것처럼 보인다.

사실 이것은 너무나 분명해서 그것에 대해 의문을 품는 것이 미친 짓으로 보일 정도다. 그러나 본회퍼는 그런 미친 짓을 하면서 젊음에 대한 이런 집착은 악이라고 주장한다(나는 그것이 MTD라는 질병 자체를 유발하는 상황이라고 믿는다). 젊음에 대한 집착은 의문시되지 않는다. 왜냐하면 그 어떤 기관, 집단, 혹은 운동도 그것의 개념, 구조, 그리고 관심사에 관심을 보이는 새로운 구성원들이 없이는 미래가 없기 때문이다. "교회는 언제나 소멸 직전의 세대이기에 젊은이들에게 관심을 가져야 한다"는 말은 어째서 교회에 젊은이들이 중요한지에 대한 충분한 해명이 된다.

그러나 그런 진술은, 본회퍼가 지적하듯이, 교회의 미래를 예수 그리스도가 아니라 젊은이들에게서 찾는 것이다. 본회퍼는 그 모든 대화가 진부하고 심지어 해롭다고 여겼을 것이다. 왜냐하면 우리는 무의식중에, 젊은이들을 붙잡아 두고 제도적 교회를 구하는 데 도움을 줄 수 있는 실용적인 전략들과 성령의 신적 행위를 교환하고 있기 때문이다. 종종 우리는 마치 젊은이들이 우리를 구원할 것처럼 착각한다. 그러면서 우리의 신앙이라는 것이 십자가와 부활을 통해 우리에게 오시고 신앙의 선물로서 그분 자신의 존재를 우리에게 수여하시는 살아 계신 그리스도에 대한 경험이 아니라, 교회의 브랜드에 대한 충성인 것처럼 보이도록 만든다.

물론 본회퍼는 청년들이 문제라고 말하지는 않았다. 그는 자신의 삶 전체를 청년들을 섬기면서 보냈고 교회가 거듭해서 그들을 교회의 삶의 중심으로 삼도록 촉구했다. 실제로 본회퍼는 충성된 교회란 어린아이들을 지닌 교회라고 보았다. 교회의 실제적인 형태는 젊은이들을 사랑하고 포용하고 지원하는 것에 지나지 않을 수 있다. 본회퍼는 결코 교회더러 '성장하라'고 말하지 않았다. 오히려 그는 우리 모두에게 어린 시절로 돌아가라고 말했다. 어린이가 종말론적 형태인 것은 예수께서 어린아이를 그토록 사랑하시기에 우리 모두에게 하나님 나라의 어린아이들처럼 되라고 말씀하시기 때문이다.

그러나 실제로 젊은이들을 사랑하고 그들을 초월적인 신앙의 현실로 초대하는 것은 '젊음에 대한 집착'이라고 불리는 특별히 강한 음료를 거부하면서 절제하는 것이다.

그것에 대해 생각하면 할수록 나는 지금 우리가 신앙 및 신앙 형성과 관련해 그토록 어려움을 겪는 한 가지 이유는, 우리의 가장 좋은 의도에도 불구하고, 어쩌다가 젊음이 우리를 구원할 수 있다는 개념에 집착하는 상황에 이르렀는지 인식하지 못하는 것에 있다고 확신하게 되었다. 우리는 갑자기 새롭게 시작한 것이 아니다. 우리의 역사에서 어떤 일이 일어났고, 그로 인해 우리는 무의식중에 믿음을 납작한 것으로, 그리고 부적절함으로부터 마법적으로 우리를 구해 줄 전략으로 청년을 바라보는 지점에 이르게 되었다. 비신자들의 부상(浮上)은 청년들이 우리의 제도에 관심이 없다는 것을 의미하므로 우리에게는 아주 무서운 일이다. 그리고 우리는 (역사의 저류가 우리를 움직이는 방식 때문에) 젊음이 없이는 진정성도 없다는 것을 두려워한다. 아래에서 보게 되겠지만, 우리의 역사의 흐름은 우리를 새로운 진정성의 시대로 움직여 왔다. 여기서 우리가 발전시키고자 하는 '진정성'이라는 개념은 자신을 '어떤 의미를 찾아가는 여정에 있는 존재'로 여기면서, 우리에게 말을 걸고 우리를 참여시키며 우리를 감동시키는 것에(종종 오직 그것에) 충성하고자 하는 것이다. 여러 면에서 그것은 좋다. 진정성은 우리의 구체적이고 생생한 경험이 중요하고 심지어 핵심적이라고 주장한다(그리고 설령 당신이 그것이 **좋다**는 나의 견해에 동의하지 않을지라도, 역사가 보여 주겠지만, 우리가 이런 문화적 현실 밖에서 살아갈 방법은 거의 없다).

그러나 진정성은 좋은 것인 반면에 또한 나름의 함정도 갖고 있다. 그런 함정들 중 하나가 바로 젊음이다. '젊음'은 일종의 문화적 우상숭배로서, 그 신자들은 '젊은 마음의 틀'을 가진 이들이 진정성 자체의 보상을 얻을 수 있는 최상의 위치에 있다고 믿는다. 그러므로 젊음은 필연적으로 젊은이의 생생하고 구체적인 경험이 아니라 **진정성을 가장 잘 전달하는 성향이나 마음의 틀**이다. 현대의 싱어송라이터인 케이티 페리(Katy Perry)의 말을 빌리자면, 젊음은 흥미롭고 의미 있고 관능적인 삶을 약속하는 우리의 문화적 '10대의 꿈'(teenage dream)이다.

그러나 교회인 우리가 어쩌다가 젊음에 집착하게 되었을까? 무엇이 우리를 이끌어 젊음의 영이 우리를 구원하고 쇠퇴를 성장으로 바꿀 것이라고 믿게 한 것일까? 본회퍼는 역사적 현실을 가리키기 위해 그의 테제를 '청년 운동 시대부터'라는 말로 시작했다. 본회퍼가 교회의 젊음에 대한 집착이 '청년 운동 시대'에 시작되었다고 말한 것은 그것이 그것의 여파로 독일에 강력한 문화적 흐름을 남겼던 19세기 후반의 독일청년운동에서 비롯되었음을 가리킨다. 그러나 미국은 그 나름의 중요한 청년 운동을 갖고 있다. 그리고 많은 사상가들 특히 캐나다의 철학자이자 《세속 시대》의 저자인 찰스 테일러는 1960년대 후반의 반문화적 청년 운동이 우리의 문화적 상황에 실로 가공할 만한 변화를 가져왔다고 믿는다. 나는 혹시 신앙 형성과 관련된 우리의 문제가 특별히 젊음에 대한 집착이라는 독한 술을 갈망하는 경향을 보이는 유전자를 우리에게 제공해 준 역사적인 문제가 아닌가 의문이 들기 시작했다.[4]

나는 콘퍼런스 준비팀과 나눴던 전화상의 대화에 대해 다시 생각해 보았다. 그들이 실제로 원했던 것은 문화적 통찰과 실용적 전

---

4 내가 '역사적'이라고 말할 때 생각하는 것은 Charles Taylor의 맥락에서 생각하는 것이다. 그의 헤겔주의는 그가 역사를 깊이 형성적인 것(formative)으로 보게 했다. 나는 Taylor를 충실히 따르고 있으므로, 1부는 역사적인 것으로가 아니라 철학적 계보로 읽혀야 할 것이다.

서론

략이었다. 역사의 저류는 그들의 관심사가 아닌 듯 보였다. 그러나 여러 면에서 우리는 곧 우리의 역사**다**. 아무도 역사의 유산 바깥에 존재하지 못한다. 우리 모두는 역사의 격랑 한가운데 사로잡혀 있다. 물론 우리는 앞서 일어난 일이 우리에게 아무런 영향도 주지 않는다는 환상을 가질 수는 있다. 하지만 그것은 헛소리다. 우리의 삶을 움직이는 상상과 실천은 특정한 역사의 저류를 통해 우리에게 전달된다.

나는 혹시 우리가 신앙 형성과 관련해 다람쥐 쳇바퀴를 돌리는 상황을 계속하고 있는 이유 중 하나가, 우리가 우리의 역사, 특히 '청년 운동 시대'에 시작된 역사와 씨름하지 않아서가 아닐까 하는 생각을 했다. 내가 믿기로 이 역사는 우리 안에서 젊음에 대한 집착을 낳으면서 일종의 우상숭배를 향해 교회를 열어 놓았을 뿐 아니라, 이중의 위기를 만들어 냈다. 바로 그 역사가 하나님의 행동의 개연성이 침식되어 온 방식을 보여 주고, 또한 우리로 하여금 현실이 진부한 (초월이 존재하지 않는) 장소라고 인정하며 신앙에 대한 우리의 이해를 무비판적으로 사회학적 이해에 넘겨주도록 만들었다.

그렇다면 이것은 악순환이다. 우리가 하나님의 행동을 (심지어 암묵적으로라도) 불가능한 것으로 여기면 여길수록, 우리는 교회를 더 적절하게 만듦으로써 우리의 제도 안에 젊음을 유지하는 것을 유일한 희망으로 여기게 된다. 왜냐하면 만약 우리가 (그런 초월적 현실은 믿을 수 없기에) 성령이 교회를 구원할 것이라고 믿지 못한다면, 그때는 비신자와 MTD에 맞서 백신을 맞는 전략을 택할 수밖에 없기 때문이다. (물론 우리는 자신이 —주류 교회에 속해 있든 복음주의 교회에 속해 있든—

성령을 신뢰한다고, 혹은 성령이 실재한다고 **생각하고** 또한 **말한다**. 하지만 우리는 그것이 비현실적이거나 불가능하다고 여기는 역사적 상황 속에서 살아가며, 또한 종종 자신도 의식하지 못한 채 그런 관점을 지니고 행동한다. 우리는 2부에서 직접 그 문제를 다룰 것이다.)

이 책은 두 부분으로 나뉜다. 1부는 우리가 살아가는 진정성의 시대에 대해 좀 더 자세히 설명하면서, 이 새로운 시대가 얼마간의 손실을 암시하는 반면 그 자체로 나쁘지 않다는 것을 보일 것이다. 그러나 문제가 되는 것은 이 새로운 진정성의 시대가 젊음을 이상화하고 심지어 경배하는 성향을 열어 놓는 방식이다. 이런 집착은 보다 큰 문화에만큼이나 교회에도 영향을 끼쳤다. 나는 우리가 어쩌다가 젊음에 집착하게 되었는지에 관한 역사적 이야기를 전할 것이다. 청년 운동의 시대부터 시작하는 그 이야기는 새로운 진정성의 시대가 어떻게 밝아 왔는지를 보일 것이다. 이런 역사적 이야기가 중요한 것은, 만약 우리가 신앙 형성의 문제와 씨름하는 데 있어 역사의 영향을 계속해서 무시한다면, 우리는 비신자, MTD, 그리고 신앙의 표류에 맞서 아무리 열심히 노를 저어도 수면 밑 우리의 방향타가 사실상 그 저류의 흐름을 따르는 쪽으로 향한다는 사실을 인식하지 못할 수 있기 때문이다. 그러므로 1부의 목표는 역사를 살피면서 이 숨겨진 저류와 그것이 교회에서 우리가 취하는 방향에 얼마나 강한 영향을 끼치는지를 밝히는 것이다.

2부는 믿음이 무엇이며 그것이 어떻게 형성되는지를 신학적으로 살핌으로써, 신앙 형성에 대한 우리의 개념을 하나님의 행동에 맞추는 도전을 감행할 것이다. 그러나 이것은 단지 성서적이고 신학적인 논의 이상이 될 것이다. 이런 견해는 젊음에서 구원을 찾고 하나님의 행동의 실제성을 비현실적인 것으로 (혹은 기껏해야 의심스러운 것으로) 여기는 세속 시대에 우리가 마주하는 도전에 영향을 줄 것이다. 우리의 이런 역사는 찰스 테일러가 "초월의 언어에 대한 커다란 학습 폐기"[5]라고 부르는 것으로 향하는 강력한 저류를 타고 흘러왔다. 지난 500년간 이 해류는 일정하지만 느리게 움직였다. 그러나 1960년대 후반 청년 운동 시대 이후 그 속도가 빨라졌고, 지난 50년 동안 우리는 폭포와 급류를 타고 목이 부러질 정도로 흔들려 왔다.

그렇다면 우리는 하나님의 행동이 불가능하다고 간주되는 세상에서 신앙에 대해 어떻게 생각해야 하는가? 점점 더 세속적이 되어가는 진정성의 시대에 우리는 어떻게 신앙의 언어를 되찾을 수 있을까? 다시 말해, 하나님의 행동에 대한 추정이 믿을 만하게 보이지 않는 문화적 역사 속에서 어떻게 다시 우리가 하나님의 행동에 초점을 맞추는 신앙과 그것의 형성에 대해 생각할 수 있는가?

우리는 우리가 찾아낼 수 있는 새로운 신앙 형성에 관한 모든 전략을 살펴볼 수 있다. 그러나 만약 우리가 하나님의 행동에 대해 말하고 젊음에 대한 인사불성 수준의 집착으로부터 벗어나지 못한다면, 비신자의 부상과 MTD 문제를 다루려는 우리의 모든 갈망은 결국 허사가 되고 말 것이다.

---

5 이 표현은 Taylor가 2014년에 듀크대학교에서 행한 대중 연설에서 가져왔다.

1부

진정성 시대의 역사

1

지루한 교회와 진정성 추구

우리가 내슈빌 거리를 배회하는 동안 나는 '무엇이 진정한 것을 만
드는가?'에 대해 생각했다. 내가 참석하고 있던 콘퍼런스는 신앙 형
성에 초점을 맞추고 있었다. 신학 교육 분야 최고의 사상가들 40여
명이 모여서 어떻게 해야 우리의 신학교 교실이 신앙 형성의 장소,
즉 실천을 통해 학생들을 신앙의 사람들로 형성하는 장소로 바뀔 수
있는지를 함께 탐구했다. 밴더빌트에서 이틀 반에 걸친 토론 과정
을 통해 우리는 우리가 바라는 '진정한' 형성을 낳는 교수법과 접근
법을 탐구했다. '실천' 다음으로 '진정성'이 핵심어가 되었다. 우리는
'형성'이 '믿음', '회심', 혹은 '헌신'보다 더 '확실하다'고 주장했다.
형성된다는 것은 믿음이 살아나는 진정한 과정이었다.

이제 교회와 교회의 수많은 사역 전반에서 신앙 형성이 우리의
핵심적 문구가 되었다. 어린이 사역은 육아에 관한 것이 아니다. 그
것은 그것보다 훨씬 더 실제적이다. 그것은 신앙 형성에 관한 것이
다. 남신도 성경 공부는 단지 중년의 젠체하는 이들이 모여서 사회
적 자본을 형성하는 기회가 아니다. 그것은 진정한 신앙 형성에 관
한 것이다. 청년 사역은 그 기원이 전도와 회심의 추구에 있을 수 있

다. 하지만 이제 우리는 아주 흔하게 '신앙 형성'을 우리의 '진정한' 목표로 이야기한다.

어쩌면 형성과 진정성에 관한 대화는 그것으로 끝날 수도 있었다. 그러나 저녁에 우리 중 몇 사람이 콘퍼런스가 열린 호텔 밖으로 나가기로 했을 때 우리의 핵심적 대화는 '진정한' 내슈빌을 찾는 것으로 옮겨갔다. 우리는 많은 말을 나눴는데, 나는 그런 말을 들을수록 혼란스러워졌다. 적어도 어떤 이들에게 시내 중심가에 있는 술집과 싸구려 카바레들은 진정한 것이 아닌 듯했다. 우리 중 아무도 내슈빌에서 살았거나 그 음악의 도시에 한두 번 다녀간 적이 없음에도, 우리 마음에 시내 중심가의 라이브 음악이 흐르는 장소들은 진정한 것이 될 수 없었다. 왜냐하면 그런 곳들은 관광 상점들 바로 옆에 자리 잡고 있었는데, 외지인인 우리조차 그런 장소들을 알고 있었기 때문이다. 그런 장소들은 카우보이 부츠와 모자를 구입하고 위스키를 홀짝거리면서 내슈빌에 어울리기 위해 가장 어설프게 애쓰고 있는 뉴욕에서 온 사업가들과 호주에서 온 배낭여행족들로 이루어진 대중과 대중문화에 너무 얽매여 있었다. 우리 중 하나가 "나는 여행객들로부터 자유로운 진정한 내슈빌의 모습을 보고 싶어요. 내슈빌의 젊은이들이 흐느적거리며 걷는 곳 말이에요"라고 말했는데, 아마도 그는 우리 자신이 젊은이들과 어울리기에는 너무 늙은 관광객들이라는 사실을 염두에 두지 않았던 듯했다.

동료들과 이야기를 나누면 나눌수록 나는 진정성에 대한, 즉 진정한 내슈빌에 대한 이처럼 높은 기준이 우리가 헤일리 윌리엄스(Hayley Williams)나 페이스 힐(Faith Hill)과 팀 맥그로(Tim McGraw)의 집 거실 안으로 들어가기 전까지는 충족되지 않을 수도 있겠구나(언급된 이들은 모두 미국의 유명한 컨트리 음악 가수들이고, 내슈빌은 컨트리 음악의 본고장이다—옮긴이), 혹은 어쩌면 그것조차 충분하지 않을 수도 있겠구나 싶었다. 어쩌면 진정성에 대한 높은 이상은, 얼룩진 티셔츠와 낡은 카우보이 부츠를 착용하고 기타를 치는 어느 젊고 허기진 예술가가 사는 작고 낡은 아파트에서 술을 마시는 것을 의미할 수도 있었다. 그렇게 해야 비로소 우리가 진정한 내슈빌에 들어와 있음을 알 수 있을 것 같았다(모든 허기진 예술가들이 원하는 것이 시내의 싸구려 카바레에서 연주할 기회를 얻는 것임은 신경 쓰지 마시라!)

진정성 시대의 여명

끊임없이 밀려오는 서구 역사의 물결 아래에서 해류처럼 우리를 끌어당기는 것은 진정성을 향한 움직임이었다. 우리의 시대는, 찰스 테일러가 그렇게 부르는 것처럼, "'진정성의 시대'(age of authenticity)다. 그러나 우리는 어떻게 이런 상태에 이르렀는가? 500년 전에는 아무도 진정한 것을 추구하거나 그런 것에 조바심을 내지 않았다. 우리 모두는 주술화된 세상에서 살았다. 예컨대 마르틴 루터(Martin Luther)가 유물들에 반대한 것은 그것이 진정하지 않은 여행자들을 위한 가짜여서가 아니라, 그것이 성경(그리고 특히 바울 서신)에 나타나는 것과 상반되는 초월적 실재와의 만남을 제공했기 때문이다.

그때는 어떤 경험이 다른 경험보다 더 진정하고 참될 수 있다는 의식이 존재하지 않았다. 당시에 자아에는 구멍이 숭숭 뚫려 있었다

(porous). 따라서 **나의** 주관적 경험이 참되고, 진실되고, 진정한 것의
기준이 될 수 없었다. 나는 언제나 다른 (영적) 세력과 마주하고 있었
다. 그런 세력들은 모두 참되었다. 다만 그중 어떤 것은 나를 속박하
려 한 반면, 다른 것은 나를 해방시키려 했다. 유물들의 문제는 그것
들이 진정하지 않다는 것이 아니라 그것이 사람들을 속박한다는 것
에 있었다. 그것은 의미 없거나 불충분한 것으로가 아니라 위협적이
고 악마적인 것으로 보였다.

계몽주의와 과학적 이성의 승리 이후에 우리는 천천히 서로 충
돌하는 초월적 실재로부터 **나 자신의** 개인적 경험의 진실함으로 관
심을 이동시켰다. 그 적이 자아에 위협이 되었던 것은, 그것이 외부
로부터 초월적인 힘으로 나를 파괴할 수 있기 때문이 아니라 그것이
더 이상 나의 정체성 형성과 개인적 의미 형성에 부합하지 않았기
때문이다.

19세기에 한 무리의 지식인과 예술가들이 서구 문화를 비판하
면서 그것의 비진정성을 지적하기 시작했다—여기서 우리는 프리
드리히 니체(Friedrich Nietzsche)의 《도덕의 계보》(*On the Genealogy of
Morality*)를 떠올릴 수 있다. 이제 자아는 초월적 실재들로부터 완충
되었다(buffered)[11](마귀와 영들은 우리가 한때 그렇게 쉽게 상상했던 것처럼 자아

---

1 Akeel Bilgrami는 이렇게 쓴다. "Taylor가 '완충된 자아'(buffered self)라고 부르는 것
은 자기 밖에 있는 어느 곳으로부터 오는 규범적 요구에 열려 있지 않은 자아로, 짐승처럼 보
이는 세상이 어떤 경우에도 그런 요구를 할 수 있는 무언가를 포함하고 있지 않다는 사실의
필연적 결과다"("What Is Enchantment?," in *Varieties of Secularism in a Secular Age*,
ed. Michael Warner, Jonathan VanAntwerpen, and Craig Calhoun [Cambridge, MA:
Harvard University Press, 2010], 152). Colin Jager는 이렇게 덧붙인다. "Taylor의 주장의

안으로 들어오지 못한다).²¹ 서구 세계는 주술에서 풀려났고, 관찰 가능한 자연의 영역 밖에 있는 모든 실재들은 그것들의 술기로부터 신비가 빠져나올 때까지 먼저 의심의 막대기로 쑤시고 찔러 볼 필요가 있었다. 자연에 대한 관심과 의심의 성향은 이제 진정성에 대한 평가를 의미했다. 지배적인 문화 형태와 종교적 도그마는 인간의 참된 열정과 갈망을 숨기고 전환시키는 면포처럼 보였다. 교회는 사람들의 어깨 위에 온유, 긍휼, 그리고 충성을 내세우며 힘과 승리에 대한 참된 갈망을 비판하는 도그마를 올려놓았고, 빅토리아 시대의 문화는 육체적 즐거움 특히 섹스와 물질적 쾌락에 대한 진정한 열정을 정복했다.³¹ 이런 관점은 인간의 참된 본성이 강함, 힘, 섹스를 원한다고 신

___

한 가지 중요한 요소는 각성과 그가 '완충된 자아'라고 부르는 것의 관계를 포함한다. 근대 이전의 마법의 세계에서 인간은 자신이 '영과 권세들의 세계에 열려 있고, 구멍이 숭숭 뚫려 있고, 취약하다'고 여겼다. 평범한 세계와 영의 세계 사이에는 연속성이 있었다. 그 둘은 서로에게 영향을 주었고, 여러 방식으로 상호 교차되었다. 그러므로 그 세계에서 당신은 어둠과 악을 저지하기 위해 단지 당신 자신에게, 즉 당신 자신의 생각이나 힘에만 의존할 수 없었다. 당신은 더 높은 권세에 의존해야 했고, 그런 권세와 제휴할 필요가 있었다. 그것이 꼭 기독교의 하나님일 필요는 없었다. 그러나 당신을 보호해 줄 수 있는 어떤 권세는 필요했다." "This Detail, This History: Charles Taylor's Romanticism," in Warner, VanAntwerpen, and Calhoun, *Varieties of Secularism*, 169.

2 Nietzsche에 따르면, 하나님은 죽었다. 혹은 Charles Taylor의 말로 더 상세히 표현하자면, 자아가 너무 완충되어서 초월자가 동일한 직접성이나 필요를 갖고 오지 않았다. 지금 우리는 초월적 하나님이 우리를 만나지 않아도 꽤 잘 살아간다. 만약 내가 충분히 정직하고 용감하다면, 나는 나에게 하나님이 필요 없다고 인정할 수 있고 그러하기에 나 자신의 주관적 갈망을 따라─정의상, 진정으로─자유롭게 살 수 있다.

3 Taylor는 지식인과 예술가들에 관해 이렇게 말한다. "19세기와 20세기 초에 …… 우리는 …… '부르주아' 혹은 기존의 규범과 기준에 저항하고, 자기들이 창조하고 살아 내도록 영감을 받았다고 느끼는 예술과 삶의 방식을 공개적으로 선언할 권리 심지어 의무에 대한 점증하는 의식을 추적할 수 있다." *A Secular Age* (Cambridge, MA: Belknap Press of Harvard University Press, 2007), 475.

1. 지루한 교회와 진정성 추구

언했으나, 교회와 사회는 팀을 이뤄 이런 갈망을 억압했다.

이런 예술가들과 지식인들이 교회로부터 돌아선 것은 꼭 교회가 악해서가 아니라, 교회가 진정하지 않았고 그것의 '도그마'로 자기들이 진정한 인간이 되는 것을 허락하지 않아서였다(여기서 나는 다시 한번 삶의 디오니소스적 측면을 대변했던 니체와 다른 이들에 대해 생각한다). 교회는 우리의 주관적 경험을 억압하고 우리가 진정한 삶을 살지 못하게 하면서 서구 유럽의 가장 무의미한 현실을 지지하고 옹호한다는 이유로 큰 비판을 받았다.

19세기의 위대한 신학자인 프리드리히 슐라이어마허(Friedrich Schleiermacher)는 그가 "종교를 경멸하는 교양인들"이라고 불렀던 자신의 친구들에 맞서 기독교를 옹호하기 위한 책을 썼다.[4] 교회에 대한 그들의 적대감은 문화적인 것이 되었다(그것은 영적인 것이 아니었다. 그것은 쾌락의 미학에 관한 것이지 초월자와의 만남에 관한 것이 아니었다).[5] 이 교양 있는 경멸자들이 생각하는 교회의 문제는 (루터가 주장했듯이) 거짓 신을 섬겨 왔다는 점이 아니라, 오히려 경건, 도덕, 도그마의 사슬로 우리의 진정한 갈망을 예속하려는 문화적 선봉에 서왔다는 점에 있었다. 거짓에 맞서 참된 것을 경험하는 것이 악한 것(마귀)에 맞서

---

4 *On Religion: Speeches to Its Cultured Despisers* (Louisville: Westminster John Knox, 1994).

5 Wayne Proudfoot가 이와 관련해 얼마간의 배경을 제공한다. "Schleiermacher의 종교에 관한 연설은 그의 친구들과 베를린에 있는 낭만적인 시인 및 비평가 그룹에 속한 동료 회원들에게 한 것이었다. 이 젊은 지성들은 감수성, 취향, 개인적 관계의 함양과 최상의 예술적 표현의 성취에 전념하지만, 그들은 인습적으로 이해되고 실천되는 종교에서는 아무런 가치도 발견하지 못했다. Schleiermacher는 그들의 요청에 따라 그 책을 썼다." *Religious Experience* (Berkeley: University of California Press, 1985), 9.

거룩한 것(선)과 만나고자 하는 이전의 욕망을 대체했다.

이것은 우리 시대에 들어와 만개했다. 오늘 우리에게 진정한 것은 거룩한 것, 선한 것, 혹은 의로운 것보다도 중요하다. 서투른 것과 가짜인 것, 진정성을 해치고 우리가 참된 존재가 되지 못하게 하는 것, 우리를 점잔 빼는 사람이나 사기꾼으로 만드는 것은 사악하거나, 악마적이거나, 왜곡된 것보다 더 나쁘다. 나쁘지만 진정한 것이 선하지만 가짜인 것보다 낫다.

진정성의 시대에는 나쁜 주인공(antihero)이 칭송되는데, 그것은 그가 자신의 갈망과 요구에 진실되기 때문이다. 스포츠는 무하마드 알리에서 짐 브라운, 브라이어 부스워스, 랜디 모스에 이르기까지 우리를 감동시키는 나쁜 주인공들을 제공한다. 그런 이들은 참으로 기술이 뛰어나지만 또한 진정으로 나빠서 스타로 간주된다. 그들이 칭송을 받는 것은 그들이 젊고 힙하기 때문이다. 그들은 스타일과 멋의 측면에서 '진실되다'. 그들은 주관적 갈망과 욕구를 따르며 살고 허튼짓을 하지 않는다. 그들은 억압적인 문화를 벗어던지면서 가장 이상한 방식으로 진정으로 고귀한 사람이 된다. 수 세기 전에 귀족은 양복을 빼입고 갈망보다 의무를 추구하는 세련된 남자와 여자였던 반면, 우리 시대의 귀족은 의무보다는 자신들의 갈망에 순종하면서 참되고 솔직하게 사는 이들이다.

그러나 알리나 모스 유형의 사람들에 대한 우리의 열중은, 슐라이어마허가 상대하여 글을 썼던 교양 있는 경멸자들과 함께 19세기에 시작되었다. 그들에게 교회는 부패하거나 악해서가 아니라(물론 어떤 교회들은 그랬다), 참되지 않고, 지루하고, 적절하지 않아서 나빴다.

물론 진정성의 시대에 성 추문과 돈세탁은 수치스러운 일이다. 하지만 그 이유는 그런 일들이 교회가 거짓된 초월적 세력을 섬기고 있거나 그 지도자들이 마귀에게 넘어갔음을 보여 주어서가 아니다. 오히려 그런 일들이 우리 현대인들에게 보다 깊은 문제를 드러내기 때문이다. 즉 그 일들은 교회가 참되지 않고 거짓됨을 폭로하는 것이기 때문이다. 만약 이것을 설교하고 그것과 반대되는 저것을 행한다면, 그것은 진정하지 않다. 왜냐하면 그것은 진실성을 결여하고 있기 때문이다(또한 교회가 행하는 것이 악하기 때문이다). 그러나 우리는 어떤 악하고 부패한 회사가 그것이 명시한 목적과 부합하기에 존경할 수 있다. 그 회사는 자신이 그렇다고 말하는 바로 그것이고, 그것은 존경할 만하다. 악한 것보다 나쁜 것은 진정하지 않은 것이다.

어느 유명한 성경학자가 자기에게 예수에 대한 자신의 깊은 사랑을 표현했던 어느 근육질 젊은이를 만난 이야기를 전해 준 적이 있다. 그가 보이는 열정적인 흥분을 보고 그 교수는 그 젊은이의 헌신을 믿었고 그로 인해 믿음과 성경에 관해 그와 대화를 나눴다. 대화의 주제가 주일 예배로 옮겨 갔을 때 그 젊은이는 자기는 주일 예배에 거의 참석하지 않는다고 했다. 그는 주일 예배가 너무 지루해서 운동할 때 얻는 아드레날린을 전혀 제공하지 않기 때문이라고 교수에게 그 이유를 설명했다.

"나는 자네가 예수님을 사랑한다고 생각했네"라고 교수가 말했다.

그러자 그 청년이 진심으로 강력하게 대답했다. "그렇습니다. 정말로 사랑합니다."

"그렇다면 자네는 예수님을 위해 기꺼이 죽을 의향이 있는가?"
라고 교수가 물었다.

이제 보다 조심스러워진 젊은이가 답했다. "네, 그렇습니다…….
그럴 것 같습니다. 저는 예수님을 위해 죽을 것입니다."

"그렇다면 한번 정리를 해보세." 교수가 말을 이었다. "자네는
예수님을 위해 기꺼이 죽을 텐데, 예수님을 위해 지루해지는 것은
못 참겠다는 건가?"

그 교수가 강의와 프레젠테이션 때 이 이야기를 한 이유는, 예
수를 위해 기꺼이 죽고자 하지만 지루한 것은 참지 못하겠다는 그
젊은이의 비일관성을 지적하면서 공동 예배의 **중요성**을 상조하기
위해서였다. 하지만 내가 보기에 그 교수는 더 큰 현실을 놓치고 있
었고, 우리가 처한 진정성의 시대를 이해하지 못하고 있었다. 진정
성의 시대에 지루한 것은 진정한 것이 아니다. 불충분한 것은 억압
된 거짓이다. 그 젊은이는 정말로 주일 예배가 흥미롭지 않다고 말
하고 있었던 것이다. 그러나 보다 중요하고 정확하게 그는 주일 예
배가 자신의 주관적 갈망의 깊이와 연관성을 갖고 있지 않기에 **솔직
하지 않다**고 말하고 있었다. 찰스 테일러는 진정성의 시대의 종교적
헌신에 대해 설명하면서 이 젊은이의 견해에 대한 통찰을 제공한다.

내가 그것의 일부가 된 종교적 삶 혹은 관행은 단지 나의 선택이어
야 할 뿐 아니라, 나에게 말을 걸고, 내가 그것을 이해할 때 나의 영
적 발전의 측면에서 의미 있는 것이 되어야 한다. 이것은 우리를 더
먼 곳으로 데려간다. 교단의 선택은 어떤 고정된 틀, 말하자면 사도

　　　　　　　　　　　　　1. 지루한 교회와 진정성 추구

신경이나 더 넓은 '교회의' 신앙 안에서 일어나는 것으로 이해되었다. 이 신앙의 틀 안에서 나는 내가 가장 편안하게 느끼는 교회를 선택한다. 그러나 만약 초점이 나의 영적인 길, 즉 내가 의미 있다고 여기는 미묘한 언어로 나에게 다가오는 통찰이 무엇인지에 맞춰진다면, 이런 혹은 저런 틀을 유지하는 것은 점점 더 어려워진다.[6]

진정성의 시대에 지루해지는 것은 단지 불행해지거나 불쾌해진다는 것을 의미하지 않는다. 그것은 억압당하는 것, 폭력적으로 코너에 몰리는 것, 그리고 진정성을 빼앗기는 것을 의미한다. 개별적 자아로서 우리는 이제 우리 자신의 영적 여행에 대해 책임을 져야 한다. 그리고 만약 무언가가 지루하다면, 그것은 버릴 필요가 있다.[7] 지루해지는 것은 우리의 주관적 갈망이 최소화되고, 억압되고, 혹은 적어도 충족되지 않음을 의미한다. 그 교수가 그 청년을 살짝 삐딱하게 바라본 것은 잘못이 아니었다. 진정성의 시대는 피상성에

---

6 Taylor, *Secular Age*, 486.

7 Roger Lundin은 지루함을 교회의 정책(심지어 신학)을 위한 기준으로 삼았던 또 다른 경우에 대해 알려 준다. "강단에 서는 마지막 날에 Emerson은 주의 만찬에 대해 설교했다. 이 설교에서 그는 성례전이라는 개념 자체를 논박하기 위해 광범위한 역사적·신학적 증거들을 결집시켰다. 그런데 결국 그는 그의 주장을 역사적 사실이나 논리적 요점을 통해서가 아니라 무관심이라는 논박할 수 없는 주장으로 매듭짓기로 선택한다. '나는 이 관례에 대해 아무런 적대감이 없다.' 다른 이들은 그것을 즐겁게 수행할 수 있을지 모른다. 하지만 그는 그렇게 하라는 요구를 받기를 거부한다. '그것이 나의 반대의 끝이다. 나는 그것에 관심이 없다.' 변명 없이 Emerson은 '지루함'을 그가 그 성례전과 그것이 감싸고 있다고 여겨지는 역사적 신앙을 배제하는 주된 이유로 삼았다. 그리고 그렇게 함으로써 그는 '싫음을 비평의 원리로' 격상시켰다." *Believing Again: Doubt and Faith in a Secular Age* (Grand Rapids: Eerdmans, 2009), 107.

대해 열려 있고 갈망의 추구를 좋은 삶의 목표로 삼는다. 그러나 진정성의 시대는 또한 우리에게 우리의 경험이 깊은 의미를 갖고 있으며, 우리와 실재 사이의 구체적이고 감정적인 만남이 무언가를 의미할 수 있으며 의미해야 한다는 점을 상기시킨다.

진정성의 시대에 교회는 지루함 때문에 비판을 받는데, 이런 비판은 젊음에 대한 유치한 집착, 즉 일종의 잘못된 짜증일 수 있다. 그러나 다른 의미에서 이런 비판은 교회가 늘 깊이 있는 경험을 위한 공간을 만들어 내지 못했음을 보여 준다. 우리의 형성이 종종 지루했던 까닭은 그것이 우리의 가장 깊이 있는 구체적이고, 살아 있고, 감동적인 경험과 연결하는 데 부족했기 때문이다. 그것을 지루하다고 느끼는 우리는 그 깊이를 팔기 위해 거기에 온갖 형용사를 덧붙인다. 실제적 경험으로서의 하나님의 행동에 관해 말하기를 꺼리는 교회(특히 주류 교회)는 종종 경험 자체를 무시하거나 경시했다. 진정성의 시대에 기독교에 대한 은사주의적이고 오순절적인 표현들이 많은 성과를 낸 것은 적어도 그것들이 사람들을 즐겁게 해서이고, 또한 가장 좋은 상태에서는 경험—가장 강력하게, 초월에 대한 경험—을 위한 공간을 만들어 냈기 때문이다.

19세기로 돌아가 보면, 진정성 혁명의 리더들은 스포츠 스타와 근육질의 젊은이들이 아니었다. 오히려 교회가 (우리 시대의 표현을 사용해 말하자면) 가짜이고 어설프다고 반대하면서 진정성을 중심으로 세상을 형성했던 것은 프랑스의 보헤미안들과 독일의 은둔 생활을 하는 철학자와 작가들 같은 소수의 사람들이었다. 서구 세계 전체가 작지만 날카로운 방식으로 새로운 내재론적 틀(immanent frame)의 힘

1. 지루한 교회와 진정성 추구

(세상이 단지 자연적이고 물질적이라는 개념의 진화)과 초월에 대한 상실을 느끼고 있었다. 그러나 진정성에 대한 열정적인 **개인적** 추구는 오직 소수의 특권층에게나 해당될 뿐이었다. 19세기에 그들은 교회의 비 진정성을 고발하며 교회를 포기했던 반면, 대다수의 사람들에게 그 것은 관심사가 아니었다. 그들에게서 진정성이 승리하기 위해서는 '청년 운동의 시대 이후'까지 기다려야 했다.[8]

60년대

우리 중 1960년대 이후에 태어난 이들에게 물병자리 시대(the Age of Aquaris, 점성술에서 현시대를 가리키는 용어로, 미국 현대 문화에서는 1960 년대와 70년대의 뉴에이지 운동과 더불어 시작된다―옮긴이)의 전성기를 즐기 는 이는 참아 주기 어렵다. 베이비붐 세대(출산율이 급증했던 1955년부터 1963년 사이에 태어난 이들―옮긴이)의 향수는, 적어도 내 마음속에서는, 짜증의 극치다. 그러나 우리가 베이비부머들이 갖고 있는 두텁고 진 한 향수 때문에 1960년대 후반이 어떻게 (찰스 테일러가 말하듯이)[9] 진 정성을 대중에게 옮기는 경첩 역할을 했는지를 인식하지 못해서는 안 된다. 그 시절은 19세기의 괴팍한 예술가들과 커피를 홀짝거리는

---

8 이것은 다시 청년 사역에 관한 Bonhoeffer의 첫 번째 테제를 되올린다.

9 Taylor는 이렇게 말한다. "60년대는 아마도 적어도 상징적으로 그 경첩의 순간을 제공한다. …… 도덕적·영적인 그리고 도구적인 개인주의뿐 아니라, 이제 우리에게는 광범위한 '표현적' 개인주의도 있다. 물론 이것이 전적으로 새로운 것은 아니다. 표현주의는 18세기 후반 낭만주의 시대의 산물이고 19세기 내내 지적이고 예술적인 엘리트들은 진정한 삶의 방식 혹은 자기들을 표현할 방식을 찾아 왔다. 새로운 것은 이런 식의 자기 지향이 대중적 현상이 된 것처럼 보인다는 것이다." *Secular Age*, 473.

작가들의 전위적 성향으로부터 대중에게 특히 20세기 북미 지역의 대중에게 진정성을 밀어붙인 시기였다.

1960년대 후반에 새로운 문이 열렸고, 그것을 통해 교회에 그리고 교회가 신앙의 사람들을 형성하는 일에 여러 가지 도전들이 제기되었다. 이런 도전들은, 너무 많은 교인들이 한탄하듯이, 단지 섹스, 마약, 그리고 로큰롤 같은 도덕주의적 혹은 정치적 현실만이 아니었다. 내가 앞에서 지적했듯이, 1960년대는 진정성 시대의 극적인 시작이었고, 교회는 지루하고, 뒤떨어지고, 더 나쁘게는 정직하지 않다는 비난을 받았다. 교회는 사람들이 진정으로 자신들의 갈망을 따르지 못하게 하고 그런 충동을 갖는 것에 대해 부끄러움을 느끼게 하는 억압적인 문화 구조였다. 이런 비난은 교회가 단지 정치적 실수—'빌어먹을 뉴레프트'(New Left, 1960년대에 나타난 기존 사회의 권위주의를 비판하는 문화적 조류—옮긴이)—이거나 나쁜 '도덕적' 선택("도대체 왜 저 사람들의 머리카락은 저렇게 길고 음악은 저렇게 시끄러운 거야?")이라고 가정하는 것보다 훨씬 깊고 훨씬 충격적이었다.

교회 안에는 섹스, 마약, 로큰롤을 문제로 여기는 이들이 아주 많았다. 그러나 사실 그것은 당시에 훨씬 더 널리 불리던 노래의 반향이나 메아리에 불과했다. 섹스, 마약, 로큰롤은 진정성의 구체적 표현이자 실천이었다. 그것들은 그 자체로 진정한 것이 아니라 개인을 19세기의 억압적인 문화로부터, 또한 중요하게도 그것의 도플갱어인 1950년대의 문화로부터 해방시키는 데 사용되는 활동(도구)들이었다. 사람들이 믿기에 섹스, 마약, 로큰롤은 참된 진정성이라는 비옥한 계곡으로 이어지는 억압적 문화의 숲에 숨겨져 있지만 눈에 띄는 흔적이었다.

향수에 젖은 베이비부머들은 마치 자기들이 섹스, 마약, 로큰롤을 만들어 낸 것처럼 말하는지 모르나 그것은 교만에 불과하다. 사실은 프랑스의 보헤미안들, 독일의 철학자들, 영국의 예술가들, 그리고 뉴욕의 시인들이 이미 수십 년에 걸쳐 빅토리아 시대의 청교도주의의 족쇄를 벗어던지고 진정성의 계곡에 이르는 길로 성교, 음주, 마약, 그리고 음악을 사용해 왔다.

오늘 우리가 생각하는 신앙 형성은 그 기원을 (적어도 부분적으로는) 억압과 갈망 사이의 이런 싸움에 두고 있다. 진정성의 시대 이전에, 즉 세계가 초월적 경험으로 넘친다고 생각되던 주술의 시대에, 사람들은 소유라는 범주 안에서 사고하는 경향이 있었다. 당신의 영혼은 이 영에 사로잡혀 있는가, 아니면 저 영에 사로잡혀 있는가? 당신은 이 신과 이 나라를 섬기는가, 아니면 저 나라를 섬기는가? 자아는 구멍이 숭숭 뚫린 물질이었기에 비물질적인 실재가 자아 안으로 들어왔다 나갔다 하면서 자아를 묶기도 하고 해방시키기도 했으며, 자아에게 생명을 주거나 파멸을 꾀했다. 자아는 너무 많이 열려 있고 너무 많은 구멍이 뚫려 있어서, 형성을 진정성을 향한 개별적 삶의 프로젝트로 여길 수 없었다. 마치 그것은 스파게티 스트레이너를 거푸집으로 삼아 액체를 동결시키려는 것과 같았다.

그러나 진정성의 시대에 들어와 이 모든 것이 변했다. 자아는 완충되었다. 테일러는 "완충된 자아는 더는 마귀, 영혼, 주술적 세력을 두려워하지 않는 행위자다. 보다 급진적으로 그런 것들은 더는 악영향을 끼치지 않는다. 그것들은 존재하지 않는다. …… 그것들이 제공하는 그 어떤 위협이나 의미도 [우리에게] '이르지 않는다.'"[10] 자아가 완충되고 우리의 스파게티 스트레이너에 있는 모든 주술과 초월의 작은 구멍들이 퍼티(putty, 벌어진 틈새를 메꾸거나 움푹 팬 곳을 채우는 일종의 접착제—옮긴이)로 채워져서 그런 현실이 배제될 때, 우리는 문화와 그 추정된 틀이 어떻게 우리를 형성하는지를 인식한다. 우리는 실제로 형성된다. 완충된 자아인 당신은 언제나 가족, 사회, 계급, 종교(이 모든 것이 문화적으로 엮어 있고 초월을 결여하고 있음에 주목하라)의 추정으로 인한 압력에 맞선다. 이런 압력은 당신의 자아의 틀을 비틀고 변속시키면서 당신을 이런저런 방향으로 형성한다.

그러나 이것은 비진정성의 범죄다. 이런 압력은 당신에게 일어나고 있다. 그리고 완충된 자아인 당신에게 일어나는 것은 그것과 당신 자신이 품고 있는 갈망 사이에 아무런 연관성이 없기에 범죄다. (좋든 나쁘든) 거의 모든 일이 늘 다공성(多孔性) 자아로 되돌아가기 위해 당신에게 일어났고 당신을 현재와 같은 전개 상황 속으로 몰아넣었다. 테일러는 그것을 이렇게 말한다. "[진정성이라는 말로] 내가 의미하는 것은 18세기의 낭만적 표현주의와 함께 출현한 삶에 대한 이해다. 그것은 우리 각자가 자신의 인간성을 실현하는 나름의 방식을 갖고 있다는 것, 외부로부터, 사회에 의해, 혹은 앞선 세대에 의해, 혹은 종교적 혹은 정치적 권위에 의해 우리에게 부과된 모델에 순응하기보다는 우리 자신의 모델을 발견하고 그것을 살아내는 것

---

10 *Ibid.*, 135.

1. 지루한 교회와 진정성 추구

이 중요하다는 것이다."[11]

우리가 이런 변환과 변속에서 벗어날 길은 없다. 우리는 우리가 살아가는 문화적 현실에 의해 형성된다. 하지만 이런 완충된 자아의 특성을 통해 우리가 할 수 있는 것은 이런 압력을 폭로함으로써 전복시키는 것이다. 우리는 섹스, 마약, 로큰롤을 사용해 우리의 마음을 열어 오늘 우리가 얼마나 억압적으로 형성되고 있는지 볼 수 있을 뿐 아니라, 또한 새롭고 보다 진정한 형성을 상상할 수 있다. 우리는 우리의 참된 자아를 발견할 수 있고 진정으로 **우리가** 원하는 대로 살 수 있다. 섹스는 우리를 종교라는 금욕적 억압으로부터 해방시키고, 마약은 우리의 마음을 열어 그것의 억압을 볼 수 있게 하고, 로큰롤의 해체된 즉흥적 연주는 문화적 순응의 변환과 변속을 드러내고 그것에 맞서게 해준다.[12]

오늘날 신앙 형성을 우리의 목표로 이야기하는 것(그것은 필요하다)은 우리의 발이 얼마나 정확하게 진정성의 시대에 놓여 있는지를 인식하는 것이다. 우리가 신앙 형성에 관해 말하는 이유는 우리가 진정성의 공기를 마시고 있고 (젊었거나 늙었거나) 모두가 선택해야 할 자기 나름의 개인적인 길이 있다고 가정하기 때문이다.

오늘 우리가 신앙 형성에 관해 말하는 이유는 우리 모두가 순

---

11 *Ibid.*, 475.

12 Taylor는 새로운 성적 관습이 진정성의 시대를 얼마나 심화시켰는지를 설명한다. "그러나 이 모든 것은 1960년대의 문화 혁명에 의해 강화되었는데, 단지 더 많은 이들이 종교 윤리 중 많은 것에 반대하는 입장을 취했다는 점에서만이 아니라, 새로운 성적 관습이 훨씬 더 강력하게 그것에 맞서며 대립했다는 점에서도 그러했다." *ibid.*, 492.

웅, 의무, 권위의 언어를 불편하게 여기기 때문이다. 과거에는 당신의 의무를 행하는 것이, 당신이 기사였든 농부였든 상관없이, 당신을 초월의 신비 속으로 이끌고 또한 그것으로부터 당신을 보호해 주었다. 테일러가 지적하듯이, "오늘날 많은 이들에게 어떤 외부의 권위에 순응하기 위해 자신의 길을 포기하는 것은 영적 삶의 형태로 이해할 수 있는 것으로 보이지 않는다. 어느 뉴에이지 축제에서 어느 연설가가 한 말을 빌리자면, 오늘날의 명령은 '오직 당신 자신의 내면의 자아에 호소하는 것만 받아들이라'는 것이다."[13]

진정성 시대의 도덕주의적 치유적 이신론(MTD)

우리가 도덕주의적 치료적 이신론의 도래를 이해할 수 있는 것은 진정성의 시대라는 보다 큰 틀 속에서다. 종종 우리는 MTD를 신앙 형성이라는 정원 속으로 침투해 들어오는 잡초로 여긴다. 그러나 MTD는 그 자체가 나름의 복잡한 역사적·철학적 토대를 지닌 복잡한 견해이고, 여기서 내가 그것을 다 설명할 수는 없다. 어떤 이들은 과연 MTD가 실제로 문제인지에 대해 의문을 제기하고 있으나, 나는 청년 사역, 기독교 교육, 그리고 실천신학 분야에서 속한 이들 대다수의 입장을 따라 그것을 잡초로 여길 것이다(그러하기에 이 책에서 그것은 거듭해서 신앙 형성의 분투와 긴장에 대한 예로 제시될 것이다).

그것을 문제로 여기는 이들은 종종 그것을 진정성의 시대라는 이보다 넓은 이해의 범위에서 분리된 자기폐쇄적인 종(self-enclosed

---

13 *Ibid.*, 489.

species)으로 여긴다. 이보다 넓은 이해의 범위가 없다면, MTD는 신앙에 대한 우리의 정통적이고 성경적인 개념들 가운데서 자라는 잡초처럼 보인다. 우리는 그것을 그곳에 있으면 안 되는 식물로 상상한다. 하지만 이것은 우리의 속임수다. MTD는 잡초가 아니라 진정성 시대의 토양에서 자라는 토종 식물일 수 있다. 그래서 그것을 뽑아내기가 그토록 어렵다. 우리가 MTD와 더불어 씨름하는 것은 우리가 초월에 대한 믿음이라는 핵심적 영양소를 잃어버렸음을 깨닫지 못하기 때문이다. 우리의 진정성 시대가 경험을 핵심적인 것으로 만드는 반면(이것은 좋은 일이다), 우리는 이런 경험들이 계층화된 현실과 살아 계시고 초월적인 하나님과의 만남에 관해 말하는 방식을 찾지 못했다. 진정성의 시대는 모든 것을 자연적이고, 물질적이고, 문화적인 것으로 만들면서 개인들이 진정으로 그들 앞에 있는 다른 모든 것보다 기독교 신앙의 길을 택하도록 설득하는 신앙 형성의 견고하고, 결과적이며, 중요한 과정을 추구하도록 이끌었다.

젊음이라는 우상

그러나 이어서 이것은 우리가 진정성의 시대를 젊음과 연결시키도록 이끈다. 19세기와 1960년대의 차이, 그리고 진정성을 아방가르드(avant-garde, 예술, 문화, 사회에 대한 실험적이거나 급진적이거나 비전통적인 작업과 작가 모두를 이르는 말―옮긴이)로부터 대중에게 넘길 수 있었던 것[14]은 진정성의 추구가 대중에게 전파될 이상적인 매개체를 찾

---

14 '진정성의 윤리'가 어떻게 '사회 일반의 외관을 형성하기' 시작했는지를 보려면, *ibid.*,

왔기 때문이다. 그 매개체란 젊음을 성취된 진정성의 참된 표현으로 선전했던 청년들이었다.

진정성의 시대에 젊음이란 당신이 혹은 당신의 운동이나 공동체가 필수적이고 중요하다고 주장하는 특별히 강력한 방식이다. 젊음이란 젊은이들 자신을 후견이나 지지를 필요로 하는, 혹은 깊은 영적 통찰을 가진 이들로 여기면서 그들을 높이고 포용하는 움직임이 아니다. 오히려 본서의 1부에서 역사가 보여 주듯이, 젊음은 진정성 자체에 대한 일종의 유명인 보증(celebrity endorsement, 유명인의 명성이나 지위를 사용해 제품이나 브랜드나 서비스를 홍보하는 광고 캠페인 또는 마케팅 전략의 한 형태—옮긴이)이다. 그 클럽(혹은 밴드 혹은 상점 혹은 정당)은 그것이 힙하기에 진정하다. 그리고 우리는 그 클럽이 젊고(젊음의 성향으로 가득 차 있고) 멋진 친구들이 그것을 좋아하기에 그것이 힙하다는 것을 안다. 모든 상품과 정치인은 젊게 보이고 싶어 하며 18세에서 35세 사이의 시장에 절망적으로 매달리는데, 이것은 그들의 소비력이 기하급수적이어서가 아니다. 만약 돈이 주된 문제라면, 모두가 60세에서 80세 사이의 시장에 호소하는 게 나을 것이다. 그럼에도, 비록 그들의 재량 지출 능력이 최소치일지라도, 모두가 18세에서 35세 사이의 사람들을 원하는 것은 그들이 젊기 때문이다. 젊음은—토머스 프랭크(Thomas Frank)가 아래에서 더 직접적으로 밝히겠지만—모든 것을 정당화한다. 젊음보다 나은 마케팅은 없다. 만약 청년들이 어떤 하찮은 상품이나 정치인을 좋아한다면, 그것은 진정한 것이

475를 보라.

다. 그리고 진정성은 우리 시대의 왕이다.

교회와 젊음

교회 역시 젊음을 추구하는 것처럼 보인다. 우리가 잃어버린 것이 교인들이나 돈이 아니라고 보기 때문이다. 우리 시대에 우리가 잃어버린 것은 금보다도 귀하다. 그것은 진정성이다. 그리고 그것을 되찾는 유일한 길은 젊은이에 대한 존경과 그들의 참여를 통해서다. 즉 젊은 영혼을 포획하는 것을 통해서다. 그러므로 지난 50여 년 동안 청년 집단과 가장 많이 닮고자 했던 교회들이 가장 큰 성공을 거둔 것은 놀랄 일이 아니다. 그것은 그들이 진짜인 것처럼 보였기 때문이다. 그들은 젊음의 영을 지니고 있다. 1998년에 영화관 모습으로 교외 지역에 세워진 교회가 도심에 있는 200년 묵은 고딕 건물보다 더 진짜처럼 보일 수 있다는 것은 이상한 일이다. 그러나 진정성은 젊음과 묶여 있기에 그럴 수 있다.

젊음이 진정성의 척도가 될 때, 신앙 형성은 언제나 어려워진다. 그것은 우리가 MTD라는 질병과 맞서 싸우기 때문만이 아니라, 보다 넓게는 우리가 살아가는 상황이 하나님의 행동을 최소화시키기 때문이다. 그 과정에 대한 우리의 이해와 신앙 형성에 대한 우리의 열정이, 우리도 알지 못하는 사이에, 그것을 자멸적인 것으로 만들면서 우리가 구축하기 위해 열심히 노력하는 바로 그것을 파괴하는 벌레의 틈입을 허용한다. 우리가 신앙을 젊음의 진정성과 연결시킬 때, 우리는 젊음 자체를 신앙의 척도로 삼는다. 우리는 젊음이 가는 곳에 진정성도 간다고 지지하고 확언한다. 그런 다음 우리는 마케터 못지않게 젊음이 진정한 것의 기준을 정한다고 선언한다.

하지만 이로 인해 도시 안으로 트로이의 목마가 들어오게 되었다. 왜냐하면 우리는 젊음을 통해 신앙을 정당화하려고 노력했기 때문이다. 우리가 우리의 조직에서 아무리 많은 MTD를 떼어냈을지라도, 그것은 더욱더 즉각적으로 자라날 것이다. 왜냐하면 그 혈류 안에 진정성으로서의 젊음이 있기 때문이다. 이것은 젊음의 방향이 재설정될 때 신앙의 진정성이 의문시됨을 의미한다. 우리의 신앙 형성 과정은 젊음과 진정성의 융합을 단언함으로써 스스로에게 해를 입힌다. 우리가 '신앙' 앞에 형용사를 붙일 때, 우리는 그렇게 함으로써 이른바 참된 신앙과 피상적 신앙을 구분하는데, 일단 우리가 그런 이분법을 확립하면(그런 후에 조심하며 반성하지 않는다면), 갑자기 젊음이 진정성의 척도가 된다. 그러면 신앙 형성은 젊음이라는 주인을 섬기게 된다.

이것은 일단 당신이 젊음의 자기 인식에서 떠나면 신앙 자체의 목적과 의미를 잃어버린다는 것을 의미할 수 있다. 혹은 더 가능성 있는 것은, 일단 젊음을 진정성의 척도로 허용하고 나면, 보다 역동적인 형태의 젊음이 신앙을 비판하는 일에 휘둘릴 때 그것은 더욱 진정한 것으로 인식되면서 신앙 자체를 어리석은 것으로 만들 것이다. 그러므로 많은 젊은이들이 대학에서 신앙을 '포기하는데', 그것은 우리가 그들에게 진정한 신앙을 제공하기에 충분할 만큼 열정적이지 않아서가 아니라, 우리가 신앙을 젊음과 융합하는 데 성공해서 젊음 자체를 진정성의 척도로 강조하기 때문이다.

대학에서 기독교에 대한 비판이 더 진정한 것처럼 보이는 것은

1. 지루한 교회와 진정성 추구

그런 비판이 종교를 억압적이고 무지한 유행병 정도로 여기면서 더 젊어 보이기 때문이다. 성교, 폭음, 그리고 흥청거림 같은 삶의 방식은 진정성의 정점이기에 훨씬 더 형성적이다. 왜냐하면 그것은—세스 로건(Seth Rogen, 캐나다의 배우이자, 영화 제작자, 영화 감독, 각본가—옮긴이)의 영화들을 통해 예시되듯이—당신이 젊을 때 행하는 것이고 젊지 않을 때 바라는 것이기 때문이다. 진정성의 시대에 당신이 할 수 있는 최악의 일은 당신의 젊음을 낭비하는 것이다.

그동안 교회에 속한 우리 역시 젊음을 칭송해 왔기에 우리는 동일한 비판에 우리 자신을 노출시켜 왔다. 우리는 젊은이들이 기독교를 비판하는 일에 넘어가거나 파티 현장을 선택한다고 한탄하지만, 어느 의미에서 이것은 젊음이야말로 진정성의 보증이라고 확언함으로써 우리가 그들을 위해 세워 준 기준이다. 혹은 다른 방식으로 말하자면, 그동안 우리가 젊음과 융합되어 왔기에, 오늘날 신앙을 정당화하는 것은 사고와 실천의 지혜를 통해 식별되는 하나님의 활동에 대한 경험이 아니라 파괴의 흥분이다. 재건하고자 하는 그 어떤 갈망도 없이 파괴하는 것이 젊음의 정점이다. 그리고 젊음이 진정성의 척도이기에 허무는 것이 정당화에 이르는 길이라고 오해된다. 이런 상황에서 젊기에 생생하다고 간주되는 신앙은 사실상 젊음 그 자체의 권위에 의해 공격당하고 찢긴다. 신앙을 파괴하는 것이 진정성의 궁극적 행위가 된다.

이런 것은 심각한 주장이다. 너무 심각해서 거기에 살을 붙일 수 있는 유일한 방법은 젊음이 어떻게 진정성의 시대에 핵심적 전략이 되었는지에 관한 이야기를 하는 것뿐이다. 그 이야기는 단지 교

회 자체—특히 미국의 개신교—가 어떻게 젊음에 매료되었는지뿐
아니라, 어떻게 그것이 (특히 젊은이들의) 신앙 형성과 관련해 수많은
문제와 사각지대를 만들어 냈는지 밝히게 될 것이다. 그런 사각지대
는 우리가 성령보다 젊음의 영을 쫓고 하나님의 활동보다 문화적 정
당성을 추구하도록 이끈다.

1. 지루한 교회와 진정성 추구

2

젊음의 역사

진정성의 시대가 어떻게 밝아 왔는지 이야기하는 것은, 어쩌다가 우리 문화사의 흐름이 우리 중 다수로 하여금 삶의 목표를 어떤 외적 권위가 아니라 우리 자신의 개인적 의미와 목적에 대한 내적 추구로 보게 했는지를 살피는 일이다. 진정성의 시대는 우리가 밖에 있는 그 무엇이 아니라 오직 우리 스스로가 의미 있다고 여기는 것에 의해서만 이끌려야 한다고 주장한다.

젊음은 '**나에게** 말하는 것'이라는 새로운 목표를 따르기 위해 외적 권위(심지어 하나님의 행동)를 부정하기 위한 20세기 후반의 핵심적 전략이 된다. 젊음은 진정성을 얻기 위한 방식으로 섹스, 마약, 소비 같은 특별한 사회적 관행들을 제시한다. 역사적으로 볼 때, 젊음이 진정성을 얻기 위한 핵심 전략이 된 것은 당연하지 않았다. 게다가 오늘날에도 젊음 밖에서 진정성을 추구하는 다른 방식들—가령 비거니즘(veganism)처럼 엄격한 식단 관리—이 존재한다. 그러나 이제 곧 우리가 보게 되겠지만, 젊음은 초월에 맞서는 특별한 입장을 취하면서 하나님의 행동을 더욱 믿기 어려운 것으로 만든다. 그리고 이것은 신앙 형성을 더욱 어렵게 한다.

그러므로 젊음에 관한 이야기를 하는 것은 젊음을 20세기라는 배경 안에서 살펴보는 것이다. 그리고 20세기에 관한 이야기는 세계대전—그로 인한 결과로 불과 100년 동안에 다른 모든 것을 끌어당기고 변형시킨 것처럼 보이는—을 빼놓고는 불가능하다. 20세기는 놀라운 기술적, 지리적, 종교적 변화로 점철된 100년이다. 이런 변화는 신앙의 조건 자체에 급격한 변화를 가져왔고, 우리가 자신을 해방시켜 의미와 의의에 이르는 우리 자신의 길을 찾고자 했을 때 하나님의 행동을 더욱더 믿기 어려운 것으로 만들었다.

제1차 세계대전은 모든 전쟁을 끝내는 전쟁이 되어야 했다. 그러나 유감스럽게도 그것은 수십 년 후에 유럽이 다시 불타오르며 새와 잔해더미 속에 시체를 남기는 유혈 충돌을 위한 조건을 만들었을 뿐이다. 그 전쟁이 전쟁을 끝내지 못했더라도, 그 전쟁의 악몽과도 같은 쌍둥이 전쟁이라도 그래야 했다. 하지만 그 전쟁 역시 그러지 못했다. 전쟁은 처음에는 냉랭해졌다가 그 세기의 마지막 10년 동안 다시 뜨거워지면서(이번에는 석유를 두고 싸움이 벌어졌다) 20세기 내내 서구의 지속적인 성향이 되었다.

세계대전은 모든 전쟁을 끝내는 전쟁이 아니었다. 그러나 제2차 세계대전은 특히 우리가 알고 있던 구세계를 종식시키고 진정성의 시대와 젊음에 대한 집착의 시대를 여는 전쟁이었던 것으로 보인다. 미국은 1942년에 너무 새롭고, 너무 멀리 있고, 또한 자신을 높이 생각하기에는 경제적으로 너무 침체되어 있던 분리주의 국가로서 전쟁에 참여했다. 그러나 그 전쟁이 끝났을 때, 우리의 소년들은 세상을 해방시켰다. 그뿐만 아니라 원자 폭탄의 투하와 더불어 우리

2. 젊음의 역사

의 기술은 세상 안에서 인간의 위치를 무섭게 변화시켰고, 마침내 우리의 경제적 불황도 끝났다.

그 전쟁 이후 거의 20여 년 동안 우리는 영광스러운 승리의 빛 안에서 쉼을 얻었다. 그러나 그 그늘 안에 두 개의 무서운 악몽이 도사리고 있었는데, 그 둘은 서로 연결된 채 늘 우리를 위협하는 것처럼 보였다. 첫째는 경제적 불황으로 돌아가는 것에 대한 두려움이었고, 둘째는 뚜렷한 경제체제의 대표자와의 전쟁에 대한 두려움이었다. 이 두 가지 악몽은 대부분의 사람을 긴장시켰다. 근심은 만성적으로 고조되었고, 심지어 전쟁 사이의 수십 년 동안에는 상상조차할 수 없었던 새로운 풍요가 나타났을 때조차 그랬다. 우리는 또한 전쟁이 실제로는 전혀 끝나지 않았음을 깨달았고, 나치에 맞섰던 이전의 연합국들이 고조되는 갈등 속에 서로를 향해 돌아섰을 때 도리어 냉전 상황으로 접어들었음을 깨달았다.

이 냉전은—한국전쟁은 예외다—(18세 소년들이 베트남에서 피를 흘렸던 1965년 이전까지는) 외국 땅에서 군화를 신고 싸우는 싸움이 아니라 주로 새로운 소비 사회를 통한 싸움이었다. 우리는 새로운 대중 사회를 통해 그 두 가지 악몽—경제적 불황과 잠재적인 외국과의 전쟁으로 돌아가는 것—모두를 누그러뜨릴 수 있었다.

케인즈 경제학이라고 불리는 개념이 나타나 경제 성장과 힘을 위한 동력이 소비자의 지출에 있다고 주장했다. 프랭클린 델러노 루스벨트(Franklin Delano Roosevelt)는 대공황이 정점에 있던 1933년에 국민들에게 돈을 침대 밑에 숨기지 말고 은행에 맡김으로써 메마른 경제가 살아나 움직이는 데 필요한 유동성을 공급하라고 권고했다.

전후의 도전은 모든 시민을 지속적인 구매자, 즉 작은 소비의 물줄기로 만들어 산업이 지속되게 하는 것이었다. 이 작은 물줄기가 모였을 때, 미국 경제는 역사상 그 어느 나라도 본 적이 없었던 거친 강이 되었다. 미국이 전후에 초강대국이 된 것은 부분적으로는 제분소, 공장, 그리고 군대를 움직일 만한 인력을 갖고 있었기 때문이지만, 그보다는 소비라는 거친 강에서 경제적으로 그 사회를 떠받쳤던 수많은 소비자들을 보유하고 있었기 때문이었다.

의무를 다하는 남녀들

미국은 언제나 젊은 나라, 즉 젊은 낙관주의가 몽상가와 방랑자들을 이끌고 새로운 경제적 이점에서 자유를 약속하는 나라였다.[1] 행복 추구를 자신들의 권리라고 믿는 이는 마음이 젊은 것이다.[2] 그러나 미국은 20세기 후반보다 전반에 훨씬 더 '늙었었다.' 단지 베이

---

1 "젊음을 맹목적으로 숭배하는, 그리고 그것의 대중문화가 Norman Podhoretz가 '청소년에 대한 유독한 미화'라고 불렀던 것을 촉구하는 젊은 나라로서의 미국이라는 인습적인 이미지는 또한 그 나라가 여러 방식으로 현대의 국가들 중 가장 오래된 국가 중 하나라는 사실을 흐리게 만든다. 예컨대, 그 나라의 헌법은 현존하는 그 어느 나라의 헌법보다도 오랫동안 지속되었다. 그것 하나만으로도, Aaron Hall이 1759년에 행한 연설에서 말했듯이, '세대의 지혜가 [그것에] 섞여 있다'고 주장할 수 있을 것이다." Robert Pogue Harrison, *Juvenescence: A Cultural History of Our Age* (Chicago: University of Chicago Press, 2014), 102.

2 "나는 여기서 비유를 바꿔서 젊음이 미국 문화의 보편주의에 대한 비밀을 갖고 있다고 주장하고 싶다. 지구상의 어떤 사회도 미국의 젊은 상상력과 그에 걸맞은 젊은 에너지, 색깔, 형태, 제품, 그리고 서사적 자유에 근접하지 못하며, 이 모든 것은 우리 본성에서 가장 유형성숙한(neotenic, 성적으로 완전히 성숙된 개체이면서 비생식 기관은 미성숙한 현상—옮긴이) 혹은 어린아이 같은 것에 직접적으로 호소한다. 미국이 다른 모든 문화의 관점에서 이해할 만한 반면 그 관점에서 다른 어떤 문화도 이해할 수 없다는 것은, 젊음이 성인들에게 이해되지만 젊음이 성인 됨을 이해하지 못한다는 사실에 의해 설명될 것이다." *ibid.*, 147.

비붐이 일어나기 전에 순전히 인구 통계적 측면에서만이 아니라 성향의 측면에서도 그랬다. 젊음은 전쟁 전에는 거의 관심을 끌지 못했다(아마도 1920년대에는 소규모로 그러했을지 모르지만, 대부분의 경우 젊음은 특별한 호소력을 갖지 못했다). 미국은 정력적으로 젊었고 낙관적이었으나 진정성의 시대는 아직 밝지 않았고 젊음은 묶여 있었다. 모험심과 혼합된 의무, 구속, 그리고 권위가 미국적 삶의 조건을 정했다.

제2차 세계대전 기간에 징병제가 시행되었다. 하지만 그것에 대한 논의는 거의 없었는데, 그 이유는 실제로 남자들을 동쪽과 서쪽으로 보내 싸우다 죽게 한 것은 징병제가 아니라 의무와 책무였기 때문이다. 조국을 위해 생명과 신체를 위험에 빠뜨리라는 (다시 말해, 그런 의무를 지라는) 요구를 받을 때까지 기다리는 것은 진정성의 시대 이전에는 터무니없는 일이었다. 그러나 청년들이 징병 카드와 브래지어를 불태웠기에 징병제는 베트남전에 대한 반감과 저항의 핵심적 요소였다. (물론 이런 구별된 대응에 있어 우리는 그 갈등의 인지된 정당성을 고려해야 하고, 또한 작고 약한 나라의 느리지만 지속적인 상승과 진주만에 지옥의 폭탄을 떨어뜨린 기습 사이의 차이를 고려해야 한다.) 우리는 그 오명의 날 이전에 유럽이나 심지어 그 이후에도, 유럽이나 태평양에서 전쟁이 베트남에서 그랬던 것만큼 인기가 있지는 않았다는 것을 잊지 말아야 한다(프랭클린 루스벨트는 나라를 갈등 근처 어느 쪽으로도 움직이는 것을 지지하지 않았고, 그가 그런 쪽으로 조금이라도 발을 떼면 탄핵 논의가 뒤따랐다). 그러나 아직 징병 카드와 브래지어를 불태우지는 않았다! 1960년대에 성냥처럼 폭동의 불을 당긴 것은 진정성—그 어떤 의무나 책무가 아니라 당신 자신의 길, 즉 당신 자신의 갈망과 바람이 당신을 이끌어야 한다는 개념―의 도래였다.

그레이스 팰러디노(Grace Palladino)는 1966년에 학생들이 했던 말을 인용하는데, 그것은 의무의 시대가 어떻게 진정성의 시대에 길을 내주었는지(그리고 아래에서 보게 되겠지만, 어떻게 보헤미안적 에토스가 젊은이들에게 영향을 주어 젊음 자체를 진정성의 척도로 만들었는지)를 극명하게 보여 준다. "학생 시위대가 동의했다. 1996년에 '만약 내가 입대하고 싶지 않다면, 나는 입대해서는 안 된다'고 어느 19살 먹은 대학생이 잡지 〈룩〉(Look)을 통해 말했다. '나는 징집위원회가 입대를 원하는 이유를 묻는 예술가와 작가들로 이루어져야 한다고 생각해요. 전쟁은 무서울 정도로 어리석은 일이기 때문이죠. 나는 조국을 위해 봉사할 거예요. [그러나] 내 방식으로 그럴 겁니다'라고 그가 덧붙였다. 어떤 대통령도 그에게 부도덕한 전쟁에 참가해 사람들을 죽이라거나 죽으라고 강요해서는 안 된다."[3]

브래지어가 징병 카드와 함께 불태워진 것은 개인의 갈망의 진정성과 상관없는 책무와 의무에 함께 반대하기 위한 방법이었다. 전쟁과 동시에 성적 관습에 항의하는 것은 이치에 맞았다. 두 경우 모두 **나의** 진정성에 반대하는 당국에 대한 항의였기 때문이다.

제2차 세계대전 시대의 남자와 여자들은 가장 위대한 세대로 간주된다. 그리고 그들의 위대함은 그들이 마주해야 했던 역사적 순간에 의해 정당화된다. 그러나 이 위대함은 또한 단지 우리의 인식

---

3   Grace Palladino, *Teenagers: An American History* (New York: Basic Books, 1996), 217.

에 묶여 있다. 우리는 이런 남자와 여자들을 진정성의 시대라는 프리즘을 통해서 진정성 시대 직전의 마지막 세대로 본다. 우리에게 그들이 위대한 것은 그들이 우리가 상상할 수 없는 무언가를 했기 때문이다. 그들은 자아의 갈망 대신 의무와 책무를 따랐다. 그들은 표현적 개인주의가 아니라 의무의 추구를 통해 동원되었다. 진정성의 시대의 깊은 곳에서 보자면, 이것은 우리 중 다수가 따르기를 상상할 수조차 없는 위대함이다. 죽는 것보다 나쁜 무언가(당신의 의무로부터 도망치는 것)가 있다고 믿는 것은 오늘날 우리가 공유하기 어려운 사회적 이미지다.[4]

소비할 의무

그러나 무엇이 이런 변화를 초래했는가? 무엇이 진정성의 시대를 동터 오르게 했는가? 비록 앞선 의무의 세대(generation of duty)에 속한 많은 이들이 프랑스의 시골 울타리 사이에서 혹은 태평양의 따뜻하고 푸른 물속에서 가슴에 총알을 맞고 비극적으로 죽기는 했으나, 또한 많은 이들이 살아남아 고향으로 돌아갔다.

---

4 Taylor는 이렇게 말한다. "개인들이 행위의 보다 큰 사회적 우주적 지평과 함께 중요한 무언가를 잃어버렸다는 우려가 거듭해서 표현되었다. 어떤 이는 이것을 삶의 영웅적 차원의 상실이라고 썼다. 사람들은 더는 드높은 목적에 대한 의식, 즉 그것을 위해 죽을 수 있는 무언가에 대한 의식을 갖고 있지 않다. Alesis de Tocqueville은 때때로 지난 세기에 사람들이 민주주의 시대에 추구하는 경향 있는 '자질구레한 세속적 쾌락'(petits et vulgaires plaisirs)을 언급하면서 그렇게 말했다. 달리 표현하자면, 우리는 열정의 결핍을 겪고 있다. Kierkegaard는 '현시대'를 이런 측면에서 보았다. 그리고 Nietzsche의 '마지막 인간들'이 이런 쇠퇴의 최하점에 있다. 그들은 '가련한 위로' 외에는 삶에 대한 아무런 갈망도 갖고 있지 않다." Charles Taylor, *The Ethics of Authenticity* (Cambridge, MA: Harvard University Press, 1991), 4.

1960년대 후반에 제기된 세대 차이는, 의무라는 틀에 의해 사회적 이미지(세상이 작동하는 방식에 대한 그들의 인식)가 형성된 부모들과 진정성이 사회적 이미지인 젊은이들 사이의 충돌과 깊은 관련이 있었다. 오늘날 우리는 여전히 세대 차이에 대해 걱정한다. 하지만 대개 이런 우려는 단지 기술이나 오락의 차이에 관한 것이다. 대부분의 경우, 부모와 자녀들의 사회적 이미지는 다르기보다는 유사하다. 둘 다 진정성을 추구한다. 오늘날 부모들은 혹시나 자신이 자녀들에게 너무 적은 의무를 기대함으로써 그들을 타락시키고 있지는 않은가 하며 순간적인 불안을 느낀다. 그러나 결국에는 진정성에 대한 사회적 이미지가 너무 강하다. 그리고 부모 됨은 자녀들을 의무감으로 충만한 시민이나 교인이 아니라 진정한 그들 자신이 되도록 돕는 것이다.

그러나 다시 물어보자. 제2차 세계대전 이후에 의무의 시대를 지나 온 남자와 여자들 위로 그리고 그들에 맞서서 진정성의 시대가 동터 오르도록 문을 열어젖힌 것은 무엇일까? 놀랍게도 그것은 의무 자체였다. 의무의 시대를 지나 온 남자와 여자들은 전쟁에서 이겼다. 세상에 지옥이 내려오는 것을 지켜보았던 그들은 그저 자신들의 의무를 계속하기를 바랐다. 그들은 전례가 없는 제대군인재조정법(GI Bill, 제2차 세계대전 참전용사들에게 다양한 혜택을 제공하는 법안—옮긴이)의 도움을 받아 교육을 받고, 자신의 집을 소유하고, 대가족을 이루기를 바랐다.[5] 교외로 이사하고, 새 차를 몰고, 녹색 잔디밭에서 어

---

5 Victor Brooks는 이렇게 말한다. "제대군인재조정법(The Servicemen's Readjustment

린아이들이 뛰놀게 하는 것은 그들의 의무이자 보상이 되었다.

이어서 진정성을 위한 문을 연 것은 소비자 사회(consumer society)였다. 진전성의 시대를 낳은 것은 구매할 의무였다. 그들 자신이 지출의 흐름이 되는 것이 의무의 시대를 지나 온 남자와 여자들의 책무가 되었다. 유럽과 태평양 전역에서 총과 수류탄을 집어들었던 그들이 냉전 시대에 취한 무기는 택지 주택, GE의 냉장고, 그리고 뷰익(Buicks, 제너럴모터스의 고급 브랜드 중 하나—옮긴이) 등이었다.

벌지대전투(Battle of the Bulge, 제2차 세계대전 때 독일군 최후의 대반격에 대해 연합군이 붙인 이름—옮긴이)와 달리, 이 싸움은 사실상 **좋게 느껴졌다.** 전투원들은 동상을 입기는커녕 각종 인스턴트식품과 〈아버지가 가장 잘 아신다〉(*Father Knows Best*, 1949년에 시작된 미국 시트콤—옮긴이) 같은 오락 프로그램을 얻었다.[6] 그럼에도 그것은 이전과 같은 의무였다. 적군이 더는 발판을 얻지 못하게 하는 가장 확실한 방법은, 개인의 소비와 연방의 방위비 지출을 통해 미국의 경제를 계속해서 흥청거리게 하는 것이었다. 사람들의 의무는 일과 소비를 통해 대중사회에 참여하는 것이었다.[7]

Act)은 1944년에 통과되었고 즉시 일상에서 'GI Bill'로 축약해서 불렸다. 1,500만 명 이상의 남자와 여자들이 그 법령하에서 교육 혜택을 받았다. 거기에는 전역자가 선택하는 교육기관의 등록금 전액, 독신 학생에게는 매월 35달러, 결혼한 이에게는 90달러, 그리고 자녀를 가진 학생에게는 매월 120달러의 연금이 포함되었다." *Boomers: The Cold-War Generation Grows Up* (Chicago: Ivan R. Dee, 2009), 20.

6 '소비자 혁명'에 대한 Taylor의 묘사를 위해서는, *A Secular Age* (Cambridge, MA: Belknap Press of Harvard University Press, 2007), 474를 보라.

7 David Brooks는 이런 충돌에 대해 의미심장한 배경 설명을 제공한다. 그는 다음과 같이 말한다.

진정성의 시대는 소비자의 의무라는 행위를 통해 무대 안으로 들어왔다. 한 세대가 소비자 사회의 자궁 안에서 성인이 되었을 때 (가령 베이비부머들), 소비와 의무를 위태롭게 연결하던 끈이 끊어지고 진정성이 우리의 새로운 사회적 이미지가 되었다.

1950년대: 순응과 소비

1950년대는 의무의 마지막 시대였다. 1950년대로 돌아가 보면, 19세기와 빅토리아식 청교도주의 이후로는 볼 수 없었던 방식으로 의무의 주가가 치솟았다. 이런 엄격한 의무감이 핵가족과 소비재 같은 새로운 형식으로 나타나기는 했으나, 유사한 것은 순응에 대한 요구였다. 의무는 행동, 태도, 복장에 순응이 있을 때 열정적으로 나타난다. 이러한 것들은 의무가 고도로 조작 가능하다는 표시다.

"1976년에 Daniel Bell은 *The Cultural Contradiction of Capitalism*이라는 영향력 있는 책을 썼다. 그는 자본주의는 두 개의 서로 모순되는 충동 위에 세워진다고 주장했다. 자본주의 사회에서 사람들은 자기를 절제해야 하고 어느 정도 금욕적이 되어야 한다. 그들은 제때에 공장에 나와서 열심히 일해야 한다. 그러나 그들은 또한 탐욕스럽고 쾌락주의적이 되어야 한다. 그들은 계속해서 자기들이 만들어 내는 것을 더욱더 소비하려고 해야 한다. Max Weber를 따르면서 Bell은 한동안 프로테스탄트 윤리가 그 두 가지 충동을 화해시켜 하나의 믿음 체계 안으로 몰아넣었다고 여겼다. 그러나 Bell은 프로테스탄트 윤리가 시들어 가고 있다고 주장했다. 그는 자제력이 사라진 세상을 예견했다. 그는 두 가지의 주된 요인을 지목했다. 하나는 낭만주의 문화다. 그것은 감각, 해방, 그리고 자기 계발을 위해 질서, 인습, 전통을 파괴하고자 했다. 다른 하나는 계속해서 보다 높은 단계의 소비를 촉진하려는 자본주의의 필요다. 일단 수치심 없이 막대한 소비자 신용을 얻고 나면, Bell은 주장하기를 사람들은 소비가 자제보다 훨씬 더 재미있다는 것을 발견하고 더욱더 순간의 쾌락을 위해 살기 시작한다. 쾌락주의가 점점 더 검소함을 짓밟고 과시가 점점 더 겸허를 대체한다. Bell이 그리는 미래 세계에서 '문화는 더는 어떻게 일하고 성취하느냐가 아니라 어떻게 소비하고 즐기느냐와 연관되었다'고 그는 썼다." *Bobos in Paradise: The New Upper Class and How They Got There* (New York: Simon & Schuster, 2000], 137.

제2차 세계대전 이후 1960년대 초반까지 순응은 국가적 차원의 강박관념이었다. 공산주의자들에 대한 마녀사냥은 가장 순결한 형태의 자본주의적 순응을 요구했다. 그러나 순응의 실제 엔진은 소비에 있었다. 소비를 통해 순응이라는 중산층적 에토스를 추구하고 유지하는 것이 모든 미국인의 의무였다. 같은 모양으로 지어진 교외의 모든 집은 같아 보였다. 모든 집이 동일하게 흰색 냉장고를 갖고 있었다. 모든 출퇴근하는 아빠들이 회색 플란넬 양복을 입었다. 비록 계급이나 인종적 불평등 때문에 이런 에토스를 얻지 못하는 상황에 있을지라도, 그것을 추구하는 것은 여전히 모든 이의 목표였다. 이런 순응의 대중사회는 경제적 불황과 제3차 세계대전이라는 악몽으로부터 우리를 보호하는 방법이었다.

그러나 의무는 순응의 추구와 함께 무언가 새로운 것, 결국 그것을 완전히 약화시키게 될 무언가를 시도하고 있었다. 의무는 **내재**(immanence)라는 자연적이고 물질적인 영역에 완전히 묶인 채 **초월**(transcendence) 밖에서 움직이려 하고 있었다. 이상하게도 우리가 무신론적인 적과 싸우는 동안, 우리는 승리의 가능성을 소비자들의 대중사회에 두는 내재론적인 승리의 길을 따르고 있었다.[8] 어느 의미에서 근대(즉 유럽의 30년 전쟁 이후)의 모든 전쟁은 초월에 대한 의식 없이 치러졌다. 그런 전쟁들은 국가의 이익을 위한 것이었지 예컨대 신들이나 성전들을 보호하기 위한 것이 아니었다. 그러나 근대의 그

---

8 Joseph Heath와 Andrew potter는 이렇게 말한다. "그렇게 대중사회가 탄생했다. 방송 미디어와 집단 사고의 사생아가." *Nation of Rebels: Why Counterculture Became Consumer Culture* (San Francisco: HarperBusiness, 2004), 25.

런 전쟁들조차 초월에 대한 강한 뒷맛을 제공하는 도덕주의적 책무에 대한 의식을 갖고 있었다.[9] 미국인들은 의로웠고 하나님을 섬기고 있다고 가정되었다. 왜냐하면 독일인들이 침략을 시작했고 파시즘과 자유에 대한 탄압에 미쳐 있었기 때문이다. 미국인들은 전리품이나 땅을 위해서가 아니라 창조주로부터 오는 자유라는 이상(이념)을 위해 싸웠다.

냉전의 갈등은 머리부디 발끝까지 철저하게 이념적인 것이었다. 이런 이념 전쟁에서는 종교 자체가 무기로 사용되었다. 교회의 구성원은 공산주의의 무신론적 입장에 맞서기 위한 요새로서 중요했다. 그러나 1950년대에 이런 의무에 대한 명령의 실제 정신은 초월의 경험과는 아무런 관련도 없었다. 그것은 새로운 제품을 구매하고 소비하는, 대중사회의 기어를 계속해서 작동시키는 내재론적 행위와 연관되었다. 냉전은 순전히 내재론적인 무기들, 즉 희생과 우주적 의미가 아니라 새로운 것에 대한 갈망과 풍요의 추구를 위해서 요구되는 군비들로 싸우는 싸움이었다. 대중사회에 대한 순응은 의무에 대한 명령이 되었다. 이웃의 구매를 따라가는 것이 당신의 국가적 책무가 되었다.

냉전의 아이들

그리스 비극에서처럼 대중사회에서 소비를 필수적인 것으로

---

9 하나의 주목할 만한 예가 베트남 전쟁이다. 그것의 도덕주의적 책무가 사라졌을 때, 그 전쟁은 터무니없는 것이 되었다.

2. 젊음의 역사

만듦으로써 진정성의 시대를 열어젖힌 것은 의무였다.[10] 하지만 그렇게 했을 때, 진정성은 의무에 대해 등을 돌리고 그것을 질식시킬 힘을 얻게 되었다. 대중사회의 풍요는 진정성의 도래를 허락했던 독특한 조건을 제공했다. 젊음은 적절한 조건을 갖추면 핏불(pit bull, 목표물에 대한 집착이 강한 투견에 대한 총칭—옮긴이)처럼 달라붙어 의무의 목을 물고 무자비하게 흔들어 대는, 진정성 안에 들어 있는 열성 유전자였다.

미국 사회에는 청년 인구가 많았던 그리고 사소한 방식으로 뚜렷한 (청년) 문화가 존재했던 다른 여러 시기가 있었다. 하지만 그중 어느 시기도 큰 영향을 끼치지 못했는데, 그것은 충분한 중산층, 즉 그런 풍요를 만들어 낼 만한 대중사회가 존재한 적이 없었기 때문이다. 대중사회는 자동차와 집 같은 상품들을 많은 이들이 누릴 수 있을 만큼 충분히 싸게 만들어 냈다. 그리고 많은 이들이 그러했기에 소비와 구매의 순환을 계속할 수 있게 하는 상향 이동형 일자리가 가능했다(여기서 다시 케인즈의 경제학이 등장한다).

---

10 Christopher Partridge는 이런 의무의 상실을 지적하고 앞에 놓인 길을 예고한다.
"그러므로 Heelas와 Woodhead는, Erich Hobsbawm, Anthony Giddens, 그리고 Charles Taylor를 포함해 여러 유명한 학자들을 따르면서, 그들의 책 *The Spiritual Revolution*에서 그들이 '외적 혹은 "객관적" 역할, 의무 그리고 책무의 측면에서 사는 삶으로부터의 …… 중요한 변화, 그리고 자기 자신이 주관적 경험(개인적인 것만큼이나 관계적인)을 따라 사는 삶을 향한 전환'이라고 믿는 것을 확인한다. 실제로 어떤 목적이 있는 보헤미안적 전환, 즉 사회에서 우리에게 기대되는 것으로부터 주관적 삶과 그것의 가능성의 발전으로 향하는 전환, 우리가 펑크 문화를 통해 1960년대까지 추적해 올라갈 수 있는 전환이라고 묘사될 수 있는 것이 존재한다(비록 물론 우리가 19세기의 보헤미안주의, 대안적 영성, 그리고 전체론으로까지 더 거슬러 올라갈 수도 있지만)." *The Re-Enchantment of the West*, vol. 2, *Alternative Spiritualities, Sacralization, Popular Culture, and Occulture* (London: T&T Clark, 2005), 7.

그러나 미국 경제에서 최초로, 대중사회는 노동시장에서 청년을 필요로 하지 않았다.[11] 덕분에 대다수의 청년(특히 중산층에 속한 이들)이 힘들고 단조로운 일들과 더러운 공장으로부터 자비롭게 해방되었고 잔디가 깔린 교회의 목가적인 공간에서 놀면서 배울 수 있게 되었다. 교외에 집을 갖는 것은 아이들로 가득한 이웃을 미국적 삶의 필수 요소로 만들어 주었다. 대중사회의 순응은 어린 시절을 모든 의무로부터 자유롭고 놀며 즐길 수 있는, 철저하게 보호될 뿐 아니라 심지어 명예롭기까지 한 삶의 시기가 될 수 있도록 안전과 의무로부터 자유로운 교외의 공간을 제공해 주었다.

제2차 세계대전 이후 최초로 미국인 다수가 더는 시골에서 살지 않게 되었다. 시골에서 상황은 안전하고 공간은 충분했으나, 책무와 의무는 늘 무거웠다. 반면에 교외에서의 삶은 어린 시절이 안전할 뿐 아니라 책무나 의무로부터 자유로운 독특한 상황을 허락했다.[12] 어린이들의 일은 대중사회의 산물을 즐기면서 노는 것이었다.

---

11 Kriste Lindenmeyer는 어린이에 대한 이런 관심이 어떻게 1930년대에 시작되었는지를 설명한다. "분리되고 보호되고 보호되는 삶의 단계로서의 어린 시절이라는 현대적 이상은 적어도 19세기 중반부터 존재해 왔다. 그러나 그 모델을 17세기까지의 모든 미국인들을 위한 규범적 경험으로 홍보하는 법적·문화적 틀을 만들도록 자극하기 위해서는 1930년대의 사회적·경제적 혼란이 필요했다. …… 즉 1930년대는 전후에 확산된 미국의 아동기라는 이상을 위한 법적·문화적 인프라를 구축했다." *The Greatest Generation Grows Up: American Childhood in the 1930s* (Chicago: Ivan R. Dee, 2005), 5.

12 Allen J. Matusow는 이렇게 말한다. "1950년대에 미국에 1,300만 개의 새로운 집들이 세워졌는데, 그중 1,100만 개가 교외에 세워졌다. 1940년에는 미국 인구의 20퍼센트가 교외에서 살았던 반면, 1960년에 그 수치는 33퍼센트까지 올라갔다. 미국인들은 도시보다는 교외에서 더 많이 살았다." *The Unraveling of America: A History of Liberalism in the 1960s* (Athens: University of Georgia Press, 2009), xii.

2. 젊음의 역사

제2차 세계대전과 대중사회 이전에 어린이들의 장난감은 그 수와 다양성에서 제한적이었다. 어린이는 한두 개의 장난감을 갖고 있었고, 그것들은 다양하지 않았다. 인형, 나무로 만든 말이나 군인, 그리고 팽이 정도에 불과했다. 어린이들은 더 많은 것을 필요로 하지 않았다. 온갖 의무와 잡일들이 그들이 놀 수 있는 시간을 허락하지 않았기 때문이다.[13]

대중사회에서 장난감은 큰 사업이 되었다. 어린이들의 놀이는 더 많고 더 새로운 장난감에 대한 의무적인 수요로 이어져 대중사회에 도움이 되었다. 엄마와 아빠들이 이웃이 사용하는 새로운 세탁기, TV 세트, 뷰익을 구매함으로써 자신들의 대중사회의 의무를 이행했던 것처럼, 이제는 아이들이 새로운 장난감 권총, 바비 인형, 야구 카드에 대한 수요를 창출했다.[14]

---

13 Lindenmeyer는 이런 주장에 살을 입힌다. 그는 이렇게 말한다. "역사가들이 19세기 후반과 20세기 초의 청년 문화라고 묘사하는 것은 성인용 대중오락의 상업화의 성장과 더불어 발전했다. 소비주의는 1920년대에 지속적으로 성장했으나 대공황 초기에 심하게 어려움을 겪었다. 1932년 가을까지 광고 수익은 절반으로 떨어졌고, 장난감 판매는 곤두박질쳤으며, 미국 영화관의 3분의 1은 문을 닫았다. 광고업자들은 줄어드는 시장에서 생산물을 팔기 위한 새로운 방법을 찾았다. 한 가지 해결책으로 그들은 어린이와 청소년들에게 더 많은 관심을 보이기 시작했다. 그로 인해 그들이 독립된 소비자로서 더욱 중요하게 되었다. 미국 역사상 최초로 10대가 어린이와 어른들로부터 구별된 독립된 시장으로 확인되었다." *Greatest Generation*, 158.

14 Terry H. Anderson은 이렇게 말한다. "추가적으로 1950년대는 다음 두 가지 이유로 행복했다. 아이들과 돈. *Life*는 '아이들: 내장형 불황 치료'라고 선언했다. '폭발적인 출생: 비즈니스 대박.' *Time*은 '1955년은 미국 자본주의의 개화를 보여 주었다'고 선포했다. 그리고 그것은 계속해서 꽃을 피웠다. 그 10년 동안에 국민총생산은 배가되었고, 인플레이션은 낮게 유지되었고, 미국인의 소비는 급증했다. 그 아기들이 자라면서 파이브앤다임(five-and-dime, 염가) 시대는 축제, 즉 '큰 바비큐'가 되었다. 평균적인 가정은 1920년대의 가정보다 7배나 많은 장비들을 갖고 있었다. 부모들은 자신들과 아이들에게 선물을 쏟아부었고 그로 인해 안장 구두, 바비 인형, 45개의 트랙을 지닌 레코드 등 계속해서 유행이 나타났다. 50대 후반에

세분화

대중사회의 소비력을 계속해서 유지하기 위해서는 세분화 (segmentation)가 핵심적이었다. 대중사회의 산물은 특별한 시장, 즉 그것들을 구매하고 사용하는 이들의 구분을 필요로 했다. 세분화를 통해 대중사회의 다양화가 신제품 출시와 판매 호황을 유지할 수 있었다. 세분화는 순응을 뒤엎지 않았다. 오히려 사람들이 자신을 그 안에서 발견하는 부분에서 순응이 살아났다. 이런 세분화는 어린이와 부모들의 구분을 강화했다.[15] 대중사회의 의무는 자신을 소비재에 대한 순응을 중심으로 정의하는 것이었다. 아빠는 러더포드 씨처

부모들은 Hopalong Cassidy, Gene Autry, Roy Rogers, Wyatt Earp 및 Cisco Kid와 같은 브랜드의 장난감 총, 부츠, 가죽 바지, 올가미 밧줄을 거의 3억 달러어치나 구입했다. Davy Crockett TV 시리즈 하나만으로도 100만 개의 쿤 스킨 모자 시장을 창출했으며, 아이들은 1958년에 불과 몇 달 만에 2,000만 개의 홀라후프를 구입했다. 더 많은 고등학생들이 차를 갖고 있었고, 그들의 소녀들은 역사상 그 어느 때보다도 잘 차려입고 더 많은 화장품을 구입할 수 있었다." *The Movement and the Sixties: Protest in America from Greensboro to Wounded Knee* (New York: Oxford University Press, 1995), 22.

15 Lizabeth Cohen은 이렇게 말한다. "전후의 마케팅 직업의 희망과 성공을 요약하는 세분화가 존재했다면, 그것은 구매 패턴과 연관된 삶의 단계가 대중 시장을 재구성하는 연령에 따른 세분화였다." *A Consumer's Republic: The Politics of Mass Consumption in Postwar America* (New York: Vintage, 2003), 318. 그는 계속해서 말한다. "마케터들의 관심을 끌었던 첫 번째 연령 집단은 10대였다. 이 10대 시장의 발견은 실제로 발기인들이 1940년대에 그 개념을 실험하기 시작하면서 시장 세분화를 수용하기 전에 이루어졌고, 그것의 성공은 10여 년 후의 보다 확대된 세분화의 매력에 기여했다. 예컨대, 1949년에 나온 Daniel Starch의 마케팅 리서치 뉴스레터는 광고주들에게 오늘날 명백해 보이는 것을 확신시키는 데 주력했는데, 그것은 표준적인 세일스 기법을 사용하기보다는 *Seventeen*의 10대 독자들처럼 '특별한 청중을 지닌 잡지를 위해 특별한 카피를 쓰는 것'이 더 큰 이익을 낳는다는 것이었다. 비록 19세기 이후 어느 발달 단계를 의미하기 위해 '청소년'이라는 이름이 붙었고, 1920년대에는 18세에서 24세까지의 선택된 집단을 가리키는 데 '청년 문화'라는 표현이 사용되기는 했으나, 10대―13살부터 18살까지―가 대중의 문화적 경험의 속성을 띠기 시작한 것은 1940년대에 다수의 10대가 고등학교를 졸업하면서부터였다." *ibid.*, 319.

2. 젊음의 역사

럼 흰색 집, 검정색 뷰익, 그리고 회색 양복을 갖고 있기에 성공했다고 할 수 있다. 마찬가지로 엄마는 먼델로 부인처럼 흰색 냉장고, 빛나는 세탁기, 그리고 새로운 격자무늬 드레스를 갖고 있기에 성공했다고 할 수 있다. 세분화는 대중사회가 흥청거리도록 도왔다. 그러면서 청년의 경험과 부모 및 다른 어른들의 경험 사이에 보다 깊이 쐐기를 박아 넣었다.

1950년대에 처음으로 의무가 아니라 대중사회의 세분화된 상품들 위에 독특하고 강력한 국가적 청년 문화가 세워졌다. 그렇게 세분화된 상품들은 누가 젊고 팔팔하며 누가 그렇지 않은지를 보여주는 표지의 역할을 했다. 부모들은 그들의 양복과 옷, 자동차와 세탁기와 집으로 표시되는 성인들의 세분화에 순응했다. 그러나 청년들은 대중사회 속의 다른 주문에 순응하면서 자신에게 구별된 느낌을 제공했는데, 그것은 중산층의 자유와 주택 소유로부터 그리고 대중사회의 상품으로부터 오는 것이었다.[16] 청년들은 청바지와 주크박스와 빠른 자동차를 소비함으로써 젊은층 세분화에 순응했다.

---

16 Harrison은 이런 주장에 깊이를 더한다. "사회학자들인 Gunhild O. Hagestad와 Peter Uhlenberg는 현대의 서구 사회가, 특히 미국에서, 청년을 교육 기관에, 성인을 일터에, 그리고 노인을 요양원에 가둠으로써 세대 분리를 제도화했다고 주장한다. 결과적으로 각 세대는 그들의 시간 대부분을 서로와 함께 보내기보다는 곁에서 보낸다. 각각의 영역은 점차 분할되었고 그것들 사이의 접촉은 점차 감소했다. 그런 분리(apartheid)는 노인들에게서는 그들의 전통적인 멘토십 역할을, 젊은이들에게서는 보다 큰 관계에 대한 의식을, 그리고 가정들에게서는 Hagestad와 Uhlenberg가 보다 전통적인 사회에서 다양한 연령 집단 사이의 대화와 상호작용을 촉진시키는 '사회적 내포'(social embeddedness)와 '생식성'(generativity)이라고 부르는 것을 빼앗아 간다. '생식성'은 Hagestad와 Uhlenberg가 가정의 영역에서 한 세대로부터 다른 세대로 유산이 전달되는 것을 가리키는 데 사용하는 표현인데, 그것은 그 안에 거주하는 이들의 상호적 '내포'로 이어진다." *Juvenescence*, 63.

진정성의 초기 선구자들(그 이상한 프랑스의 보헤미안들과 독일의 소설가들)의 경우처럼, 젊음에도 선례가 있었고 심지어 독특한 젊음의 문화도 있었다. 그러나 우리의 프랑스 보헤미안들과 분위기 있는 소설가들만큼이나, 그들 역시 일반적이기보다는 전위적이었다. 청년에 대한 이 오래된 관심을 **젊음**(youthfulness)이라는 새로운 사회적 이미지로 바꾼 것은 바로 대중사회와 중산층 (주로 백인) 내 대중사회의 광범위한 침투, 그리고 그 자녀들을 위해 의무가 면제된 공간이 만들어진 것이었다.

냉전 수업

전후의 대중사회는 또한 청년들에게 자유로운 공간과 새로운 장난감 이외의 무언가를 제공했다. 그것은 바로 실질적인 교육이었다.[17] 빅터 브룩스(Victor Brooks)가 지적하듯이, "1960년대는 미국의 10대 대부분이 고등학교에 들어갔을 뿐 아니라 졸업을 했던 최초의 10년이었다."[18] 좀 더 확실하게 말하자면, 어린이의 의무는 가족 소유의 땅에서 일을 하거나 가족의 전통을 존중하는 것이 아니라 개인적인 교육을 받는 것이었다. 제2차 세계대전 이후에는 교육 자

---

17 Palladino는 이렇게 말한다. "19세기와 20세기 초에 교육과 사적인 사회적 삶을 당연한 것으로 여겼던 청소년은 소수의 엘리트였다. 1930년대까지 대부분의 10대는 생계를 위해 농장에서, 공장에서, 혹은 집에서 그들의 가족이 당시에 요구했던 무슨 일이든 했다. 그들은 아직 10대로 혹은 심지어 청소년으로도 간주되지 않았다. 그 용어는 오직 당시의 고등학생에게만 적용되었다. 그들은 가족 안에서 눈에 보이도록 기대되기는 했으나 목소리는 들리지 않았던, 그리고 가족 밖에서는 대개 무시되었던 10대 아이들이었다." *Teenagers*, 5.

18 Victor Books, *Last Season of Innocence: The Teen Experience in the 1960s* (New York: Rowman & Littlefield, 2012), 35.

체가 대중사회의 상징이 되었다. 대규모 교육 기관들—때때로 전쟁 이전과 비교할 때 규모가 아주 컸다—이 세분화된 학생들을 수용하기 위해 건립되었다. 읽고, 쓰고, 심지어 더 중요하게는 대수학과 기하학을 할 줄 아는 국민을 얻는 것이 냉전에서 승리하고 대중사회를 효율성 있게 운영하는 데 필수적이었다. 학교는 순응의 규칙과 질서를 따라 운영되는 크고 세분화된 기관이 되었다. 이 모든 것은 대중사회와 잘 들어맞았다. 하지만 그것은 베이비붐으로 인한 순전한 필요이기도 했다. 1950년대 중반에 교실 공간과 심지어 학교 자체의 부족은 국가적 위기였다. 만약 전쟁 기간에는 대중사회의 전략이 비행기, 탱크, 소총을 만들어 내고 전쟁 후에는 집, 자동차, 그리고 세탁기를 분단위로 만들어 낼 수 있었다면, 그 동일한 대중사회 전략은 큰 학교와 전체 교실을 세우고 조직하는 데 사용될 수 있었다.

제2차 세계대전이 일어나기 수십 년 전에 존 듀이(John Dewey, 미국의 철학자이자 심리학자이자 교육학자로서 미국의 학교 제도 확립에 막대한 영향을 주었다—옮긴이)는 교실과 교육 일반을 민주주의의 축소판으로 보았다. 전쟁 후에 교육은 민주주의보다는 대중사회를 위해 봉사했다. 그러므로 교실에서의 내용만큼이나 학교의 실제 교과 과정이 중요했다. 그 교과 과정은 순응이었다. 젊은이들에게 미래의 플란넬 양복을 입은 사업가와 풀 먹인 옷을 입은 주부가 되도록 가르치는 것이 그 어떤 시험에서 점수를 얻는 것만큼이나 중요했다. 이것은 과외 활동을 교과 과정만큼이나 중요하게 만들었다. 스포츠와 클럽 활동은 젊은이가 대중사회를 지속시키는 순응의 필요성을 배울 수 있게 했다.[19] 고등학교 축구 스타와 미인 콘테스트의 우승자는 고등학교 제도에 순응해 대중사회에서 완벽한 순응자가 되는 능력으로 인해 다른 10대들은 물론이고 어른들로부터도 존경을 받는 교외의 유명 인사가 되었다.

그러나 중산층적 자유 및 풍요와 짝을 이루는 순응에 대한 이런 무거운 요구는 청소년 반항아를 위한 공간도 만들어 냈다. 순응하기를 거부하는 제임스 딘(James Dean) 유형의 청소년들은 그들과 데이트를 즐기는 소녀들과 함께 대중사회에 위협이 되었다. 그러나 그런 종류의 반항아들은 소비 의무에 동참하라는 압력과 무관하게 존재할 수 없었다. 그들은 대중사회의 세분화된 상품들을 취하고 그것들을 자신의 목적에 맞춰 개조함으로써 풍요로운 소비에 대한 대중사회의 의무를 통해 자기에게 주어진 자유를 사용해 순응에 반항했다. 그 반항아들은 축구 스타처럼 대중사회의 세분화를 통해 창조된 새로운 청년 문화 속에서 순응이 갖고 있는 핵심적 위치를 드러냈다. 규칙을 증명하는 것은 예외다. 반항하는 중산층의 풍요에 의해 그들에게 주어진 어린 시절의 독특한 자유로운 공간을 이용해 반항한다. 반항아들은 대중사회의 중산층적 풍요가 무임승차가 아니라는 것을, 즉 젊은이에게는 공간과 자유가 주어지는 반면, 숨겨진 상호주

---

19 Matusow는 이렇게 말한다. "제2차 세계대전 이후의 전례 없는 풍요가, 일을 그만 두고 학교에 머물 수 있는 10대들의 세대를 탄생시켰다. 어린 시절과 성인의 책임 사이의 금박을 입힌 듯한 중간 상태에서 살아가는 이 아이들은 돈, 여가, 그리고 금기를 시험해 볼 수 있는 전례 없는 기회를 갖고 있었다. 그들에게 프로테스탄트 윤리는 그것을 강화하려는 부모들의 끈질긴 노력 외에는 아무런 적절성도 갖고 있지 않았다. 멤피스에서 엘비스 프레슬리가 흥얼거리며 나타나 섹슈얼리티를 발산했을 때, 감옥과 같은 미국으로부터 10대의 해방이 시작되었다. 그 해방 과정의 다음 단계는 힙이었다." *Unraveling of America*, 306.

의가 존재한다는 것을 알려 주었다. 어린이들은 10대가 되면서 직접적인 의무와 책무로부터 자유롭게 되어 그들만의 세분화된 음악, 자동차, 그리고 옷에 집중할 수 있다. 그러나 그 대가로 그들은 규칙을 따르고 대학 점퍼로부터 회색 플란넬 양복과 풀 먹인 격자무늬 원피스로 표시되는 경로를 따르면서 순응을 받아들인다.

세분화와 신앙 형성

순응에 대한 대중사회의 요구, 그리고 숨겨져 있으나 막 발생기를 지나고 있던 표현적 개인주의는, 보수적인 그리스도인들이 사회에 다시 개입하기에 적합한 시기를 만들어 주었다. 그리고 그들의 재개입 사명의 일부는 10대라고 불리는 분화된 집단을 향했다. 십대선교회(Youth for Christ)와 영라이프(Young Life) 같은 조직들은 그들의 새로운 선교지로 중산층 고등학교에 관심을 두었다. 예컨대 영라이프는, 만약 자신들이 순응의 모델로서 가장 성공한 고등학교 학생들—축구 팀의 주장이나 미인 콘테스트 우승자 같은—을 설득해 주중 모임에 오도록 만들 수 있다면, 다른 학생들도 순응하며 따라올 것이라고 믿었다. 대중사회와 그것이 지닌 순응이라는 자력은, 참여에 필요한 올바른 자석을 얻기만 한다면 많은 이들을 끌어당길 수 있었다.

진정성의 시대에 목까지 잠긴 채로 살아가는 우리에게 '순응'은 나쁜 단어가 되었다. 우리는 순응을 기껏해야 서투른 것으로, 그리고 가장 나쁘게는 억압적인 것으로 여긴다. 그러나 대중사회 초기에 순응은 덕으로 간주되면서 영라이프의 목표를 정당한 것으로, 심지어 감탄할 정도의 첨단의 것으로 만들어 주었다.

이처럼 세분화된 집단에 직접 사역의 초점을 맞추는 것은 새로운 것은 아니다. 발터·루터 리그(Walther/Luther League), 기독청년면려회(Christian Endeavor), 그리고 다른 여러 단체가 지난 수십 년 동안 젊은이들을 돌보기 위한 노력을 해왔다. 독특한 것은 대중사회의 세분화가 10대 시기를 자족적인 것으로 만드는 방식이었다. 기독청년면려회와 다른 기관들은 젊은이들에게 다가가 그들이 공유된 신앙 경험을 탐구하도록 도우려 했다. 반면에 대중사회의 세분화는 마치 특정한 상품들이 젊은이들을 위해 만들어지고 오직 젊은이들에게만, 젊은이들에 의해 팔릴 필요가 있는 것처럼, 젊은 버전의 기독교가 젊은이들에 의해, 젊은이들에게, 그리고 오직 젊은이들만을 위해 제공되어야 한다는 가정을 허락했다. 그러므로 목회자들은 **청년** 목회자로 변신할 필요가 있었다. 혹은 더 나은 방법으로, 교회들은 나이든 젊은이를 고용하여 젊음이 분화하는 시대에 기독교 신앙이 어떻게 살아남을 수 있는지 보일 수 있다.

그러나 이것은 순응을 포기하는 것이 아니었다. 오히려 대중사회 내의 가정처럼, 그 개념은 다음과 같은 것이었다. 만약 젊은이들이 자신들의 자기 폐쇄적인 분화 안에서 자신들의 의무를 이행하면서 충성스럽고 순응적인 소비자가 될 수 있다면, 그들은 나이가 들어 성인이 되어서도 확실하게 순응하게 될 것이다. 청바지를 구매하는 순응주의자 고등학생이 졸업 후 회색 플란넬 양복을 입는 순응주의자가 되듯이, 성경 공부 모임과 청소년 캠프에 참여하면서 순응했던 고등학생은 성인이 되면 교회의 회계 담당자가 될 것이다.

궁극적으로 이것이 의미하는 것은, 어린 시절과 10대 자체와 마찬가지로, 이렇게 세분화된 공간 안에서 일어나는 신앙 형성이 다른 이들의 보다 큰 경험과 단절되어 있다는 것이다. 대중사회의 젊은이들은 그들 자신의 분화된 지역 안에서 그들의 부모의 경험과 거의 아무런 직접적인 관여 없이 지내 왔기에, 그들에게 신앙 형성은 문화적으로 부여된 분화라는 메아리 방에 고착되어 있다.

대중사회는 젊은이를 성인 세대와 나누는 구조를 정착시키기 위해 대담한 조치를 취했다. 세계는 새로운 장소였다. 과거의 지혜는 멀어졌고 거의 아무런 도움이 되지 않는 듯 보였다. 그래서 대중사회는 (내가 앞에서 지적했듯이) 초월 없는 의무와 책무를 요구하면서 아주 새로운 무언가를 시도하고 있었다. 그러므로 순응으로 이어지는 의무는 소비적인 선택에 묶인 문화적 현실로 간주될 뿐이다.

1950년대라는 대중사회의 전성기의 이 지점에서 신앙 형성은 참여를 따라 정의되기 시작했다. 소비적 선택에 대한 순응처럼, 어느 집단이나 단체에 소속되었음을 보이는 표지를 착용하면서, 신앙은 분화된 집단에 대한 당신의 참여―영라이프 클럽에 가느냐 혹은 청소년 캠프에 가느냐―를 통해 형성되었다. 순응에 얽매인 신앙 형성은 신앙에 대한 자연적이고 물질적인 정의에 너무 긴밀하게 이끌렸다. 대중사회의 논리를 따르면서 참여는 세분화의 산물에 대한 충성심과 헌신을 전달했다. 그러므로 신앙은 참여로 환원되었다. 왜냐하면 참여가 충성심과 헌신을 보여 주는 것으로 간주되었기 때문이다.

오늘날에도 청년 사역 분야의 연구들은 신앙을 주로 제도적 참여를 통해 정의하는 것처럼 보인다. 신앙을 지닌 젊은이들은 소속을 통해 청년 그룹에 순응하는 자들이다. 만약 어떤 젊은이가 다른 활동보다도 교회의 청년 단체를 선택한다면, 우리는 이것을 활력 있는 혹은 견고한 (혹은 다른 어떤 형용사) 신앙의 표시로 여긴다. 그러나 이런 인식은 대중사회를 따르며 초월과의 연관성을 잃는다. 이런 상황에서는 신앙이 하나님의 행동을 만나는 것과 연관되어야 한다는 인식이 설 자리가 없다.

그러나 이 모든 것은 한 가지 중요한 질문을 제기한다. 만약 대중사회가 구조적 세분화를 통해 의무와 순응을 추구했다면, 진정성은 어떻게 의무와 책무를 극복할 힘을 발견했던 것일까? 그리고 이런 행위는 어떻게 젊음이 10대의 세분화라는 장벽을 넘어 문화적 집착이 되도록 허용하는 것일까?

3
대중사회의 사기극

〈매드맨〉(*Mad Men*, 2007년 7월부터 2015년 5월까지 방영된 미국의 시대 드라마—옮긴이)의 제작자인 매슈 와이너(Matthew Weiner)는 2014년에 존 스튜어트와의 인터뷰에서, 자신이 그 쇼를 제작한 목적이 베이비붐 이전 세대—여전히 의무에 따라 형성기를 거친 그리고 대중사회를 만들 책임을 갖고 있던 세대—의 관점에서 1960년대의 이야기를 전하기 위해서였다고 말했다. 돈 드레이퍼(Don Draper, 〈매드맨〉의 주인 공—옮긴이)는 1960년대 광고의 달인이다. 그는 사람들로 하여금 대중사회가 요구하는 단순한 기능과 순응에 대한 요구를 넘어서 제품에 대해 무언가를 느끼게 만드는 재주가 있다. 쇼가 1960년대를 지나면서 베이비붐 세대의 아이들은 고등학교에서 대학으로 그리고 이어서 SCDP(Sterling Cooper Draper Pryce, 〈매드맨〉의 무대가 되는 광고 회사—옮긴이)의 창의적인 광고실로 이동한다. 산업 전체가 젊은이에게 열광한다. 그러자 돈이 냉소적으로 말한다. "다들 청년이 무슨 생각을 하느냐고 묻는데, 나를 믿어. 그들은 아무 생각이 없어!" 돈의 이런 진술은 점점 커지는 세대차를 지적하면서 당대의 에토스를 포괄하고 있으나, 또한 그것은 젊음으로 가득 찬 이들이 실제로 무언가 특별한 것, 즉 다가오는 진정성의 시대를 포용하고 영속화시키는 방법을 알고 있음을 간과한다.

앞 장에서 우리는 전후 시대(1945년부터 1965년까지)의 문화적 힘을 살피고 이런 변화가 미국 역사상 가장 규모가 큰 세대의 청소년기에 어떻게 영향을 주었는지를 보았다. 이 장에서 우리는 교외 지역에서 대학 캠퍼스로 이동하는 그 세대의 청소년에게 초점을 맞출 것이다. 우리는 1945년부터 1965년 사이에 모였던 폭풍이 어떻게 마침내 1965년 이후에 급격한 홍수로 변해서 젊음에 대한 새로운 열광과 진정성의 시대의 도래로 이어졌는지 살필 것이다. 앞으로 보게 되겠지만, 1960년대 중반의 젊은이들은 대중사회의 계획을 근본적으로 부정하는 특별한 재능을 발휘하면서 의무와 책무를 진정성으로 대체했고, 그로 인해 교회에 그리고 신앙에 대한 우리의 이해에 영향을 주었다.

캠퍼스의 베이비부머들

인구통계학적 도미노 효과는 절대 끝나지 않을 것처럼 보였고 사실상 1950년대가 1960년대로 바뀔 때 강도가 높아졌다. 하나의 도미노가 다음 도미노를 쳤다. 1950년대 초에 초등학교 교실을 채웠던 아이들은 1960년대 초에는 대규모로 고등학교 교실을 채웠고 1960년대 중반에는 다시 대학과 대학교 캠퍼스를 채웠다. 1960년대 초에 대학 강의실에 앉는 것은 어려운 일이었다. 대학 교육은 공급보다 수요가 많았기에 입학 경쟁이 심했다. 그러나 대중사회의 톱니바퀴에는 윤활유로서의 교육이 필요했고, 케인즈의 경제학은 불

3. 대중사회의 사기극

루칼라 노동자들보다는 더 많은 회색 플란넬 양복을 차려입은 화이트칼라를 필요로 했다. 교수, 학생, 그리고 시설이 기하급수적으로 늘어남에 따라 삽시간에 미국 전역에서 십여 년 전에는 상상할 수 없었던 정도의 많은 대학생들이 생겨났다.

대중사회는 의무를 핵심적인 것으로 유지하고자 했다. 하지만 이 의무는 초월로부터 떨어져 나와 거의 완전히 소비라는 내재론적 현실과 연결되었다. 그럼에도 의무는 핵심적인 사회적 이미지로 남아 있었기에 여전히 순응이 으뜸가는 가치였다. 앞 장에서 말했듯이, 1950년대는 (1940년대, 1930년대, 그리고 분명히 1920년대보다 훨씬 더) 새로운 대중사회에 의무적으로 순응하는 시대였다. 그러나 일단 베이비붐 세대의 첫 번째 아이들이 대학 캠퍼스를 활보하기 시작했을 때, 순응은 극심한 공격에 직면했다. 젊은이들은 의무적인 대중사회에 의해 세상의 분절된 한 부분에 자리를 잡아 풍요와 교육을 누렸고, 자기들이 가진 이런 이점을 사용해 의무를 살아 숨 쉬게 하는 핵심적인 메커니즘을 약화시켰다. 머지않아 의무는 도착 즉시 사망 (DOA, dead on arrival) 상태가 되었고 진정성이 왕좌를 차지했다.

계획된 구식화

대중사회는 위험하기는 하나 그럼에도 1950년대에서 1960년대를 통해 성공을 거둔 한 가지 실험을 시도했다. 소비를 의무로 만드는 그 실험은 그것의 도덕주의적 숭고함이 의문시될 때까지는 잘 작동되었다. 1960년대 초에 제품의 생산자들이 특히 자동차 회사들이 계획된 구식화(planned obsolescence)라고 불리는 전략을 사용하고 있음이 알려졌다. 그들은 자신들의 제품이 1년이나 2년 안에 고장이 나도록 혹은 적어도 구식이 되도록 만들었다. 이것은 오늘날 우리에게는 놀랄 일이 아니다. 그러나 지금 우리는 의무적으로 소비했던 이들에게는 있을 수 없었던 수준의 냉소와 함께 살아가고 있다.

어떤 실제적 의미에서 제품의 생산자들은 계획된 구식화 외에는 다른 선택의 여지가 없었다. 대중사회와 케인즈 경제학에는, 냉전에서 이기고 경제적 불황이라는 시옥에서 벗어나기 위해 더 많은 그리고 더 새로운 제품이 필요했다. 그러나 의무적 순응이라는 사회적 이미지 아래서 이런 상황을 유지하기는 점차적으로 불가능해졌다. 당신은 그것이 당신의 의무이기에 새 냉장고를 샀고 그것은 효과가 있었다. 그러나 의무와 제품의 효율성이 연결됨에 따라 시장의 성장이 위축되었다. 만약 당신이 의무적으로 포드 자동차를 구매했는데 그것이 20년간이나 잘 움직인다면, 어째서 당신이 올해나 이듬해에 새로운 자동차를 구매하려 들겠는가? 당신은 이미 당신의 의무를 이행했고 여전히 잘 움직이는 자동차를 갖고 있다. 그러니 어째서 새것이 필요하겠는가? 그런데 만약 모든 이의 포드 자동자가 20년 이상 잘 움직인다면, 대중사회의 톱니바퀴는 움직이지 않게 될 것이다.

마케터들은 일찍이 대중사회의 이러한 문제를 인식했고, 그것이 그들로 하여금 의무의 필요성에 대해 의혹의 눈길을 보내고 구매를 자극하는 일에서 순응이 아닌 다른 메커니즘을 찾도록 만들었다—토머스 프랭크가 이 문제를 잘 분석했고, 우리는 다음 장에서 그의 입장을 살펴볼 것이다. 그러나 무엇이 그런 메커니즘이 되어야 하는지는 1950년대와 1960년대 초에 마케터들의 관심사 이상의 것이 되었다. 구식화는 최고의 선택이 되었다. 생산자들은 의도적으로 새로운 제품이 필요하기 전 1년이나 2년 전까지만 잘 작동하는 TV 세트와 라디오 그리고 가전제품들을 만들었다. 자동차 회사들은 내년의 발전이 올해의 것을 구식으로 만드는 방식으로 발전을 늦췄다. 코언(Cohen)은 이렇게 보고한다. "포드사의 스타일링 책임자인 조지 워커는 그 도전을 이렇게 설명했다. '우리는 1957년형 포드를 가진 이가 1958년 말까지 행복해지지 않도록 자동차를 디자인해요.' 제너럴 모터스에 있는 그의 경쟁자는 훨씬 더 야심찼다. '1934년에 평균적인 자동차 소유 기간은 5년이었어요. 지금은 2년이에요. 그게 1년이 되면, 우리는 만점을 맞을 거예요.'"[1]

이 전략이 대중에게 노출되었을 때 사람들은 배신감을 느꼈다. 사람들은 자기들이 들은 대로 순응하면서 의무감 때문에 구매했다. 그런데 모든 것이 조작되었음을 알게 되었다. 1956년에 〈6만 4,000달러짜리 질문〉(The $64,000 Question)이라는 게임 쇼를 두고 벌어진 논쟁에서는 경쟁자들이 답을 알고 있었다는 사실이 밝혀져 공분을 자아냈다. 그것은 당시의 모든 시스템을 보여 주는 것 같았다. 사람들은 라디오와 TV를 통해 이런 소식을 들었는데, 사실은 그것과 다른 무언가였던 것이다. 사람들은 의무적으로 시스템을 신뢰했고 대중사회의 요구에 순응했다. 그런데 이제 그들(특히 젊은이들)은 어쩌면

---

1 Lizabeth Cohen, *A Consumer's Republic: The Politics of Mass Consumption in Postwar America* (New York: Vintage, 2003), 294.

시스템이 부패했을지도 모른다고, 그리고 대중사회와 소비에 대한 충동이 일종의 파시스트적 독재자가 아닌지, 그리고 대중이 속아서 그 독재자가 요구하는 의무를 제공하고 있는 것은 아닌지 하는 의문을 갖기 시작했다. 특히 대학 캠퍼스를 활보하던 젊은 층은 어쩌면 순응이 사실은 조작의 다른 용어가 아닐까 하는 의문을 갖기 시작했다. 그리고 실제로 조작이 순응과 결합되었음을 깨달았을 때 억압된 악몽에 대한 그들의 두려움이 의식화되었다.[2]

나치의 악몽

우리는 지난 80년을 국가 사회주의의 분화구 속에서 실었다. 1930년대와 1940년대의 독일의 경험이 우리의 사회적 이미지에 계속해서 얼마나 깊은 영향을 주었는지를 과소평가해서는 안 된다. 그것은 공화당원들이 오바마 대통령을 '나치'라고 부르며 그의 건강보험 정책이 죽음의 위원회(death panel, 오바마 케어에 반대하는 이들이 사용했던 용어로, 정부가 노인 환자들의 연명 치료 거부를 결정하는 역할을 한다는 뜻을 담고 있다—옮긴이)와 상관있다고 주장하는 모습을 통해 목격할 수 있는 그 무엇이다. 1940년대 말에 뉘른베르크 재판을 통해 마침내 사실이 밝혀지고 벌거벗겨진 채 가스실로 들어갔던 아이들과 여자들의 시신과 함께 죽음의 수용소 메커니즘의 모든 요소들이 세상에 낱낱이 드러났을 때, 서구 세계는 더는 이전과 동일할 수 없었다. 어떤

---

2 Joseph Heath와 Andrew Potter는 *Nation of Rebels: Why Counterculture Became Consumer Culture* (San Francisco: HaperBusiness, 2004), 3에서 계획된 구식화를 히피와 폭스바겐에 관한 논의를 통해 설명한다.

이들에게는 서구의 현대적 프로젝트 전체가 의문시되었다. 그들은 홀로코스트가 서구의 정신적 암의 자연스러운 결과라고 믿었다. 그것은 의무, 책무, 그리고 순응이 심각하게 부패했음을 보여 주었다. 독일은 멍청이들로 가득 찬 정신없는 나라가 아니었고 문화와 철학과 예술의 중심지였다. 그런 나라의 국민이 어떻게 하나의 괴물을 위해 기꺼이 자신들의 의무를 수행하면서 수많은 이들에 대한 야만적인 살인을 허용할 뿐 아니라 심지어 그런 일에 참여할 수 있었던 것일까?

나치의 선전이 작동한 방식을 분석하는 문화 비판과 사회 이론이 성행했다.[3] 선전은 위대한 국가를 정부의 바람에 순응하도록 만들었고 교회에 다니는 선량한 독일인들이 정부에 대한 반대보다 의무를 택하도록 이끌었다. 독일은 순응과 의무에 대한 성향이 강한 큰 나라였고, 이런 성향이 세상에 지옥을 초래했다.

미국의 대중사회에서 태어나 소비자의 의무와 순응에 대한 요구 속에서 성장한 젊은이들이 대학에 진학했을 때, 그들의 선생들은 나치에 순응하는 일의 악함을 몸소 경험했던 헤르베르트 마르쿠제(Herbert Marcuse), 찰스 라이드 밀스(Charles Wright Mills), 그리고 시어도어 로작(Theodore Roszak) 같은 이들의 책을 읽고 있었다. 이런 사상가들은 순응 자체가 얼마나 악한지 그리고 사회가 욕망을 억압하고 선임하기 위해 얼마나 깊이 노력하는지를 보여 주고 있었다.[4]

---

3 제2차 세계대전 이후 프랑크푸르트학파—가령 Walter Benjamin의 연구를 보라. 또한 Max Horkheimer와 Theodor Adorno 역시 중요한 인물들로 간주된다.

1930년대 말에 프랑크푸르트 대학교에서 유대인들에 대한 진압에 순응하기를 거부한 후 나치 독일에서 탈출한 폴 틸리히(Paul Tillich)는 1957년에 행한 어느 대학의 졸업식 연설에서 미국의 학생들에게 대중사회와 그것의 잠재적 악에 대한 순응으로부터 자신들을 해방시키라고 권했다. 틸리히는 순응을 죄의 극치라고 부르기까지 했다.[5]

의무와 책무가 소비자 사회의 토대가 되게 했던 순응에 대한 요구가 이제 무너지고 있었다. 전후에 태어난 아이들이 1960년대 중반에 대학에 진학했을 때, 그들은 겉보기에 15년 정도 잘 작동하는 듯 보였던 대중사회가 사실은 소비자의 구식화를 통해 자신들을 은밀하게 조작해 왔다는 침몰하는 듯한 느낌을 받았고 그로 인해 시스템 전체가 신뢰할 수 없는 것 아니냐는 의구심을 품기에 이르렀다.

반항적인 사건들

1965년에 발생한 두 개의 전국적인 사건이 청년들의 의구심을 확증하고 그들의 선생들의 이론에 생명을 제공하는 것처럼 보였다. 남부는 마틴 루터 킹 주니어(Martin Luther King Jr.)가 남부기독교지도자대회(SCLC, The Southern Christian Leadership Conference)를 이끌며 저

---

4 홀로코스트가 순응과 사회에 대한 의견에 어떤 영향을 주었는지에 관해서는 Heath and Potter, *Nation of Rebels*, 319를 보라.

5 Chales Taylor는 이렇게 설명한다. "Paul Tillich는 1957년에 졸업반 학생들에게 이렇게 말했다. '우리는 당신을 위해, 국가를 위해, 그리고 인류를 위해 당신들 중에 더 많은 비순응자가 있기를 바랍니다.' 어느 의미에서 (아마도 그가 의도했던 의미는 아니겠지만) 그의 바람은 다음 10년 동안에 풍성하게 이루어졌다." *A Secular Age* (Cambridge, MA: Belknap Press of Harvard University Press, 2007), 476.

항 운동을 시작했을 때 불이 붙었다. 남부 사람들은 짐 크로우 법(Jim Crow, 공공장소에서의 흑인과 백인의 분리를 강제한 법―옮긴이)에 순응하기를 거부하면서 저항했고, TV는 권위와 의무의 대표자인 경찰과 정치인들조차 폭력에 가담하고 옹호하는 모습을 방영했다. 순응은 곧장 억압으로 이어지는 것처럼 보였다. 시스템이 순수하지 않다는 것이 분명해졌고, 그로 인해 젊은이들은 그 시스템이 선전해 왔던 의무와 순응에 대한 권위적인 요구에 의문을 품게 되었다.

수많은 백인 학생들이 그들의 대학에서 버스에 올라타 남부로 향했다. 그들은 시스템이 영속시키기를 바라는 순응과 의무에 맞서는 쪽으로 움직였다. 이 젊은이들은 어린 시절에 교외의 대중사회의 풍요가 그들에게 제공한 놀이와 교육이라는 자유로운 공간 속에서 성장했는데, 이런 형태의 소비적 공간과 교육은 그들의 부모를 움직였던 권위에 대한 의무적인 복종보다 개인의 갈망을 보다 더 본질적인 것으로 만들어 주었다. 그들의 눈에서 비늘이 떨어져 나갔고 많은 이들이 순응이라는 시스템이 사람들을 폭력적으로 억압하는 정도로 통제하려 했음을 알게 되었다.

버클리에서 청년들은 대학 자체에 반대했다. 오늘 우리가 1960년대 남캘리포니아에 대해 생각할 때면 우리의 마음은 거의 즉각적으로 하이트애쉬베리(Haight-Ashbury, 1960년대 반체제 문화 운동이 싹튼 지역―옮긴이)의 꽃의 아이들(flower children, 꽃무늬 옷을 즐겨 입었던 히피들을 가리킨다―옮긴이)을 떠올린다. 그러나 1965년에 이것은 아직은 먼 얘기였다. 오히려 학생 집단은 꽃의 아이들보다는 그들의 부모들처럼 옷을 차려입고 대학 당국의 순응에 대한 압력과 자유 발언 거부에 맞섰다. 당시는 대학 당국의 바람에 순응하는 것이 학생들의 의무로 간주되던 때였다. 한데 마리오 사비오(Mario Savio, 1964-65년에 있었던 버클리 자유 발언 운동의 핵심 멤버―옮긴이)가 이끄는 학생들은 그것을 거부하고 연좌 농성을 벌이며 순응에 대한 거부 의사를 밝혔다. 그들은 학생들의 자유를 위해 대학의 기준에 대한 엄격한 순응이 완화되어야 한다고 요구했다. 진정성을 위한 공간이 필요했다. 의무와 책무는 이 공간을 열기 위해 물러날 필요가 있었다. 순응에 대한 대학의 요구에 맞서는 연좌와 농성이 국가적인 뉴스가 되었다.

버클리에서 있었던 주로 백인 학생들의 이런 행위가 남부에서 벌어지고 있던 일과 강력하게 연계되었다. 에컨데 제임스 패터슨(James Patterson)은 이렇게 말한다. "가을 학기가 시작되었을 때 대학은 학생들이 외부의 사회적, 정치적 목적들 특히 인종적 정의를 위해 캠퍼스에서 지지 요청하는 것을 금지했다. 그러자 분노한 활동가들이 자유발언운동(Free Speech Movement)이라고 불리게 되는 것을 시작했다. 그 운동은 정치적 스펙트럼 전반에 걸쳐 수정헌법 제1조의 권리(국교의 수립을 금지하고, 종교의 자유와 언론, 출판, 집회, 결사의 자유, 그리고 정부에 대한 청원권을 보장하는 내용을 담고 있다―옮긴이)를 요구하는 상당수의 학생들을 결집시켰다."[6] 그리고 이런 저항은 또한 젊음과 그것이 지닌 파괴력을 해방시키는 단초가 되었다. 패터슨은 그것을 이렇게 설명한다. "시위자인 잭 와인버거가 기억하기 쉽게 외쳤다. '서

<hr />

6 James Patterson, *Eve of Destruction: How 1965 Transformed America* (New York: Basic Books, 2012), 2.

3. 대중사회의 사기극

른 살이 넘은 사람은 누구도 믿지 말라.' 그것은 60년대의 지속적이고 논쟁적인 후렴구가 되었다."[7] 이것은 다가오고 있는 젊음의 물결을 담대하게 지적하는 말이었다.

이런 사건들은 급격한 변화가 다가오고 있음을 알리는 수많은 국가적 사건들 중 첫 번째에 해당했다. 의무와 책무가 대중사회로부터 제거되면서(당시에는 거의 찢겨 나갔다고 해야 할 것이다) 진정성으로 대체되고 있었다. 부모들은 자녀들이 의무와 책무를 불경스럽게 저버리는 것을 비난했다. 그러나 젊은이들은 소비자의 욕구라는 자궁 속에서 자라났고 이제는 순응주의적 나치식 선전에 여전히 불만을 품는 교수들의 부추김을 받았기에 의무에 봉사할 이유를 찾지 못했다. 그들은 그런 것은 단지 자신들이 지닌 젊음의 진정성을 억압할 뿐이라고 믿었다.

교수들은 학생들에게 낯선 보헤미안적 철학자들과 커피를 홀짝거리는 소설가들, 즉 19세기에 사람들로 하여금 진정성을 추구하고 **자신들의** 갈망을 따르도록 해방시키면서 순응에 맞섰던 아방가르드파의 사상을 가르침으로써 새로운 사회적 이미지 속으로 그들을 이끌었다. 19세기에 그런 이들은 소수의 부적응자들에 불과했다. 그들 중 많은 이들은 알려지지 않은 채 죽었고 읽히지도 않았다. 그러나 지금, 즉 1960년대 중반은, 그들의 시대였다.

나치 독일의 공포 이후에 순응과 의무에 맞서는 이런 사상가들의 경고는 아주 적실해 보였다. 그리고 젊은이들이 이런 19세기의

---

7 *Ibid.*

렌즈를 취해 20세기를 살피기 시작했을 때, 그들은 파시즘의 그림자를 보았다. 그들은 개인의 자유에 반대하고 순응주의자를 찾는 사람은 누구든 '파시스트'라고 불렀다.[8] 대중사회의 소비자 충동에 의해 형성된 이 젊은 세대는, 이런 개념들이 빠르게 성장하여 그 나뭇가지가 미국 사회 전체로 뻗어 나가게 한 비옥한 토양이었다. 머지않아 진정성은 삶의 목표가 되었고 그것을 낳은 젊은이들의 목표가 되었다. 젊은이들은 진정성 혁명의 지도자들이 되었다.

억압

1960년대 후반에 순응을 악마화하고 진정성을 위한 새로운 공간을 찾는 거의 모든 책과 강연에서 언급되었던 아주 특별한 사상가가 한 사람 있었다. 그의 이름은 지그문트 프로이트(Sigmund Freud)다. 사실 프로이트는 미국의 지성계에 이미 널리 알려져 있었다. 1930년대에 그의 제자 에릭 에릭슨(Erik Erikson)이 프로이트와 그의 정신분석학적 관점이 인간의 발달 단계에 미치는 영향에 대해 말하며 미국의 지성계에 그를 소개했다. 에릭슨은 자신의 연구를 통해 미국 대중에게 청년이 수행하는 나름의 발달 과업을 갖고 있음을 확신시키면서, 대중사회의 아이들에게 오락, 즐거움, 그리고 교육을 위

---

8 Charles Taylor는 이런 변화를 다음과 같이 요약한다. "사람들은 자신들을 보다 큰 질서의 일부로 여겼다. …… 사람들은 종종 주어진 자리에, 적절하게 그들의 것이었던 역할과 위치에 갇혔고, 그것으로부터 벗어나는 것은 거의 생각하지 못했다. 현대적 자유는 그런 질서를 불신하는 것으로부터 나왔다." *The Ethics of Authenticity* (Cambridge, MA: Harvard University Press, 1991), 3.

3. 대중사회의 사기극

한 자유로운 공간이 필요하다는 전후의 주장을 위한 이론적 근거를 제공했다.

프로이트는 또한 개인의 치료와 충동에 미국인들의 관심을 끌었다. 19세기 후반 이후 부유한 미국인들은 정신 분석을 받기 위해 비엔나까지 여행했다. 정신 분석의 핵심은 숨겨진 갈망을 드러내서 억압된 열정이 어떻게 정신을 타락시키는지를 보이는 것이다. 프로이트는 억압과 진정한 갈망의 목소리를 낼 필요를 중심으로 모든 이론을 구성했다. 그런 의미에서 프로이트는 의사와 19세기의 보헤미안적 예술가의 이상한 혼합이었다. 그러므로 에릭슨이나 여러 다른 이들처럼 보헤미안적 기질을 가진 예술가들이 정신 분석을 받기 위해 비엔나까지 간 것은 놀랄 일도 모순도 아니다. 프로이트는 20세기의 실험실 가운을 입은 19세기의 예술가 혹은 철학자였다.

1950년대에 대중사회가 밝았을 때 대중사회에 반대하는 서구의 마르크스주의적 주장이 조용히 성행하기 시작했다. 매카시즘 (McCathsism, 극단적이고 보수적인 반공주의의 선풍―옮긴이)과 순응을 요구하는 다른 제재 세력들이 사람들을 주변부로 몰아갔다. 그러나 전후 세대의 아이들이 1960년대 후반에 대학에 입학하면서 대학의 교실과 교수들이 기하급수적으로 늘어남에 따라, 그런 견해를 제지하기는 불가능해졌다. 대학의 환경은 너무 크고 교수들은 너무 많아서 그들의 생각과 강의와 논문을 통제하기는 불가능했다.

이제 대중사회는 사람들의 목적이 오직 경제적인 것일 수만은 없다고, 또한 삶의 목적이 단순히 의무적으로 순응적인 로봇처럼 구매하는 것이 될 수 없다고 주장하는 (공산주의와는 아주 다른 그 무엇인)

서구의 마르크스주의 비판 이론에 의해 눈이 뜨이고 있었다. 계획된 구식화에 대한 폭로에 이어서 이런 마르크스주의 비판 이론을 접한 젊은이들은 의무와 순응에 대한 불안을 드러내기 시작했다.

마르크스주의 비판 이론이 나름의 영향력을 갖고 있기는 했으나, 프로이트의 이론이 없었다면 그것이 1960년대 후반에 젊은이들이 획득한 진정성이라는 문화적 혁명으로 이어지는 것을 상상하기 어려웠을 것이다.[9] 젊음을 진정성과 연결시키면서 의무에 맞서 진정성을 이루고 초월에 맞서 문화적 내재를 이룬 청년 운동을 형성한 이는, 마르크스가 아니라 사실상 프로이트였다.[10]

젊음과 이드

프로이트는 우리의 마음이 다음 세 부분으로 나뉜다고 주장했다. 이드, 에고, 슈퍼에고. **이드**(Id, 원초아)는 우리의 욕구, 충동, 그리고 가장 깊은 갈망의 장소다. 보헤미안적 예술가와 저자들이 쾌락과 권력을 부정한다는 이유로 빅토리아 시대의 문화와 교회의 권위를 비판했던 것을 기억하라. 프로이트는 이런 욕구가 우리 안에 깊이 자리하고 있으며 그것들이 우리 존재의 근본이라고 주장했다. 프로이트는 보헤미안적 예술가들의 직감에 대해 일종의 과학적인 설명

---

9 여기서 나는 Heath와 Potter가 *Nation of Rebels*에서 취했던 입장을 따른다. 특히 35-65를 보라.

10 Heath와 Potter는 이렇게 말한다. "Freud가 없었다면 반문화라는 개념은 자리를 잡지 못했을 것이다. 대중사회에 대한 마르크스주의적 비판은 그것 자체로는 미국 사회에서 별다른 영향력을 갖지 못했다. 그러나 Freud의 억압 이론과 결합했을 때 그것은 널리 인기를 얻었다." *Nation of Rebels*, 37.

3. 대중사회의 사기극

을 제공했다.

흥미롭게도 이드는 종종 '내면 아이'(inner child)라고 불리는데, 그것은 젊은이들이 에고의 방해 그리고 특별히 슈퍼에고의 방해를 받지 않은 채 직접 그들의 이드를 따라 생각하고 행동한다고 가정하기 때문이다. 프로이트는 청년들이 자유롭게 그들의 갈망을 추구하는 것 때문에 그들을 칭송한다. 교제보다 갈망을 추구하는 프로이트의 이드는, 서로가 어린아이처럼 상호의존 속에 연결되어 서로를 신뢰하는 하나님 나라의 관점보다는 천재적인 외톨이에 가깝다.

프로이트에게 아이(청년)는 이드가 죄책감 없이 쾌락을 추구하고 갈망을 성취하면서 자기를 이끌도록 허락할 수 있다. 아이는 자신의 의무가 사탕(혹은 섹스나 권력)에 대한 갈망을 억누르는 것임을 (슈퍼에고를 통해) 배우기 전까지 아무런 후회 없이 사탕을 보고 먹는다. 그가 이런 사실을 내면화할 때, 천재성은 상실되고 수치심을 느끼며 자신의 이드의 갈망을 억누르기 위해 더 열심히 노력하지만, 결국 그의 가장 진정한 자신은 그의 이드(갈망)다.

그러므로 프로이트를 배경으로 삼아 살펴보면 젊음은 심원한 천재가 될 독특한 위치에 있는데, 그것은 그들이 여전히 이드의 핵심적 욕망과 연결될 수 있을 만큼 어린 시절에 충분히 가깝기 때문이다. 청년은 이상화되고 젊음은 우리의 집착의 대상이 되는데, 그것은 청년이 그들의 이드의 욕망에 자유롭게 봉사할 수 있다고 우리가 주장하기 때문이다. 1950년대와 1960년대는 유년기가 사춘기를 넘어서는 초기 단계에 속했는데, 이것은 내면 아이의 이드가 인지적이고 구체적인 성숙의 현실과 뒤섞일 수 있는 초수렴(superconvergence, 일반적으로 예상되는 것보다 빠르게 수렴하는 현상—옮긴이)을 만들어 냈다. 특히 1960년대 후반과 그 이후에 10대 시절은 이드의 욕망이 무거운 기대의 구속에서 벗어나 활보할 수 있는 낙원으로 인식되었다. 10대는 생물학적으로 성숙했으나 이드를 억압하지 못해 섹스와 권력에 대한 그들의 갈망을 심원한 것으로 만들었다. 〈포키스〉(Porky's), 〈리지몬트 연애 소동〉(Fast Times at Ridgemont), 그리고 〈아메리칸 파이〉(American Pie) 같은 헐리우드 영화들은 이런 프로이트의 이론을 도입해 이드의 욕망—특히 많은 섹스에 대한 이드의 욕망—을 추구하는 젊음을 칭송했다.[11]

그렇다면 20세기의 마지막 수십 년 동안에 우리가 우리의 젊은 날(도전받지 않는 젊음의 시기)이 우리 인생의 최고의 날이라고 가정하기 시작한 것은 놀랄 일이 아니다. 대중사회의 풍요 덕분에 우리는 이드의 어린 시절의 추구를 계속할 공간뿐 아니라 그런 추구를 매우 관능적이고 강력하게 만들 수 있는 구체적인 힘도 갖고 있었다.

이런 프로이트적 틀 안에서 청년은 여전히 이드의 욕망을 수용하고 여전히 아이와 충분히 가까운 자들이지만, 사회화(socialization)라는 형태의 의무에 이끌린다. 청년은 이드와 슈퍼에고 사이에 사로잡혀 있는데, 이것이 이 시기를 아주 혼란스럽게 만든다(그들은 갈망을 따르라는 말을 듣지만, 이드에 너무 많은 관심을 두면 방탕하다는 낙인이 찍힐 것이다). 프로이트에 대한 인기 있는 읽기에 따르면, 우리는 곧 우리의 갈

---

11 Freud, Havelock Ellis, 그리고 Edward Carpenter 같은 사상가들이 성적 만족의 문화에 어떻게 영향을 주었는지에 관한 Taylor의 관점을 위해서는, *Secular Age*, 501을 보라.

3. 대중사회의 사기극

망이다. 우리는 이드가 원하는 것인데, 19세기의 보헤미안들이 주장했던 것처럼, 그것이 우리의 가장 진정한 부분이다. 젊음은 (그것의 핵심적 표현인) 진정성에 아주 가깝다. 왜냐하면 우리는 프로이트를 통해 이드의 욕망이 가장 진정하다고 확신하기 때문이다. 그런 욕망은 우리의 가장 진정한 자아다.[12]

그러나 프로이트는 이드의 특성이 어떤 위험성을 지니고 있다는 것을 기꺼이 인정한다. 이드는 우리의 가장 근본적인 특성이다. 왜냐하면 그것은 우리가 우리의 욕망과 욕구를 따라 살아가도록 움직이기 때문이다(마케터들에게 새것을 원하고 구하라고 들었던 전후 세대는 이것을 논리적이라고 여길 것이다). 이드는 오직 그것의 욕구를 추구하고 그것을 얻기 위해 의무, 책무, 순응을 파괴하는 것을 기뻐한다.

프로이트는 이드가 우리의 마음의 근거 혹은 핵심이지만 마음의 두 번째 부분이 등장해 이드에게 현실적이 되라고, "즉각적인 만족 대신 연기를 받아들이고, 노는 것 대신 일을 하고, 자발성보다 안정을 받아들이라"고 말한다고 설명한다.[13] **에고**(ego, 자아)는 이드의 욕구를 조절하고자 한다. 에고는 이드보다는 더 의식적인 마음의 부분이고 이드를 제어하고자 한다.

12　Heath와 Potter는 진정성이라는 개념에 배경을 제공한다. "그 개념은 1972년에 Lionel Trilling의 책 *Sincerity and Autheticity*의 출판과 함께 전문용어가 되었다. Trilling에 따르면, 진정성은 박물관 큐레이터의 한 개념으로 시작된 …… 철저하게 현대적인 가치로서 겉보기에 그렇게 보이거나 그렇다고 주장되는 대상을 가리킨다. …… 참으로 진정한 것은 손으로, 천연 재료로부터, 전통적인(즉 비상업적인) 목적으로 만들어진다. 현대 생활의 대량 생산은 필연적으로 비진정적이고 소외시키며, 따라서 진정성은 근대 이전의 삶의 질로 보인다." *Nation of Rebels*, 269.

13　*Ibid.*, 39.

어느 의미에서 에고는 마음의 비범한 어린이가 그것의 욕구를 추구하면서 일을 지나치게 완전하게 망치는 것을 막아 주는 이드의 베이비시터와 같다. 에고가 베이비시터처럼 이드의 욕구를 억압하는 것은 때때로 우리가 우리나 다른 이들에게 좋지 않은 것을 욕구하기 때문에—사탕 한 봉지를 혼자서 다 먹거나 누군가가 우리의 간식을 가져갔다고 그의 머리통을 때려 주고 싶어 하는 것처럼—필요하다. 이드는 우리가 우리의 가상 깊은 욕구라고 주장하면서 마음의 젊은 특징으로 남아 있다. 우리에게는 우리의 내면 아이, 우리의 젊은 특성이 지나치게 버릇없게 되지 않도록 해줄 베이비시터가 필요하다. 프로이트는 초월을 위한 자리를 남기지 않았다(그리고 하나님의 행동을 구하는 이들을 경멸했다). 마태복음에 나오는 예수의 말과 달리, 청년은 초월의 가능성을 지적하는 존재가 아니라 원초적 욕구에 묶여 있어서 사회적 기대에서 벗어날 수 있는 존재들이다. 프로이트가 보기에 청년은 그들의 머리를 하늘을 향해 들어 올리지 않는다. 오히려 그들은 이드의 욕망에 이끌려 배를 땅 가까이에 두고 있다. 그들은 가장 진정하다. 왜냐하면 그들은 가장 직접적으로 욕구를 따라 살기 때문이다. 에고가 하는 일은 이드를 돌보는 것이지, 욕구가 알 수 있는 것보다 깊은 현실에 대한 시야를 열어 주는 게 아니다. 그렇다면 이드는 너무 창의적이어서 자신으로부터 자신을 보호할 시터가 필요할 정도의 천재인 셈이다.

섹스와 배변

그러나 프로이트에게는 마음의 이 두 부분이 뒤섞이도록 허락

3. 대중사회의 사기극

하는 것만으로는 충분하지 않았다. 실제로 그는 아주 비관적이어서 에고가 자신의 갈망을 향한 이드의 진정한 질주를 제어하면서 이드를 친절하게 돌볼 수 있다고 여기지 않는다(프로이트는 실제로 모든 것에 대해 아주 비관적이다!). 이드는 에고만으로 돌보기에는 너무 강력하고 너무 천재적이다. 그래서 프로이트는 마음의 세 번째 부분인 **슈퍼에고**(superego, 초자아)가 존재한다고 설명한다.

슈퍼에고는 이드에 제재와 징계를 가하는 근육이다. 에고는 단지 베이비시터에 불과하다. 그것은 이드에게 머리를 흔들고 "엄마(혹은 아빠)가 올 때까지 기다려"라고 말하며 위협을 가할 뿐이다. 슈퍼에고는 진정한 욕구 때문에 이드를 처벌할 수 있는 힘을 갖고 다가오는 수호자다.

프로이트는《문명 속의 불만》(*Civilization and Its Discontents*)에서 슈퍼에고가 욕망에 징벌적으로 대응하고자 하는 사회 질서라는 강력한 주장을 한다. 당신이 당신의 욕망에 대해, 즉 사탕을 모두 먹는 것에 대해, 과자를 훔치는 것에 대해, 혹은 자위행위를 하는 것에 대해 수치를 느끼게 하는 것이 슈퍼에고다. 슈퍼에고가 우리의 마음에서 너무 강하게 살아나면, 우리는 우리의 모든 욕망에 대한 반응으로 슈퍼에고의 날카로운 응시와 슈퍼에고가 반대하며 머리를 흔드는 것을 느낄 수 있다.

이에 대한 프로이트의 가장 고전적인 예들은 모두 섹스와 배변과 관련해 나타난다. 이드를 따라 살아가는 아이는 자기 엄마와 섹스를 하고 싶어 하거나 공공장소에서 배변하는 것을 즐긴다. 그가 이런 일을 하는 것은 그것이 좋게 느껴져서다. 그것은 본능적이고 그의 존재의 핵심이다. 왜냐하면 그는 그의 욕망이기 때문이다.

그러나 슈퍼에고(사회의 기대)가 그에게 강력한 힘을 갖고 다가오면서 그의 이런 욕망과 쾌락에 대해 벌을 내리고 그가 이런 본능을 억압하고 사회의 기준을 따라야 한다고 말한다. 그는 자기 엄마에게 욕정을 느끼거나 자기 아빠를 죽이려고 해서는 안 된다. 그는 배변을 위해 은밀한 장소를 찾아야 한다. 만약 이런 제재가 너무 강력하게 가해지면, 그것들은 마음이 신경증(neurosis)에 걸리게 할 수 있다.

그러므로 프로이트에게 사회의 집단적 기대(슈퍼에고)는 우리의 가장 진정한 욕망, 욕구, 그리고 열정을 억제하는 방법이다. 세상은 초월이 없는 납작한 곳이기에 우리가 관여하기로 한 그 어떤 의식, 의례, 그리고 관습도 우리를 초월적 경험 속으로 이끌어 갈 중재력을 갖고 있지 않다. 오히려 그것들의 유일한 일은 이드라는 우리의 가장 진실한 (가장 진정한) 욕망을 억압하는 것뿐이다. 프로이트는 이것이 얼마간 필요하다고 여긴다. 슈퍼에고는 우리가 엄마와 섹스를 하고 사탕을 위해 살인을 저지르고자 하는 우리의 욕망을 억압해야 한다. 그러나 사회의 제재력은 또한 지나치게 징벌적인 것이 될 수 있고, 그런 힘에 취할 때 그것은 이드에게서 그것의 특성을 벗겨내면서 엄격한 순응을 요구한다.

신경증과 사회

프로이트는 개인이 마음의 이런 세 부분을 함께 유지하지 못할 때 신경증이 발생한다고 믿는다. 프로이트는 "개인은 사회의 문화적 이념을 위해 사회가 그에게 부과하는 좌절감을 견딜 수 없을 때 신

3. 대중사회의 사기극

경증적이 된다"고 말한다.[14] 신경증적인 사람의 진정한 욕망은 슈퍼에고에 의한 징벌을 발견할 뿐이다. 개인은 그의 욕망이 억제되거나 사회의 문화적 이념의 순응에 대한 요구에 굴복하지 못할 때 신경증적이 된다. 그는 계속해서 자신의 본능을 억제하려 한다. 하지만 욕망이 너무 강해서 그런 본능이 슈퍼에고의 문화적 이념의 덮개 아래에서 부글거리면서 불안, 우울, 그리고 좌절로 이어질 때 그는 신경증적이 된다.

그러나 《문명 속의 불만》에서 프로이트는 이런 심리학적 견해를 새로운 방향으로 가져가는데, 바로 이 방향이 1960년대 후반의 사회적 이미지에 깊은 영향을 주면서 진정성의 시대를 초래하고 그것을 젊음에 대한 집착과 연결시켰다.[15]

프로이트는 이 신경증적 본능 이론을 사회 자체에 돌리면서 어

---

14 Sigmund Freud, *Civilization and Its Discontents* (London: Horarth, 1975), 34.

15 Allen J. Matusow는 이렇게 쓴다. "*Life against Death*(Norman O. Brown 저, 1957년에 초판 발행)에는 히피 충동을 예견하고 표현하는 많은 내용이 실려 있다. Brown은 히피들처럼 단호하게 비정치적이었다. 인간은 자기를 억압하는 동물이었다. 인간에 대한 구원은 사회적 재조직이 아니라 자기에 대한 재구성에 있었다. 히피들처럼 Brown은 서구 문명 안에서 인간의 삶이었던 합리적이고 훈련된 청교도적 삶에 맞서 본능의 자유를 긍정했다. 히피들처럼 Brown은 문명화된 섹스, 즉 배타적으로 생식기를 사용하고, 배타적으로 이성애적이고, 배타적으로 일자일웅(一雌一雄)적인 섹스에 맞서면서 범성애주의, '다형도착'(多形倒錯), 많은 육체와의 결합, 즉 전오이디푸스적(pre-Oedipal) 에덴에 기초를 둔 에로틱한 삶을 긍정했다. 그리고 마지막으로 Brown은 히피들이 곧 시작하게 될 문화적 프로젝트를 정의했다. Brown은 이드를 단순한 억압으로 하강시키기를 거부하고 무의식을 의식화하고 이드의 내용을 에고에 통합시키고자 했다. 다시 말해 새로운 에고인 신체 에고(a body ego), 즉 그가 사랑으로 넘쳐흐르고, 한계를 알지 못하며, 삶을 긍정하는 '디오니소스적 에고'(Dionysian ego)라고 불렸던 것을 창조하고자 했다. …… 해방된 에로스를 섬기는 디오니소스적 에고의 창조—이것은 수백만 명의 어머니들이 곧 암묵적으로 이해하고 합당한 이유를 가지고 두려워하게 될 프로젝트였다." *The Unraveling of America: A History of Liberalism in the 1960s* (Athens: University of Georgia Press, 2009), 279.

느 한 개인이 이드, 에고, 그리고 슈퍼에고의 상호작용에서 신경증적이 될 수 있다면, 온 사회가 신경증적이 되는 것도 가능하다고 주장했다.[16] "만약 우리의 문명이 본능에 대한 억압 위에 세워져 있다면," 프로이트가 말하듯이, "문명의 성장은 모든 이를 점차 신경증적으로 만드는 과정일 가능성이 있는가?"[17]

전후 세대의 선생들이 그것을 나치 독일에 적용함으로써 대중사회의 순응에 반대하는 데 사용했던 것이 바로 이런 주장이었다. "반유대주의적 선전은 그 나라를 '유대인 정화 구역'(Judenrein)으로 만든다는 목표를 촉진하기 위해 역병, 질병 및 오물의 이미지를 많이 사용했다. 이것이 독일 문화의 다소 자명한 지나치게 꼼꼼한 특성과 결합해, 아주 쉽게 나치즘을 일종의 강박적 신경증으로 만들었다."[18]

이런 선생들은 필요라는 새로운 소비자 문화의 자궁에서 자라난 젊은이들에게, 순응에 대한 시스템의 보상이란 진정한 욕망 위에 슈퍼에고라는 무거운 손을 올려놓는 것에 불과하다고 가르쳤다. 순응은 우리가 욕망을 억누르도록 요구하는 문화적 슈퍼에고의 무기였다.

---

16 Heath와 Potter는 이렇게 설명한다. "Marx는 일차적으로 노동 계급에 대한 착취에 관심을 가졌다. Freud는 전체 인구에 대한 억압에 관심을 가졌다. 그 둘의 종합을 통해 새로운 개념이 탄생했다. 억압된 집단은 그것이 사회의 다른 집단과 비대칭적인 권력 관계에 있다는 점에서 하나의 계급과 같다. 그러나 그것은 그 권력 관계가 익명의 제도적 메커니즘(재산권 체계와 같은)을 통해서가 아니라 심리적 지배의 형태로 행사된다. 다시 말해, 억압받는 집단의 구성원들은 그들이 지배당하는 집단에 속한 것 때문에 억압된다." *Nation of Rebels*, 59.

17 *Ibid.*, 41.

18 *Ibid.*, 49.

비록 프로이트가 사람들이 자기 엄마와 섹스를 하고 싶어 한다고 한 것은 잘못이지만, 많은 이들이 사회적 억압에 관한 그의 입장을 구매하는 것처럼 보였다(그리고 우리는 오늘날에도 그것을 계속 받아들이고 있다). 조지프 히스(Joseph Heath)와 앤드루 포터(Andrew Potter)는 이것을 마음의 '압력밥솥' 모델이라고 부른다. "이 이론에 따르면, 우리가 우리 자신을 사회에서 수용할 만한 존재로 만들기 위해 포기해야 하는 욕망은 사라지지 않는다. 그것은 단지 표면 아래로, 즉 우리의 의식적인 마음의 문지방 밑으로 밀려날 뿐이다. 그것은 기회가 주어지면 표면으로 다시 솟아오르기를 기다리며 그곳에 숨어 있다."[19]

젊은이들은, 의무에 대한 대중사회의 요구와 소비자의 순응에 대한 요구는 진정한 욕망을 묻어 버리는 억압적인 기계에 지나지 않는다고 배웠다. 그들은 대중사회가 욕망을 진정시키고 참된 본능을 묻어 버리는 가소성을 지닌 새로운 제품들이라는 알약을 사람들에게 먹이면서, 회색 플란넬 양복과 빳빳하게 풀을 먹인 드레스, 검정색 뷰익의 무더기 아래 이드의 진정성을 숨기고 있다고 확신하게 되었다.

순응에 대한 대중사회의 요구는, 이드와 자유, 권력, 그리고 에로틱한 것에 대한 갈망을 더러운 것으로 만드는 파시스트적 억압으로 해석되었다. 대중사회는 이드를 소비자의 순응 아래에 억제함으로써 개인적 욕망의 자유를 억압했다. 대중사회가 악한 것은 그것이

---

19 *Ibid.*, 42.

진정성보다 의무를 중요한 것으로 만들면서 욕망을 제재하려고 했기 때문이다. 대중사회가 억압적이고 파시스트적인 것은 그것이 개인의 진정한 (이드에 이끌리는) 욕망을 신경증적으로 제재했기 때문이다. 이런 프로이트적 해석에 비추어 보면 그 어떤 형태의 의무와 책무도 깊이 의심스러웠다. 그것들은 이드의 진정한 욕망에 대한 신경증적 억압의 도구로 해석되었기 때문이다. 그렇게 순응은 젊은이들의 선생들에 의해 파시스트의 신경증적 시스템으로 해석되었나.[20]

진정성과 젊음

대중사회는 아주 위험한 그리고 지금은 상실된 무언가를 시도했다. 그것은 사람들에게 섬김의 행위로서 소비하라고 요구하여 의무와 책무를 핵심적인 것으로 유지하려 했다. 그러나 이런 소비 충동은, 대중사회와 소비 욕구 이전의 세상에 대한 그 어떤 경험도 없이 태어난 첫 세대에게 불만을 일깨웠다. 이 (전후의) 첫 세대는 소비적 욕구의 땅에서 태어난 원주민들이었다. 의무적으로 소비했던 그들의 부모들은 의무와 책무가 모국어인 다른 땅에서 태어난 방문객

---

20 얼핏 보면 대중사회의 지도자들을 '파시스트적 돼지들'이라고 부르는 것은 이상해 보인다—1960년대 중반의 대학생들은 지치지 않고 계속해서 그렇게 말하는 것처럼 보였다. 결국 대중사회는 전체주의 국가가 아니라 자본주의적 민주사회였다. 그러나 사물을 프로이트적 렌즈를 통해 볼 때 그런 것은 문제가 되지 않았다. 대중사회의 제도와 구조는, 이런 프로이트적 렌즈를 통해 보면, "일종의 대체 만족 형태로 보였다. …… 자본주의 경제가 낳은 물질적 부는 [우리의 보다 깊은 본능적 갈망에 대한] 대체제로 간주되었다." *ibid.*, 51. 이것은 특히 Herbert Marcus의 *Eros and Civilization*—1960년대 후반의 교실에 앉아 있던 많은 이들이 읽은 책—에서 그렇게 보였다. Marcuse는 "자본주의는 노동의 '탈에로스화'와 자신들의 근본주의적인 성적 본질로부터 소외된 노동자들의 군대를 요구했다"고 주장했다. *ibid.* 물론 여기서 그들의 "근본주의적인 성적 본질"은 이드의 욕망을 의미했다.

3. 대중사회의 사기극

에 불과했다. 대중사회는, 소비 위에 세워진 문명이란 오직 개인들의 욕구가 중심이 되어야만 계속될 수 있음을 알았다. 의무로서의 순응은 경제의 흐름을 가능케 하면서도 개인화의 충동을 제어할 것이다.

소비와 홍보의 땅에서 성장한 1960년대 후반의 젊은이들은, 소비하고자 하는 개인적인 충동을 자아의 진정성의 핵심으로 여기게 되었다. 이런 소비의 땅에서 성장하여 이제 대학의 교실에서 수상한 보헤미안들과 변덕스러운 소설가들의 책을 읽는 그들은, 그들의 부모들을 불타오르게 했던 의무, 명예 혹은 책무보다 진정성을 훨씬 더 중요한 것으로 보기 시작했다. 젊은이들은 프로이트의 렌즈와 파시즘에 대한 그들의 선생들의 두려움을 통해 대중사회의 순응 요구가 사회적 슈퍼에고의 신경증적 충동에 불과하다고 믿기 시작했다. 대중사회는 그들에게 욕망을 따르라고 말했으나 이어서 섹스, 권력, 그리고 가장 중요하고 독특하게 (진정으로!) 모든 순응에서 벗어나 그들 자신이 되는 자유를 충족시켜 주기보다는, 레코드판, 청바지, 그리고 파란색 플라스틱 라디오를 그들에게 제공함으로써 그런 욕망을 억눌렀다.

대중사회가 악한 것은, 꼭 소비 충동 때문이 아니라 이런 소비 충동이 순응에 기초하기 때문이었고, 순응이 진정한 욕망을 억누르면서 이드의 욕망을 슈퍼에고의 무거운 손 아래에 묻기 때문이었다. 당신이 당신의 욕망일 때 순응은 당신을 가두는 감옥의 차가운 막대다.

1960년대의 청년들은 원하는 것에 대한 소비적 충동을 타도함으로써가 아니라, 자신들의 욕망의 진정성을 완전히 포용하면서 교회를 포함해 순응의 지배자들을 방해하는 행동을 함으로써 탈옥을 요구했다. 이제 때는 운동을 위한 시간이었다! 그리고 이 운동은 우리의 사회적 이미지에서 젊음을 진정성과 깊이 융화시켰고, 사람들이 교회와 신앙에 대해 생각하는 방식을 바꾸고 젊음이 우리의 목표라고 믿게 하면서, 그 여파로 많은 것을 변화시켰다. 그리고 그런 변화에는 신앙 형성에 관한 우리의 개념도 들어 있다.[21]

히스와 포터는 프로이트에게서 영감을 받은 이 1960년대 후반의 개념이 어떻게 욕망의 진정성을 추구하는 청년 운동을 일으켰는지를 설명함으로써, 우리 시대를 요약하면서 동시에 앞으로 나아가게 한다. "사람들이 해방될 필요가 있는 것은 그들을 억압하는 특정한 계급이나 그들에게 빈곤을 강요하는 착취의 시스템이 아니다. 사람들은 금박을 입힌 새장에 갇혔고 자신들의 노예 상태를 사랑하도록 가르침을 받았다. '사회'가 사람들의 상상력을 제한하고 그들의 가장 깊은 필요를 억압함으로써 그들을 통제한다. 그들이 탈출할 필요가 있는 것은 순응이다. 그러기 위해 그들은 문화 전체를 거부해야 한다. 그들은 반문화, 즉 자유와 개별성에 기초를 둔 반문화를 형성해야 한다."[22]

---

21 Heath와 Potter는 다음과 같이 예리하게 지적한다. "자유와 문명 사이에서 선택해야 했을 때 그들은 그 둘 중에서 자유가 더 바람직하다고 여겼다. 그들이 Freud로부터 배운 교훈은 우리의 본능적 본성을 억압하는 것에서 탈피하기 위해서는 우리의 문화 전체를 거부할 필요가 있다는 것이었다. 반문화를 형성하는 것이 필요했다." *ibid.*, 37.

22 *Ibid.*, 31.

3. 대중사회의 사기극

내가 앞에서 말했듯이, 프로이트는 의사의 실험실 가운을 입은 보헤미안적 예술가였다. 젊은이들이 그의 문화 비평에 대해 배우고, 삶의 목표가 이드의 충동으로서의 진정성이라고 주장하기 시작했을 때, 그들은 순응에서 근본적으로 벗어나 진정성으로 나아가는 새로운 문화적 표현을 만들기 위해 당대의 아방가르드 보헤미안들에게 집단적으로 눈을 돌리기 시작했다. 반문화의 탄생과 영향은 진정성을 핵심적인 것으로 만들었다. 하지만 그것은 또한 (프로이트와 그의 사상에 의해 영감을 받은 청년 운동 덕분에) 젊음과 진정성이 깊이 융합되었음을 의미했다. 그렇게 해서 우리는 젊음의 파괴의 위대함이나 악에 사로잡히도록 이끌린다. 젊은이에 대한 우리의 불안이나 미화 속에서 초월의 지혜를 아주 빨리 잊으면서 말이다.

4

히피의 등장과 젊음에 대한 집착

20세기의 미국에 관한 이야기 속에서 히피(hippie)는 전기, 폭탄, 그리고 프랭클린 루스벨트만큼이나 핵심적인 역할을 한다. 사실 대중 문화 안에서 히피는 다른 어떤 것보다도 우리의 의식에서 핵심적 지위를 갖고 있을지도 모른다. 우리는 좋든 나쁘든 우리 모두가 꽃을 사랑하는 방랑자들(flowery vagabonds, 히피들은 꽃무늬가 그려진 옷을 즐겨 입었다―옮긴이)과 '사랑의 여름'(summer of love, 1967년 여름부터 시작된 히피 문화 현상을 가리키는 표현―옮긴이)의 문화적 자식들이라는 의식을 갖고 있다. 물론 실제로는 청년 운동과 그것과 연관된 섹스, 마약, 로큰롤보다는 전기, 원자탄, 뉴딜 정책이 우리에게 훨씬 큰 영향을 주었을 수 있다. 그러나 진정성의 시대를 살아가는 우리는 지금 우리가 살고 있는 환경을 가져온 것이 히피들의 젊음이었다고 느낀다. 1980년대 이후 우리의 정치적 담화는 사실상 적지 않은 부분에서 1960년대 후반과 그 시절 청년 운동의 이상들의 유산을 둘러싸고 전개된 논쟁이었다. 사회적 보수주의자들은 그 운동의 병폐에 대해 논하는 반면, 진보주의자들은 우리가 충실하게 그 이념을 따라 살지 못했음을 한탄한다.

그러나 대중사회의 순응을 배경으로 삼아 1960년대 중반으로 돌아가 살펴본다면, 히피들은 마치 대기의 80퍼센트가 대마초 연기로 이루어져 있고 신발을 신지 않는 낯선 이들이 사는 행성에서 도착한 외계인들처럼 보였다. 하지만 이 낯선 이들이 전후에 형성된 새로운 교외 지역에서 〈건스모크〉(*Gunsmoke*, 1955년부터 1975년까지 계속되었던 서부 시대극 시리즈—옮긴이), 미키 맨틀(Mickey Mantle, 1950-60년대 뉴욕 양키즈에서 활약한 메이저리거—옮긴이), 그리고 스쿨 댄스(사람들이 그들의 외모와 행동을 매우 걱정스럽게 여겼던 이유)와 함께 성장한 바로 그 아이들보다 더 특이했던 것은 아니다. 대중사회가 길러 낸 이 젊은 이들은, 모든 시스템을 반대해야 할 억압적인 거짓말로 보게 되었다. 그들은 시스템에 대한 충성과 의무를 거부함으로써 인습을 파괴하면서 자신들의 진정한 욕망을 따라 참으로 자기 자신이 되기 위해 담대한 발걸음을 내디뎠다.

아방가르드가 한 세기 동안 탐구해 왔던 진정성에 대한 추구는, 이제 풍요로운 미국 교외의 교육받은 10대 아이들에게서 완벽한 매개체를 발견했다. 진정성과 젊음이 서로 융합되고 있었던 것이다. 이 장은 반문화 운동이 어떻게 나타나게 되었는지, 특히 반문화적 히피들이 어떻게 젊은이들의 구체적인 인격이 아니라 젊음을 완전한 진정성을 향한 방해받지 않는 추구의 핵심으로 만들었는지를 살펴봄으로써 우리의 이야기를 계속해 나간다. 히피는 대규모로 확대된 19세기 괴짜 보헤미안들의 직접적인 후손들이다. 그리고 프로이트가 1960년대 후반의 미국 대학생들과 19세기 유럽 낭만주의의 보헤미안적 에토스를 연결하면서 중매자 역할을 적지 않게 해냈다.

다시 보헤미안들에게로

보헤미안적 문화는 한 세기 넘도록 관습적 순응을 비판하면서 교회를 아주 심하게 비판했다. 교회는 사람들의 가장 진정한 욕망을 억압하는 제도였다. 내가 1장에서 말했듯이, 보헤미안들의 비판의 핵심은 교회가 잘못된 신을 섬긴다는 것이 아니라 그것이 진정하지 않다는 것이었다(진정성의 시대에 청년 운동의 유산 속에서 살아가는 우리 시대의 교회는 동일한 이유로—지루히다는 이유로—저주를 받고 있다.)

이런 비판은 얼핏 피상적인 것처럼 보이지만, 전혀 그렇지 않다. 아방가르드가 교회가 설득력이 없다고 비판할 수 있었던 것은 그들이 초월을 결여한 실재가 납작하다고 그리고 자아가 완충되어(buffered) 있다고 여겼기 때문이다. 기록된 인간사의 거의 모든 기간에 사람들은 (서로 다른 방식으로) 세상이 계층화되어 있고 자아가 영적 만남에 대해 열려 있다고 여겼다. 사람들이 세운 시스템과 구조는 대개 그들이 계층화된 현실의 힘(power of the tiered reality) 속에 들어가도록, 그리고 그 힘으로부터 보호받도록 돕기 위해 존재했다. 그런 시스템과 구조들은 의심할 바 없이 힘을 영속화시켰고 종종 개혁될 필요가 있었다. 그러나 그것들은 사람들이 이런 계층화된 현실 속으로 들어가도록 돕기 위해 존재했다. 그리고 현실이 계층화되어 있기에 자아는 다공적(多孔的)이었다. 영혼, 권위, 그리고 관습 등이 우리의 삶을 위한 기준을 정했고 우리로 하여금 계층화된 세상에서 살아가도록 도왔다. 유럽 중세의 고딕 성당들은 우리가 악한 영혼으로부터 탈출해서 더 높은 단계의 현실 속으로 들어가는 공간을 경험할 수 있는 장소였다. 뾰족한 아치와 창문의 벽들은 땅이 하늘에 닿

4. 히피의 등장과 젊음에 대한 집착

는 지역을 만들기 위한 것이었다.

그러나 일단 자아가 초월적 현실로부터 완충된 것으로 보이고
나면, 시스템과 그 구조는 타당성을 잃는다. 그럴 경우 계층화된 현
실은 존재하지 않고 그것이 가정하는 지혜는 거짓이 되기 때문이다.
완충된 자아의 자리에서는 시스템을 파괴하며 자신의 욕망을 따르
는 특성이 미화되었다.[1] 보헤미안은 중요한 것은 자아의 진정성이
라고 주장했다. 왜냐하면 완충된 자아는 오직 자연적이고 물질적인
세상에서만 홀로 설 수 있기 때문이다. 시스템은 계속해서 권위를
주장하며 순응을 요구하고 징벌에 대해 위협했다. 그러나 그것은 문
화적 세력 밖에서는 제재할 힘을 거의 갖고 있지 않았다. 초월은 비
현실이었기에 확립된 구조들은 개인의 욕망(개인의 자유)을 문화적으
로 억압하고자 하는 사회의 슈퍼에고로밖에 보이지 않았다.[2] 세상

---

1   Paul Janz는 다공성을 지닌 완충된 자아에 대한 Taylor의 관점에 대해 추가적인 정의
를 제공하고 또한 우리가 다공성 자아로의 복귀를 반드시 원하지는 않을 것임을 상기시킨
다. "한편으로 전달되는 일차적인 지배적인 인상은 다공성 자아가 완충된 자아보다 결정적으
로 선호된다는 것인데, 그것은 전자가 초월에 대해 본질적인 개방성을 갖고 있기도 하고 또
한 후자가 이 책에서 계속되는 논증의 주된 목표들 중 하나이기 때문이기도 하다. 다른 한편
으로 Taylor는 또한—오늘날 신학에서 몇몇 지적 일탈의 목소리들이 세상의 '재주술화'(re-
enchantment)을 요구하면서 하듯이—근대 이전의 다공성 사이로의 단순한 회귀를 아주
분명하게 옹호하지도 않는다. 왜냐하면 Taylor가 분명하게 시인하듯이, '초월'에 대한 자연
적인 혹은 내재된 개방성에도 불구하고, 다공성 자아는 현대의 완충된 자아가 추방하는 수
많은 잘못된 미신들에도 동일하게 열려 있기 때문이다." "Transcendence, 'Spin,' and the
Jamesian Open Space," in *Aspiring to Fullness in a Secular Age: Essays on Religion
and Theology in the Work of Charles Taylor*, ed. Carlos Colorado and Justin Klassen
(South Bend, IN: University of Notre Dame Press, 2014), 57.

2   여기서 Luther와 보헤미안적 문화 사이에 존재하는 자유의 차이에 대해 생각해 보는 것은
흥미롭다. Luther에게 자유는 언제나 자아를 초월하는 다른 무엇과 묶여 있었다. 그러나 보헤
미안들에게 자유는 당신이 가장 바라는 것을 하기 위해 다른 모든 구조, 현실, 그리고 표현들
로부터 자유로워지는 것이다.

은 납작했고 자아는 자아의 욕망 밖에 존재하는 모든 권위를 진정하지 않은 것, 따라서 무의미한 것으로 만들면서 완충되어 있었다.

프로이트의 분석은 대중사회를 향하면서 모든 시스템이 부패했다고 주장했다. 히피들은 그러므로 모든 시스템은 문화적으로 전복될 필요가 있다고 믿었다. 왜냐하면 시스템이란 시스템이 원하는 것을 위해 우리의 가장 깊은 (가장 진정한) 욕망을 억압하고 우리를 순응주의자로 만들기 위해 세워진 것이기 때문이다. 히피들은 대중사회의 문화가 위로부터 아래까지 모두 부패했다고 믿었다. 그들에게 대중사회를 개혁하는 것만으로는 충분하지 않았다. 오히려 그것을 전복시키고 **반**문화(counterculture)로 대체할 필요가 있었다.

프로이트는 문화 자체가 에고를 지니고 있어서 신경증적이 될 수 있다고 히피들에게 가르쳤다. 보헤미안적 낭만주의의 견해를 따르면서 프로이트는 문화를 하나의 묶여 있는 전체(a bound whole)로 볼 수 있다고 여기는 듯했다. **하나의** 문화(a culture) 같은 것이 있다고 믿으면서 말이다. 이런 단일한 문화가 존재하기에 그것은 반대되는 것에 의해 채워지고, 중단되고, 대체될 수 있다. 프로이트와 다른 이들을 따르면서, 청년들은 자신이 진정하지 않은 문화라고 여겼던 것에 맞서 그것에 완전하게 반대하며 새로운 문화를 꿈꾸기 시작했다. 그들은 낡고 진정하지 않은 문화를, 평화와 사랑의 문화, 혹은 더 낫게는 개인적 진정성의 새로운 문화로 대체한다는 이상적인 꿈을 추구하기 시작했다. 젊은이들은 경직된 이들의 신경증적인 문화를 중단시키고 전복시켜야 했다. 프로이트의 이론은 기존 문화의 무언가를 개혁하거나 유지할 이유가 없을 정도로 젊음을 미화했다. 이드를

4. 히피의 등장과 젊음에 대한 집착

바탕으로 사는 젊은이들이 참된 현자들이었다. 대중사회의 구조, 관행, 방식, 그리고 개념들은 모두 신경증적 쓰레기에 불과했다. 지금은 이드의 젊은 욕망의 온전함을 수용하고 시스템을 완전하게 붕괴시켜야 할 때였다.

그러나 문제는, 프로이트의 견해와 그것에 영감을 받은 사회 이론이, 문화가 결코 하나의 온전한 전체가 아님을 인식하지 못했다는 것이다. 사실 문화는 언제나 직관과 관행들의 잡동사니다. "문화는 '그 문화' 혹은 '그 시스템' 같은 것이 존재하지 않기에 잼처럼 압축될 수 없다. 아주 잠정적으로 결합된 사회 제도가 뒤죽박죽된 것이 있을 뿐이다."[3] 그런 까닭에 결국 히피들의 반란은 하나의 문화를 전복시키고 그것을 반대하는 문화로 대체하는 데 거의 아무런 기여도 하지 못했다. 그러나 비록 그것이 목표를 이루지 못하고 '문화'를 제자리에 유지했던 반면, 그럼에도 그것은 우리 모두로 하여금 진정성이야말로 핵심적이라고 믿도록 만들면서 또한 (유감스럽게도) 젊음을 진정한 모든 것의 척도 혹은 배서인으로 떠받듦으로써 젊은 사람들의 인간성을 흐리게 하면서 우리의 사회적 이미지를 변화시켰다.

프로이트는 무덤에서 초월(과 하나님의 행동)에 대한 공격을 이끌었다.[4] 이드의 욕망은 거의 전적으로 자연적이고 물질적이었다. 세

---

3 Joseph Heath and Andrew Potter, *Nations of Rebels: Why Counterculture Became Consumer Culture* (San Francisco: HaperBusiness, 2004), 8.

4 생전에도 Freud는 현실이 계층화되어 있다는 개념에 깊은 의구심을 갖고 있었다. Freud와 Jung 사이의 관계에 처음으로 금이 가기 시작한 것은, Jung에게 현실이란 Freud가 생각하는 것보다 더 깊고 신비롭다고 믿는다고 Jung이 Freud에게 설명했을 때였다. 계층화된 (영적인) 현실에 대한 Jung의 이런 몰두가 Freud가 Jung을 불신하도록 이끌었다.

상은 오직 문화적 현실로 납작해졌다. 이드는 존재의 신비를 찾는 성찰의 구역이 아니었다. 오히려 그것은 욕구와 욕망의 중심지였다. 프로이트는 많은 이들에게 이런 욕구와 욕망이 가장 중요하고 진정한 것이라고, 또한 젊음의 욕망과 욕구를 지배적인 것으로 만들어 줄 반문화가 필요하다고 확신시켰다. 정당하게 경험을 중요하게 여기는 진정성의 시대는 도시의 거리를 통해 홍수처럼 퍼져 나갔다. 거리에는 욕구와 개인적 욕망을 자아의 가장 진정한 충동으로 미화하는 젊음의 파도가 몰아쳤다. 그것은 이드의 자연적이고 물질적인 욕망에 맞서는 모든 구조를 씻어 내고자 했다. 그리고 이 모든 것은 역설적이게도, 1960년대 후반에 자신들의 욕구에 귀를 기울이고 원하는 것을 구매하라고 장려했던 소비자 사회에 의해 강화되었다. 1960년대(와 그 이후 여러 유산을 지닌) 미국의 반문화는 적지 않은 부분에서, 이드가 인습과 순응에 구애받지 않은 채 자유롭게 활보할 수 있고, 단순히 문화를 개혁할 뿐 아니라 완전히 전복시키고자 하며, 모든 이가 영원히 젊음을 취하는 그러한 문화의 구축이었다.

그러나 이론과 실제 사이에는 언제나 차이가 존재한다. 그래서 비록 프로이트가 문화에 대한 우리의 개념에 영향을 주었고 한 세대를 19세기 보헤미안들의 진정성 충동과 연결시키기는 했으나, 청년 운동이 점화되고 젊음이 우리의 집착의 대상이 된 것은 또 다른 저항의 물결을 통해서였다.

첫 번째 물결

매스컴이 계획된 구식화에 관한 이야기들을 보도하기 시작했

4. 히피의 등장과 젊음에 대한 집착

을 때 불안이 시작되었다. 그리고 인종적 억압과 시스템에 저항하는 운동들이 일어나고 있음을 언론이 보도하자, 대규모의 (막대한) 청년 세대가 일어나, 도대체 어떻게 대중사회가 공산주의에 맞서 자유를 말하면서 남부에서는 수많은 이들을 억압할 수 있느냐고 물으며 하나의 운동으로 결집하기 시작했다.[5]

1960년대의 첫 번째 물결은 남부기독교지도자회의(Southern Christian Leadership Conference)와 프리덤라이더스(Freedom Riders) 같은 그룹을 중심으로 나타났는데, 이들은 진정성보다는 인권을 위한 투쟁에 집중했다. 그들은 성적 관습으로부터의 자유보다는 동등한 교육과 정부 대표를 위한 권리에 관심을 가졌다. 특히 킹 박사가 이끌었던 그 운동의 첫 번째 물결은 젊은 흑인과 백인 남자와 여자들에게 버스와 작은 식당에서의 부당한 상황을 비폭력적으로 파괴하도록 촉구했다. 그러나 특이하게도 (그리고 프로이트의 문화 비평과는 아주 다르게도) 1960년대 중반에 있었던 이 첫 번째 운동은 또한 하나님의 행동에 관한 지혜에서 많은 것을 끌어냈다.

마틴 루터 킹 목사의 연설은 특별히 그 운동의 행위를 이드라는 기본적인 욕망이 아니라 창조주라는 초월적 현실이라는 측면에

---

5 규모에 대한 인식을 주기 위해, Victor Brooks는 이렇게 말한다. "나의 연대기의 동기 중 하나는 어린이와 10대가 1960년대 미국의 거의 40퍼센트를 차지했다는 거의 믿기지 않는 현실이다. 그들은 그들의 순전한 에너지와 존재로 점차 성인들을 매혹해 적어도 그들의 패션, 헤어스타일, 그리고 그들이 시청 혹은 청취하는 것의 일부라도 샘플링하도록 만들었는데, 이것은 초기 수십 년 동안에는 생각할 수 없었던 일이지만 60년대 이후 수십 년 동안 점점 더 일반화되었다." *Last Season of Innocence: The Teen Experience in the 1960s* (New York: Rowman & Littlefield, 2012), 3.

서 정당화했다. 예컨대 그의 유명한 연설 '나에게는 꿈이 있습니다'(I Have a Dream)에서 킹은 이렇게 말한다. "나에게는 꿈이 있습니다. 어느 날 모든 계곡이 높이 솟아오르고, 모든 언덕과 산이 낮아지며, 거친 곳은 평평해지고, 굽은 곳은 곧게 펴지고, 하나님의 영광이 나타나 모든 사람들이 함께 그 광경을 지켜보는 꿈입니다."[6] 킹은 성경 본문의 지혜와 간디의 실천에 의지하면서 인간은 단지 물질적이고 자연적인 실재 이상으로 초월을 만나고 구하는 존재로서 본래적 가치를 지니고 있다고 주장했다. "나에게는 꿈이 있습니다. 언젠가는 저 아래 앨라배마주가, 사악한 인종주의자들이, 주지사가 항상 주의 결정이 연방정부에 우선한다느니, 연방법의 실시에 대한 거부권이 있다느니 하는 말만 반복하는 바로 그 앨라배마주가 변하여, 흑인 소년과 소녀들이 어린 백인 소년과 소녀들과 함께 손을 잡고 형제와 자매로서 함께 걸어갈 수 있게 되는 꿈입니다. 오늘 나에게는 꿈이 있습니다!" 킹은 언젠가 흑인과 백인 아이들이 피부색의 자연적이고 물질적인 특징이 아니라 인격의 본질에 의해—그들의 인격의 정신에 의해—판단을 받는 날을 꿈꿨다. 킹은 아이들의 이야기를 통해 파괴와 초월의 지혜를 연결함으로써 국민들이 남부(그리고 그 너머)에서 유색인 형제와 자매들의 영적 가치를 볼 수 있게 했다.

이 첫 번째 물결의 영감은 훨씬 더 크고 실질적으로 다른 두 번째 물결을 초래했다. 테리 앤더슨(Terry Anderson)은 이 두 물결 사이

---

6 Martin Luther King Jr., "I Have a Dream...," August 28, 1963, Washington, DC, https://www.archives.gov/files/press/exhibits/dream-speech.pdf.

4. 히피의 등장과 젊음에 대한 집착

의 차이를 논한다(하지만 결국 나는 그가 그 둘 사이의 실질적 차이를 과소평가 했다고 여긴다). "첫 번째 물결은 흑인 시민의 권리, 학생의 권리, 멀리 서 이루어지는 선포되지 않은 전쟁에 임할 의무에 관해 물었다. 그 런 문제들은 국민들이 거울 속을 들여다보도록 만들었다. 두 번째 물결은 문제를 확장해 …… 기성 체제에 대한 공격을 확대했다."[7]

운동에 대한 열정이 중산층의 소비주의 및 프로이트의 분석과 뒤섞이자 초월은 빠르게 상실되었고 킹의 인격주의적 윤리는 보헤 미안적 낭만주의와 욕망에 대한 추구에 의해 대체되었다.[8] 두 번째 물결에서 기성 체제는 적이었다. 모든 시스템은 찢겨야 했다. 순응 에 대한 엄격한 추구를 통해 개인들의 진정한 욕망을 억압했기 때문 이다.[9]

비트족

신학과 교회에 자극을 주었던 시민권 운동이 1960년대 후반 의 젊은이들에게 영감을 주었을 수는 있으나, 진정성의 시대와 기성

---

7 Terry H. Anderson, The Movement and the Sixties: Protest in America from Greensboro to Wounded Knee (New York: Oxford University Press, 1995), 423.

8 Rufus Burrow Jr., *God and Human Dignity: The Personalism, Theology, and Ethics of Martin Luther King, Jr.* (South Bend, IN: University of Notre Dame Press, 2006).

9 King이 요구했던 것은 시스템을 전복시키라는 것이 아니라 시스템의 이상들을 사실과 연 결시키라는 것이었다. 현명하게도 King은 시스템이 유색인들에게 약속했던 것을 제공하라고 요구했다. 그들에게 부족한 자금으로 수표를 제공하라는 것이 아니었다. King은 모든 이가 진 정으로 그들의 개별적인 자아가 될 수 있도록 규범 없이 사는 것이 아니라, 국가의 규범적 약 속을 재고하라고 요구하고 있었다.

체제를 타도하라는 요구를 불러일으켰던 청년 운동의 지도자들에게 영감을 준 것은 뉴욕의 보헤미안들이었다. 실제로 19세기부터 20세기 중반까지 보헤미안에게 영감을 받은 많은 반문화들이 존재했다.[10] 그러나 이런 집단들은 대개 뉴욕과 다른 도시들의 교외 지역에 갇혀 있었다. 그들 이전의 프랑스와 독일의 보헤미안들처럼 그들은 문화생활의 중심지로부터 먼 곳에서 그들의 예술, 마약, 그리고 성교를 행했다.[11]

---

10 Anderson은 이렇게 쓴다. "많은 논평가들이 반문화의 기원에 관해 논해 왔다. 대부분의 사람들은 미국사 전체를 통해 주류에 적합하지 않은 이들, 즉 부적응자들이 있었음을 언급했다. 초기에 그들은 방랑자, 표류자, 산악인 또는 오네이다(Oneida), 뉴하모니(New Harmony) 혹은 다양한 셰이커(Shaker)나 후터라이트(Hutterite) 정착지와 같은 공동체에 속한 유토피아인들이었을 것이다. 미국이 도시화되었을 때, 그들은 도시로 몰려들었다. 제1차 세계대전 이후의 보헤미안들, 대공황 기간의 학생 급진주의자들, 냉전 기간의 비트족 등이 그러했다. 미래의 히피들이 전후 기간에 성장하고 있었기에 어떤 이들은 현대의 지성인과 시인들에게 영향을 받았다. Paul Goodman은 *Growing Up Absurd*(부조리하게 성장하기, 그가 쓴 책의 제목이기도 한데 우리말로는 《바보 어른으로 성장하기》로 번역되었다―옮긴이)에 대해 논했고, William Whyte는 학생들에게 '조직과 싸우라'고 도전했고, 비트족 시인들은 사회를 비웃고 독자들에게 '길 위에' 서라고 촉구했다. '우리는 가야 하고 그곳에 이를 때가지 결코 가기를 멈춰서는 안 된다'라고 Jack Kerouac(비트 세대의 대표적 작가―옮긴이)의 등장인물들 중 하나가 말했다. 그리고 *Desolation Angels*에서 저자는 '수많은 미국인 다르마 행려들이 묵상하고 사회를 무시하기 위해 언덕으로 올라가는 배낭 혁명'에 관해 말했다. 어떤 작가들은 반문화가 기술에 대한 대응이라고 강조했다. …… 다른 이들은 히피 세계의 성장을 60년대 세대가 대규모로 성인이 된 결과로 보았다. 아이들이 많아진다는 것은 사회적 규범과의 불화가 많아진다는 것을 의미했다. 비틀즈와 한패가 되라, 그리고 그 전에 사랑의 여름을 즐기라." *Movement and the Sixties*, 243.

11 Preston Shires는 이렇게 설명한다. "세기의 전환기에 태어나 주기적인 번영을 경험했거나 심지어 성장했으며 나중에 20년대의 도시적 풍요 속에 살았던 후기의 '빅토리아인들' 중 일부는 그들 자신의 반체제 문화에 어느 정도 참여했다. 그들은 산업화가 정점에 도달하기 전에 어린 시절 내내 교사와 부모에게서 귀에 못이 박히도록 들었던 예의와 자제라는 빅토리아 시대의 주문에 맞서 반항했다. 새로운 방식으로 행동하도록 유도했던 새로운 것을 시도할 수 있는 기회는 이 중산층 미국인들이 60년대보다 훨씬 이전에 관습에 도전하도록 유혹했다." *Hippies of the Religious Right* (Waco: Baylor University Press, 2007), 5.

1950년대에 재즈, 마약, 그리고 자유로운 성적 표현으로 영감을 받은 한 무리의 보헤미안 작가들이 뉴욕에 모였다. 그들 대부분은 교외 출신이었고 부분적으로 대중사회의 풍요를 맛본 자들이었다. 그러나 그들은 그 풍요를 맛본 후 그것을 내뱉었고 그것의 비통함이 자기들을 흥분, 에로티시즘, 그리고 표현에 대한 보다 깊은 갈망을 금하게 하는 독과 같다고 주장했다. 오늘날 이 집단은 비트족(the Beats)이라고 알려져 있다. 대중사회의 순응을 통해 단절되었던 모든 세대가 그들의 저작 특히 앨런 긴즈버그(Allen Ginsberg)의 시와 잭 케루악(Jack Kerouac)의 회고록을 통해 예언자들을 발견했다. 모리스 이서만(Maurice Isserman)과 마이클 카진(Michael Kazin)은 다음과 같은 추가적인 설명을 제공한다.

　　비트족은 1960년대와 그 이후에 무성하게 싹을 틔울 씨앗들을 뿌리도록 도왔다. 하나는 기독교의 여명 이후 서구 세계에서 최고로 군림해 왔던 일부일처와 이성애의 가치에 구속되지 않은 성적 모험에 대한 욕망이었다. 또 다른 것은 인습적인 일과 위생적인 오락을 살아 있는 죽음과 비슷한 것으로 여기는 남자와 여자들 안에서 구현되는 무법적 정신에 대한 미화였다. 수많은 젊은이가 마리화나, 페요테, 그리고 특히 LSD 같은 불법 마약의 도움을 받으며 그런 믿음을 실행에 옮겼다. …… 비트족은 또한 '진정한' 표현에 대한 낭만적 갈망을 낳았는데, 그들은 그것을 가난한 자와 노동자 계급의 사람들, 흑인과 백인과 라티노와 연관시켰다.[12]

긴즈버그와 케루악은 수년 동안 순응주의적 대중사회에 맞서 싸워 왔다. 그러나 그들의 예언자적인 주장은 소비자 사회의 자궁에서 태어난 아이들이 성년이 될 때까지 반향을 얻지 못했다. 청년 운동의 형성 과정에서 프로이트가 먼저냐 비트족이 먼저냐 하는 것은 중요하지 않다. 분명한 것은 그 두 관점이 서로를 보완하면서 청년 운동의 원동력이 되고 사회 전체에 진정성을 배분했다는 것이다. 프로이트는 개념들을 제공했고, 비트족은 반문화를 낳은 실천들을 제공했다.

젊음으로서의 영성

긴즈버그는 실제로 인격적 하나님이 없는 신비주의를 추구하면서 새로운 영성을 따랐다. 이것은 결코 자라지 않고 영원히 젊음을 유지하는 것에 묶여 있는 영성이었다. 사실 직접적이고 인격적인 신적 실재를 필요로 하지 않는 전통적인 신학들은 이미 구성되어 있었다. 그것이 독일의 자유주의이든 미국의 실용주의에서 영감을 받은 사회복음이든 말이다. 그러나 그것들 모두는 보헤미안적 문화가 추구하고 젊음이 약속하는 것처럼 보였던 감정적 관능주의(emotive sensualism)를 결여하고 있었다.

긴즈버그는 자신을 높은 곳으로 데려가며 여행으로 이끄는 하나님의 행동이 없는 영성을 원했다. 마약과 섹스가 참된 욕망을 보

---

12 Maurice Isserman and Michael Kazin, *America Divided: The Civil War of the 1960s* (New York: Oxford University Press, 2012), 140.

　　　　　4. 히피의 등장과 젊음에 대한 집착

고 느끼기 위해 문화의 억압적 거짓말들을 떨쳐 내게 하는 수단이 되었다.[13] 긴즈버그와 다른 비트족들은 자신들의 주관적 경험의 힘과 깊이를 추구하면서, 과연 마약과 비순응적인 성적 표현들이 그들로 하여금 전통적 문화의 순응적 끌림에서 벗어나게 할 만큼 강력한 감정적 경험의 물보라를 낳을 수 있을지 살피고 있었다. 비트족은 젊음이 기성 체제에 반대하는 사명을 갖고 있다고 믿으면서 젊음의 감정적 충동을 미화했다. 성장하기를 거부하는 것이 반란의 행위가 되었다.[14]

---

13 Theodore Roszak은 이렇게 말한다. "Ginsberg의 시에서 환상적 충동에 관해서는 말해야 할 것이 더 있다. Ginsberg와 초기 비트 작가들 대부분이 이끌렸던 황홀한 모험은 예외적으로 초월보다는 내재의 모험이다. 거기에는 도피주의적인 신비주의도 금욕주의적인 신비주의도 없다. 그것은 한 세대 앞선 T. S. Eliot의 천상의 추구처럼, 그들을 육신의 부패로부터 멀리 떨어진 장미의 정원으로 이끌어 가지 않았다. 오히려 그들이 추구하는 것은 현세적 신비주의, 즉 어떻게든 필멸의 삶을 포용하고 변형시키는 육체와 대지의 황홀경이다." *The Making of a Counter Culture: Reflections on the Technocratic Society and Its Youthful Opposition* (New York: Anchor Books, 1969), 129.

14 Christopher H. Partridge는 마약과 Timothy Leary(미국의 심리학자로 환각성 약물의 긍정적 잠재력을 지지했던 대표적인 인물—옮긴이)가 이 업계에서 수행한 역할에 대해 논한다. Ginsberg는 마약이 실제로 자기가 원하는 영성으로 자기를 이끌 수 있다고 믿으면서 Leary와 가까워졌다. Partridge는 이렇게 말한다. "비트족 문화는 동쪽으로 향했고, 열정적으로 사이키델리아(pscyedelia, 환각제를 복용한 뒤에 생기는 것과 같은 도취 상태를 재현한 음악·미술·패션 등)로 변화되었고, 대부분 '취하라, 어울리라, 이탈하라'(turn on, tune in, and drop out)라는 Leary의 철학을 받아들였다. 그것은 효과적으로 새로운 사이키델리아의 주문이었다. 그의 책 *The Politics of Ecstasy*에서 Leary는 그 주문 배후의 생각에 대해 다음과 같이 설명한다. '이탈하라(Drop Out)—탈수된 것과 같은 사회 드라마와 TV 같은 대용품으로부터 자신을 분리시키라. 취하라(Turn On)—당신을 하나님의 성전인 당신 자신의 몸으로 돌아가게 하는 성례전[즉 LSD]을 발견하라. 어울리라(Tune In)—다시 태어나라. 다시 들러서 그것을 표현하라. 당신의 비전을 반영하는 일련의 새로운 행동을 시작하라.' 다시 말해, Leary에게 이탈하는 것은 지극히 문자적으로 말 그대로 '컬트', 대안적, 반문화적, 마약에 기반한 종교 공동체를 형성하는 것이다." *The Re-Enchantment of the West, vol. 2, Alternative Spiritualities, Sacralization, Popular Culture, and Occult* (London: T & T Clark, 2005), 101.

교외 생활의 보호적인 안락함 속에서 성장한 세대—게다가 그들의 선생들은 그들에게 프로이트를 가르쳤다—는 비트족의 영원한 젊음에 대한 보헤미안적인 충동을 매력적인 것으로 보았다. 그리고 그와 마찬가지로 중요한 것은, 비트족이 기성 체제에 맞서 휘두르는 곤봉으로 젊음을 사용하는 것에 굉장한 동기를 부여하면서, 이 거대한 세대로 하여금 자신의 광범위한 젊음의 압력이 문화를 전복시킬 수 있다고 믿게 만들었다는 점이다. 이어서 히피들이 그들의 비트족 예언자들을 따라 젊음이 목표이자 무기가 되는 운동을 이끌었다.

제이크 웰런(Jake Whalen)과 리처드 플랙스(Richard Flacks)가 이에 대해 추가적인 설명을 제공한다. "60년대 청년들의 반란은 부분적으로 우리 사회의 '성인기'를 재정의할 가능성에 대한 것이었다. 만약 어떤 단일한 주제가 그 시기를 특징짓는 정치적, 문화적 저항의 다른 형태와 결합했다면, 그것은 바로 젊은이들이 새로운 사람이 될 수 있으며, 부모들의 발자취를 따를 필요가 없고, 역할, 관계, 그

Partridge는 계속해서 이렇게 말한다. "Leary의 사고가 신비주의적이라고 말할 수는 있지만, 그것이, 그의 삶의 후기에는 확실하게, 예를 들자면 Huxley와 Alpert의 철학처럼 분명하게 동양적이지는 않았다. 실제로 Leary의 후기의 보다 과학에 기반한 사고에는 신비로운 의식을 물리주의적 용어로 해석하려는 경향이 강했다. 이것은 의미심장한 제목이 달린 그의 책 *Your Brain Is God*에서 분명해진다. 예컨대 그는 '당신은 신이다, 신처럼 행동하라'고 선언하고 '당신의 내면의 내비게이션 컴퓨터와의 황홀한 통신'으로서의 기도에 관해 말한다. 실제로 그는 이것이 늘 자신의 영성 안에 내포되어 있었다고 주장한다. 뉴에이지 하부 문화에 속한 수많은 인식론적 개인주의자들이 주장하듯이, 신은 내면에 있을 뿐 아니라 자아를 초월하지 않는다. 오직 생물학적 유기체만 존재할 뿐이다. '우리의 자기 결정적 신학은 다음과 같은 전제에 뿌리를 두고 있다. 당신 자신의 두뇌를 제어하고, 자신의 신성이 되고, 자신의 세계를 만들라.'" *ibid*.

리고 일상의 확립된 구조에 의해 주어지지 않는 정도의 자기 통제가 가능한 삶을 살아 나갈 수 있다는 낭만적인 믿음이었다." 웰렌과 플랙스는 진정성을 향한 충동을 지적하면서 계속해서 다음과 같이 말한다. "어느 의미에서, 사람들이 추구했던 것—그리고 많은 이들이 가능하다고 믿었던 것—은 젊음을 유지하는 삶이었다. 즉 만약 성인기가 특정한 일련의 역할과 관계로 묶인 특정한 정체성 안에 자리를 잡는 것을 포함한다면, 그리고 만약 젊음이 자유롭게 어떤 정체성을 계속해서 재구성하는 시간이라면, 그런 자유를 영원히 유지하고자 하는 것은 성인기를 거부하려는 시도로 해석될 수 있다."[15]

이것은 젊음과 진정성이 분리 불가하다고 주장하면서 젊음이라는 이상주의에 묶여 있는 새로운 의식을 위한 투쟁이었다. 젊음과 진정성의 이런 융합은 우리가 신앙 형성에 대해 상상하려고 할 때 계속해서 우리를 괴롭혔다. 웰렌과 플랙스는 비트족(그리고 그들을 뒤따르는 히피족) 이전에 진정성을 향한 보헤미안적 충동은 1960년대 후반에 그랬던 것처럼 젊음과 융합되어 있지 않았다고 설명한다. 다시 말해, 비트족 이전에 젊음은 진정성을 성취하기 위한 전략이 아니었다. "제2차 세계대전 이전의 보헤미안적 저항의 시기에도 젊은 참가자들은 자신들의 입장을 자신들의 젊음이나 세대적 구성원의 측면에서 규정하지 않았다. 그러므로 오직 60년대의 반란에 참여했던 젊은이들만이 '젊은 이상주의의 운명'을 사회적 이해를 위한 핵심적

---

15 Jake Whalen and Richard Flacks, *Beyond the Barricades: The Sixties Generation Grows Up* (Philadelphia: Temple University Press, 1989), 2.

쟁점으로 만든다."[16]

보헤미안적 관점은 시민권 운동을 추동하는 개념과 비슷해 보였다. 그러나 좀 더 면밀하게 살펴보면 완전히 다르다. 보헤미안적 관점은 새로운 의식을 위한 투쟁이자 영원한 젊음을 위한 투쟁으로서, 사람들을 일깨워 기성 체제가 어떻게 그들을 지루하고, 무감각하고, 진실하지 않은 어른들의 교외 감옥에 묶어 두었는지를 깨닫게 하고자 했다. 목표는 개인들이 영원토록 젊은 상태로 남아 있음으로써 자신들을 부르주아적 순응의 사슬로부터 해방시키는 것이었다. 그 목표는 의식을 높여서 사람들이 그 덫을 볼 수 있게 하고, 그 덫을 피함으로써 자신의 마음의 욕망 속으로 들어가는 길을 따라 걸으며 자신이 원하는 개인이 되게 하는 것이었다.

물론 저항과 시민권 운동의 첫 번째 물결 속에서 어떤 의식이 고양되고 있었다. 시스템의 억압과 노골적인 인종차별을 보고자 하는 것이 핵심적이었다. 그러나 시민권 운동은 개인적 의식을 고양시키고 영원히 젊음을 유지하는 것에만 의존하지 않았다. 히스와 포터는 이렇게 말한다. "다운시프팅(downshifting, 경쟁과 속도에서 벗어나 여유 있는 자기만족적 삶을 추구하는 것—옮긴이)에 관한 이 모든 충고는, 사회를 변화시키는 것이 궁극적으로 우리의 의식을 변화시키는 문제라는 반문화적 믿음에 기초를 두고 있다. 그러므로 그것은 고도로 개인화된 전략들을 낳는다."[17]

---

16 *Ibid*.

17 Heath and Potter, *Nation of Rebels*, 155.

반면에 킹의 시민권 운동은 적어도 존재론적 주장을 펴면서 우리에게 이웃의 구체적인 인간성을 존중하라고 요구했다. 그것은 젊음에 대한 미화를 통해 표현적 개인주의 속으로 해방되는 것과는 아주 다른 무엇이었다. 그것은 젊었든 늙었든 우리 앞에 있는 사람의 인간성이라는 구체적 현실을 보고 책임을 지라는 요구였다(그 책임은 여러 면에서 반문화가 그것으로부터의 자유를 추구했던 것이었다).

　　아래에서 나는 이것에 대해 좀 더 이야기할 것이다. 그러나 젊음에 과도하게 노출된 것으로 인해, 신앙 형성에 관한 우리의 개념은 너무 자주 이런 표현적 (심지어 도구적) 개인주의를 따라 왔다. 복음주의 교회와 주류 교회 모두에서 너무 자주 신앙 형성이 의식을 고양하는 과정으로 이해되었다. 그리고 어느 면에서 이것은 진정성의 시대를 존중하는 것처럼 보이지만, 그것은 또한 신앙을 하나님의 행동에 대한 시야를 잃는 문화적 현실로 바꾸는 경향을 보인다.

　　1960년대 후반으로 돌아가 보면, 젊은이들은 그들의 의식이 시스템에 저항하고 반대하는 것을 통해서뿐 아니라 그들의 보헤미안적 예언자들을 따라 다른 옷을 입고 달리 말하는 것을 통해서 성장했음을 보여 주고 있었다. 그들은 옷, 헤어스타일, 새로운 은어 등을 통해 반문화를 창조했다. 젊은이들은 대중사회의 순응에 대한 자신들의 반대를 구체화하기 위해 모든 조치를 취하고 있었다. 긴즈버그는 그들에게 생산과 진보 대신 섹스와 형제애를 추구하면서 시스템에 반대하라고 말했다. 케루악은 그들에게 술과 마약을 즐기면서 또한 회색 플란넬 양복을 입은 자들은 압제를 의미할 뿐임을 인식하면서 반란을 일으키라고 말했다.[18] 그리고 이서만과 카진이 예시하듯이, 노먼 메일러(Norman Mailer)는 "'몸의 보다 의무적인 쾌락을 위해 마음의 쾌락을 포기하면서 …… 굉장한 현재 속에서 살아가는' 흑인들"을 미화하는 새로운 힙(과 히피의 세계)을 스케치했다. "그[메일러]는 '폭력, 새로운 히스테리, 혼란, 및 반란의 시대'가 곧 다가와 '순응의 시대를 대체할' 것이라고 예견했다."[19] 젊음의 정신과 그것에 대한 집착은 이제 도처에 만연했다.

보헤미안주의의 해방

이제 젊은이들은 그들의 부모들 곁에서 그들의 집과 이웃 그리

---

18 Heath와 Potter는 가정 체제와 그것의 문제들에 맞서는 이런 노력에 대한 유용한 통찰을 제공한다. "이에 대한 설명을 발견하기는 어렵지 않다. 반문화적 반란은 아마도 다른 운동보다 더 많은 괴짜들을 끌어들이지는 못하지만, 그것은 특히 일단 그들이 도착한 후에 그들을 다룰 준비가 되어 있지 않다. 이것은 반문화적 비판이 본질적으로 사회적 일탈과 반대를 구분하는 것을 부정하기 때문이다. 모든 문화가 억압의 시스템으로 간주되기에 어떤 이유에서든 어떤 규칙을 어기는 이는 누구라도 '저항' 행위를 하고 있다고 주장할 수 있다. 더 나아가, 이런 주장을 비판하는 자는 누구라도 자동적으로 '시스템'의 또 다른 꼭두각시로, 즉 반항적인 개인에게 규칙과 규율을 부과하려고 하는 압제적인 파시스트로 공격을 받는다." ibid., 137.

19 Isserman and Kazin, *America Divided*, 18. 1957년 여름에 발행된 잡지 *Dissent*에 실렸던 Norman Mailer의 에세이 "The White Negro"는 아주 유명했다. David Brooks는 메일러의 견해가 보헤미안적 문화와 어떻게 정확하게 맞아떨어지는지 설명한다. "보헤미안들은 그들이 부르주아 질서의 희생자로 보았던 이들, 즉 가난한 이들, 범죄자들, 민족적·인종적 추방자들과 연계했다. 그들은 겉보기에 부르주아적 관습에 물들지 않은 이국적 문화에 감탄했다. 많은 파리지앵들이 여전히 중세적으로 보였던 스페인을 이상화했다. Flaubert는 그가 브리타니에서 발견한 원시적 삶의 방식에 놀랐다. 그들은 그들이 고귀한 야만인으로 여겼던 이들을 이상화하고 자신들의 침실에 낯선 아프리카의 예술품들을 놓았다. 그들은 영적으로 순결해 보이는 중국처럼 먼 사회를 질투했다. 그들은 섹스를 예술 형태로 승화시켰고(실제로 그들은 사람의 모든 측면을 예술 형태로 여겼다) 부르주아의 고상한 체하기를 경멸했다. 당신이 파리지앵 보헤미안에 관해 더 많이 읽을수록, 당신은 그들이 모든 것을 생각했음을 더욱 더 깨닫게 될 것이다. 다음 150년 동안 번역자들, 지성인들, 그리고 히피들은 그들의 원래의 반역을 되풀이하는 것 이상의 일을 하지 못했다." *Bobos in Paradise: The New Upper Class and How They God There* (New York: Simon & Schuster, 2000), 68.

고 휴일과 복도를 공유하며 서 있었지만, 실제로 그들은 여러 면에서 서로 다른 세상에서 살았다. 부모들은 의무와 순응에 이끌렸던 반면, 젊은이들은 진정성과 힙(the hip) 혹은 쿨(the cool)에 대한 추구에 이끌렸다. 부모들은 보수적이었고, 젊은이들은 허황하고 터무니없었다. 부모들은 구체적인 현실을 경시했고, 젊은이들은 섹스, 마약, 그리고 윤택함을 통해 자신들의 참된 자아를 표현했다(그래서 로큰롤이 중요했다).

젊은이들의 파괴적인 행위는 국가적인 전염병이 되었고, 많은 이들은 젊은이들이 파괴적인 쾌락주의적 정신에 사로잡혔다고 여겼다. 그들은 지금이 우리의 아이들과 기독교적 혹은 미국적 가치의 상실에 대해 걱정해야 할 때라고 믿었다. 시어도어 로작과 같은 다른 이들은 젊은이들 안에 있는 놀라운 특성을 지적하면서 젊은이들의 파괴적인 방식을 우리의 유일한 희망으로 포용하도록 사회를 촉구했고, 모든 이를 향하여 진정성의 자유와 젊음으로의 이동을 주장했다.[20]

젊음의 광범위한 영향에 대한 두 가지 대응 모두가 여러 방식으로 우리에게 남아 있다. 그 세대의 막대한 숫자 때문에, 1960년대는 젊음을 무시할 수 없는 독특한 시대였다. 그러나 이 대규모 세대는 그 수가 지닌 힘을 가지고 서구 사회를 영원히 변화시킬 무언가를

---

20 Roszak은 이렇게 말한다. "우리 시대의 젊은이들의 분열을 단순한 정치적 운동이 아니라 하나의 문화적 현상으로 만드는 것은, 그것이 이데올로기를 넘어 의식의 수준까지 공격하여 자아, 타자, 환경에 대한 우리의 가장 깊은 감각을 변형시키려 한다는 사실이다." *Making of a Counter Culture*, 49.

행했다. 그들은 의무를 처형하고 그것을 진정성으로 대체했다. 그들은 아방가르드, 보헤미안, 19세기의 낭만주의 그리고 힙에 대한 추구를 취했고 그것을 사회의 DNA와 깊이 뒤섞었다. 이것이 우리의 사회적 의식에 깊이 박힌 나머지 나팔바지와 홀치기염색과는 아무 관련이 없는 이들조차 진정성을 추구하게 되었고, 진정성의 실현에 대한 보다 분명한 비전과 보다 심원한 취향이 젊음에 있으며 젊음이 우리 모두를 쿨한 것으로 이끌어 간다고 믿게 되었다. 그리고 쿨한 것은 참된 것이다!

도전으로 돌아감

청년 운동이 시작되고 50년 이상이 흐른 지금, 젊은이들에 대한 두려움은 지속되고 있다(특히 교회에서 그렇다). 그러나 젊은이에 대한 두려움이 계속될지라도, 우리는 다른 방향으로 더 설득되며 이끌려 왔다. 우리는 젊음을 우리가 추구해야 할 독특한 특성으로 여겼다. 젊음은 진정성으로 가는 수단이기 때문이다.

전후 첫 세대는 이런 낭만적인 보헤미안주의를 주류로 만들었다. 기존의 문화를 급진적으로 새로운 무언가로 대체하는 참된 반문화는 결코 일어나지 않았다. 그렇기에 히피 혁명은 그것의 이상주의 때문에 조롱을 받을 수 있다. 예컨대 '사랑의 여름'과 소위 새로운 반문화가 나타나고 몇 달이 흐른 후에 하이트애쉬베리에는 강간, 도둑질, 그리고 노숙이 너무 많아져서 그곳은 사랑과 자유의 문화보다는 지옥의 문화에 더 가까웠다.[21]

비록 하나의 문화를 반문화로 전복시키고자 하는 움직임은 결코 일어난 적이 없지만, 1960년대의 청년 운동의 성공은 도처에 만연해 있었다. 사회 안에서 보헤미안적 낭만주의의 해방은 아주 급진적이어서 개인의 진정성(개인의 욕망과 욕구)이 좋은 삶의 척도가 되었고,[22] 이드는 슈퍼에고의 순응을 요구하는 채찍으로부터 자유롭게 되어 활보하도록 허락받았으며,[23] 하나님의 행동이 없는 영성이 자라났다.[24] 그리고 이 모든 것은 힙이나 쿨에 대한 추구를 중심으로 통합되었다. 힙 혹은 쿨은 도덕규범을 제공하는 자연적 혹은 물질적 영성으로, 결과적으로 그것은 자아를 치료적으로 구성하는 방법을 제공한다. 청년들은 우리 **모두**를 진정성으로 이끌도록 관습, 견

---

21 Anderson은 이렇게 쓴다. "그러나 하이트에서 다시 분위기는 사랑의 여름에 대해 부정적으로 돌아서고 있었다. 그 지역은 젊은이들로 넘치고 압도되었다. 당국은 자기들이 한 달에 200명에 이르는 가출한 미성년자들을 보호하고 있다고 보고했다. 6월에 *Oracle*지는 10만 부를 인쇄하는 기록을 세웠다. 편집자들은 문제가 쌓이고 있으며, 만약 누군가가 샌프란시스코에 와야 한다면, '꽃에 더하여' 옷, 침낭, 음식, 그리고 돈을 가져와야 한다고 지적했다. 쉬운 삶은 비싸지고 있었다. 하이트 거리에 집과 숙소는 부족했고, 상점 앞 임대료는 치솟았다. 많은 힙 비즈니스가 부채에 빠졌고 도시는 건축 법규 위반을 단속하고 있었다. 삶은 또한 위험해지고 있었다. 그보다 앞서 4월에 열여섯 살짜리 가출 소녀가 거리의 불법 마약 거래자에게 픽업된 후 약에 취한 상태에서 거듭해서 강간을 당했다. 히피들은 냉소적으로 그것을 '황홀경의 정치학과 윤리학'이라고 불렀다. '하이트 거리에서 강간은 헛소리만큼이나 흔하다.' 다른 이는 이렇게 불평했다. '당신은 하이트 거리가 광장만큼이나 나쁘다는 것을 아는가?' 새로운 마약들이 도입되었는데, 그중에는 STP, 메테드린, 헤로인처럼 위험한 것들도 있었다. 마약상들이 이익을 얻기 위해 경쟁을 벌이면서 폭력은 쌓여 갔다. 8월에 마약상 John Kent Carter, 일명 숍이 그의 아파트에서 열두 군데나 칼에 찔려 죽은 채 발견되었다. 며칠 후 흑인 마약상 수퍼스페이드의 시신이 발견되었다. 일부 마약상들은 총을 지니기 시작했다. 그리고 히피인 Charles Perry는 이렇게 물었다. 'LSD 판매상들이 서로를 죽이고 있다고? 이게 뉴에이지가 약속했던 것인가?'" *Movement and the Sixties*, 175.

22 MTD(나는 이 프로젝트에서 그것을 신앙 형성이 그토록 어려운 이유를 설명하기 위한 핵심적 표현으로 사용하고 있다)로 돌아가 보면, 좋은 삶의 척도로서의 진정성에 대한 주장은 MTD의 M('도덕주의적')에 해당하는 것으로 보일 수 있다.

23 이것이 MTD의 T('치료적')에 해당한다.

24 이것의 MTD의 D('이신론')에 해당한다.

해, 성향을 물려받은 쿨의 사제가 되었다. 1960년대 후반부터 청년들은 우리 모두가 지켜보아야 하는 천재적인 보헤미안들로 보였다. 왜냐하면 그들이 만지는 것은 진정한 것이고, 삶의 요체는 진정해지는 것이기 때문이다. 데이빗 브룩스(David Brooks)는 이렇게 말한다. "1960년대에 많은 이들은 삶의 방식과 옷차림을 낮춤으로써 동료들에게 높은 평가를 받을 수 있다는 것을 알게 되었다. 그리고 낭만적 반문화는 많은 수로 부풀어 오르면서 실제로 부르주아의 주류 문화를 무색하게 했다. 구스타브 플로베르(Gustave Flaubert)와 그의 파리지앵 동료들이 최초로 '부르주아에게 충격을'(*Epater les bourgeois*)이라는 기치를 내걸고 나서 한 세기 이상이 흐른 후, 보헤미안 운동은 하나의 파벌에서 큰 무리로 성장했다. 한동안 보헤미아의 이념들이 실제로 남아 있는 벤저민 프랭클린의 부르주아적 에토스를 무찌를 것처럼 보였다."[25]

그러나 도대체 누가 이런 젊은이들을 진정성의 사제들로 임명했는가? 만약 히피 혁명이 기성 체제를 전복시키는 문제와 관련해 대체로 성공적이지 않았다면, 도대체 어떻게 그것이 수십 년 전의 불안과 음모를 지속하면서 우리의 사회적 이미지에 그토록 심오한 영향을 줄 수 있었던 것일까? 혹은 우리는 히스와 포터가 그랬던 것처럼 이렇게 물을 수 있다. "구식 부르주아적 가치와 보헤미안적 가치들 사이의 갈등에서 보헤미안적인 것이 승리했음은 의심할 여지가 없다. 그러나 그 과정에서 …… 그것은 자본주의를 온전하게 남

---

25 Brooks, *Bobos in Paradise*, 78.

4. 히피의 등장과 젊음에 대한 집착

겨 두었을 뿐 아니라 이전보다 건강하고 보다 지배적인 것이 되게 했다. 어떻게 그런 일이 일어난 것일까?"[26]

　　대중사회 및 젊음의 부상에 관한 우리의 이야기에 또 하나의 역설적인 반전을 추가한다면, 그것은 다름 아닌 소비자 사회의 마케터들이 보헤미안적 젊음의 문화를 취하여 구매를 위한 새로운 메커니즘—순응 이외에—을 만드는 방법으로 삼았다는 점이다. 우리가 가장 깊이 간직한 가치로서의 쿨과 진정성의 사제들로 젊은이들을 임명한 것은 매스컴이라는 대중사회의 도구였다. 마케팅 자체 안에서 어떻게 '쿨'과 '힙'이 진정성과 묶이면서 그 역사적 운동을 드러내는지를 보이기 위해 돌아가야 할 지점이 바로 이것이다. 다음 장에서 우리는 진정성의 시대와 젊음의 전략이 어떻게 그토록 매력적인 것이 되었는지를 보이기 위해, 쿨의 승리를 청년 운동 이야기와 연결시켜 살필 것이다.

26　Heath and Potter, *Nation of Rebels*, 197. 유사하게, Brooks는 이렇게 쓴다. "기본적인 신보수주의적 주장은 일련의 양보와 함께 시작되었다. 그것은 부르주아적 삶의 방식이 영웅적이거나 고무적이지 않다는 것을 인정했다. '부르주아 사회는 모든 가능한 사회 중에서 가장 평범하다. …… 그것은 평범한 남자와 평범한 여자들의 편리와 안락을 위해 조직된 사회다.' Irving Kristol은 〈지성인들의 적대적인 문화〉(*The Adversary Culture of Intellectuals*)라는 글에서 그렇게 썼다. 그러므로 부르주아 사회는 물질적 조건을 향상시키는 것을 목표로 삼는다. 그것은 초월에, 고전적 가치에, 영적 변화에 막대한 에너지를 바치지 않는다. 부르주아 사회는 행복한 문명을 만들어 내지만 위대하고 불멸하는 문명을 만들어 내지는 않는다. 더 나아가, Kristol은 부르주아 사회에는 '상냥한 속물주의'가 내재되어 있다고 쓴다. 순수 예술은 많은 존경을 얻지 못하고, 대중문화가 번성한다(그리고 모든 영화는 해피엔딩이다)." *Bobos in Paradise*, 80.

5

힙의 부상

랍스터에 목줄을 매고!

비트족과 그들보다 앞섰던 다른 보헤미안족들은 '힙' 혹은 '쿨'
을 하나의 영성으로 바꿨다. 앨런 긴즈버그에게서 성장하는 것에 대
한 거부, 즉 영원히 젊음으로 남아 있고자 하는 추구는 새로운 영성
의 관문이 되었는데, 그 영성의 핵심은 진정성의 실체로서의 쿨이었
다. 이런 보헤미안적 쿨의 핵심적 요소는 부르주아적 인습을 거부
하는 것이었다. 예컨대 다른 프랑스 보헤미안들은 제라르 드 네르
발(Gérard de Nerval, 프랑스의 작가이자 시인—옮긴이)이 힙하다고 여겼는
데, 그것은 그가 다른 파리지앵들을 사로잡았던 순응적 욕구에 맞서
기 위해 랍스터에 목줄을 매고 마치 그 생물이 부르주아의 포메라니
안(독일이 원산지인 털이 긴 반려견—옮긴이)인 것처럼 그것을 앞세워 빛의
도시(파리)를 산책했기 때문이었다. 그는 비인습적이고 반항적인 언
어, 옷, 그리고 관습을 취했기에 쿨했다. 그리고 아마도 그가 그렇게
한 것은 그것이 가장 **진실되게 그**였기 때문일 것이다. 하지만 이런
쿨의 영성은 자신의 욕망의 진정성을 추구하는 보헤미안들의 고립
된 소규모 지역 안에 갇혀 있었다. 쿨에 대한 반항적인 추구를 증폭

시킬 메커니즘이 존재하지 않아서였다.

1950년대 대중사회의 소비자 충동은 구매를 순응의 의무로 만들었다. 대중사회의 분화된 청년 시장에서 쿨은 떠오를 수 있었는데, 그것은 마치 다양한 춤과 스타일이 스쳐 지나가거나 반항자들이 담배를 피우고 욕을 내뱉는 것과 같았다. 그러나 결국 쿨은 언제나 순응을 위해 밀려났다.

대중사회의 경제가 흐르도록 만드는 상품을 파는 마케터들 중 어떤 이들은 순응이라는 동인이 빈약한 윤활유임을 발견했다. 앞서 말했듯이, 일단 당신이 당신의 의무를 이행해 차나 냉장고를 구매했다면, 어째서 당신이 (적어도 그것이 고장 나지 않는 한) 더 나은 혹은 더 새로운 것을 필요로 하겠는가? 그러니 만약 경제가 이처럼 각각의 개별적인 미국인의 지출의 흐름에 의존한다면, 그때 순응은 이런 작은 흐름 중 상당수를 고갈시킬 위험이 있는 장애물이 될 수밖에 없었다. 구매 충동을 의무 및 순응과 묶는 것은, 미학적 황무지 상태는 말할 것도 없고, 실패하는 제안처럼 보였다.

하지만 다른 선택지는 거의 없었다. 청년들이 반항하기 시작하기 전까지는 말이다.

쿨의 정복

반문화가 성장하고 시간이 흐르면서 사회적 관심과 우려가 커짐에 따라 마케터들이 그 현상에 주목하기 시작했다. 매디슨가(街)의 엘리트들은 정확하게 부르주아 중산층(과 상류층)에 속해 있었다. 하지만 그들 중 일부는, 토머스 프랭크가 그의 책 《쿨의 정복》(*The*

Conquest of Cool)에서 기록하듯이, 산업에 덮어씌워진 볼품없는 장막을 조롱했다. 그들을 분노하게 한 것은 1950년대와 1960년대 초의 미국 산업계가 '조직인'(Organization Man)에 몰두한 것이었다. 프랭크는 "1956년에 비즈니스 분야의 작가인 윌리엄 H. 화이트(William H. Whyte, Jr.)는 이 새로운 미국인에게 그가 만들어 낸 가장 내구성 있는 별명을 붙였다. '조직인.' 거대한 사기업에 고용되어 있든 정부에 고용되어 있든 [조직인은] 점증하는 관료주의와 집단주의의 잘 적응된 산물이었다"라고 썼다. 프랭크는 계속해서 말한다. "조직인은 조직의 가치에 대한 그리고 모든 문제를 푸는 '과학'의 힘에 대한 …… 믿음을 …… 정밀하게 구성했다."[1]

한 세기 이상에 걸쳐 보헤미안들은 그들의 작고 고립된 영토 안에서 욕망, 쾌락, 표현, 그리고 경험이야말로 종교와 그 제도가 약화시키려 했던 (유일한) 자연적 현실들이라고 주장하면서 초월과 하나님의 행동을 낮춰 왔다. 그러나 조직인들 역시 (어쩌면 그들보다 더 심하게) 초월에 대한 필요를 느끼지 않았다. 과학과 기술이 모든 문제를 풀었다. 교회와 종교가 중요한 기관이 될 수 있었던 것은 그것이 신적 현실을 매개해서가 아니라, 문제를 해결하고 국가적 집단주의를 만들어 내도록 조직될 수 있기 때문이었다. 보헤미안들의 낭만주의로 인해 그들은 교회를 멸시하고 욕망을 통해 영성의 다양한 측면을 추구하도록 이끌렸다. 반면에 조직인들은 교회에 출석하고 교

---

1 Thomas Frank, *The Conquest of Cool: Business Culture, Counterculture, and the Rise of Hip Consumerism* (Chicago: University of Chicago Press, 1998), 10.

5. 힙의 부상

회를 지지했으나 교회를 영성 없는 관료적 기관으로 축소시켰다. 둘 다 하나님의 행동을 위한 여지가 거의 없는 (욕망의 혹은 과학과 조직의) 자연주의로 돌아섰다.

특별히 광고 회사의 제작진 안에서 조직인에 대한 증오가 높았다. 그리고 많은 이들이 조직인을 공격할 적절한 때를 기다렸다. 그들에게 조직인의 미학은 지루했을 뿐 아니라, 그들의 의무와 순응의 결과는 움직이는 제품들에 대한 구속복(拘束服, 정신병자나 흉악범에게 강제로 입히는 옷—옮긴이)이었다. 조직인은 회색 플란넬 양복을 입은, 의무감으로 가득 찬 순응주의자들이었다. 그들은 자신들의 10대 자녀들이 맞서 반항하고 있던 교외의 낙원을 만들어 낸 조상들이었다. 대중사회의 마케터들은 조직인을 증오했고, 조직인의 지배를 극복할 방법을 찾으며 1950년대의 청교도주의와 기술관료주의를 무언가 다른 것으로 전복시킬 기회를 모색했다. 그러나 이 '다른 것'은 젊은이들이 반항을 시작한 후에야 비로소 발견되었다.

반문화의 젊은 예언자들이 대중사회를 '억압을 위한 기계'라고 부르면서 순응을 밀어내기 시작했을 때, 마케터들은 젊은이들에게 순응에 맞서는 쿠데타를 위한 무기를 제공하면서 그들을 천재라고 선전하는 데 열을 올렸다. 젊은이들은 은어, 복장, 표현과 관련해 아방가르드의 보헤미안적 관행들로 돌아섰다. 이런 관행들은 언제나 지배적인 문화에 반대되는 것으로 남아 있었으나 여전히 작은 그리고 종종 숨겨진 장소에 국한되어 있었다. 그러나 국내 역사상 가장 규모가 큰 세대의 젊은이 중 일부가 이런 관행으로 돌아서서 조직, 의무, 순응보다 힙과 그 이상(ideal)들을 중요한 것으로 만들었을 때,

마케터들은 힙과 그 관행을 널리 알리는 것 이상의 일을 했다. 보헤미안들(과 프로이트)이 영감을 부여했을지 모르지만, 진정성을 새로운 사회적 이미지로 공식화하면서 순응에 맞서는 쿠데타에 자금을 지원한 것은 마케터들이었다.[2] 프랭크는 다음과 같이 신랄하게 지적한다.

> 밝혀진 바와 같이, 미국 산업계의 많은 이들은 …… 반문화를 훼손되어야 할 적이나 소비자 문화에 대한 위협으로가 아니라 희망적인 신호로, 즉 오랜 세월 누적되어서 자력으로 움직일 수 없을 정도가 된 산더미 같은 절차와 위계에 맞서는 그들 자신의 싸움에서 상징적인 동맹군이 될 것이라고 상상했다. 1950년대 후반과 1960년대 초에 광고 및 남성복 사업의 리더들은 그들 자신의 산업에 대한 비판, 즉 반문화를 낳은 대중사회에 대한 비판과 많은 공통점을 지닌 과잉 조직화와 창의적 둔감함에 대한 비판을 전개했다. …… 그들은 젊은이들이 이끄는 문화 혁명을 환영했는데, 이는 그들이 은밀하게 그것을 전복시키려는 계획을 세우고 있었거나 그것으로 인해 거대한 청년 시장을 공략할 수 있게 될 것이라 믿어서가 아니라(비록 물론 그것이 한 요소이기는 했으나), 그들이 그 안에서 미국 산업과 소비자 질서를 되살리려는 자신들의 투쟁의 동지를 인식했기 때문이다. 만약 미국의 자본주의가 1950년대를 순응과 소비자 조작을 다루며 보냈

---

2 문화 변혁에 관한 나의 이론은 Charles Taylor의 것과 아주 유사하다. 그것은 엘리트가 특별히 중요한 역할을 하는 지그재그 스토리다. 여기서 진정성의 시대를 퍼뜨린 엘리트는 매디슨가(街)의 마케터들이다.

다고 말할 수 있다면, 이후 10년 동안 그것은 대중에게 진정성, 개별성, 차이, 그리고 반항을 제공했다.[3]

쿨 경쟁

청년 운동이 대중사회에 맞서 일어났다는 것은 1960년대의 커다란 아이러니다. 왜냐하면 진정성이라는 사회적 이미지가 북미 지역의 거의 모든 구석에까지 스며들게 한 것은 매스컴과 판매 욕구였기 때문이다. 광고업자들은 청년에게서 놀라운 기회를 보았다. 그들은 모든 것을 가진 것처럼 보였다.[4] 그들은 소비자 사회 및 세분화된 욕구에 대한 압박 속에서 성장했을 뿐 아니라, 수도 아주 많았고 지금은 10대로서 낭만적이고 표현적인 개인주의를 외치고 있었다. 마케터들은 10대가 하나의 운동 속으로 수렴하는 것을 보았을 때 자신들의 기회를 간파했다. 지금은 젊은이들의 특성을 따르고 그들과 함께 힙과 쿨을 소비를 위한 강력한 새로운 엔진으로 만듦으로써 순응을 영원히 죽여야 할 때였다. 프랭크가 말하듯이, "60년대에 일어난 일은 미국 자본주의가 자신을 이해하고 대중에게 자신을 표현하는 방식의 핵심이 힙이 되었다는 것이다."[5]

---

3 Frank, *Conquest of Cool*, 9.

4 Frank는 이렇게 쓴다. "광고업자들은 힙한 소비주의를 위한 선택의 기표로서 반문화에 정착했는데 적어도 부분적으로 그것은 그들이 …… 힙한 젊은이들이 좋은 잠재적 소비자라고 믿었기 때문이었다. 그 운동이 불순응과 이질성이라는 특권을 부여한다는 점이 자동적으로 소비자 자본주의에 맞서게 한다는 주장에도 불구하고, 광고업자들은 새로운 소비의 가치를 표현하기 위해 그들의 문화의 외적 표지들을 사용했다. 그들이 믿기에 그것이 이미 그런 소비 가치들을 내면화했기 때문이다." *ibid.*, 121.

5 *Ibid.*, 26.

마케터들은 이전에는 그것을 보지 못했다. 그러나 힙에 대한 이런 보헤미안적 욕망은 구매의 홍수를 방출하는 지렛대가 될 수 있었다.[6] 그리고 그럴 수 있었던 것은 구매가 어떤 영성과 연결될 수 있었기 때문인데, 그 영성 안에서 구원은 진정성이었고 성례전은 쿨이라는 이름을 가진 물질적 현실(자동차, 옷)이었다. 쿨이라는 라벨이 붙은 은어, 옷, 관습이 우리를 진정한 자아 속으로 안내하는 행위였다면, 소비는 진정성을 추구하면서 쿨의 길을 따라 걷는 이들의 핵심적 파트너였다. 프랭크는 다시 말한다. "1960년대에 광고의 기본적인 과업은 순응이 아니라 다른 모든 이가 행하는 것에 대한 끊임없는 반항, 즉 강요되고 과장된 개인주의를 부추기는 것처럼 보였다."[7]

이제 마케터들은 (힙해지고자 하는 이라면 누구나 젊은이로 만들면서) 우리로 하여금 (음악, 패션, 은어를 통해) 쿨의 길을 따라 내려가 진정성이라는 목표에 이르도록 이끄는 예언자들로 젊은이들을 지목했다. 히스와 포터는 그것을 이렇게 말한다. "이것은 보헤미안적 가치 체계—즉 쿨함—가 자본주의의 혈액임을 보여 주는 우회적인 방법이다. 쿨한 사람들은 자신들을 급진적인 사람, 일을 행하는 수용된 방식에 순응하기를 거부하는 전복적인 사람으로 보기를 좋아한다. 그리고 이것은 정확하게 자본주의를 움직이는 것이다. 사실 참된 창의성은 완전하게 반역적이고 전복적이다. 왜냐하면 그것은 기존의 사

---

6 Frank는 광고 산업 안에서 창조적인 혁명이 발생하고 있으며 순응을 미워하고 청년 혁명을 자신들의 산업을 위한 위대한 가능성으로 보았던 이들이 바로 이 창조적인 사람들이었다고 설명한다. *ibid.*, 108.

7 *Ibid.*, 90.

고와 삶의 패턴을 분쇄하기 때문이다. 그것은 자본주의 자체를 제외하고 모든 것을 전복시킨다."[8]

　순응에서 쿨로(from conformity to cool)의 이런 전환은 마케터들에게 단순하지만 심원한 변화를 가져다주었다. 그것은 구매의 동인을 순응에서 경쟁으로(from conformity to competition) 바꿔 놓았다. 의심할 바 없이 미국 경제는 이미 경쟁이 이루어지는 무대가 되었다. 자본주의는 경쟁 없이는 작동하지 않는다. 그러나 이 경쟁은 방화벽으로 차단된 채 지정학적 혹은 기업적 혹은 관료적 수준에 머물러 있는 듯 보였다. 사람들과 그들의 가족에 관한 한, 그들을 이끌었던 것은 개인적 표현을 위한 경쟁이 아니라 순응이었다(또한 프로테스탄트의 노동 윤리가 그들을 계속해서 열심히 일하도록, 그리고 그로 인해 자본주의의 경쟁적 본성을 지지하도록 하면서 동시에 쿨을 이질적인 것으로 만들었고 진정성에 대한 온전한 추구를 어렵게 만들었다).

　일단 청년들이 쿨에 대한 보헤미안적 추구로 돌아서기 시작하자, 마케터들은 순응을 통한 구매를 경쟁을 통한 구매로 바꿀 기회를 얻었다. 이전에 당신은 그것이 당신의 의무였기에 새 차와 흰색 냉장고를 가져야 했다. 그러나 이제 당신은 당신의 개성을 표현하기 위해, 즉 당신이 당신 곁의 다른 순응주의적인 구식 사람들보다 쿨하다는(힙하다는) 것을 보이기 위해 가장 멋진 스포츠카와 가장 밝은 옷을 가질 필요가 있었다. 히스와 포터는 이렇게 설명한다. "대부분

---

8 Joseph Heath and Andrew Potter, *Nations of Rebels: Why Counterculture Became Consumer Culture* (San Francisco: HarperBusiness, 2004), 205.

의 사람들은 자신들을 군중과 잘 어울리도록 만드는 것에 대해서가 아니라 군중과 구별해 주는 것들에 큰돈을 사용한다. 그들은 구별을 제공하는 상품들에 돈을 쓴다. 사람들은 자기들을 남들보다 낫게 느끼게 해주는 것을 구매한다. 그들이 남들보다 더 멋지고(나이키 신발), 서로 더 잘 연결되어 있고(쿠바 시가), 더 잘 알려져 있고(싱글 몰트 스카치), 더 분별력 있고(스타벅스 에스프레소), 도덕적으로 우월하거나(바디샵 화장품), 혹은 그냥 더 부자인 것처럼 보이게 해주는(루이비통) 것들을 말이다."[9]

순응은 기하급수적으로 확장될 수 있다. 열 명이나 1,000만 명의 사람들이 한꺼번에 순응주의자가 될 수 있다. 순응이 중심적일 때 경쟁은 필요하지 않다. 그러나 쿨함은 제한되어 있다. 소수의 사람들만이 높은 지위를 얻고 쿨하다고 혹은 아주 쿨하다고 혹은 가장 쿨하다고 불릴 수 있다. "모두가 상류층이 될 수 없고 모두가 좋은 취향을 가질 수 없듯이, 모두가 쿨할 수는 없다. 이것은 어떤 이들이 본질적으로 다른 이들보다 쿨하기 때문이 아니다. 오히려 그것은 쿨이 궁극적으로 구별의 형식이기 때문이다."[10] 쿨은 오직 선택된 소수만이 그 상표를 갖는 것을 요구한다. 그러나 이것이 오직 소수에게만 해당되지만, 세습되는 것이 아니라 자아의 진정성을 통해 얻어진다. 당신이 쿨의 힘을 갖는 것은 당신이 왕자이거나 공작의 딸이어서가 아니라 당신이 진정한 개인이어서다. 쿨은 보다 민주적으로

---

9   *Ibid.*, 103.

10 *Ibid.*, 191.

보인다. 누구든 진정성을 목표로 삼음으로써 쿨의 길을 걸을 수 있다. 그러나 그 길은 누구에게나 허용되지만 순위가 매겨지고 따라서 치열한 평가 환경이 조성된다. 어떤 이는 늘 다른 이들보다 쿨할 것이다. 그들은 다른 이들보다 총체적 진정성이라는 목표에 더 가까울 것이기 때문이다. 만약 모두가 쿨하다면, 그때는 아무도 쿨하지 않고, 우리는 진정성 없는 실패자들로 이루어진 민족(혹은 학교 혹은 다른 어떤 집단)이 될 것이다.

쿨은 자본주의의 경쟁을 큰 것으로부터 작은 것으로, 국가와 단체로부터 개인에게로 옮긴다. 진정성의 여명기에 나는 존슨 가문과 보조를 맞추기 위해서가 아니라 그들을 무찌르기 위해서, 즉 그들보다 더 멋진 사람이 되기 위해서 구매한다. 쿨이 우리의 길이고 진정성이 우리의 목표일 때, 소비는 경쟁을 위한 것이다. 나는 진정성을 향한 길을 따라 더 내려가기 위해 구매하고, 나 자신을 다른 사람들과 나란히 놓고 평가하고, 내가 그들보다 더 멋지고, 힙하고, 궁극적으로 더 진정성이 있는지 묻는다. 이제 우리는 우리의 독특한 개성을 전달하고 우리의 진정성을 표현하기 위해 계속해서 구매하고 구매할 필요가 있다. 소비는 참된 표현에 대한 낭만적이고 보헤미안적인 추구와 밀접하게 연결되었고, 너무 그러다 보니 1960년대 후반의 광고업자들은 감각으로 가득 찬 깊은 감정적 경험으로서의 구매라는 프레임을 만들기 시작했다. 구매는 당신이 무언가를 느끼게 한다. 구매는 흥미진진하다. 그것은 진정으로 당신의 욕망을 변화시키라는 초대다. 구매는 더는 조직인의 순응적 의무가 아니라 하나님의 행동이 필요하지 않은 새로운 영성이다.

이웃보다 쿨해지고자 하는 노력은 당신이 3년 된 뷰익을 신상품인 카마로로 바꾸도록 만든다. 그러나 쿨에 대한 이런 경쟁적 충동에는 신상품의 피상성이나 참신함 이상의 무언가가 필요했다. 오히려 쿨에 대한 추구는 결코 피상적인 것이 아니었다. 젊은이들이 반항했을 때, 그들이 그렇게 한 것은 꼭 쿨해지기 위해서가 아니었고, 오히려 쿨해지는 것이 진정한 것이었기 때문이다. 그리고 진정성은 좋은 삶의 척도였다.

찰스 테일러는 이런 변화에 대해 추가적인 설명을 한다. "'행복의 추구'는, 그것을 쉽게 얻을 수 있는 수단의 범위가 확대되면서 새롭고 보다 즉각적인 의미를 갖게 되었다. 그리고 이 새롭게 개별화된 공간에서 고객은 자신의 필요와 친화력에 따라 공간을 꾸미면서 자신의 취향을 표현하도록 점점 더 장려되었는데, 그것은 이전 시대에는 부자들만 할 수 있었던 일이었다."[11] 계획된 구식화는 여전히 도움이 되었으나, 실제로는 각 개인이 쿨을 추구하면서 자신들의 개인적 진정성을 표현하기 위해 최상의 그리고 가장 힙한 물건들을 두고 경쟁함으로써 구매의 강이 흘렀다.

1969년 즈음에 청년 운동은 하나의 세력이 되었다. 쿨의 진정성이라는 규칙이 순응이라는 의무를 대체했다. 그러나 역설적이게도 이런 교환이 사실상 대중사회를 유지시켰다. 당신이 계속해서 구매를 하는 것은 그것이 당신의 의무여서가 아니라 당신이 그것을 원

---

11 Charles Taylor, *A Secular Age* (Cambridge, MA: Belknap Press of Harvard University Press, 2007), 474.

5. 힙의 부상

해서이고, 당신이 그럴 만해서이고, 당신이 쿨하고 젊거나 그렇게 되기를 원해서다. 프랭크는 그것을 이렇게 설명한다. "거의 모든 설명에 따르면, 그 이전의 보헤미안과 구별되는 대중 운동으로서의 반문화는 적어도 풀뿌리에서의 변화만큼이나 대중문화의 발전(특히 1964년 비틀즈의 도래)에 의해 촉발되었다. 그것의 영웅들은 록스타와 반항적 유명인들, 백만장자 공연자들과 문화 산업 종사자들이었다. 그것의 가장 위대한 순간은 TV, 라디오, 록 콘서트, 그리고 영화에서 발생했다."[12]

반항하는 청년들

광고업자들에 따르면, 청년들은 천재들이었고, 매스컴을 통해 자신들을 왕좌에 앉히기 위해 모든 절차를 밟았다. 쿨을 추구하는 경쟁적 구매의 길 위에서 지혜, 전통, 하나님의 행동은 자리를 얻지 못했다. 그런 것들보다는 파괴라는 특성이 훨씬 유리했다. 만약 현재의 상태가 언제나 새로운 젊은 반항자들에 의해 교란된다면, 쿨의 길은 언제나 더 길게 이어질 것이고, 사람들은 그들의 진정성을 표현하기 위해 새롭고 다른 제품들을 필요로 하게 될 것이다.[13]

마케터들은 반문화의 젊은이들이 시스템을 교란한다는 점, 그

---

12 Frank는 계속해서 이렇게 말한다. "30년이라는 거리를 두고 보면, 그 언어와 음악은 그들이 그토록 간절히 원했던 진정한 포퓰리즘 문화와는 전혀 다른 것처럼 보인다. …… 반문화의 유물에서는 허세와 가짜의 냄새가 풍긴다." *Conquest of Cool*, 8.

13 Taylor는 이렇게 말한다. "현재의 청년 문화는 광고가 던지는 방식에 의해 그리고 상당 부분 자율적으로 표현주의적인 것으로 규정된다." *Secular Age*, 475.

리고 반항자가 되어 의무보다 진정성을 추구하고 순응보다 쿨을 추구한다는 점에서 그들을 미화했다. 그러나 그렇게 하는 과정에서 이 광고업자들은 오늘날에도 우리가 계속해서 보고 있는 일종의 연금술 프로젝트를 수행했다. 그들은 청년들을 쿨의 투사기와 진정성의 화신으로 알림으로써 그들에게서 인간성을 추출했고 그들의 파괴적인 에너지를 타당성 혹은 흥분이라는 대성공을 필요로 하는 제품이나 정치인, 혹은 프로그램과 연결될 수 있는 전달 가능한 정신으로 바꾸었다. 이제 젊음은 '반항'과 동일한 것이 되었는데, 그것은 청년들 자신의 경험과 필연적 연관성을 갖고 있지 않았다(역설적이게도 이것은 애초에 이 과정이 시작되게 한 낭만주의 자체를 위반하는 것이었다). 젊은이들이 그들의 경험의 진정성을 추구했을 때, 마케터들은 우리 모두에게 젊음의 강력한 기회를 제공하기 위해 그들의 인간성을 끓여서 증발시켰다. 프랭크는 이에 대한 추가적인 설명을 하면서 반항적인 젊음에 대한 이런 주목이 실제로 젊은이들 자신과 별 상관이 없으며 그보다는 오히려 구매의 에토스를 지지하는 것임을 보였다.

비즈니스는 청년 문화에서 발견하기로 한 것은 무엇이든 발견하는 것처럼 보인다. 그리고 창의적인 라이프스타일 기자라면 누구나, 사람들이 추구하는 어떤 정체성이든 현재의 인구통계학에 맞춰 합리화해 주는 여러 개의 날조된 역사적 이야기들을 생각해 낼 수 있다. 이상한 것은 비즈니스가 언제나 동일한 것을 발견하고자 하는 것처럼 보인다는 것이다. 그것의 객관적인 '내용'이 무엇이든, 또한 그것이 과연 존재하는지와도 상관없이, 반항적인 청년 문화는 언제나 동일한 프로필에 부합하는 것으로 발견될 것이고, 언제나 1960년대의 원본에 대한 업데이트로 이해될 것이다.[14]

1960년대 후반에 젊은 반항자들은 진정성의 정점에 서 있었다. 반문화적 젊음은 진정성의 왕이었다. 광고업자들은 젊음을 진정성과 밀착시키고 있었다. 낭만주의는 경험을 강조함으로써 진정성을 핵심적인 것으로 만들었다.[15] 보헤미안들은 낭만주의를 따랐고 경험을 핵심적인 것으로 만들었다. 그러나 그들은 경험이 **단지** 자연적·물질적인(심지어 문화적인) 것일 뿐이며 따라서 (그들이 개인의 욕망과 완전히 묶여 있다고 믿었던) 진정성을 발생하게 할 수 있는 것은 힙(hip)이라는 주장을 덧붙였다. 1960년대에 광고업자들은 반문화의 젊음이 어떻게 이런 보헤미안적 경향을 따르는지를 보았고 그것 때문에 그들을 미화했다. 이 광고업자들은 이어서 젊음과 그것의 반항적 추구를 진정성의 정점으로 만들었다.[16]

애초에 낭만적 보헤미안들에 의해 개척된 이 길을 따라 걸으면

---

14 Frank, *Conquest of Cool*, 234.

15 여기서 나는 Charles Taylor와 같은 입장을 취한다. 또한 Colin Jager, "This Detail, This History: Charles Taylor's Romanticism," in *Varieties of Secularism in a Secular Age*, ed. Michael Warner, Jonathan VanAntwerpen, and Craig Calhoun (Cambridge, MA: Harvard University Press, 2010), chap. 7을 보라. (부수적으로, 이 경험이 하나님의 행동의 부재가 되어야 할 이유는 없었다. 그리고 이 책 2부에서 보겠지만, 나는 현실에 대한 어떤 낭만적 개념을 고수할 것이다.)

16 Frank는 다음과 같이 말하면서 중요한 세대차를 강조한다. "나이든 미국인들은 소비하기를 꺼렸다. …… 청년 문화가 가장 큰 찬사를 받은 것은 이런 구식의, 우울증을 유발하는, 심지어 청교도적이기까지 한 태도를 전복시킨 것 때문이었다." *Conquest of Cool*, 122.

서 1960년대 후반의 마케터들은 반문화적 청년 운동을 미화했다. 어쨌거나 청년들은 자신들의 해방자였다. 많은 이들이 여전히 청년들에 대해 우려했으나, 그렇다 할지라도 청년들은 새로운 진정성의 시대 속으로 들어가는 이들의 징표가 되었는데, 그것은 그들이 인습과 순응에 직접 맞서 반항하면서 자신들의 욕망을 추구했기 때문이다. 마케터들은 청년들을 진정한 천재로 알리면서 젊음을 미화하는 모든 단계를 밟아 나갔다. 이제 그들은 반문화적 젊음과 손을 마주잡고서 쿨의 영성을 전파하겠다고 약속하면서 진정성에 대한 추구를 아방가르드로부터 대중에게로 가져갔다. "참으로 놀라운 사실은 …… 컬럼비아레코드가 '언더그라운드' 간행물에 사이비-힙 광고를 게재하는 게 아니다. 다수의 회사들이 〈라이프〉, 〈룩〉, 그리고 〈레이디스 홈 저널〉에 사이비-힙 광고를 게재했다. 매디슨가(街)는 반항적인 젊은이들에게 말하는 것보다 반항적인 젊은이들처럼 말하는 것에 더 관심이 있었다."[17]

어떤 마케터들은 쿨을 추구하는 히피들을 영웅으로 만듦으로써 진정성의 전도자가 되었다. 광고업자들은 우리 모두가 젊음의 정신을 되찾아 자신의 진정성을 추구함으로써 쿨의 길에 합류할 수 있

---

17 *Ibid.,* 121. 더 나아가, "훨씬 덜 인식되는 것은 '청년'이 적절한 청년 시장 너머까지 확대되는 의미와 호소력을 갖고 있었다는 기본적인 마케팅적 사실이다. 이 점은 그 시대의 상업 관련 언론에서 거듭해서 인식되었다. 청년의 이미지와 언어는 온갖 다양한 사람들을 겨냥한 모든 종류의 제품에 효과적으로 적용될 수 있다. 왜냐하면 젊음은 매력적인 소비적 태도이지 어느 한 세대를 가리키는 게 아니기 때문이다. 그것은 반문화의 가치에 의해 두드러지게 규정되는 태도다. 매디슨가가 '청년'이라는 말로 의미하는 것은 종종 환각적인 언급, 반항에 관한 말, 그리고 자유연애에 대한 암시로 표현되는 힙함이었다." *ibid.,* 119.

는 길을 히피들이 만들고 있다고 예고했다. 이제 이런 반항적 젊음의 영성을 취해 그것을 우리 모두에게 퍼뜨린 이들은 마케터들이었다. 그리고 이제는 반문화에 끌리지 않은 젊은이들조차 재니스 조플린(Janis Joplin, 당대 최고의 여자 록스타—옮긴이)의 메시지에 귀를 기울였고, 머리를 길게 길렀고, 그들이 원하는 존재가 됨으로써 쿨해지라는 말을 들었다. 젊다고 생각되는 세대를 훨씬 지난 이들조차 진정으로 그들의 욕망을 찾고 진정성에 이르는 개인적인 여정을 계속하기 위한 방법으로 힙한 제품들을 소비함으로써 젊어질 수 있었다.

구매는 진정한 표현의 감정적인 경험, 즉 당신의 젊음에 머물러 있거나 그리로 돌아가는 길이 되었다. 비록 그것이 반드시 **당신이** 역사적으로 살았던 젊음은 아닐지라도(누가 감히 그런 것을 바라겠는가?) '젊음'의 자유와 진정성이라고 가정된 것으로 돌아갈 수는 있었다. 젊음은 각 개인이 쿨의 영광에 몸을 담글 때 완전히 그들 자신의 욕구와 욕망이 되는 이상적인 장소가 되었다. 하나님의 행동이 없는 세상에서 젊음은 이제 종말론적 범주가 되었다.

젊음은 전략적 성향이었고, 쿨함은 길이었고, 진정성은 목표였다. 젊음이 넘치는 이들만이 사람들로 하여금 그들의 가장 진정한 욕망을 받아들이도록 이끄는 길을 찾을 수 있다.[18] 젊음으로 가득 차는 것은 진정한 것이 되는 것이다. 바로 그것이 40살 먹은 아이 엄마

---

18 Frank는 이렇게 쓴다. "1966년에 BBDO(뉴욕에 본사를 둔 세계적인 광고 대행사—옮긴이)가 수행한 한 연구 조사는 청년이라는 이미지가 단순히 청년 시장에만 적합한 게 아님을 발견했다. …… 이런 소비자들은 이미 자기들이 젊다는 것을 알고 있었다. 젊음은 나이든 소비자들에게 호소하는 데 가장 잘 사용되었다." *ibid.*, 121.

가 스키니진을 입고 우리의 교회들이 밀레니얼 세대의 상실을 그토록 두려워하는 이유다.

'사랑의 여름' 시기에 이르러 젊음은 마케팅에서 새롭고 핵심적인 요소가 되었다. 순응은 죽었고, 진정성의 시대가 등장했다. 1969년에 이르러 폭스바겐은 히피의 에토스를 이용해 밴과 소형차들을 팔기 시작했고, 펩시는 새로운 세대의 음료수가 되었다. 프랭크는 이렇게 쓴다. "'젊음'은 모두에게 먹히는 형세였다. …… 광고업자들은 청년 문화의 마케팅적 잠재력이 반문화에 적극적으로 개입하고 있는 소수의 사람들을 훨씬 넘어선다는 것을 분명하게 믿었다. 메리 웰스 로렌스(Mary Wells Lawrence, 대형 광고 대행사인 Wells, Rich, Greene의 창립 사장이었다—옮긴이)가 회상하듯이, '당신의 나이는 문제가 되지 않았다. 당신은 젊게 생각해야 했다.' 젊음은 영화에서든, 문학에서든, 패션에서든, 혹은 TV에서든 시대의 가장 중요한 상징이었다. 광고업자들에게 '젊음'은 그들이 나이든 미국인들에게 먹히게 할 수 있는 일종의 소비자 환상이었다."[19]

반문화의 젊은 히피들이 베트남과 성적인 관습에 대해 분노하고 있는 동안에도 펩시의 광고업자들은 연금술 프로젝트를 통해 히피 경험을 증류하고 젊음을 나이 이상의 그 무언가로 높이고 미화하면서 그것을 진정성 자체의 표징으로 만들고 있었다. 프랭크는 펩시가 그런 일을 수행한 방식을 설명하면서, 청년들이 무지한 취향을

---

19 Ibid., 119. Frank는 이렇게 덧붙인다. "광고업자들이 그렇게 표적이 된 시장에 붙인 이름은 '젊은 사고'였다. 그것은 광고하는 이들이 거의 모든 사람을 그 아래에 포섭할 수 있는 항목이었다." ibid., 120.

가진 사람들이었던 1920년대로부터 젊음이 진정성을 정당화하는 정신이 된 1960년대 후반으로의 급격한 변화를 지적했다.

> 1960년대 이전에도 젊은이들은 주로 아직 형성되지 않은 취향과 트렌드 리더로서의 그들의 지위 때문에 항상 확실히 자리를 잡은 마케팅의 일부였고 광고 예술의 중요한 이미지였다. 이것은 특히 1920년대에 그러했다. 그러나 1960년대에 이 표준적 접근법이 바뀌었다. 젊은이는 더는 단순히 호소할 수 있는 '자연적' 인구통계학적 집단에 불과하지 않았다. 갑자기 젊은이들은 모두가 열망하는 소비자 집단이 되었다. 마케팅 역사가인 스탠리 홀랜더(Stanley Hollander)와 리처드 저메인(Richard Germain)은 "펩시는 인구통계학적 계층의 존재를 인식했을 뿐만 아니라, 본질적으로 젊음을 느끼고 싶어 하는 사람들의 계층을 만들어 냈다"라고 말했다. 젊음이라는 개념적 지위는 젊음 자체만큼이나 마케팅의 그림에서 중요한 요소가 되었다. …… 펩시에 따르면, 1960년대에 청년에 대한 어필을 사용했던 다른 여러 광고주들과 마찬가지로, 젊음은 특정한 연령 집단이기보다는 삶에 대한—그리고 특별히 소비에 대한—태도였다.[20]

이제 우리가 마주해야 할 질문은 이것이다. 그렇다면 젊음에 대한 이런 집착은 어떻게 교회 안으로 들어왔던 것일까? 그리고 진정성의 척도인 젊음이 어떻게 우리를 하나님의 행동으로부터 멀어지

---

20 *Ibid.*, 25.

게 한 것일까? 그 질문에 답하기 위해, 다음 장은 그런 질문들에 대해 답할 뿐 아니라 우리가 이런 문화사로 인해 직면하고 있는 신앙 형성의 도전들을 강조하기 위해 도덕주의적 치료적 이신론(MTD)을 다시 살펴볼 것이다.

5. 힙의 부상

6

보보스로 가득 찬 교회들—진정성의 야수들

반문화와 광고업자들의 결탁 덕분에, 젊음은 청년의 구체적인 개성과는 단절된 하나의 전략이 되고 말았다. 이제 젊음은 마음의 상태, 구매 성향, 당신이 진정성을 좇고 원하는 것이 될 수 있는 힘을 허락하는 삶의 철학이었다. 섹스, 재미, 흥분(섹스, 마약, 로큰롤과 다르지 않은 현실)은 더 이상 나이가 젊은 사람들만의 욕망이 아니었다. 순응의 시대[1]인 1965년 이전에 재미와 흥분을 위해서 살았던 성인들은 거의 없었다. 그것은 유치한 짓으로 그리고 의무에 대한 반역으로 간주되었다.[2] 그러나 1960년대 후반에 이르러 마케터들은 젊음의 정신에 의해 이끌리는 것이 우리가 가장 진정한 자아가 되도록 허락해줄 것이므로 우리 모두가 반항적인 젊음의 길을 추구해야 한다고 확

---

1 Charles Taylor는 이것을 '동원의 시대'(the age of mobilization)라고 불렀다.

2 Thomas Frank는 이것을 설명하면서 역사가 Warren Susman의 작품 *Culture as History*를 인용한다. "Susman은 '희소……, 노력……, 희생, 그리고 인격의 세계를 상상하는 문화'와 '즐거움, 자기 성취, 그리고 놀이'를 강조하는 새로운 질서라는 두 철학 사이의 싸움을 20세기 미국에 대한 그의 이해의 중심에 위치시켰다." *The Conquest of Cool: Business Culture, Counterculture, and the Rise of Hip Consumerism* (Chicago: University of Chicago Press, 1998), 19.

신시키기 시작했다. 재미와 흥분을 좇는 것(젊어지는 것)은 우리가 자유롭게 가장 진정한 자아가 될 수 있는, 세속적으로 영적인 상태 속으로 우리를 이끌어 갈 것이다.

젊음이 20세기 후반에 진정성을 성취하기 위한 핵심적인 전략이 됨에 따라 '도덕주의적인 것'(Moralistic)과 '치료적인 것'(Therapeutic), 그리고 '이신론'(Deism)이 이 새로운 영성의 핵심적인 서술적 표지가 되기에 완벽한 조건이 형성되었다. 젊음은 자기 추구의 인류학(MTD의 치료적 요소)과 개인주의 윤리(도덕주의적 요소)를 지닌, 초월이나 하나님의 행동이 없는 영성(이신론적 요소)이다. 진정성을 향한 충동은 위험에 대해 열려 있다. 그것은 실재에 이르는 길로서 경험을 채굴한다. 의심할 바 없이 이것은 모호한 것이 될 수 있다. 그러나 일단 진정성을 향한 충동이 젊음의 길을 따르게 되면, MTD는 풍토병이 되고, 당신(과 하나님)은 당신의 욕망이 된다. 신앙에 대한 우리의 개념은 젊음을 통한 진정성의 추구에 묶인다.

진정성의 추구 자체는 성령에 맞서지 않는다(본회퍼의 진술을 상기하라).[3] 실제로 이 책의 2부는 경험을 향한 진정성의 움직임에 주목하지만 하나님의 행동을 회피하지 않으면서 그렇게 한다. 한 부분은 보헤미안주의로 그리고 다른 한 부분은 프로이트주의로 구성된 젊음은, 진정성으로 하여금 실존을 자연적이고 물질적인 것으로만 생각하도록 몰아가면서 현실을 납작하게 만들고 하나님의 행동을 믿을 수 없는 것으로 만든다.

---

3 서론의 각주 3을 참고하라.

1970년대 초에 진정성의 시대가 이르렀다. 이제 모든 이가 보헤미안이었다. 마케터들과 광고업자들이 사제 노릇을 하고 중산층의 반항적인 젊은이들이 혁명가 노릇을 했기에 모든 이가 보헤미안적 자본주의자가 되어 젊음의 정신을 접착제로 사용해 역사적으로 반대되는 두 집단을 엮어서 하나의 독특한 잡종을 만들어 냈다. 데이빗 브룩스는 이 잡종을 '보보스'(bobos)라고 불렀다. 브룩스의 정의에 따르면, 보보스는 보헤미안(bohemian의 'bo')과 부르주아(bourgeois의 'bo')가 결합해 만들어진 사람들이었다. 그들은 경험, 감정, 그리고 힙한 개성(보헤미안적 요소)을 올바른 제품, 패션, 그리고 엘리트주의적 스타일(부르주아적 요소)과의 연관을 통해 성취한다.[4] 보보스는 젊음이라는 전략을 통해 가장 성공적으로 진정성을 성취한 사람의 모델이 된다.

역사적으로 보보이즘(boboism)이 만개하기 위해서는 (1980년대와 1990년대로 이어지는) 또 다른 10년이나 20년이 필요했다. 그러나 젊음을 미덕으로, 개인의 완충된 자아를 핵심적인 것으로, 그리고 진정성을 삶의 목표로 수용한 것은 1960년대 후반에 형성되기 시작한 이 보보이즘이었다. 그리고 신앙 형성에 대한 우리의 개념을 급격하

---

4 David Brooks는 이렇게 말한다. "부르주아는 물질주의, 질서, 규칙성, 관습, 합리적 사고, 자기 수양, 그리고 생산성을 소중하게 여겼다. 보헤미안은 창의성, 반항, 새로움, 자기표현, 반물질주의, 그리고 생생한 경험을 칭송했다. 부르주아는 사물의 자연적 질서가 있음을 믿었다. 그들은 규칙과 전통을 수용했다. 보헤미안은 우주에 구조적인 일관성이 존재하지 않는다고 믿었다. 실재는 단지 파편적으로, 환상을 통해서, 그리고 넌지시 이해될 수 있을 뿐이다. 그래서 그들은 반항과 혁신을 좋아했다." *Bobos in Paradise: The New Upper Class and How They Got There* (New York: Simon & Schuster, 2000), 69.

게 변화시킨 것 역시 이 보보이즘이었다. 그것은 예수의 초월적 부르심을 하나님의 행동과 무관한 자아의 치료적 추구로 만들었다. 진화하는 보보이즘의 압력 아래에서 신앙은 납작해졌다. 본질적으로 그것은 사람들이 그들 내면의 반항적 젊음을 따름으로써 자아의 진정성을 쫓는 과정에서 바보가 되지 않게 하는 보호 장치가 되었다. 보보스의 추구는 완전히 그리고 궁극적으로 문화적이다. 그들은 문화적 영성으로서의 진정성을 추구하고, 예일대학교의 입학 허가서만큼이나 자기표현을 추구한다. 보보스에게 신앙 형성과 교회에 대한 참여는, 개인적 행복과 성공에 대한 개인의 문화적 추구를 지원할 수 있는 문화적 참여에 관한 것이다. 보보스에게 MTD는 믿음에 대한 완벽한 설명이다.

그러나 젊음은 어떻게 교회 안으로 들어가는 길을 발견했을까? 반항적인 젊은이들과 반문화의 히피들은 조직화된 종교에 반대했고 그 안에서 거의 아무런 영성도 발견하지 못했으며 미국의 프로테스탄티즘의 신학과 실천에는 진정성이 존재하지 않는다고 믿었다. 그러나 한 종교 집단은 1970년대 초에도 다른 집단들보다 젊음을 더 잘 수용함으로써 진정성의 시대에 대응하는 일에서 월등하게 나은 성과를 거뒀다.

복음주의

제2차 세계대전 직후 복음주의자들은 초기에 스스로에게 부과했던 배제로부터 돌아섰다. 그들은 1920년대의 근본주의적 분리주의를 수정하면서 보다 넓은 사회에 다시 개입하고자 했다.[5] 1950년

6. 보보스로 가득 찬 교회들—진정성의 야수들

대는 그런 회귀를 위한 완벽한 시간이었다. 대중사회의 순응은 모든 문화에 보수적 성향을 부여했고, 꿈속에서도 출몰하는 적군은 모든 종교심을 실행시켜 더 많은 미국인들이 교회에 나가고 성경을 읽도록 만들었다.[6] 이 새로운 전후의 정취와 더불어 옛 시대의 종교로의 복귀를 위한 완벽한 조건이 형성되었다. 신복음주의자들(neo-evangelicals, 그들은 자신들을 그렇게 불렀다)은 대중사회에 참여할 길을 찾으며 힘을 얻었다. 그들은 특별히 복음주의적 청년 사역 단체들로 눈길을 돌렸다. 십대선교회, 영라이프, 그리고 대학생선교회(Campus Crusade) 등이 큰 영향을 끼쳤다.[7]

---

5 이런 분리주의는 세대주의의 도래뿐 아니라 북동부 지역 교단들이 모더니스트들에게 넘어간 것에 의해 촉발되었다.

6 Maurice Isserman과 Michael Kazin은 이렇게 지적한다. "일부 비평가들은 영적 건강의 그런 징후가 목적의 공허함을 감추고 있다고 느꼈다. 냉전이 절정에 달했을 때 경건은 종종 애국심의 반사, 심지어는 시민의 의무처럼 보였다. Dwight D. Eisenhower 같은 정치 지도자들은 정기적으로 시민들에게 다음과 같이 상기시켰다. '하나님 없이는 미국적 정부 형태도 있을 수 없다. …… 최고의 존재에 대한 인정이야말로 아메리카니즘의 첫째가는—그리고 가장 기본적인—표현이다.' 대통령으로서 Eisenhower의 첫 번째 임기 동안에 '하나님 아래에서'(under God)가 충성 서약에 덧붙여졌고 '우리는 하나님을 믿는다'(In God We Trust)라는 문구가 통화에 새겨졌다. 미국광고협회(The Advertising Council)가 만들어 낸 '함께 기도하는 가정은 함께 머문다'(The family that prays together stays together)라는 편만한 슬로건은 보다 불인한 감정을 드리냈다. 종교는 사회 질서를 안정시키기 위한 장치에 불과했던 것인가?" *America Divided: The Civil War of the 1960s* (New York: Oxford University Press, 2012), 230.

7 Preston Shires는 이렇게 말한다. "신복음주의자들의 청년에 대한 집착은 주로 복음주의협회(NAE) 유형의 그리스도인들이 스태프로 참여하거나 심지어 그들에 의해 만들어진 단체들의 명칭에서 잘 드러난다. 기독학생회(Inter-Varsity Christian Fellowship, 1939), 영라이프(Young Life, 1940), 국제십대선교회(Youth for Christ International, 1945), 대학생선교회(Campus Crusade, 1951), 그리고 기독선수모임(Fellowship of Christian Athletes, 1955) 등. 십대선교회의 인기 있는 복음전도인 Billy Graham은 NAE와 연계했고 신복음주의의 영향력 있는 대변인이 되었다." *Hippies of the Religious Right* (Waco: Baylor University Press, 2007), 45.

그러나 보수주의에 보다 열려 있는 문화적 기풍, 빌리 그레이엄에게 매료되었던 대중, 그리고 고등학교와 대학의 학생들을 복음화하는 단체들에도 불구하고, 미국 기독교에 대한 표현은 여전히 주류 개신교(mainline Protestantism)의 몫이었다.[8] 하지만 복음주의자들은 특히 전통적인 남부와 바이블 벨트처럼 햇볕이 내리쬐는 곳과 또한 남서부의 선벨트와 남캘리포니아의 오렌지카운티 같은 곳에서 큰 영향을 끼치고 있었다. 대중사회의 기어가 계속 작동하고 있고 의무와 순응이 중심이 되는 동안에도 미국에서 주류 개신교는 계속해서 기독교에 대한 주된 표현으로 남아 있었다.

1965년에 첫 번째 저항의 물결이 사회에 들이닥쳤을 때, 주류 개신교를 반문화와 함께 위치시키는 것처럼 보이는 행진에 합류한 것은 주류 교회의 성직자들이었다. 그러나 두 번째 물결이 들이닥치

---

8 Isserman과 Kazin이 이에 대한 훌륭한 설명을 제공한다. "1960년대 대부분에 걸쳐 자유주의적 모더니스트들이 우위를 점하거나 적어도 미국의 개신교의 미래를 대표하는 것처럼 보였다. 그들은 가장 잘 수립된 교단들―연합감리회, 미국성공회, 연합장로회, 연합그리스도의교회―에서 두각을 나타냈고, 이들의 부와 숫자는 대중 매체와 지식인의 진지한 환영을 받았다. 그들은 자신을 프로테스탄트 미국의 사회적 양심으로 여겼던 대표기관인 교회협의회(NCC)를 지배했다. 1960년대에 NCC는 딥사우스(Deep South, 미국 남부에 속하는 부속 지역이다. 역사적으로 미국 남북 전쟁 이전 시기에 플랜테이션 농업에 대부분 의지한 어퍼사우스[Upper South] 지역과는 차별화된다―옮긴이)에서 조직된 시민권 운동에 자금을 지원하고 징병 거부의 미덕에 대해 논쟁했다. ⋯⋯ 하강은 1960년대 중반에 시작되었고 시간이 감에 따라 가속화되었다. 1965년과 1975년 사이에 모든 주요한 백인 자유주의 교단의 규모는 위축되었다. 미국성공회인은 17퍼센트, 연합장로교인은 12퍼센트, 미국감리교인은 10퍼센트, 그리고 연합그리스도의교회 회중은 12퍼센트 감소했다. 행동주의에 몰두한 것은 확실히 일부 오래된 교회들의 목적에 활력을 불어넣었다. 성직자 계급이 아프리카계 미국인과 여성들에게 개방되었다. 그러나 많은 평신도들이 그들이 믿기에 단지 본질적으로 세속적인 목적에 기독교적 딱지를 붙이고 있는 것에 불과한 교단에 머물러야 할 이유를 찾지 못했다. 그들은 조직화된 종교를 포기하거나 보다 강력한 영적 대안을 찾았다." *America Divided*, 232-233.

고 쟁점이 평등과 권리로부터 억압적인 기성 체제의 전복으로 옮겨 갔을 때, 주류 개신교는 비판의 화살을 느꼈다. 주류 개신교인들이 지지했던 종교적 헌신은 진부하고, 촌스러우며, 가장 지긋지긋하고, 억압적인 권력 브로커들에게 협력하는 것으로 간주되어 버려지고 있었다. 주류 교회 목회자들은 셀마 몽고메리 행진(흑인의 투표권 차별을 철폐하는 계기가 된 행진으로 앨라배마주 셀마에서 시작되었다—옮긴이)에 참여했으나, 그들은 새로운 개인주의화된 영성을 추구하는 진정성과 젊은 보헤미안주의의 도래에 대한 인식을 갖고 있지 않았다.

복음주의는 문화적 의미에서 훨씬 더 보수적이었다. 하지만 복음주의가 지닌 개인적 회심의 역사와 종교적 경험은—거의 20년 동안 청년을 대상으로 펼쳐 왔던 복음주의 전도 활동이 젊은이들에게 주류 개신교회가 갖지 못했던 개방성을 제공했음은 말할 것도 없고—밝아 오는 진정성의 시대에 복음주의가 훨씬 더 개방적이 되도록 만들었다.

마케터들은 젊음에 왕관을 씌웠는데, 그것은 반문화가 기술관료적 사회와 조직인의 과학적 추구를 비판했기 때문이다. 1920년대 이후로 주류 개신교는 이런 기술관료적 혹은 과학적 견해를 수용함으로써 20세기 초에 새로운 힘을 얻을 수 있었다. 근본주의와 그 이후에 복음주의는 과학주의[9]에 대해, 그리고 과학주의가 성경 본문과 종교적 경험에 들어 있는 기적적인 측면을 약화시키는 것처럼 보

---

9 '과학주의'(scientism)는 과학적 모델이 보편적으로 적용 가능하며 경험적 과학이야말로 '권위'라는 믿음이다.

이는 방식에 대해 깊은 불안을 갖고 있었던.

반문화가 기술관료적 과학주의를 공격하면서 보다 진정한 영성을 추구한다고 주장했을 때, 이것은 특히 캘리포니아의 복음주의자들에게서 반향을 일으켰다. 복음주의는, 구별된 청년 문화에 다가가는 것뿐 아니라, 밝아 오는 진정성의 시대에 청년들에게 의미 있는 종교적 개념을 제공하는 일에서 주류 개신교회보다 훨씬 더 나은 위치에 있었다.

개인의 감정적 경험은 여러 세대에 걸쳐 복음주의 안에서 핵심적 위치를 차지했다. 복음주의자들은 반문화에 영감을 부여한 보헤미안주의의 친척은 아니지만, 그럼에도 그들은 동일한 궤도 안에 있었다. 그 둘 모두 주류 문화 혹은 종교 생활이 실제 경험으로의 초대라기보다는 그것으로부터의 추상 작용이라고 인식했다.

미국의 복음주의는 반문화에 영감을 준 유럽의 보헤미안주의와 마찬가지로 주류 교회의 주된 문제가 인간 경험의 깊이와 연결되지 않는 둔함과 무능력이라고 생각했다. 주류 교회는 중생의 흥분을 잃어버린 채 예수의 놀라운 이야기를 지루한 관습으로 바꿔 놓았다.

그러므로 영라이프(YL)가 "복음으로 아이를 지루하게 하는 것은 죄"[10]라는 표현을 그 단체의 핵심적 신조로 삼은 것은 놀랄 일이

---

10 이것은 YL의 설립자인 Jim Rayburn이 종종 사용했던 문구다. 그 단체의 역사와 이 구절이 어떻게 그것을 지도했는지에 관한 논의를 위해서는, Char Meredith, *It's a Sin to Bore a Kid: The Story of Young Life* (Waco: Word Books, 1978)를 보라. 보다 최신의 정보를 위해서는, Grretchen Schoon Tanis, *Making Jesus Attractive: The Ministry and Message of Young Life* (Eugene, OR: Pickwick, 2016)을 보라.

아니다. 이것은 오직 당신의 발이 정확하게 진정성의 시대에 놓여 있고 또한 자아가 지루할 정도로 충분히 완충될 수 있을 때만 죄로 보일 수 있다.

아우구스티누스, 칼뱅, 혹은 루터는 복음으로 지루해지는 것이 가능하다는 생각을 결코 하지 못했다(지루함 자체는 완충된 자아의 발명품일 수 있는데, 바로 그것이 당신이 청소년기에 처음으로 당신 자신의 자아의 완충된 내적 세계를 끌어안을 때 그토록 강력한 힘을 가지고 나타나는 이유다). 1500년이나 1600년에 복음 때문에 지루해지는 것은 불가능했다. 복음이 부정되거나 반대될 수 없어서가 아니라, 자아가 다공적이어서 복음을 긍정하거나 부정하는 것은 모종의 형태의 초월과의 만남으로 이어진다는 것을 의미했기 때문이다.[11]

주류 교회 신자들과 마찬가지로 복음주의자들은 자아가 완충되었다고, 그래서 그것이 초월이나 하나님의 행동에 대한 경험을 막고 있다고 여겼다. 그러나 복음주의자들은 감정적 경험과 개인적 헌신이라는 좁은 길을 통해 물질적이고 자연적인 것보다 깊은 무언가의 가능성을 제공하면서 기독교 신앙이라는 **개념**이 터져 나올 수 있다고 주장했다. 그러므로 대각성의 회심주의와 근본주의의 엄격한 도덕주의는 복음주의자들이 특별히 진정성의 시대의 표현적 개인주의에 대해 개방적이 되도록 만들었다.

---

11 여기서 나는 다시 Taylor의 주장을 따른다.

예수 괴짜들

십대선교회와 영라이프 같은 청년 사역 단체들은 캘리포니아로 갔지만 그들의 본부와 전국 사무실은 여전히 동쪽에 있었다. 많은 이들의 생각에 캘리포니아는 성장하는 국가의 변두리에 있는 머나먼 땅으로 남아 있었다. 그러나 1960년대에 고속도로는 골든스테이트로 곧장 이어졌으며, 새로운 이동 사회의 중산층 가정들은 캘리포니아가 약속한 태양과 산업으로 이동할 준비가 되어 있었고, 머지않아 그들은 북쪽과 남쪽의 계곡에 자리 잡은 교외 지역들을 채웠다. 복음주의가 오렌지카운티처럼 보수적인 지역에서 인구통계학적 폭발로 인해 비약적으로 성장하는 동안, 독특하게 캘리포니아적인 종교적 경험 또한 추진력을 얻고 있었다.

보헤미안주의와 유사한 성결 운동은 거의 한 세기 동안 **개인들**이 경험을 받아들일 필요가 있으며 진정한 종교적 경험이야말로 우리의 목표라고 주장해 왔다. 그러나 유럽의 보헤미안들이 실재의 초월적 특징을 부정하고 구체화된 물질적 쾌락의 궁극적 추구를 찾았던 반면, 성결 운동은 육체의 쾌락을 피하는 가장 엄격한 도덕적 삶을 통해 개인의 마음의 전환을 추구했다. 성결 운동은 미국의 종교적 삶과 사고에 영향을 주기는 했으나, 대부분 소규모였고 주로 남부의 도심지 외곽에 갇혀 있었다.

여러 가지 방식으로 반문화에 영감을 주었던 비트족의 보헤미안주의는 사실상 성결 운동과는 정반대였다. 그러나 그 둘은 진정성이라는 측면에서 서로 연결되어 있었다.[12] 둘 다 진정성을 핵심적인 것으로 여겼다. 그들은 그 목적에 이르는 서로 다른 두 길을 따랐

6. 보보스로 가득 찬 교회들—진정성의 야수들

을 뿐이다. 하나는 사람들을 쾌락에 대한 퇴폐적 추구의 길로 이끌었고, 다른 하나는 사람들을 자기 부정이라는 금욕적인 길로 이끌었다.

20세기 초에 성결 운동이 따뜻한 캘리포니아의 태양 아래에서 달궈졌을 때, 그것은 초자연적인 것 쪽으로 방향을 틀었다. 1906년에 아주사가(街)에서 부흥이 시작되었고 오순절주의가 태동했다. 오순절주의는 방언과 치유 경험을 하나님과의 진정한 만남의 징표로 만들면서 성결 운동을 급진화했다.

제2차 세계대전 이후 인구가 팽창했을 때, 특히 남캘리포니아에서 그랬을 때, 오순절적 성향을 지닌 교외 지역의 교회들이 기하급수적으로 늘어났다. 그러나 오순절주의와 아무런 직접적 연관도 갖고 있지 않은 교회들조차 은사주의적 갱신에 대해 개방적이 되었다(이것은 많은 전통적인 교회들을 통해 퍼져 나갔기에 우리가 실제로 진정성의 시대에 돌입했음을 보여 주는 또 다른 표징이었다).[13] 교회 내의 소그룹들과 작

---

12 예컨대 성결 운동에서 성령 체험은 교리적 일관성이나 심지어 박학함보다도 훨씬 더 중요했다.

13 Shires는 이렇게 말한다. "우리는 은사주의적 기독교를 오순절적 정신을 지닌 새로운 복음주의로 규정할 수 있을 것이다. 그리고 이것은 사실과 그다지 다르지 않다. 오순절주의자들처럼 은사주의자들 역시 경험에 초점을 맞추었고, 그로 인해 많은 신복음주의자들보다 교리적으로 보다 폭넓은 생각을 할 수 있었다. 하지만 다른 한편으로 은사주의자들은 대체로 지적 추구에 대한 명확한 존중을 지닌 중산층 시민들이었고, 그런 점에서 그들은 전통적인 오순절주의자들보다는 신복음주의자들과 더 닮았다." *Hippies of the Religious Right*, 64. 그는 계속해서 말한다. "은사주의적 기독교는 베이비부머들 사이에서 굉장한 성공을 거뒀다. 1960년대와 특히 1970년대에 이르러 베이비부머들은 주류 교단들—연합감리회, 미국침례회, 장로회, 미국성공회, 그리고 연합그리스도의교회—을 기록적인 숫자로 떠났다. 그렇게 떠나는 이들 중 어떤 이들에게 은사주의적 기독교는 실행 가능한 대안이었다. 그것은 과학주의에 의해 제한되거나 규정되는 종교적 삶을 정면으로 부정했다. 그리고 개인을 초자연적인 것과의 관

은 교회들은 하나님을 추구하는 방법으로 체험의 진정성을 추구하기 시작했다.

1960년대 후반에 젊은이들이 하이트애쉬베리로 몰려들고 캘리포니아가 반문화 활동의 중심지가 되었을 때, 이런 은사주의적 성향을 지닌 복음주의자들은 그것을 호기심 어린 눈으로 바라보았다. 보헤미안적 퇴폐주의는 부끄러운 일이었다. 마약과 섹스는 소름 끼치는 일이었다. 그러나 이런 복음주의자들에게 깊은 반향을 일으킨 것은 조직인의 기술관료적 과학주의와 진정성의 집요한 추구에 대한 반대였다. 복음주의자들은 점점 더 중산층에게 다가가면서 그들 속으로 진정한 종교적 경험에 대한 강력한 욕망을 실어 날랐다. 과학주의에 맞서 진정성을 추구하는 이 중산층 청년들은, 비록 부끄럽게도 잘못 인도되기는 했으나, 칭찬할 만했다.[14]

흩어진 히피들

하이트의 유토피아가 실현되지 않았을 때, 히피들은 캘리포니아 전역으로 흩어졌다. 그중 많은 이들이 맨발로 선셋대로를 오르락

계에 대한 인식으로 가득 채웠다." *ibid.,* 65.

14 "인식론적으로 복음주의적 부흥주의는, 신성의 즉각성에 대한 의존, 직관적 지식에 대한 믿음, 자기 정화와 거룩한 삶에 대한 추구, 그리고 심오한 개인적 회심 경험에 대한 열망과 더불어, 60년대 운동의 영적 열망을 매우 닮았다. 지식에 대한 초월주의적이고 낭만적인 개념에 뿌리를 둔 반문화적 사고는 진리를 합리적으로 구성된 주체와 객체의 이원론을 해소하고 파편화된 존재 뒤에 있는 통일성을 드러낸 강력하고 매개되지 않는 이성 이전의 경험의 결과로 간주했다." Axel R. Schäfer, *Countercultural Conservatives: American Evangelicalism from the Postwar Revival to the New Christian Right* (Madison: University of Wisconsin Press, 2011), 94.

6. 보보스로 가득 찬 교회들—진정성의 야수들

내리락하며 할리우드로 가는 길을 찾았다. 그로부터 얼마 지나지 않아 복음주의 교회의 구성원들이―그들 중 많은 이가 은사주의적 성향을 지니고 있었다―그 잃어버린 젊은 급진주의자들에게 다가가 복음을 전하기 시작했다. 이런 복음주의자들은 그렇게 할 수 있는 독특한 위치에 있었다.[15] 그들의 은사주의적 경향은 젊은이들의 진정성 추구에 공명할 수 있었다. 뿐만 아니라 전체적으로 복음주의는 지난 수십 년간 교회와 단절되었던 젊은이들에게 다가가면서 그들에게 기술관료적 문화가 제공할 수 있는 것보다 종교를 통해 더 진정한 경험을 제공해 왔다.[16]

이처럼 선교 중심적인 교회의 구성원들은 길을 잃고 혼란에 빠진 (그리고 집에서 멀리 떨어져 나온) 맨발의, 더러운, 교외 지역의 청년들

---

15 Schäfer는 이렇게 지적한다. "복음주의 내의 오순절 전통과 은사주의 전통이 특별히 반문화로부터 회심자들을 끌어들이는 데 성공한 것은 우연의 일치가 아니다. 오순절주의자들과 은사주의자들은 교리적 순수성과 자유주의를 강조하기보다는 신앙의 경험적이고 감정적인 차원과 인격적이고 치유적인 차원을 강조했다. 이것은 새로운 삶의 방식을 경험하며 형성기를 보낸 개인들에게 매력적인 것으로 입증되었다. 그들은 유대-기독교적인 것과는 다른 종교적 전통에서 영감을 찾고 시민권과 다른 사회 운동에서 자신들의 열정의 출구를 찾았다. 경험을 중시하는 반문화의 구성원들은 회심에서만이 아니라 특히 원시적 기독교에서 얻은 실천에서 의미를 찾았다." *ibid.*, 100.

16 Terry H. Anderson은 이렇게 말한다. "많은 이들이 주류 종교로부터 소외되었다고 느끼는 반면, 대안적 종교 운동은 번성하고 있었다. '보세요, 하나님이 나를 어둠에서 빛으로 바꿔놓으셨어요'라고 어느 상습적인 약물 오용자가 말했다. '그게 내가 아는 전부예요. 그게 내가 알고 싶은 전부이고요.' 이 새로운 종교의 급증은 1971년에 매우 빠르게 확대되어 *Time*과 *Newsweek*의 표지 기사가 되었을 정도다. *Time*은 '새로운 반란군의 외침: 예수가 오고 있다'라고 선언했다. 그 잡지는 '계속해서 섹스, 마약, 그리고 폭력으로 거꾸러지거나 방황한다는 비난을 받아 왔던 세대를 위한 놀라운 발전'에 주목했다. '이제 그들은 서양인 역사상 가장 끈질긴 순결, 이타심, 형제애의 상징을 품고 새로운 비전을 다른 사람들과 나누려는 오순절의 열정으로 불타오르고 있다.'" *The Movement and the Sixties: Protest in America from Greensboro to Wounded Knee* (New York: Oxford University Press, 1995), 382.

을 자신들의 교회로 이끌었다. 그들은 히피들에게 예수 자신이 그들과 같은 장발의 괴짜였다고 말했다.[17] 이 은사주의적 복음주의자들은 이런 반문화적 젊은이들에게 계속해서 진정성의 충만(fullness of authenticity)[18]을 추구하라고, 그러나 LSD에 빠지지 말고 성경에 빠지라고, 마리화나에 취하지 말고 예수에게 취하라고, 로큰롤을 사용해 정치적 저항을 하지 말고 차라리 그것으로 참으로 하나님을 예배함으로써 죄아된 사회에 저항하라고 가르쳤다.[19] 악셀 셰퍼(Axel Schäfer)는 "복음주의는 히피들에게 호소력이 있었다"고 말한다. "그것이 반문화의 표현 양식과 반체제적 메시지를 용인했기 때문이다."[20] 반문화를 통한 진정성의 추구에 앞장섰던 가장 이른 시기의 젊은 목소리 중 하나인 밥 딜런(Bod Dylan)조차 이런 호소가 설득력이 있음을 발견하고 거기에 동참했다.

이 어른들은 젊은이들에게 그들의 보헤미안적 영감을 통한 진

---

17 "원래의 반문화적 기독교인들은 성경에 기반을 둔 기독교를 지향했음에도 불구하고 전통적인 어떤 것으로 불릴 수 없었기에 '예수의 사람들' 또는 '예수 괴짜들'로 알려져 있었다." Shires, *Hippies of the Religious Right*, 91.

18 여기서 '충만'은 Taylor에 대한 언급으로 일부러 사용되었다.

19 Schäfer에 따르면, "이런 패턴은 캘리포니아에서 전국의 대학 캠퍼스로 퍼져 나간 근본주의자들의 그룹인 Jesus People에서 가장 두드러지게 반복해서 반복되었다. Lowell Streiker는 '예수 괴짜'(Jesus freaks) 현상에 대해 '그들은 젊다. 그들은 열정적이다. 그들은 히피를 닮았다. 그들은 예수를 향해 돌아섰다. 그들은 한때 마약과 섹스에 대해 그랬던 것처럼 복음에 대해 열광한다'라고 썼다(*The Jesus Trip*). 그가 판단하기에 그들은 '일부는 회심한 히피들이고, 일부는 구속된 마약쟁이들이고, 일부는 오늘의 청년들의 낯선 세계이고, 부분적으로는 반체제적이다.' 그들은 리바이스 청바지, 반바지, 테니스화, 혹은 맨발로 찾아가 앉아서 하나님의 말씀을 가르치는 누군가의 말을 들을 수 있는 곳에서 편안함을 느꼈다." *Countercultural Conservatives*, 98.

20 *Ibid*.

정성 추구에서 떠날 것을 요구하지 않았고, 오히려 그것을 공유했다. 그들은 젊은이들에게 반문화적 감수성으로부터 떠나라고 요구하지 않았고, 오히려 그들이 갈망하는 참된 진정성을 찾기 위한 길로서 예수를 따르라고, 계속해서 반문화적이 되라고, 하지만 이제는 예수를 위해 그렇게 하라고 요청했다. 셰퍼는 이렇게 설명한다. "1970년대의 복음주의적 부흥은 1960년대의 거부에 의해 육성되었다기보다 여러 면에서 플라워 파워(flower power, 꽃은 미국의 비폭력적 저항의 상징이다—옮긴이) 문화로부터 자라난 '예수 여행'이었다. 반문화적 스타일을 성경적 전통주의와 병합하면서 복음주의자들은 …… 하위문화적 정체성과 보수적인 개신교의 핵심이었던 문화적 통합을 독특하게 결합시켰다."[21]

그렇게 반문화적 스타일과 은사주의적 복음주의를 뒤섞으면서 예수 괴짜들(Jesus freaks)이 태어났다. 얼마 지나지 않아 이런 히피들은 무리를 지어 캘버리채플(Calvary Chapel) 같은 교회들로 몰려갔다. 심지어 로니 프리스비(Lonnie Frisbee, 미국의 은사주의적 전도자—옮긴이) 같은 어떤 반문화적 히피들은 교회를 담임하기 시작했다.[22] 이서만과 카진은 이렇게 설명한다. "캘리포니아주 오렌지카운티에서 척 스미스(Chuck Smith) 목사는 그의 수영장에서 히피들에게 침례를 베풀었고 회심자들이 함께 살면서 성경을 공부하는 일련의 공동 주택을

---

21 *Ibid.*, 12.

22 이 역사에 대한 훌륭한 훌륭한 개관을 위해서는, T. M. Luhrmann, *When God Talks Back: Understanding the American Evangelical Relationship with God* (New York: Vintage, 2012), chap. 1를 보라.

세웠다. 오순절주의자인 바비 모리스(Bobbi Morris)는 리빙워드펠로우십(LWF) 교회를 세우고 주로 백인 노동자 계급의 청년들로 이루어진 수많은 이들에게 자신의 엄격한 모성적 권위를 받아들이고 '예수에게 취하도록' 설득했다."[23]

이런 교회들은 많은 이들에게 모범이 되었다. 은사주의적 성향에 열려 있지 않은 이들조차 이런 교회들이 사용했던 패턴과 방법을 보면서 (하나의 전략으로서) 젊음을 끌어안는 것이 어떻게 양적 측면과 에너지의 차원에서 회중을 활성화시키는지 인식했다.

신학적 미끄러짐

그러나 적어도 1960년대에 시작되어 초월 혹은 계시에 대한 우리의 개념을 납작하게 만들고, 보다 일반적으로 신앙 형성에 대한 우리의 이해를 (MTD라는 현상을 포함해) 도움이 되지 않는 방향으로 움직였던 주요한 신학적 미끄러짐도 있었다. 반문화에 영감을 준 보헤미안주의와 프로이트주의는, 의식의 상승을 자유를 위한 통로라고 여겼던 이상주의의 한 형태였다. 다시 말해, 만약 당신이 올바른 사상을 갖고 그것을 안경처럼 착용할 수 있다면, 당신은 분명히 파시스트 기계에 순응하도록 강요하는 억압적 이상에서 벗어나 진정성의 길을 볼 수 있을 것이다(1960년대 이후에 자유주의자들은 스스로 이런 관점을 받아들였고, 정의를 구하는 행위를 하나님의 행동 없이 신앙 형성이라는 목표에 이르는 수단으로 삼았다).

---

23 Isserman and Kazin, *America Divided*, 235.

6. 보보스로 가득 찬 교회들─진정성의 야수들

반문화는 사람들이 그들 자신과 사회에 관한 올바른 **사상**(ideas)을 향해 마음을 열게 하려고 했다. 섹스, 마약, 로큰롤은 일종의 만병통치약으로서 마음을 해방시켜 자유에 관한 새로운 **사상**을 얻게 했는데, 이 새로운 자유란 영원히 젊음을 유지함으로써 온전하게 진짜가 될 수 있게 하는 것이었다. 젊음 자체는 나이에 묶이지 않는 하나의 사상—이상주의(idealism)—이 되었다. 이 이상주의는 판매하기에 완벽했는데, 그것은 그 제품이 단지 기능적인 것 이상임을 의미했기 때문이다. 그 제품은 그 안에 **사상**을 품고 있었다. 당신이 폭스바겐을 구입하는 것은 그것이 A지점으로부터 B지점으로 이동하는 최선의 방법이기 때문이 아니라, 폭스바겐 소형차를 운전하는 것이 당신이 자유라는 이상을 지니고 있으며 시스템을 잘 알 뿐 아니라 젊음이라는 사상을 택하고 있음을 보여 주는 표시이기 때문이다.

은사주의적인 신자들이 히피들을 끌어들이기 시작했을 때, 유감스럽게도 그들은 이러한 이상주의가 비판을 받지 않은 상태로 남아 있도록 허락했다. 그들은 진정성이 목표가 되어야 하며 기술관료적 과학주의는 나쁜 ('불충분한') 사상이라고 단언했다. 그들은 '사회'라고 불리는 무언가가 우리를 억압하려고 한다고 믿으며 반문화 이데올로기를 제자리에 남겨두었다(우리는 위에서 이런 견해에 대한 히스와 포터의 설득력 있는 비판을 살핀 바 있다).[24] 억압을 추구하는 단일한 체계

---

24 Joseph Heath와 Andrew Potter는 이렇게 말한다. "수십 년간 계속된 반문화적 반항은 무언가를 바꾸는 데 실패했다. 반문화적 아이디어가 의존하는 사회에 관한 이론이 잘못되었기 때문이다. …… 문화는 '그 문화' 혹은 '그 시스템' 같은 것이 존재하지 않기에 잼처럼 압축될 수 없다. 가장 잠정적으로 결합된 사회 제도의 뒤죽박죽이 있을 뿐인데, 그것은 때때

가 존재한다는 이런 의식은 이상하게도 반문화와 근본주의가 서로 연결되는 지점이다.

의도하지 않은 채, 이런 은사주의적 복음주의자들은 예수를 (우리가 따라야 할 계시적 부르심을 통해 우리들 각자와 만나는) 초월적 인격으로부터 반문화 정신에 적합한 어떤 사상으로 바꿔 놓았다.[25] 히피들은 올바른 사상이 자유를 창조할 것이라고 믿었다. 캘리포니아의 은사주의적 복음주의자들은 예수가 바로 그 사상이라고 강력하게 권고했다. 당신은 힙이라는 사상에 헌신할 수 있는 것처럼 예수에게 헌신할 수 있다. 그렇게 해서 예수는 일종의 제품이 되었다. 비록 그들의 의도가 순수했다고 할지라도, 그들은 복음주의 교회 안으로 이상주의의 한 형태가 흘러들어오도록 허락했고, 이것은 하나님의 행동을 평평하게 만들었으며 살아 계신 그리스도의 인격을 당신이 개인으로서 진정한 목표를 추구하도록 하는 하나의 사상으로 바꾸도록 영향을 주었다.

그러므로 (하나의 사상으로 묶인) 예수는, 다이어트 약, 정당, 그리고 모든 종류의 다른 제품들이 그러하듯이, 다른 사상과 형태가 그다지 다르지 않게 되었다. (1960년대 이후의 복음주의가 소비자-구도자 형태

로 우리가 정당하다고 인식하지만 일반적으로 명백히 불공평한 방식으로 사회적 협력의 이익과 부담을 분배한다. 이런 유형의 세계에서 반문화적 반항은 …… 사람들의 삶의 구체적인 개선으로 이어지는 종류의 계획으로부터 에너지와 노력을 분산시키고 [또한] 그런 점진적인 변화에 대한 전면적인 경멸을 조장한다." *Nation of Rebels: Why Counterculture Became Consumer Culture* (San Francisco: HarperBusiness, 2004), 8.

25   여기서 나는 본질적으로 Bonhoeffer가 *Discipleship* (Minneapolis: Fortress, 2001)에서 취한 입장을 긍정한다.

의 교회 그리고 정치 현장으로의 강제 진입 모두에 완벽하게 들어맞는 것처럼 보였다는 것은 놀라운 일이 아니다.) 이런 은사주의적 복음주의자들은 계속해서 예수와의 인격적 관계에 관해 말하고 예배에서의 황홀한 경험을 추구했다. 그러나 역설적이게도 그들은 신앙 형성에서 하나님의 행동과의 초월적 만남을 제거했고, 회심을 존재론적 만남보다는 인식론적 변화로 만들면서 신앙을 예수라는 사상에 대한 헌신으로 만들었다.

캘리포니아화의 확산

그럼에도 캘리포니아의 은사주의적 복음주의의 영향은 깊었다. 1970년대 중반에 이르러 빈야드(Vineyard) 같은 교단과 협회는 모든 복음주의 교회(주류 교회들까지는 아닐지라도)가 주목할 정도로 큰 영향을 끼치고 있었다. 캘리포니아의 은사주의적 복음주의는 완전하게 자리를 잡았고 풀러신학교(Fuller Theological Seminary)조차 오순절파 부모의 아들이었던 데이빗 허버드(David Hubbard)를 학교의 3대 총장으로 지명할 정도가 되었다. 이제는 복음주의 전체에 진정성의 시대가 밝았고 젊은 반항자야말로 우리의 해방자라고 인정하면서 스스로를 반문화적이라고 주장하고 있었다. 빌 브라이트(Bill Bright)의 대학생선교회[26]와 심지어 빌리 그레이엄 자신까지도[27] (비록 아마 서로 다른 방식으로일지라도) 반문화적 에토스를 받아들이고 있었다.

1970년대 중반에 복음주의는, 매디슨가(街)가 그랬던 것처럼, 예수의 사상을 젊음의 망토에 싸는 방식으로 젊음을 받아들였다. 복음주의의 기업가적 정신은 힙에 대한 새로운 마케팅적 추구와 함께 아주 세련되게 (너무 세련되어서 눈에 띄지 않을 정도로) 형성되었다.[28] 셰퍼는 다음과 같이 날카롭게 지적한다. "이념적으로 전후의 신복음주의 운동은 전통적인 근본주의 및 외부의 자유주의적 세속 사회 모두와 구별되는 종교적 정체성을 제공했다. 신복음주의자들은 신학적 정통성에 대한 정당성을 회복하려고 노력했지만 더는 소비자 문화와 대립하지 않는 치료적 소비주의의 한 형태를 개척했다."[29] 계곡

---

26 Isserman과 Kazin: "물론 그들은 가이드가 없이는 그곳에 갈 수 없었다. 대학생선교회(CCC)는 그 소임을 다하기를 열망했다. 1951년에 캘리포니아의 사업가 Bill Bright에 의해 조직된 그 단체는 Billy Graham이라는 인물과 소수의 복음주의 교회들의 도움을 받으며 10여 년에 걸쳐 서서히 성장했다. 1960년에 그것은 109명의 직원을 갖고 있었다. 그 후 1960년대 중반에 Bright의 핵심적인 젊은 스태프들은 그들 자신이 반문화 브랜드를 만들기 시작했다. 1967년에 CCC는 캘리포니아대학교 버클리 캠퍼스에서 대회를 열었다. (3년 전 자유발언운동의 발상지였던) 스프라울 홀 계단에서 John Braun은 '예수 그리스도, 세상의 가장 위대한 혁명가'라고 선언했다. 곧이어 브라운과 몇몇 다른 젊은 전도자들은 초기 선교사들과 달리 원주민이 되었다. 그들은 머리를 길게 길렀고, 염색한 옷을 입고, 장식이 있는 옷을 입고, 유행하는 관용구를 말했다. 이전의 대학생선교회(Campus Crusaders)는 기독교세계해방전선(Christian World Liberation Front)과 예수그리스도빛과전력회사(Jesus Christ Light and Power Company) 같은 새로운 이름을 사용했다. 그들은 시각적으로 창의적인 신문을 발행하고(버클리에서 발행된 신문은 'Right On'이라고 불렸다) 마약에 중독된 아이들을 위한 숙소를 열었다." *America Divided*, 234.

27 "Robert Ellwood에 따르면, Graham 스타일의 승리 공식은 '반문화적 메시지'와 '문화적 순응성'을 결합하는 것으로 구성되었다. 그는 최신 기술과 최신 인력을 활용했고, 그의 수사법을 개인에게로 향했다. Ellwood는 주류 신학자들이 '인간'에 대해 이야기한 반면, Graham은 '당신'에 대해 이야기했다고 지적했다." Schäfer, *Countercultural Conservatives*, 51.

28 "개인적이고 개인주의적인 영적 성취에 초점을 맞추는 것은 히피가 늘 추구해 왔던 것이었고, 그것은 살아남았다. '너 자신의 일을 하라'와 '나' 세대가 교회 안으로 들어왔다. 이런 의식의 결과물은 교회 건축과 실내 디자인뿐만 아니라 노래, 설교, 기도에도 반영되었다. 90년대와 21세기 초에 힘을 얻은 구도자에 민감한 교회들은 이 같은 성향을 반영한다. 1992년에 이런 베이비부머 복음주의자들은 윌로우크릭협회(Willow Creek Association)를 세웠는데, 그것은, 사회학자 Kimon Sargeant에 따르면(*Seeker Churches*), '의무나 책무보다는 그것이 사람들의 필요를 충족시키는지 여부에 더 기반을 둔 종교적 참여에 대한 주관적이고 치료적인 이해를 강조한다.'" Shires, *Hippies of the Religious Right*, 192.

29 Schäfer, *Countercultural Conservatives*, 9.

6. 보보스로 가득 찬 교회들—진정성의 야수들

과 오렌지카운티의 교회들은 젊은 전략에 마음을 열고 예배와 설교와 목회자를 힙하게 바꿈으로써 폭발적으로 성장했다.[30] 프레스턴 샤이어스(Preston Shires)는 젊음의 중요성과 그것이 복음주의 속으로 길을 냈던 방식을 다음과 같이 지적한다.

> 이런 수용은 복음주의 교회들이 새로운 관행에 길을 내주고 있음을 의미했다. 포크록(folk-rock, 기존의 포크 음악에 일렉트릭 사운드가 가미된 음악—옮긴이) 예배 찬송이 복음주의 교단들 속으로 들어갔고 주일 복장은 보다 캐주얼해졌다. 하버드대학 교수인 아먼드 니콜리 2세(Armand Nicholi II, MD)는 1972년에 이런 현상을 예측했다. 그는 예수혁명 시대의 영적 각성을 분석하고 독자들에게 젊은이들이 미국 사회에서 표준을 세웠음을 상기시켰다. "성인들이여, 젊은이들을 이끌려 하기보다는 그들의 옷차림, 언어, 음악을 채택하면서 그들을 모방하라. 영화에서, TV에서, 책에서, 연극과 광고에서 우리는 청년들의 지울 수 없는 영향을 관찰한다." 그리고 그것은 반문화적 기독교가 복음주의 안으로 통합되었기에 그렇게 될 수밖에 없었다.[31]

모두가 젊음의 인도를 따름으로써 진정성을 추구해야 한다고 마케터들이 사람들에게 말했을 때, 캘리포니아에 있는 복음주의 교

---

30   이 점에서 나는, 비록 우리의 프로젝트의 구성적 경계는 서로 매우 다르지만, Thomas Bergler, *The Juvenilization of American Christianity* (Grand Rapids: Eerdmans, 2012)에게 얼마간 공감한다.

31   Shires, *Hippies of the Religious Rights*, 140.

회들은 젊은 정신을 취하기 위해 교단 이름과 전통적 의식을 버리고, 기타를 치고, 대화적 설교를 제공하면서 이것을 실천하고 있었다. 복음주의자들이 젊은이들을 맹목적으로 숭배하고 있었던 것이 아니라 오순절주의와 은사주의적 경험이 그들로 하여금 진정성을 추구하는 일에 동참하도록 부추겼던 것이었다. 이것은 복음주의자들이 주류 교회에 속한 이들보다 훨씬 쉽게, 보다 큰 문화에 묶여 있는 타당성을 얻기 위해 젊음의 전략을 사용할 수 있게 해주었다. 그들은 파괴적인 젊은 반항자들이 기술관료적 과학주의를 공격하는 방식을 환영했는데, 그것은 그들이 근본주의 시대 이후 줄곧 맞서 왔던 것이었다.

청년 사역

교파적 연결을 버리고 전통적인 예배를 버리는 급진적 조치를 취할 수 없었던 교인들조차 회중 기반의 청소년 사역에 기꺼이 투자했다. 회중 기반 청년 사역자들의 진원지는 캘리포니아였다. (오직) 청년만을 위한 특별한 목회자를 두려는 움직임은 (적어도 미국 기독교 안에서는) 쿠퍼티노(Cupertino, 애플 본사가 있는 도시―옮긴이)의 아이팟(iPod)만큼이나 영향력이 있는 캘리포니아의 발명품이었다. 청년을 대상으로 하는 선교 사역과 교단 또는 총회 중심의 청년 사업의 기반은 멀리 동부 지역에 있었다. 하지만 오직 당신의 회중을 위해 특정한 개인을 고용하는 것, 즉 충분히 젊은 정신을 지닌 누군가를 고용해 **그로 하여금** 청년들을 당신의 특정한 청년 중심 프로그램에 끌어들일 수 있게 하는 것은 전적으로 캘리포니아의 발명품이었다.[32] 그리고 그것은 이치에 맞았다. 어쨌거나 청년은 목적 없이 거리를 헤매고 있는 것처럼 보였고, 할리우드에 있는 이런 교회들의 뒷마당에서는 젊음의 전략에 대한 국가적인 집착이 동터 오르고 있었다.

젊음을 향한 강한 문화적 전환에 대응하면서 캘리포니아의 교회들은 청년 전담 목사들을 고용하고 청년 사역에 강하게 집중하기 시작했다. 그 이전에도 교리 교육, 견진, 청년 사교 모임은 오랫동안 교회 사역의 주요 부분이었다. 그러나 이제 거기에는 다른 의도가 있었다. 교회는 캘리포니아 해안과 계곡 전역에서 마치 산타아나의 바람(Santa Ana winds, 높은 고도에서 발생하여 해수면을 향해 부는 따뜻하고 건조한 바람—옮긴이)처럼 불어오는 젊은 정신에 개입하고 그것을 붙잡아 두기 위해 특정한 형태를 지닌 특정한 사역을 필요로 했다.

그리고 이것은 좋은 발명품이었다. 캘버리채플 교회들은 청년들을 붙잡을 수만 있다면 아주 빨리 그리고 크게 교회를 세울 수 있음을 보여 주었다. 교회의 지도자들은 마케터, 음악 프로듀서, 그리고 잡지 발행인들처럼 젊음의 전략 안에서 아주 큰 기업가적 가능성을 보았다. 젊음에 초점을 맞추는 것은 목적 없이 헤매는 젊은이들에 대한 전도 사역으로 이어졌을 뿐 아니라, 교회에 적실성에 대한

---

32 설령 그것이 캘리포니아의 발명품이 아니었을지라도, 그것은 캘리포니아에서 운동으로 성장했다. 1970년대와 1980년대의 모든 전국적 청년 사역 지도자들—Mike Yaconelli, Wayne Rice, 그리고 Doug Fields를 포함한다—에 대해 생각해 보라. 그들 모두가 캘리포니아에서 활동했다. 또한 내가 이 문장에서 남성을 의미하는 "그"(he)라는 대명사를 사용한 것에 주목하라. 청년 사역은 특별히 그것의 역사 대부분의 기간에 남성 중심이었다.

느낌과, 가장 중요하게는, 진정성에 대한 느낌을 갖게 해주었다.

그러므로 이런 캘리포니아 청년 사역의 목표는 꼭 청년들에게 전통을 가르치는 것이 아니라(물론 그것이 한 부분이기는 하다), 그들이 진정성에 이르도록 그리고 예수에 취하도록 돕는 것이었다. 2000년대 초에 연구서를 통해 도덕주의적 치료적 이신론(MTD)이라는 표현을 제시했던 크리스천 스미스는 보수적인 개신교 청년 사역과 깊이 연관된 청년들조차 기독교의 내용에 관해 분명하게 말하지 못한다는 것을 알아냈다.[33] 나는 우리가 그 이유를 이 역사 속에서 찾아낼 수 있다고 믿는다. 1970년대에 청년 사역이라는 캘리포니아의 새로운 개념이 회중적 차원에서 진행되었을 때, 그것은 또한 교리 교육으로부터 진정성을 위한 여행으로 강력하게 방향을 전환했다. 청년들(특별히 복음주의자들)은 전통에 관해 아는 것이 거의 없음에도 거듭해서 예수라는 사상에 취하는 것에 관해 가르침을 받았다.

지역의 회중을 위해 젊은 정신을 사로잡는 것에 대한 이와 같은 집중은 기하급수적으로 성장해 1970년대 후반에는 마이크 야코넬리(Mike Yaconelli)와 웨인 라이스(Wayne Rice) 같은 두 명의 남캘리포니아 청년 목사들이 그들의 차 트렁크에서 인력 조달 회사를 시작할 정도가 되었다. 그것은 청년 사역자들을 제공할 뿐 아니라 교회들에게 젊은 정신에 주목하는 것의 중요성을 확신시키려 하는 출판사(Youth Specialties, 현재는 Zondervan 출판사 소유다—옮긴이)로 발전했다.

---

33 Christian Smith, *Soul Searching: The Religious and Spiritual Lives of American Teenagers* (New York: Oxford University Press, 2005)를 보라.

그렇게 캘리포니아는 진정성의 시대의 단층선 바로 위에 앉아 있었다. 캘리포니아는 사람들이 진정성이라는 목표로 이어지는 쿨의 길을 취하는 장소처럼 보였다. 1960년대 후반과 1970년대 초에 젊음이라는 전략은 해안으로 옮겨졌다. 젊은이들은 보헤미안적 방식을 위해 자신들의 부르주아적 피부를 벗겨 내려 하면서 샌프란시스코와 로스앤젤레스 안으로 회전초(回轉草)처럼 날아들었다. 복음주의자들은 쿨의 길과 진정성이라는 목표가 그 자체로 문제라고는 결코 생각하지 않았다. 그들은 반문화의 이상주의가 자신들에게서 초월까지 벗겨 내면서 하나님의 행동을 납작하게 만들리라는 것을 인식하지 못했다. 오히려 복음주의자들에게 위험한(그리고 캘리포니아가 그것에 걸려 비틀거리는 것처럼 보였던) 것은 쿨의 길을 곰보처럼 만드는 쾌락주의라는 잠재된 함정들이었다.

이것은 청년 사역을 더욱더 중요하게 만들었다. 진정성을 추구하는 교회들은 젊음의 정신을 필요로 할 뿐 아니라, 젊음 역시 도덕적으로 강화될 필요가 있었다. 청년 사역은 진정성이 육체를 부인하는 것을 통해서—적어도 반문화의 마약과 섹스라는 부분을 부인하는 것을 통해서—발견될 수 있다는 성결 운동의 주장 중 일부에 의존함으로써 도움을 얻을 수 있었다. 이것은 1980년대와 1990년대에 보보스가 그들 자신의 10대 자녀들과 함께 교회에 도착했을 때 특별한 관심사가 되었다.

보보스와 MTD

반문화적 혁명은 결코 끝나지 않았다. 북미에서 진정성의 시대로 나아가는 우리의 움직임의 형태는 젊은 정신을 지닌 군대를 만들어 냈다. 물병자리 시대와 1960년대는 1970년대 중반에 막을 내렸을지 모르나, 젊음이라는 전략을 통한 진정성에 대한 추구는 여전히 살아남았다. 이제 우리 모두는, 본회퍼의 말을 인용하자면, "청년 운동 이후 시대"에 살고 있다. 반항적인 젊음은 젊은이들뿐 아니라 노인들에게도 이상으로 남아 있다. 그 이상은 히피에서 펑크로 그리고 펑크에서 힙합으로 이동하면서 서로 다른 모습을 취했으나, 본질적으로 그것은 자유와 표현에 맞서는 진정하지 않은 시스템에 대한 저항자로 남았다. 우리는 계속해서 젊음과 새로운 것을 따르도록 부추김을 당하면서 우리의 물질적 세계 안에서 의미와 목적을 추구하고 있다—영화 〈아메리칸 뷰티〉(*American Beauty*)의 등장인물 중 하나인 리키(Ricky)를 떠올려 보라.[34]

1980년대 초에 이르러 상황이 변하기 시작했다. 베이비부머들에게 자본주의와 물질에 대한 추구는 이제 더 이상 긴장거리가 되지 않았다. 1950년대에 그들은 상상력이 부족하고 순응적인, 그러나 그럼에도 소비자였던 아이들이었다. 그러나 1960년대라는 흥미진진한 시대를 통과하면서 소비가 증진되고, 순응이 쿨에 의해 죽임을 당한 상태가 되자, 이제 성인이 된 히피족은 자유롭게 자신의 개성을 좇으면서 자신이 구입한 것을 사용하여 자신의 개성을 표현했고, 그렇게 함으로써 영원히 젊은 상태에 남아 있을 수 있게 되었다. 이

---

34 이 영화에 대한 Heath와 Potter의 통찰력 있는 견해와 현실에 대한 반문화적 개념에 대한 완전한 묘사를 위해서는, *Nation of Rebels*, 52-99를 보라.

6. 보보스로 가득 찬 교회들—진정성의 야수들

제 그들은 부르주아인 동시에 보헤미안이 될 수 있었다. 이는 광고 업자들 덕분이었고 또한 진정성에 대한 보헤미안적 열망으로 포장된 부르주아적 구매를 통하여 그들이 계속해서 젊은 정신을 제공한 덕분이었다.[35]

캘리포니아는 젊은이들이 모이는 장소였고, 1960년대에 젊음의 정신은 소비자 사회를 통해 전국으로 퍼져 나갔다. 그러나 캘리포니아는 또한 청년 운동이 변화된 곳이자 보헤미안들이 부르주아와 평화롭게 살아가는 방법을 찾은 곳이기도 했다. 캘리포니아는 반문화적 젊은이들이 보수적인 기독교로 가는 회전축의 원점이었다. 하지만 또한 그곳은 맨슨패밀리(Manson Family)라고 알려진 히피 공동체가 살인 행각을 벌이고 알타마운트 페스티벌에서 롤링스톤즈(Rolling Stones)의 콘서트를 위해 경비원으로 고용된 헬스앤젤스(Hells Angels) 회원들이 수십 명의 사람들을 때리고 그중 한 사람을 살해한

---

35 Brooks는 이렇게 덧붙인다. "1990년대에 교육받은 엘리트들이 이룬 위대한 성취는 당신이 풍요로운 성공과 동시에 자유로운 정신의 반항자가 되게 하는 삶의 방식을 만들어 낸 것이었다. 디자인 회사를 설립하면서 그들은 예술가이면서 여전히 스톡옵션을 받을 자격을 얻는 길을 발견한다. Ben & Jerry나 Nantucker Nectars 같은 고급 레스토랑 회사를 세우면서 그들은 터무니없는 히피가 되면서 다국적 기업의 뚱뚱한 고양이가 될 길을 찾아냈다. 나이키 스니커즈를 위한 광고에 William S. Burroughs 같은 소설가를 이용하고 롤링스톤즈의 노래를 자신들의 마케팅 캠페인에 통합하면서 그들은 반체제적 스타일을 회사의 필요와 화해시켰다. 혼란 속에서 번창하고 창의적 잠재력을 발휘하라고 말하는 경영 전문가들의 말을 들으며 그들은 상상력의 정신과 수익에 대한 봉사를 조화시켰다. 프린스턴과 팔로알토 같은 대학 도시를 기업의 센터로 변화시키면서 그들은 지식인을 높은 세금을 내는 이들과 화해시켰다. 주주총회에 가는 Bill Gates에게 치노 바지(chinos, 질긴 면직물로 입기 편하게 만든 바지—옮긴이)를 입히면서 그들은 학부생의 패션과 상류층 직업을 조화시켰다. 생태 모험 휴가를 떠나면서 그들은 귀족적인 스릴 추구와 사회적 관심을 조화시켰다. 베네통이나 더바디샵에서 쇼핑하면서 그들은 의식의 제고와 비용 관리를 함께 도모했다." *Bobos in Paradise*, 42.

곳이기도 했다.[36] 물병자리 시대의 자유로운 사랑은 끝나 가고 있었고, 자유로이 떠다니는 보헤미안 표류자들은 한쪽으로 편중되고 검증된 부르주아의 시장 현실로 되돌아가고 있었다. 그러나 이런 되돌아감이 진정성이라는 지니를 병 속으로 집어넣을 수는 없었다. 그리고 대부분은 어떤 식으로든 그것을 원하지 않았다. 그로 인해 1980년대와 1990년대가 밝았을 때 보보스의 시대가 도래했다.

1980년대 후반과 1990년대는 표현, 개성, 그리고 욕망에 대한 보헤미안적 추구가 '올바른' 브랜드 및 제도와의 부르주아적 연합을 통해 발휘되는 시기가 되었다. 이런 특정한 브랜드 및 제도는 사람들이 영성이 없는 병든 바보가 되지 않도록 막아 주었다. 고전적인 (반문화 이전의) 부르주아는 정확하게 그런 존재였다. 그들은 (적어도 젊은 급진주의자들이 보기에는) 영성이 없는 억압된 바보들이었다. 반문화의 젊은이들은 보헤미안주의를 바탕으로 이런 부르주아적 추구를 전면적으로 반대했다. 젊음은 20세기의 마지막 10년의 기간에 부르주아의 자본주의적 추구와 보헤미안의 표현주의적 개인주의를 융합

---

36 Christopher Partridge는 이렇게 덧붙인다. "잘 기록되어 있듯이, 사랑의 여름과 평화로운 유토피아의 사이키델릭한 꿈은 갑자기 멈췄다. 자유를 사랑하는 히피 공동체 내에서 여러 악성 종양이 자라고 있었는데, 그중 가장 파괴적인 것은 Charles Manson의 공동체인 'The Family'였다. 일련의 미해결 살인 사건 이후, 1969년 8월 9일 '소름 끼치는 크롤러'(the creepy crawlers)로 알려진 그룹의 회원들이 영화감독 Roman Polanski(당시 부재 중)의 집에 침입하여 다섯 명을 잔인하게 살해했는데, 그중에는 임신한 그의 아내 Sharon Tate가 포함되어 있었다. 다음날 밤에 또 다른 부부인 Leno와 Rosemary LaBianca 역시 그들의 집에서 맨슨의 추종자들에 의해 잔혹하게 살해되었다. 그들의 궁극적인 체포와 범죄를 둘러싼 홍보는 대중의 대다수가 만족할 만큼 내재된 부패와 히피족 과잉의 위험을 보여 주었기에 운동 자체에 대한 상당한 반대와 환멸을 불러일으켰다." *The Re-Enchantment of the West, vol 2, Alternative Spiritualities, Sacralization, Popular Culture, and Occulture* (London: T & T Clark, 2005), 102.

　　　　　　　　　　　　　　　6. 보보스로 가득 찬 교회들—진정성의 야수들

시키는 접착제였다. 힙과 쿨이라는 젊음의 정신은 이미 마케팅, TV, 그리고 라디오를 통해 반문화의 진정성 추구를 반문화와 연관 없는 다른 젊은이들에게까지,[37] 그리고 심지어 그들의 부모들에게까지 확대시켰다.

1980년대 후반에 이르러 보보이즘은 대부분의 중산층 제도, 특히 프로테스탄트(복음주의와 주류 모두) 교회들을 위한 기준이 되고 있었다. 보보스는 개인의 진정성을 향한 충동과 상향 이동성을 결합시켰다. 교회는 그런 것이 **될 수 있었다**. 교회는 보보스에게 자기계발(self-help)을 제공함으로써 그들이 진정성을 찾는 데 도움이 될 수 있고, 동시에 그들의 자녀들에게 도덕적 방향타를 제공할 수도 있었다.[38] 적지 않은 방식으로, 청년 사역이 교회의 핵심적 요소가 된 것은 그것이 보보스를 끌어들일 수 있었기 때문이다. 보보스 부모들은 자신의 자녀들이 진정성을 추구할 수 있는, 그러나 또한 그것 못지 않게 중요하게 그들이 나쁜 결정을 통해 문화적 진보를 끝내지 않도록 인도받고 도덕적으로 보호될 수 있는 교회에 가기를 원했다. 주류 교회와 복음주의 교회 모두에서 청년 사역은, 반문화라는 젊음의 정신과 진정성의 추구를 풀어놓는 것과 동시에 또한 그 동일한 젊음

---

37 예컨대 비틀즈를 통해.

38 Brooks는 청년 사역이 보보스에게 중요해진 방식과 그것이 어떻게 그들의 근심을 최소화시켰는지를 지적한다. "그리고 더 중요한 것은, 교육을 받은 계층의 구성원들이 자신들의 아이들의 미래에 대해 절대 안심할 수 없다는 것이다. 아이들은 가정적이고 교육적인 이점들―모든 가정교사들과 발달된 장난감들―을 갖고 있으나 그들의 부모와 같은 사회적 지위를 얻기 위해서는 학교를 다니고 SAT에서 좋은 성적을 거둬야 한다. 과거의 엘리트와 비교할 때 그들에게 보장된 것은 거의 없다." *Bobos in Paradise*, 52.

의 정신이 과도해지지 않도록 제한하는 것이었다.

　복음주의 교회들은 진정성과 도덕성을 보보스가 이해할 수 있는 어조로 결합하는 일에서 주류 교회들보다 나았는데, 그들은 주로 자기계발이라는 전술과 치료적 언어를 사용해서 그렇게 했다. 결국 보보스는 교회 안팎 모두에서 문화의 치료적 전환의 주요 지지자였다. 치료는 개인이 진정성을 추구함으로써 자아를 설득하도록 허락했다. 특정한 종류의 치료가 보보스로 하여금 그들의 내면 아이(이드─옮긴이)와 접촉하게 하고, 젊은 정신으로 하여금 그들을 참된 혹은 진정한 자아로 이끌어 가도록 했다.[39] 주류 보보스는 (비록 종종 교회 밖의 치료를 향해 돌아서기는 했으나) 그들의 회중 안에서 그런 치료적 언어를 기대하지 않았을 수도 있다. 하지만 그들은 진정성과 정의의 연관성에 공명했다. 정의의 추구는 반문화의 젊은 정신을 살아 있게 하는 길이 되었다. 그들이 다니는 교회가 정의를 추구하는 것은 이런 상향 이동성을 지닌 중산층 보보스들로 하여금 자기들이 여전히

---

39 Schäfer는 이렇게 지적한다. "그러나 반문화와 다시 유행하는 복음주의 사이의 관계에 관한 이야기는, 단지 반란 충동을 포함하면서 그 반란 충동을 문화적으로 수용 가능한 형태로 바꾸는 것에 관한 이야기가 아니다. 그것은 또한 복음주의 자체의 변화에 관한 이야기다. 반문화에 대한 복음주의적 참여는 1940년대 이후로 회심 경험의 점증하는 익숙함과 심지어 세속화를 향한 경향을 지속시켜 나갔다. …… 이 과정은 강조점이 기독교의 신학적 도그마로부터 경험적이고 치료적인 측면으로의 전환으로 특징지어진다. 심리학의 언어로 표현하자면, 죄는 신의 명령을 어기는 것이 아니라 치료적 부적응의 관점에서 논의되었다. 특별히 복음주의 가족 안에서 칼뱅주의와 개혁주의 교단이 해를 입을 정도로 오순절과 은사주의 집단이 성장한 것은 전례적인 그리고 법적-이성적 강조로부터 기독교의 감정적이고 경험적 측면으로의 이런 전환을 보여 주는 분명한 표시였다. 내주하는 영, 성령 충만, 안수, 방언을 통한 예수님과의 친밀감에 초점을 맞추는 것은 종종 Carl Henry와 다른 전후 복음주의자들이 추구한 신학적 정교함보다 '상황 윤리'와 '전쟁 말고 사랑을 하라'는 수사학 속에서 성장한 세대에게 더 매력적이었다." *Countercultural Conservatives*, 102.

　　　　　　　　　　　　　　　　　6. 보보스로 가득 찬 교회들─진정성의 야수들

쿨하고 '현대적일' 정도로 충분히 급진적이고 파괴적이며 보헤미안적이라는 확신을 갖게 해주었다.

보보이즘은 반문화의 핵심적 유산이고, 찰스 테일러가 믿듯이, 진정성의 시대에 우리의 문화적 삶의 기본적인 형태다.[40] 그러므로 도덕주의적 치료적 이신론(MTD)은 젊음의 전략을 통해 진정성을 추구하는 보보스와 그 자녀들의 영성에 대한 서술어다.

젊음이라는 반문화적 전략의 유산 안에서 살아가는 MTD는 거주하기에 완벽하게 형성된 종교적 구조물이다. 착한 부르주아인 우리는 우리의 아이들이 착해지기를 바라면서 도덕을 긍정한다. 보헤미안인 우리에게 이러한 도덕적 개념은 깊을 필요가 없다. 왜냐하면 그것들이 더 실질적이거나 과거의 지혜에 묶여 있다면, 그것들은 우리의 개인적인 표현과 욕구를 차단하여 우리를 냉담하게 만들고 내면의 반항적인 젊음을 죽일 수 있기 때문이다. 우리 내면의 반항적인 젊음을 따르는 것은 반문화적 보헤미안주의를 추구하는 것이다. 골프 코치 같은 전문가에게 돈을 주고 우리가 내면의 젊음을 찾고 그것을 따라 살아가도록 돕는 것이야말로 부르주아의 극치다. 치료는 보헤미안들에게 아주 잘 맞아떨어진다. 그것은 프로이트가 지적했던 사회의 억압을 피함으로써 완충된 자아의 진정성을 구하는 방법이기 때문이다. 그러나 치료는 또한 부르주아적이기도 하다. 왜냐하면 그것은 고도의 교육을 받은 전문가 계급에 내재된 과학이기

---

40 *A Secular Age* (Cambridge, MA: Belknap Press of Harvard University Press, 2007), chap. 12에 실려 있는 Brooks의 개념에 대한 Taylor의 논의를 보라.

때문이다. 그러나 이런 치료 전문가들은 종종 확고하게 우리 자신의 개인적인 진정성 추구에 주목함으로써 절름발이 과학주의를 피한다.

과연 보보이즘(그리고 우리의 중산층 교회들을 채우고 있는 보다 큰 문화적 분위기)에 특유한 도덕주의적이고 치료적인 요소들이 근본적으로 부패했는지 여부는 논쟁의 여지가 있다. 그러나 도덕주의적이고 치료적인 요소에 문화적 이신론이 덧붙여질 때 신앙 형성은 악화된다.

이신론과 초월의 상실

위에서 언급했듯이, 진정성의 낭만주의는 그 자체로는 문제가 되지 않는다. 그것은 모험적이며 또한 완충된 자아와 완고한 개인주의라는 도움이 되지 않는 개념에 대해 열려 있다. 하지만 초월(하나님의 행동)이 불가능해지고 영성이 완전히 납작하고 내재론적인 세계에서 주관적인 느낌이 될 경우, 도덕주의와 치료법은 왜곡된다. 그리고 MTD의 이신론은 진정성의 시대에 신앙 형성(그리고 복음 전도)을 더욱더 어렵게 만든다.

그런데 보보이즘은 이런 이신론을 편안하게 여긴다.[41] 17세기까지 거슬러 올라가는 (그러나 특히 19세기에 두드러지는) 부르주아적인 개념과 보헤미안적 개념 모두는 세상을 탈주술화하고 우리를 초월

---

[41] 나는 독자들에게 나나 그 표현을 만들어 낸 Christian Smith 모두가 '이신론'(deism)으로 의미하는 것이 18세기의 이신론(Deism)이 아님을 상기시켜야 한다. 내가 믿기로 Smith가 의미하는 것은 Charles Taylor가 *Secular Age*에서 전개하는 내재론적인 틀과 닮아 있는 그 무엇이다. 적어도 여기서 나는 그 단어를 보다 테일러적인 무언가를 의미하기 위해 사용한다.

6. 보보스로 가득 찬 교회들—진정성의 야수들

의 경험으로부터 완충시키기 위해 서로 다른 방식으로 작용했다. 미국에서 주류 교회들은 1920년대의 부르주아적 과학주의를 따라 하나님의 행동과의 초월적 만남 없이 교회가 되는 방식을 만들어 냈다. 사람들이 교회에 가는 목적은 문화적인 사람이 되기 위해서였다. 교회에 가는 것은 훌륭한 미국의 중산층이 하는 일이었다. 종교는 부르주아적 삶의 한 요소였다.

이에 대응하여 (복음주의자들의 조상인) 근본주의자들 역시 의식하지 못한 채 성경을 요긴한 신으로 만듦으로써 하나님의 행동의 초월성을 손상시켰다. 근본주의자들은 법적 싸움에서 이겼고 스콥스(Scopes, 미국 테네시주의 교사로 주 법을 어기고 진화론을 가르쳤다가 벌금형을 받았다―옮긴이)는 유죄로 판명되었다. 하지만 그들은 전쟁에서 졌다. 왜냐하면 그들은 부르주아를 잃었기 때문이다. 부르주아는 모더니스트들의 편을 들었고 초월과 인지된 미신으로부터 떠나 종교를 거의 전적으로 제도 구축과 관리에 관한 것으로 만들었다.

반문화의 보헤미안주의는 영적이지 않은 부르주아를 비난했고 영성이 없는 그들의 지루한 주류 교회들을 한심한 것으로 낙인찍었다. 젊은이들은 긴즈버그와 팀 리어리(Tim Leary)를 따르면서 하나님의 행동이 없는 영성(인격적 신적 실재가 없는 초월)을 구했다. 섹스, LSD, 그리고 고립된 동방의 종교 관행을 사용하면서 보헤미안들은 그들의 마음을 진정성을 향해 열어 줄 수 있는 황홀한 경험을 추구했다. 그들 이전의 프랑스와 독일의 보헤미안들처럼 그들은 어떤 초월적인 방식으로 우리와 만나시는 인격적인 하나님이 계신다는 것을 부정했다. 그러나 그들은 의식의 고양과 억압적 시스템의 독약으로부터의 영적 카타르시스가 필요하다고 믿었다. LSD와 프리섹스를 사용하면서 그들은 완전하게 다른 타자를 추구했던 게 아니라 이 자연적이고 물질적인 세계를 다른 방식으로 보고 경험하려고 했다. 청년운동에 영감을 부여했던 보헤미안들은, 하나님의 인격에 열리는 영성이 **아니라**, 쿨이 항상적이고 진정성이 전부를 채우는 하나의 목가적인 상태로 그들을 인도하는 그런 새로운 사상에 열릴 수 있는, 자연적이고 물질적인 영성을 추구했다.

복음주의자들이 반문화적 젊음에 참여했을 때, 그들은 주류 교회가 제도화된 종교에 불과하다고 비난했다. 그러나 근본주의자들과 복음주의자들은 자신들도 알지 못한 채 이신론적 진정성을 위해 초월을 추출하는 일에 참여했다.

근본주의는 하나님의 삼위일체적 인격이 무오성이라는 사상에 의해 압도될 정도로 성경을 미화했다. 참된 기독교 신앙을 위한 리트머스 시험지는 이 개념, 즉 성서의 권위와 순수한 교리의 규범에 순종할 필요성이라는 개념에 대한 순응이었다. 초월은 갈망되었으나, 이상주의가 초월을 자르고 들어와 믿음의 척도를 살아 계신 그리스도와의 만남으로부터 어떤 사상에 대한 인지적 신념에 대한 보다 내재론적이고 심지어 물질적인 헌신으로 변화시켰다.

보보이즘은 이신론에 대한 이런 부르주아적이고 보헤미안적인 개념들 모두를 하나로 묶었다. 보보스는 보헤미안과 반문화의 참된 아이들처럼 영성을 갈망하고 일상에서 탈피하여 의미를 추구한다. 그러나 이런 추구는 종종 어떤 개념들에 묶여 있다. 자기계발과 치료적 통찰은 아주 강력하다. 왜냐하면 그것들은 보보스가 진정성에 이르는 자신들의 길을 보도록 돕는 새로운 개념들을 그들의 마음에 제공해 주기 때문이다. 이런 새로운 개념들은 거의 언제나 젊음의 전략과 묶여 있으며, 새로운 의미를 제공해 줄 새로운 개념들을 찾기 위해 그들이 지니고 있는 개념들을 파괴할 것을 요구한다. 그들의 영성은 모두 새로운 것—아마도 쿨한 것—에 대한 추구에 관한 것이다. 그것은 다른 실재나 존재에 대한 인격적 경험이 아니라, 진정성에 이르는 자신의 여정을 확대해 줄 새롭고 흥미진진한 경험을 원하는 이신론이다.

사람들이 자신이 바라는 진정성에 더 가까이 데려다줄 새로운 개념들을 찾을 때 교회를 바꾸는 것은, 로버트 푸트먼(Robert Putman)과 데이빗 캠벨(David Cambell)이 말하는 '종교적 전환'(religious switching)[42]처럼, 평범한 일이 된다.[43] 데이빗 브룩스는 보보이즘에서의 초월의 상실을 지적한다. "만약 당신이 우리와 같은 사회에서, 즉 사람들이 주님의 이름을 망령되이 일컫는 말을 들어도 거의 반대하지 않으나 임산부가 담배를 피우는 것을 보면 화를 내는 사회에 살고 있다면, 당신은 신성한 것보다 세속적인 것을 더 중시하는 세상에서 살고 있는 것이다. 당신이 그분의 법, 특히 삶의 가장 내밀한 부분을 규정하는 법을 무시한다면, 당신은 하나님을 진정으로 알지

---

42 Robert Putnam and David Campell, American Grace: How Religious Divides and Unites Us (New York: Simon & Schuster, 2010)을 보라.

43 교회 바꾸기와 종교적 전환에 관한 논의를 위해서는 Chaves와 Putnam을 보라. 내가 주장하는 것은 이런 현상이 내가 묘사하는 이런 보다 큰 현실과 연관되어 있다는 것이다. Mark Chaves, *Congregations in America* (Cambridge, MA: Harvard University Press, 2004), 그리고 Putnam and Campbell, *American Grace*를 보라.

못하는 것이다. 당신은 책임감이 있고 건강할 수 있다. 하지만 당신은 또한 얕고 하찮을 것이다."[44]

그러므로 보보이즘은 진정성에 이르는 영적인 경로로서 (하나님의 타자성이 아니라) 어떤 이상을 추구하는 일에서 보헤미안을 따른다.[45] 그러나 보보스는 이 여행을 지지하는 일에서 종교적 제도의 중요성을 가정한다는 점에서 부르주아적이다. 보보스에게 프로그램과 활동, 시설이란 교회를 더 매력적인 것으로, 충성을 더 그럴듯한 것으로 만드는 무엇이다. 보보스의 부르주아적 요소들로 인해 그들은 교회에 헌신함으로써 무엇을 얻을 수 있는지 궁금해한다. 그들은 그것에 의지해 진정성을 추구할 수 있는 개념들을 원할 뿐만 아니라, 자기들이 속한 교회가 중요하고 흥미롭고 심지어 멋지다는 느낌을 주는 젊음도 원한다. 하나님의 행동이 없는 보보스의 세계에서 신앙 형성은 올바른 교회, 즉 당신의 가족 구성원 모두가 안전하고, 힙하고, 진정한 존재가 되는 데 필요한 예배와 개념들을 제공하는 교회에 참여하고 가입하는 것이 된다.

결론

신앙 형성에 대해 다시 상상하는 것은 신앙 형성을 그토록 어렵게 만들어 왔던 여러 층위와 문화적 현실들을 인식하는 것이다. 너

---

44 Brooks, *Bobos in Paradise*, 217.
45 바로 이것이 진정성의 시대의 최고의 목회자들이 사람들에게 흥미로운 방식으로 아주 단순한 이상을 제공함으로써 그들을 자극하는 메가 처치의 목회자들인 이유다.

6. 보보스로 가득 찬 교회—진정성의 야수들

무나 자주 우리는 여기서 얻은 새로운 견해와 저기서 얻은 새로운 교육을 가지고 사람들에게 신앙을 형성하는 역동적인 방법을 제공할 수 있다고 가정해 왔다. 그러나 내가 위와 같은 역사적 이야기—혹은 보다 정확하게는 철학적 계보—를 제시한 이유는 MTD 같은 무언가가 쉽게 근절되지 **않는다**는 것을 보이기 위함이다. 오히려 그것은 20세기와 21세기의 미국적 삶의 여러 장기와 뼈를 감싸고 있는 종양과 같다.

만약 우리가 여전히 용감하게 신앙 형성에 대해 다시 상상해 보려고 한다면, 꼬리부터, 즉 MTD의 'D'(이신론)에서 시작해 우리가 하나님의 행동 자체와 어떻게 만나는지를 살피고 재고하는 것이 필수적이다. 이것이 이 책 2부의 목표가 될 것이고, 이를 통해 우리는 신앙이 무엇인가, 그리고 초월과 하나님의 행동의 자리의 상실을 어떻게 이해하고 대응해야 하는가와 같은 근본적인 질문들을 제기할 수 있을 것이다.

2부

세속 시대와 바울의 만남,
젊은 정신과 사역 정신의 만남

7

세속 시대에서의 신앙 형성

박사학위 과정 공부를 위한 지원서를 작성했을 때, 나는 대학원기록
시험(GRE)이 필요하다는 것과 그 시험의 세 가지 주요 분야 중 하나
가 양적 추론, 즉 수학임을 알게 되었다! 그런 요구 조건은 신학 프
로그램에 지원할 때도 예외가 되지 않았다. 많은 점수를 얻을 필요
는 없었지만 나는 한심한 정도 이상의 점수는 필요하다고 들었고,
그것은 나에게는 아주 큰 도전거리였다. 나는 11학년 이후로는 수학
을 공부한 적이 없었는데, 그때도 대수학 과목을 간신히 통과했었기
때문이다. 나에게는 과외 선생이 필요했다.

　　나의 신학교 친구들 중 몇이 어느 방과 후 사설 학원에서 일하
면서 초등학교 아이들의 학업을 돕고 있었다. 그들 중 하나가 나에
게 그 학원의 수학 천재에게 도움을 청해 보라고 제안했다. 그는 수
학 조련자로서 학업 성적이 낮은 학생들을 윌 헌팅(Will Hunting, 영화
〈굿 윌 헌팅〉의 주인공으로 MIT 대학의 청소부였다가 그의 재능을 발견한 교수에 의
해 수학자가 된다—옮긴이) 같은 천재로 변화시키는 실력을 갖고 있을
뿐 아니라 실제로 수학 분야의 학위도 갖고 있었다.

　　나는 그에게 이메일을 보냈고, 그는 나에게 대수학과 관련해 몇

　　　　　　　　　　　　　　　　　　7. 세속 시대에서의 신앙 형성

차례 재교육 학습을 해줄 뿐 아니라, 재미를 위해 약간의 기하학 강의도 해주기로 했다. 나는 우리가 스타벅스나 지역 도서관 혹은 최소한 나의 아파트에서 만날 거라고 생각했다. 그러나 그 수학 조련사는 나에게 자기가 일하는 학원으로 오라고 했다. 그는 사회적 감수성이나 예의와 관련된 두뇌를 갖고 있지 않은, 신비로울 정도로 수에만 집착하는 사람이었다. 그는 내가 학원 대기실에서 슈퍼히어로와 소년 밴드가 학습과 학교생활을 지지하는 모습을 취하고 있는 포스터들에 둘러싸인 채 작은 플라스틱 의자에 앉아 〈빌리 매디슨〉(*Billy Madison*, 미국의 교육 영화로 허랑방탕하게 성장한 주인공이 아버지의 사업을 물려받기 위해 11-12학년 수업을 다시 받는다—옮긴이)의 한 장면을 연출해야 하는 것에 전혀 신경 쓰지 않았다.

첫 번째 수업이 있던 날, 나는 학원으로 가서 출석 체크를 한 후 이제 곧 나의 과외 선생님이 오실 거라는 말을 들었다. 나는 초등학교 2학년과 4학년 학생들 사이에서 무릎을 귀까지 꺾은 채 앉아 있었다. 아이들 모두가 내가 전혀 어울리지 않는 상황에 있다는 자신들의 믿음을 숨기지 않으면서 나를 위아래로 훑어보았다. 4학년짜리 꼬마가 혼란스러움과 호기심이 섞인 눈빛으로 나를 바라보며 물었다. "아저씨도 과외받으러 오셨어요?" 나는 그 아이와 눈도 마주치지 못한 채 천천히 고개를 끄덕이며 우물쭈물 말했다. "으응."

"어느 선생님께요?" 4학년짜리가 다시 물었다. 뾰족한 탁구공의 속도로 나는 수학 선생님의 이름을 쏘아붙였다. 그러자 4학년짜리가 알겠다는 듯 고개를 끄덕였다. 자기와 내가 방과 후 과외 선생님과 복잡한 숙제를 공유하며 함께 있다는 것을 알겠다는 투였다.

나를 보며 그는 마치 한낮에 어두운 술집 건너편에서 온 동료처럼 말했다. "그래요, 그 선생님은 엄격해요. 그러나 뺄셈의 마법사이지요!" 나는 나의 새로운 친구를 향해 고개를 끄덕였다. 우리 모두는 99개의 문제를 갖고 있었고, 수학은 그중 하나였다.

뺄셈

서구인 특히 기독교인의 사회적인 상상은 **뺄셈**(subtraction)의 상상이다. 우리는 우리의 문화적 삶에서 무언가가 빠졌기에 지금 우리의 상태에 이르렀다고 여기는 경향이 있다. 우리는 역사를 빼기 마법사의 꿈이 실현되는 역사로 여긴다. 우리는 지금 우리가 신앙 형성이라는 전염병을 다루고 있는 이유가 우리가 도덕적 헌신을 **잃어버리고**, 학교에서 기도를 **드리지 않고**, 교회에 출석하는 이들이 **줄어들었기** 때문이라고 믿는다. 혹은, 비록 목록에는 올라 있지 않으나, 우리를 이런 곤경으로 이끈 다른 상실이 있다고 믿는다. 보수주의자들은 특별히 빼기의 이야기를 효과적으로 전하는데, 주류 진보주의자들 역시 이런 해석에 반대하지 않는다. 그러면서 그들은 일단 우리가 우리의 문명에서 종교를 빼내면 우리가 훨씬 더 논리적이고 평화로운 사람들이 되리라는 잘못된 그리고 배타적으로 인본주의적인 주장에 동의하는 경향을 보인다.[1]

---

1 Michael Warner, Jonathan VanAntwerpen, 그리고 Craig Calhoun은 이렇게 쓴다. "빼기 이야기에 관한 Taylor의 거침없는 비판은 세속적 현대성이 어떻게 겉보기보다 훨씬 더 침전적이고 창의적인지를 보이기 위한 그의 시도의 일부다. 세속 사회는 단순히 인류에게서 종교를 빼낸 것이 아니다. 그것들은 오랜 역사의 결과로서만 상상할 수 있는 아주 특별한 종

우리는 이런 뺄셈에 의해 남겨진 공허 속에서 온갖 종류의 영적 질병이 자란다고 상상한다. 이런저런 방식으로 우리는, 우리가 지금과 같은 상태에 이른 것은 우리의 문화적이고 사회적인 삶에서 신앙이 빠졌기 때문이라고 가정한다. 대개 우리의 신앙 형성 프로그램은 뺄셈에 대한 이런 해석을 불가피하게 받아들이면서도 뺄셈에 맞서는 경향을 갖고 있다. 우리는 싱크대의 배수구를 막기 위한 전략과 최선의 실천 방안들을 찾으면서, 젊은이들이 그들의 삶에서 교회 참여를 배제하지 않게 하기 위해 우리가 활용할 수 있는 어떤 실용적인 프로그램들(청년 그룹 활동, 선교 여행, 북 스터디와 같은)이 있기를 희망한다. 또는 부모가 자녀와 신앙에 관한 이야기를 나누지 않는 것을 뺄셈으로 해석하여, 추론(deduction)을 차단하고 신앙이 배수구를 통해 사라지지 않게 해줄 모델이나 워크북 또는 워크숍을 찾는다.

이런 접근법은 매력적이다. 상실의 불안에 대한 조치를 약속하기 때문이다. 가치 있는 것이 배수구를 향해 질주할 때는 무엇보다 신속한 행동을 선호하게 된다. 그러나 이렇게 믿음을 지키거나 강화하는 행동과 프로그램은 우리가 바라는 확실한 결과를 제공하지 않는다. 왜냐하면 우리의 문제는 결코 뺄셈의 문제가 아니기 때문이다. 물론 어느 단계에서 청년들은 그들의 활동에서 종교적 참여를 빼낸다. 그리고 많은 부모들은 자녀들과 신앙을 나누는 일에서 무력감을 느낀다. 하지만 이것은 그들이 배수구를 막아야 할 필요가 있

류의 사회다." "Introduction," in *Varieties of Secularism in a Secular Age*, ed. Michael Warner, Jonathan VanAntwerpen, and Craig Calhoun (Cambridge, MA: Harvard University Press, 2010], 25.

기 때문이 아니다. 오히려 우리는 대양의 바닥에 있는 싱크대의 배수구를 아주 성공적으로 틀어막고 있다. 우리의 신앙 형성 프로그램이 갖고 있는 문제는, 우리가 배수구를 막으면 우리의 청년들의 신앙을 유지할 수 있을 것이라는 과도하게 단순화된 주장이다. 그러나 1부에서 보았듯이, 우리의 문제는 그보다 훨씬 깊다.

지금 우리는 새로운 물 안에 있다. 종교적 헌신 혹은 심지어 하나님조차, 마치 뒷마당 울타리에서 말뚝 하나를 빼낼 때처럼 그렇게 우리의 문화에서 빠져 있지 않다. 우리는 우리가 약간의 활동과 끈기로 그런 말뚝을 전적으로 교체할 수 있다고 여긴다. 하지만 그보다는 오히려 우리의 사회적 이미지 전체가 변했다고 보는 게 옳다. 찰스 테일러는 이렇게 말한다. "현대성은 우리가 앞선 세계를 '잃어버림'에 의해서만이 아니라 우리가 구축한 인간 문화에 의해 정의된다."[2]

우리는 진정성의 시대에 들어섰고 젊음은 진정성에 이르는 핵심적 전략이 되었다. 우리는 뺄셈보다는 진정성과 젊음이라는 층을 덧붙임으로써, 많은 이들에게 '신으로 인한 격차'(the God gap)가 존재하지 않는 문화적이고 사회적인 삶의 형태를 만들어 냈다. 많은 이들이 자신에게 하나님이 필요하지 않다고 느끼는 방식으로 삶을 구성해 왔다. 그들은 그들의 삶에서 격차를 만들어 내는 손실이나 뺄셈을 의식하지 않는다. 오히려 그들은 자신들의 삶의 방향을 정하

---

2 Charles Taylor, "Afterword: Apologia pro Libro suo," in Warner, VanAntwerpen, and Calhoun, *Varieties of Secularism*, 302.

7. 세속 시대에서의 신앙 형성

기 위해 하나님을 넘어서는 새로운 내러티브, 도덕법, 그리고 정체
성을 덧붙여 왔다.[3]

　이전에 우리에게는 인격적인 하나님의 실재를 가정하는 시스
템이 있었다. 그러나 이제는 사람들의 삶에 다른 층들이 덧붙여졌는
데, 그것들은 그 시스템을 재구성하여 그런 믿음이 모든 곳에서 논
쟁거리가 되도록 만들어 버렸다. 테일러는 그것을 이렇게 말한다.
"우리는 때때로 의심과 불확실성의 상황 속에서 …… 우리의 어깨
너머를 보고, 곁눈질을 하면서, 믿음을 따라 살아갈 수밖에 없다."[4]
진정성의 시대와 젊음에 대한 미화는 우리가 잃어버린 것 때문이 아
니라 오히려 덧붙인 것 때문에 왔다. 대중사회의 덧붙임과 소비자

3　Paul Janz는 Taylor가 현대성을 뺄셈 이야기로뿐 아니라 성년의 이야기로 보는 것에 반
대한다고 상기시킨다. 현대성은 하나의 생산물이지만, 성장을 통해 무언가를 빼냄으로써 만
들어진 생산물은 아니다. Janz는 이렇게 설명한다. "Taylor에게 현대성 및 그것의 세속성의
출현에 관한 이야기는 보통 다음 두 가지 기본적인 방식들 중 하나로 전해진다. 그것은 '뺄
셈'(subtraction) 이야기―즉 상실에 관한, 혹은 현대 이전의 견해에 대한 포기 속에서 남겨
진 무언가에 관한 이야기―로 전해지거나, 혹은 반대로 '성년'(coming of age) 이야기―즉
새로운 지적 성숙에 이르는 일종의 획득에 관한 이야기―로 전해진다. 보다 상세하게 말하
자면, 상실에 관한 이야기로서 뺄셈 이야기는 '인간이 잃어버리거나 벗어났거나 이전의 한정
된 지평이나 환상 혹은 지식의 한계로부터 스스로를 해방함으로써 설명하는, 일반적으로 현
대성 그리고 특별하게는 세속성에 관한 이야기.' '성년' 내러티브는 그 이야기를 다른 방향
에서, 즉 지성의 '성인 됨'을 향한 자연적 성장에 관한 이야기로, 특히 과학적 발견과 그에 따
른 철학적 변화의 영향으로 지성의 '성인'을 향한 자연스러운 성장에 관한 이야기로 전하는
데, 이를 통해 인간은 자신에 대한 이해를 갖게 되고 세계는 더 높은 수준의 명확성과 비판
적 정확성에 도달했다." Paul D. Janz, "Transcendence, 'Spin,' and the Jamesian Open
Space," in *Aspiring to Fullness in a Secular Age: Essays on Religion and Theology in
the Work of Charles Taylor*, ed. Carlos Colorado and Justin Klassen (South Bend, IN:
University of Nortre Dame Press, 2014), 50.

4　Charles Taylor, *A Secular Age* (Cambridge, MA: Belknap Press of Harvard
University Press, 2007), 11.

욕구에 대한 대중사회의 필요가 낳은 보헤미안주의는 우리를 의무로부터 진정성으로 돌아서게 만들었고, 이는 젊음으로 충만한 이들을 자기 성취의 사제들로 만들었다.

거의 모든 신앙 형성 모델과 프로그램들은 우리가 신앙이 무엇인지 안다고 가정한다. 우리는 별다른 숙고 없이 신앙을 자세히 규정하거나 조사할 필요가 없다고 여긴다. 그러나 이것은 신앙에 대한 우리의 개념이 종교개혁 시대, 혹은 교부들의 시대, 혹은 심지어 바울 시대부터 계속되어 깨지지 않았다고 상상하는 뺄셈의 환상에 불과하다. 뺄셈이라는 잘못된 개념 때문에 우리는 우리의 신앙 개념이 진정성의 시대를 통하여 성경적 신앙보다는 진정성에 대한 상상과 더 밀접하게 어울리는 무언가로 바뀌었음을 인식하지 못한다.

진정성의 시대로 인하여 신앙은 종교적 참여와 특정한 믿음의 기초로 상정된다. 진정성의 시대에 자아는 완충되고 자신의 의지의 장소로부터 자유롭게 자신의 길을 찾는다. 그래서 내가 하고 싶은 것과 믿고 싶은 것이 곧 내가 하는 것과 믿는 것이 된다. 내가 나의 개인적 시간과 헌신을 바치는 것이 나의 정체성을 형성한다. 나는 내가 동의하고 참여하는 바로 그것이다.

그러므로 우리의 신앙 형성 프로그램과 모델들은 궁극적으로 젊은이들이 특정한 믿음과 제도적 참여에 동의하도록(고착되도록) 유도하려고 한다. 진정성의 시대에 푹 잠겨서 젊음이라는 갈고리를 삼킨 우리는, 궁극적으로 신앙을 뒤집는 것은 초월의 개연성의 상실이라는 사실과 우리 세계가 자연적이고 물질적인 곳이라는 가정을 간과한다. 진정성의 시대에 자아는 완충되고, 세상은 환상에서 깨어나

7. 세속 시대에서의 신앙 형성

며, 하나님은 언제나 심리적으로 창조된 상상 속의 친구로 축소될 위험에 처해 있다.

피켓에 적힌 신앙

'하나님'이라는 피켓이 우리의 문화적 울타리에서 제거되었고 이제 더는 그리움의 대상이 되지 않는다고 말하는 것은 그렇게 옳은 말이 아니다. 특히 북미 지역에서 우리는 종종 하나님에 관한 말을 사용하며, 대부분의 사람들은 자기들이 하나님을 믿는다고 말한다. 하나님이 하나의 개념이 될 때 울타리 비유는 여전히 고수된다. 어떤 이들은 실제로 그들의 삶에서 하나님이라는 개념을 빼냈다. 그러나 다른 이들은 이 개념을 고수해 왔다. 하나님 개념을 계속 유지하고 있는 이들 대다수는 자신들이 개인적 이유 때문에 삶에서 그 피켓을 계속해서 들고 있기로 **개인적으로 선택했다**고 설명한다. 그들이 자신의 개인적 삶의 울타리에 계속해서 그 피켓을 못 박아 두도록 압력을 넣고 정당화하는 것은 진정성이다. 그들은 이렇게 말한다. "나로 말할 것 같으면, 나는 하나님을 믿어" 혹은 "나에게 교회는 중요해. 내 삶에는 보다 높은 권능이 필요하기 때문이야."

문자적으로 그들과 이웃하여 사는 다른 이들은 그 개념의 필요성을 느끼지 못하여 자신의 울타리에서 '하나님'이라고 쓰인 개념적 피켓을 거둬 낸다. 어떤 이들은 자신이 그 개념을 넘어서 살겠다는 용기를 말할 때 흥분을 느끼고, 심지어 오만해지기까지 한다. 또 다른 이들은 자신이 이런 하나님 개념을 계속해서 울타리의 일부로 여기며 살 수 있기를 바라지만, 이미 자신이 개인적으로 그 개념의 가치를 넘어설 정도로 성장했음을 인정하면서 약간 슬퍼하거나 심지어 향수에 젖기도 한다. 하나님 개념을 내던진 이들—오만하게든 슬프게든—은 자신이 개인적으로 하나님이 필요하지 않다고 여기며 살아갈 때[5] 이상하게도 자신들이 성숙하고, 용감하고, 세련되었다고 느낀다.[6]

뺄셈 이야기의 진짜 문제는 그런 이야기들이 하나님을 포함해 모든 것을 하나의 개념으로 바꾼다는 것이다. 진정성의 시대에 나는 그런 개념들의 가치를 개인적으로 높이 평가한다. 나는 내가 진정성에 이르는 내 자신의 길을 따르는 데 가장 도움이 되는 것들을 취하고 택한다. 개념들은 나에게 무언가를 요구하지 않는다. 그러므로 만약 하나님 개념이 내가 진정으로 내가 되도록 돕는다면, 그것은 지킬 만한 가치가 있다. 그러나 만약 그 개념이 나를 불행하게 만들거나 죄책감을 갖게 한다면, 혹은, 더 나쁘게는, 제한한다고 느낀다면, 나는 나의 진정한 여행을 위해 그 개념을 포기한다. 뺄셈과 진정성은 함께 간다. 참으로 진정한 사람의 일은 진정성에 이르는 길을 가로막는 모든 개념을 빼는 것이다. 결혼, 하나님, 그리고 도덕은 단

---

5 "기본적인 도덕적 헌신은 CWS(closed world systems, 폐쇄된 세계 시스템—초월이나 하나님의 행동에 대해 열려 있지 않은 견해), 특히 어린 시절의 위안이 되는 마법에 저항할 용기를 가진 성인 됨에 관한 성년 은유를 뒷받침한다. 요컨대 내재론적 틀의 폐쇄성을 '보는' 것은 어른이 되는 것이다. 이런 식으로 세속적인 의견은 성숙과, 즉 '성인 됨으로서의 현대성'과 연관된다. 그러나 그것은 하나의 이야기이지 중립적인 자료가 아니다. 그리고 Taylor는 줄곧 그런 자축적인 이야기들에 반대해 왔다." James K. A. Smith, *How (Not) to Be Secular* (Grand Rapids: Eerdmans, 2014). 99.

6 '성장'과 '물질주의에 대한 포용을 통해 현실을 민낯으로 볼 준비가 되는 것'이라는 개념에 관해서는 Taylor, *A Secular Age*, 364를 보라.

7. 세속 시대에서의 신앙 형성

지 개념들, 즉 진정성에 봉사하는 개념들에 불과하다. 만약 그것들이 우리를 제한한다고 느낀다면, 그때 우리는 우리의 삶의 울타리에서 그렇게 피켓에 적혀 있는 개념들을 제거해야 한다.[7] 젊은 진정성의 사제들은 기꺼이 세상을 평평하게 만들면서, 삶을 개인이 선택하는 대로 유지하거나 버릴 수 있는 개념들의 무작위적인 묶음으로 여긴다.

신앙 형성이 청년들로 하여금 신앙에서 벗어나거나, 표류하거나, 미끄러지지 않게 하는 방식으로 동원될 때, 우리는 우리 자신이 뺄셈의 논리에 빠져 있음을 알아차리지 못한다. 우리는 현실이 개념들의 묶음으로 생각되는 것을 허용하고 신앙 형성을 이 논리에 굴복시킨다. 그럴 때 신앙은 하나의 사상이 되고, 우리가 할 일은 그 개념이 가치 있는 것으로 선택되기에 충분하도록 강화하는 것이 된다. 그럴 때 신앙 형성이란 청년들로 하여금 그들의 울타리에 믿음의 피켓을 계속 유지하도록 하기 위해 청년들의 삶에서 하나님 개념과 교회 참여라는 개념을 얻는 싸움이 된다. 신앙 형성은 하나님과 교회라는 피켓에 나사와 못을 추가하는 것이므로, 사람들은 제도적 참여를 통해 구체적으로 나타나는 그 개념에 충실하게 남아 있을 수 있

---

7 Smith는 내가 여기서 깊이 들어가지 못하는 Taylor의 논의의 한 층을 덧붙인다. 그는 이렇게 말한다. "이것은 중요한 요점이다. 그리고 우리는 그것을 이해하지 않고는 뺄셈 이야기에 관한 Taylor의 비판을 이해하지 못할 것이다. 뺄셈 이야기에 관한 설명에 따르면, 현대의 배타적인 인본주의는 인간의 삶의 자연스러운 목표에 불과하다. 우리는 미신이 덫과 초월의 멍에로부터 빠져나올 때 해방되어 우리가 되어야 하는 배타적 인본주의자가 된다. 그 이야기에 대한 그런 설명에서 배타적 인본주의는 '자연스럽다.' 그러나 *A Secular Age*의 part 2에서 Taylor의 요점은 우리가 배타적으로 인본주의자가 되는 방식을 배워야 한다는 것을 보이는 것이다. 그것은 첫 번째가 아니라 두 번째 본성이다." *ibid.*, 47-48.

다. 우리는 특별히 젊은이들을 위해 그렇게 할 필요가 있다. 왜냐하면 진정성에 이르는 개인적인 길을 따라 걷는 과정에서 그런 개념들을 걷어차는 이들은 대부분 젊은이들이기 때문이다. 그러므로 신앙 형성은 사람들이 교회와 하나님 개념으로부터 표류하지 않게 하는 것이 된다. 따라서 개념들의 뺄셈을 다시 다른 피켓으로 향하게 하기 위해서는 젊음의 전략 역시 취할 필요가 있다.

결국 신앙은 실제로는 '그 무엇'(something)이 아니라 오히려 '뺄셈의 부재'(the absence of subtraction)이다. 신앙은 건설적인 것이 아니라 개인적으로 구성된 울타리(대개 부모님이 주신)에서 개념을 빼지 않으려는 (선택된) 의지다. 우리에게 신앙은 새로운 현실 속으로의 이동이나 성령 안으로 들어간다는 의식이 아니게 된다. 신앙은 하나님과 그리고 타자와 얼마간 다른 방식으로 관계하는 것을 의미하지도 않는다. 오히려 우리는 마치 신앙이 뺄셈에 저항하려는 의지인 것처럼 여긴다.

세 종류의 '세속'

우리의 문제는 **실제로는** 진정성의 시대에 하나님과 교회라는 개념적 가치의 상실이 아니다. 우리가 신앙 형성에서 접하는 보다 큰 문제는 종종 우리가 뺄셈이라는 가림막을 인식하지 못하는 것 때문에 흐려진다. 의심할 바 없이 이런 상실은 아주 고통스러운 것이지만, 하나님 개념을 빼는 것(과 상대화하는 것)은 실제로는 우리의 문제가 아니다. 오히려 우리의 문제는 하나님이 개별적으로 구성된 개념, 즉 우리가 단순히 주고받는 하나의 이상일 가능성이다. 바로 그것이 핵심적인 문제다.

사람들이 초월을 믿는 것이 점점 어려워짐에 따라, 하나님이 실제로 세상에서 활동하는 힘이 될 수 있다는 사고는 믿기 어려운 것이 되었다.[8] 하나님이 단지 어떤 개념 이상의 무언가가 될 수 있다는 것—하나님이 개별적인 진정성의 길 밖에 존재하며, 살아 있는 존재가 그러듯 우리의 삶에 이런저런 요구를 하면서 우리의 자연적이고 물질적인 세계와 구별되어 존재하는 인격적인 힘이 될 수 있다는 것—은 기껏해야 의심스러운 정도다. 대부분의 신앙 형성 프로그램은 사람들의 삶에서 신앙, 교회, 종교가 밀려나는 것을 막기 위해 뺄셈의 소용돌이를 추구하며 뺄셈의 내러티브를 포섭한다. 그러나 뺄셈은 빙산의 일각일 뿐이다.

더 널리 퍼져 있는 것은 우리의 문화가 초월적이고 인격적이며 완전히 새로운 현실을 일으키고 변화를 약속하는 신을 믿을 여지가 거의 없다는 인식이다. 우리의 문제는 뺄셈에 있다기보다는 초월이나 신적 행위에 거의 주의를 기울이지 않는 사회적 이미지의 발달에 있다. 그렇다고 이제는 아무도 더는 하나님의 행동을 경험할 수 없다는 뜻으로 해석해서는 안 된다. 사실은 많은 이들이 그런 경험을 하고 있다. 그러나 한때는, 우리가 하나님의 행동과 만나거나 초월

---

8 Warner, VanAntwerpen, 그리고 Calhound은 이렇게 쓴다. "Taylor가 초월이라는 말로 일반적으로 의미하는 것은, 적어도 우리가 그것을 인간 중심적-인본주의적 또는 자연주의적 용어로 이해할 수 있는 한, 이 세계 너머에 있는 의미의 근원이다. Taylor는 우리가 '넘어가는' 세 가지 차원을 명시한다: 인간의 번성보다 더 높은 것(예를 들면, 아가페라는 의미에서의 사랑과 같은 것), 더 높은 힘(하나님 같은 것), 그리고 출생과 죽음 사이의 '자연적' 범위를 넘어서는 생명(또는 심지어 '우리의 삶')의 연장(*A Secular Age*, 20)." "Introduction," 14.

적 경험을 삶 속에 통합할 자원을 발견하기를 기대할 수 있는 구체적인 실천과 장소들이 존재했다. 초월이 존재한다는 것은 기정사실이었고, 그것을 설명하고 중재하는 데 도움이 되는 매개체들이 존재했다.

루터가 번개에 맞을 뻔 했을 때, 그는 지상의 소명에서 하늘의 소명으로 돌아서면서 초월적 체험에 몸을 맡기고 그러한 경험을 계속하고 해석할 수 있는 성지인 수도원으로 들어갔다. 오늘날 사람들은 여전히 하나님의 행동을 경험할 수 있다. 그러나 너무 많은 문화적 덧셈에 의해 관행과 장소들이 차단됨으로써 오늘날에는 그 어떤 루터도, 심지어 많은 교회들조차, 그런 경험을 이해할 자원을 찾아내지 못한 채 의심 속에 남겨진다. 설령 우리가 그것을 사실로 여긴다 해도, 우리는 여전히 그런 일을 처리할 장소를 찾는 일에 어려움을 겪는다. 그런 사람은 자신이 미친 게 아닌지 의아하게 여길 것이다. 혹 자신의 경험의 진실성을 고수한다 해도, 과거였다면 다른 이들로부터 그런 경험을 통합하고 이해하고 논의하도록 도움 받았을 여러 관행과 장소로부터 차단될 것이다.

찰스 테일러는 이 점을 강조하기 위해 많은 노력을 기울였다. 그는 서구 세계가 어떻게 **덧셈**(addition)이라는 문화적 여정을 거쳐 왔는지에 대해 복잡한 그림을 그려 낸다. 그렇게 덧붙여진 모든 것은 결국 사람들이 개인적으로 애호하는 사고나 개념 이상의 그 무엇으로서의 초월적인 하나님의 가능성을 차단했다. 사람들은, 영성을 얻기 위해 LSD를 사용하는 히피 보헤미안들처럼, 크고 작은 방식으로, 초월의 경험을 추구하고 얻을 수 있다. 그러나 테일러의 요점은 지난 500년 동안의 많은 덧셈이 한때 사람들을 하나님의 행동에 대한 경험 속으로 널리 환영해 들였던 출입구를 막았다는 것이다. 어떤 이들은 여전히 바닥에 누운 채 문 아래를 들여다보면서 때때로 반대편에서 빛을 발견할 수도 있다. 혹은 한때 사람들을 초월로 이끌었던 성례전, 고해, 금식, 그리고 선포된 말씀이라는 차단된 출입구 너머에 있는 초월을 추구하면서 문화의 벽에서 다른 틈을 찾는 쪽을 택할 수도 있다. 그러나 이런 문은 더는 문화적으로 열려 있지 않으며, 그 안으로 걸어 들어가는 것은 더는 문화적으로 가정되지 않는다. 그 문은 빼거나 제거된 것이 아니라 오히려 더해진 더미(과학적 실증주의, 유물론, 표현적 개인주의 등)에 의해 차단되었다. 덧셈에 대한 테일러의 이야기는 너무 복잡해서 여기서 다 풀어놓기는 어렵다. 그러나 '세속'에 대한 테일러의 다음 세 가지 이해를 살펴보는 것은 도움이 될 것이다. 이 논의는 우리가 초월에 대한 방해로 이어지는 덧셈을 보게 할 뿐 아니라, 또한 뺄셈의 내러티브가 어떻게 신앙과 신앙 형성에 대한 우리의 견해를 오도하고 하나님의 행동으로부터 우리를 밀어내는지 인식하도록 도울 것이다.

세속 1: 신성한 vs 세속적 차원

500년 전, 특히 종교개혁 수 세기 전과 수십 년 동안(즉 가톨릭교회의 수많은 개혁과 이어진 프로테스탄트 종교개혁 직전)에, 세속적인 것은 신성한 것과 다른 시간적 차원에 존재하는 것으로 규정되었다. 모든 이의 존재는 신성한 것을 추구했다. 삶의 요점은 초월적인 힘과 교제하는 것, 그리고 심지어 그것에 의해 사로잡히는 것이었다. 그러나 모든 이가 그들의 시간을 이런 초월적 실재를 구하고 그 안으로 들어가는 데 사용할 수 있었던 것은 아니다. 모든 사람이 신성한 것을 구했으나, 모두가 계속해서 기도와 금식과 고해를 실천할 수는 없었다. 사람들은 젖소의 젖을 짜야 했고, 아이들을 먹여야 했고, 밭을 갈아야 했다. 그래서 신성한 것을 위해 살았음에도 그 행위가 세속적인 것에 묶여 있던 모든 이들을 대신해, 어떤 이들은 현세적인 것에서 벗어나 기도하고 금식하는 것에 몰두하는 것을 자신들의 일로 삼았다.

그렇게 해서 신성한 것과 세속적인 것 사이에 구분이 나타났다. 그리고 이 구분은 존재보다는 행위와 연관되어 있었다. 농부의 존재는 신성한 것을 구했다. 그는 삶과 죽음에서 초월적 차원에 들어가기를 원했다. 하지만 그의 매일의 행위는 평범했고 따라서 세속적이었다. 왜냐하면 그것은 가정생활이라는 세속적 차원과 연관되어 있었기 때문이다. 농부는 실존의 영원의 차원과 현세적 차원이 서로 만나고 종종 상호 침투한다는 상상 속에서 살았기에, 초월은 영원히 존재하는 현재로 남아 있었다.[9] 농부에게는 사물조차도 초월적인 면과 시간적인 면으로 나뉘었다. 어떤 것의 본질은 평범했지만, 다른 것의 본질은 거룩하거나 악마적이었다. 사물들 자체가 초월적인

---

9 Smith는 이렇게 말한다. "이런 특징은 중세의 모든 거주민이 '하나님을 믿었다'는 것을 보장해 주지 않는다. 하지만 그것은 그렇게 구성된 세계에서 '무신론은 상상하기 어려운 것에 가깝다'(Secular Age, 26)는 것을 의미한다. 왜냐하면 우리는 그 세계를 일종의 유령이 자주 출몰하는 곳으로—'자연스럽지' 않은 존재들로 가득 차 있는 곳으로—'보지'(혹은 '상상하지') 않을 수 없기 때문이다. 이것이 고대와 중세의 상상의 일부였다고 말하는 것은 그것이 당연하게 여겨졌다고 말하는 것이다." *How (Not) to Be Secular*, 27.

7. 세속 시대에서의 신앙 형성

힘을 소유할 수 있었다. 종교개혁기에 개혁자들은 유물을 아주 위험하게 여겼는데, 그것은 중세인이었던 그들의 믿음으로는 사물 자체가 초월적인 또는 일시적인 차원에서 그들을 묶는 존재론적 힘을 가지고 있었기 때문이다.[10]

유럽의 고딕 양식의 대성당들은 특별히 강력하게 거룩한 것이 되었다. 돌과 유리로 된 이런 건물들은, 문자적으로 영원의 차원이 현세적 차원 속으로 들이닥치는 장소가 되었다. 대다수의 경우에 우리는 이제 더는 사물들 자체가 초월을 소유하고 있다고 믿지 않는다. 오히려 자연과학과 기술적 진보(그리고 다른 철학적 견해)의 덧셈을 통해 우리는 사물들을 부분들의 합으로 여긴다. 대성당은 여전히 거룩할 수 있지만, 그것은 그 자체가 이런 특성을 갖고 있기 때문이 아니다. 대성당은 벽돌과 유리일 뿐이고 유리는 가열된 모래일 뿐이다. 대성당은 많은 평범한 것들의 새로운 합계에 추가된 것일 뿐이다. 그리고 만약 이 사물을 유지하는 게 더는 불가능하다면, 팔아서 값비싼 다락식 아파트나 힙한 나이트클럽으로 만들 수 있다. 사물은 팔리고, 교환되고, 목적을 변경할 수 있다. 왜냐하면 그것의 힘은 사물 자체에 들어 있지 않기 때문이다.

---

10 Smith는 다음과 같은 추가적인 설명을 한다. "이런 변화의 힘을 이해하기 위해 우리는 이것이 온갖 종류의 비인간적인 것들이 인간의 이해나 귀속과 상관없이 의미를 갖는―의미로 가득 차 있는―'주술에 걸린' 근대 이전의 상상과 어떻게 다른지를 이해할 필요가 있다. 이런 근대 이전의 주술에 걸린 우주 안에서 사람들은 또한 사물에 힘이 들어 있다고 가정했기에 유물이나 숙주 같은 것들에 영적 힘이 투자될 수 있었다. 그 결과, '주술에 걸린 세계에서 인격적 행위자와 비인격적 힘 사이의 경계가 아주 분명하지는 않았다'(*Secular Age*, 32). 경계가 모호해지다 보니 인과적 힘을 갖는 것은 인격적 행위자만이 아니다. 사물들도 그런 힘을 가질 수 있다." *How (Not) to Be Secular*, 29.

오늘 당신이 토요타 하이브리드를 타고 94번 국도를 동쪽으로 달린다고 생각해 보라. 당신의 네비게이션은 미네아폴리스에 맞춰져 있고 당신의 핸드폰은 스포티파이(Spotify, 음악 스트리밍 및 미디어 서비스 제공업체—옮긴이)를 스트리밍하고 있다. 차를 몰고 달리다가 당신은 앞 언덕 위에 성바울대성당이 서 있는 것을 보게 될 것이다. 당신은 여전히 그 아름다운 건물이 성스럽다고 믿을 수 있으나, 아마도 그것의 '사물성' 안에 그것이 있다고 믿지는 않을 것이다. 당신은 그것이 거룩한 장소로 남아 있는 것은 사람들이 그렇게 하려는 의지를 가지고 그 평범한 물질에 그런 가치를 부여했기 때문이라고 여길 것이다. 그것이 거룩한 것은 그것 자체가 존재론적으로 영원한 것과 묶여 있어서가 아니라, 인간의 정신이 그것에 의미를 부여하고 그것을 신성한 이름으로 불렀기 때문이다. 인간 존재의 의지와 분리된 그것은 그저 평범한 사물일 뿐이다. 그것을 아는 당신은 이렇게 말하지 않는다. "보아라 얘들아, 저 건물이 보이니? 저것은 존재의 영원한 차원이 우리의 시간적 현실 속으로 들이닥치는 곳이란다. 저곳으로 간다면, 너희는 이 세상에서 벗어나 하나님의 세계 속으로 들어간단다. 너희가 그곳에 있으면 악이 너희에게 이르지 못한다. 왜냐하면 저 장소의 본질은 그 아래에 있는 아파트 건물들이나 지금 우리가 탄 차 안과는 다르기 때문이다." 오히려 당신은 이렇게 말할 것이다. "어이, 꼬마들아, 저 아름다운 건물을 보거라! 저것이 특별한 건물인 것은 저것이 오래전부터 저곳에서 우리의 도시를 내려다보고 있었기 때문이란다. 그래서 많은 사람들이 저곳에서 결혼식을 올리고 여러 차례 장례식을 치렀단다. 유명한 사람들조차 말이다!"

7. 세속 시대에서의 신앙 형성

다시 말해, 대성당이 특별한 것은 사람들이 그 안에서 그들의 가장 중요한 의미를 갖는 일을 할 정도로 인간의 마음이 그것을 미학적으로 즐거워하기 때문이다. 하지만 이제 그것은 500년 전 유럽에서 농부와 사제들에게 그랬던 것만큼의 초월적인 거룩한 힘을 발휘하지 못한다.

테일러는 초월이 사람들의 머리에 묶여 있지 않고 세상에 느슨하게 풀어져 있었다고 설명한다. (농부의 쇠스랑 같은) 어떤 것들은 세속적이었고 (성례전, 채플, 혹은 성인의 뼈 같은) 어떤 것들은 신성했다. 어떤 것들은 당신을 초월로 이끌었고 어떤 것들은 그렇지 않았다. 사람들이 초월과 만날 수 있는 구역은 커다랗게 열려 있어 그 거대함으로 당신을 왜소하게 만드는(심지어 두려워하게 만들 정도로) 문이었다. 왜냐하면 당시 사람들의 상상에서 세상의 사물은 주술에 걸려 있고 자아는 (우리가 앞선 장들에서 논의했듯이) 다공적이었기 때문이다.

세속 2: 종교적 vs 비종교적 공간

우리를 현대 세계 속으로 이끌어 준 덧셈과 더불어 세속적인 것과 신성한 것이 극적으로 재정의되었다. 세속 1에서는 현세의 영역들 사이에 인지된 차이가 존재했다. 세속 2에서는 인간의 의지가 현실의 원동력이 되면서 이 뚜렷한 구분이 사라졌다. 신성한 것을 현세적 차원 속으로 들이닥치는 영원한 차원으로 정의하는 것은 불가능해졌다. 왜냐하면 영원의 독립적 실재가 점점 더 믿기 어려운 것이 되었기 때문이다. 여전히 신성한 현실이 존재했다. 하지만 그것들은 거의 완전히 인간의 의지에 의해 만들어진 제도들 안에 위치해 있었다. 무언가를 '세속적'이라고 말하는 것은 '영원한 것과의 관계에서 혹은 그것과 대조해서 현세적인 차원에 묶여 있는 것'을 가리키지 않았다. 오히려 세속 2에서 '세속적'이라고 말하는 것은 '비종교적인 특정한 공간'을 의미했다. 그것은 인간 정신의 의지가 종교의 부재를 약속하는 장소였다(이다). 결국 이제 신성한 곳은 인간의 의지가 종교의 관심사를 구하도록 허락받는 독특한 장소다. 그것은 종교적 믿음과 실천이 자유를 허락받는 구별되고 특별한 장소다.

세속 1에서 신성한 것과 세속적인 것은 다공적 경계와 광범한 범위를 지닌 현실의 차원이었다. 사람들은 언제 그리고 어디에서 신성한 것이 세속적인 것을 꿰뚫을 것인지 주시했고, 삶의 어느 부분도 신성한 것이 세속적인 것을 뒤엎을 가능성에서 보호되지 못했다. 그러나 세속 2에서 신성한 것과 세속적인 것은 더는 지수적(exponential), 유동적이지 않았고 여러 방식으로 더는 서로 섞일 수 없었다. 어느 의미에서 물론 그것들은 섞였다. 학교라는 세속적 영역에서 살아가는 개인의 의지는 깃대 아래에서 기도를 드리는 것과 같은 신성한 일을 할 수 있다. 그러나 이것이 반드시 세속의 영역을 돌파하는 초월을 찾기 위한 움직임인 것은 아니다. 오히려 그것은 세속적 공간의 경계 속으로 인간의 종교적 의지를 밀어붙이는 행위다. 그것은 성인 지도자들이 말하는 것처럼 '하나님을 학교로 돌아오시게' 하면서 세속적인 영역에 신성한 것을 위한 깃발을 꽂는 것이다(말장난을 하려는 게 아니다). 그것은 실제로 세속의 공간에 종교적인 것이 침투하게 함을 의미한다.

그러므로 세속적인 것과 신성한 것은 더는 영원한 것과 일시적

7. 세속 시대에서의 신앙 형성

인 것이 충돌하는 차원이 아니라 거의 전적으로 우리의 문화적이고 사회적인 영역들에 들어 있는 **제도 및 이념들에 묶여 있는** 구별된 장소들이다. 세속적인 것과 신성한 것 모두가 이런 장소들에 묶여 있고 서로 반대되는 (혹은 유사하지 않은) 의지의 방식을 대표하기에, 그것들은 영역을 놓고 서로 다툰다. 그것은 더는 영원과 시간의 차원들 사이의 싸움이 아니라, 문화적이고 사회적인 공간을 두고 벌이는 싸움이다. 교인들을 밤에 잠 못 들게 하는 근심은 "우리의 자녀들이 시간 속에서 영원을 경험할 수 있을까?"가 아니라, "우리가 우리의 아이들을 세속의 공간에 빼앗기고 그로 인해 우리의 종교 제도가 기반을 잃어버리게 되지 않을까?"이다.[11]

오늘날 신앙 형성이 그토록 어려운 이유는 우리의 상상력이 얼마나 세속 2의 관습에 사로잡혀 있는지를 보지 못하기 때문이다. 이 관습 안에서 우리는 신앙 형성의 실제 문제가 상실 혹은 (제도적) 교회의 드러난 무능이라고 믿으며 우리의 문제를 세속 2를 통해 잘못 해석해 왔다. 세속 2에 사로잡힌 우리는 MTD, 비신자, 그리고 우리의 신앙 형성의 분투를 묘사하는 다른 서술어들과 맞서 싸워야 한다고 믿는다. 왜냐하면 그렇게 하지 않으면 우리의 아이들이 신앙을 잃어버릴 것이고 그로 인해 세속적인 것이 교회에서 더 많은 공간을 취할 것이기 때문이다. 예컨대 비신자와 성인도래기의 청년(emergent adults, 약 18-29세의 청년―옮긴이)의 상실은 우리 중 많은 이들에게 아

---

11 이것은 Taylor가 우리의 맥락에 대한 서술로서 반대하는 세속화 이론의 불안이다. 세속화 이론은 세속 2의 얼어붙은 관점에 묶여 있다. 그것은 우리의 문제를 점점 더 현대화되는 사회에서 나타나는 종교의 상실로 여긴다.

주 심각한 문제인데, 그것은 우리가 세속 2를 이 문제를 평가하기 위한 중요한 (심지어 유일한) 틀로 받아들였기 때문이다. 18세에서 35세 사이의 사람들을 잃는 것은 세속에 맞서 종교의 공간을 전정한 것으로 인증해 주는 (그리고 강화하는) 젊음을 잃는 것이다. 세속 2에서 신앙은 종교의 문화적이고 사회적인 제도와의 제휴(믿음과 참여)에 관한 것이 된다.

오늘날 가장 인기 있는 신앙 형성에 관한 견해들 중 거의 모든 것은 세속 2의 상상에 의해 추동된다(혹은, 보다 담대하게 말하자면, 그것들은 거의 모두 세속 2의 사고방식에 갇혀 있다). 우리는 '신앙'에 온갖 형용사를 덧붙인다. 왜냐하면 결국 신앙은 하나님의 행동에 관한 것이 아니라 종교적 공간을 유지하는 것에 관한 것이기 때문이다. 우리는 신앙의 공간이 유지되는 방식으로 젊은이들이 계속 믿고 참여할 수 있게 하는, 견고하고 활력이 넘치며 끈끈한 신앙이 필요하다.

우리가 세속 2의 관습에 사로잡혀 있을 때, 우리를 위한 선지자들은 사회학자들이다. 사회학자들은 신학자들보다 훨씬 더 강력하다(그리고 교육적이다). 왜냐하면 사회학자들은 자신들의 도구를 사용해 종교적 시장 점유율에서의 물질적, 이념적, 그리고 문화적 변화를 지적하면서 제도적 공간의 득점표를 제공하기 때문이다. 신앙이 이런 공간적 개념에 얽매여 있기에 신학자는 거의 필요하지 않다. 왜냐하면 사람들은 완전한 타자인 성령에 의한 구별된 존재론적 현실과 급진적인 변화에 대해 말하는 것에 거의 아무런 관심이 없기

때문이다.[12]

우리가 세속 2의 상상에 묶여 있을 때 신앙을 정의하기는 어렵다. 그런 것은 불필요해 보이기 때문이다. 모든 것, 심지어 신성한 것과 세속적인 것의 구별까지도 내재론적인—물질적인, 이념적인, 문화적인—것으로 보고자 하는 끌림은 신앙을 하나의 명백한 범주로 보도록 만든다. 세속 2의 렌즈를 통해 보는 신앙은 종교적 제도와의 의지적 제휴다. 그것은 당신을 제도적 종교의 문화적 공간 안에 위치시키기로 선택하는 것이다. 그러므로 신앙은 폐쇄적인 물질적 공간 안에 묶인다. 왜냐하면 그것은 세속적인 비종교적인 공간에 맞서 선택되는 것이기 때문이다.

그런 경우에 신앙은 참여와 주장된 믿음을 통해 제휴하려는 이런 의지 이상으로 정의되어야 할 필요가 없다. 신앙은 분명하기에 더 정의될 필요가 없다. 세속 2에서 그것은 비종교적 공간 대신 종교적 공간과 제휴하고자 하는 문화적 의지에 지나지 않을 수 있다. 신앙에 대한 정의의 측면에서 달리 말할 것은 거의 없으나, 어떻게 해야 그런 공간적 헌신을 실용적으로 얻을 수 있는지에 대해서는 할 말이 많아진다. 우리는 젊은이들이 신앙을 갖기를 바라는데, 그것은 그들이 자신을 비종교적인 공간이 아닌 종교적 공간 안에서 정의하기를 바란다는 뜻이다. 신앙을 갖지 **않는다**는 것은 교회에 다니지 **않는다**거나 혹은 (비신자의 경우에) 적어도 제도적 집단에 직접 참여하지

---

12 혹은 신학자들이 문화적으로 사로잡혀 하나님, 예수, 그리고 성령에 관해서보다 정체성 정치와 종교 연구에 관해 말하는 쪽을 택한다.

않는다는 것이다. 그런 이들은 영적일 수는 있으나(그들은 의미 있는 무언가와 진정으로 연결되는 방법을 발견했을 수 있다),[13] 신앙을 갖고 있지 않다. 왜냐하면 세속 2에서 신앙은 종교적인 제도와의 제휴에 묶여 있기 때문이다.

어떤 이들은 바울이 말하는 '피스튜오'(*pisteuō*, '믿다')를 신앙의 핵심적 요소로 해석하면서 '신뢰'를 추가할 것이다. 그러나 우리가 우리 자신을 세속 2의 관습에서 해방시키지 않는다면, 신앙과 관련된 신뢰는 우리 자신의 위험한 선택, 즉 다른 것(친구들과 잘 지내는 것, 아마추어 농구 경기를 즐기는 것) 대신에 어느 하나의 물질적 공간(교회 참여)과 그 제도의 도덕법(혼전순결)을 택하는 것에 지나지 않는다. 그때 당신은 다른 것 대신 어느 한 공간 안에 있기로 한 자신의 의지가 유익하고 의미 있는 것이 되리라고 믿어야 한다.

세속 2에서 하나님의 행동은 만나기가 더욱 어렵다. 초월이 자아의 완충된 힘의 장(force field)를 관통하고 개인의 의지를 변화시켜야 한다. 이런 공간은 주로 물질적, 문화적, 그리고 사회적으로 정의되었기에, 초월로 들어가는 문은 아주 심하게 격리되어 있다. 초월과 만나려면 우리는 의지적으로 종교적 공간 안으로 들어가, 마음을 열고 예배, 설교, 그리고 성경 공부에 마음을 다해 임해야 한다. 우리는 우리가 실제로 무언가를 믿을 때, 의지적으로 세속적인 것 대신 종교적인 공간에 헌신함으로써 하나님께 헌신할 때 하나님의

---

13 이것이 Taylor의 노바 효과(nova effect)이다. 각주 15와 19 그리고 본서 11장의 서론 부분을 보라.

행동과 만난다. 그리고 초월 자체는 그런 종교적 공간 안에서만 가능하다.

세속 3: 초월의 부정

우리를 세속 1로부터 세속 2로 이끄는 덧셈은 세속 3을 위한 환경을 만들어 낸다. 세속 1이 초월을 존재의 다른 차원에서 보고 세속 2가 초월을 종교적인 것과 비종교적인 것 사이의 공간 분할로 좌천시키는 반면, 세속 3은 궁극적으로 초월과 하나님의 행동을 믿을 수 없는 것으로 여긴다. "현대의 '세속적인' 시대와 과거 시대의 차이는 이용 가능한 믿음의 목록에 있다기보다, 무엇을 믿을 수 있는가에 관한 기본적인 가정에 있다."[14] 문화에 대한 정의 및 사회적 위치에 대한 세속 2의 집착과, 인간의 의지를 통해 영역을 얻기 위한 세속 2의 싸움의 결과로, 우리의 사회적 이미지를 위한 새로운 틀이 창조되었다. 그리고 이 틀은 초월로 들어가는 문을 거의 완전하게 감싼다. 테일러는 이 새로운 감싸기, 즉 세속 3의 결과물을 내재론적 틀이라고 부른다.[15] 내재론적 틀은 "우리의 삶을 전적으로 (초자연

---

14 Smith, *How (Not) to Be Secular*, 19.

15 Taylor는 내재론적 틀을 다음과 같이 설명한다. "우리는 내가 '내재론적 틀'이라고 부르고 싶어 하는 것에서 사는 것으로 끝난다. 이런 이해는 라틴 크리스텐덤에서 지배적인 것이 된 '자연적인 것'과 '초자연적인 것' 사이의 날카로운 구별에 근거한다. 내재론적 틀의 의미는 비인격적인 질서, 즉 그 자체로 온전하게 설명될 수 있고 외부의 그 무엇, 즉 '초자연적인 것'이나 '초월적인 것'에 의존하는 것으로 이해될 필요가 없는 우주적, 사회적, 그리고 윤리적 질서 안에서 사는 것이다. 사람들은 이 틀에 '닫힌' 상태로도 그러나 또한 그것 너머에서 '열린' 상태로도 살 수 있다. 그리고 이 두 견해 사이의 긴장은 내가 노바(*nova*, 라틴어 단어 *novus*의 여성형으로, '새로운'이라는 뜻을 갖고 있다—옮긴이)라고 부르는 상호 교차하는 압력의 위치가 점차 증대되는 범위를 통해 흐른다." "Afterword," 307.

적이기보다는) 자연적인 질서 안에 틀 지우도록 구성된 사회적 공간이다. 그것은 초월을 배제하는 현대의 사회적 이미지의 한정된 공간이다."[16]

세속 1은 계속해서 초자연적인 것에, 인간의 마음과 문화 그리고 자연적 영역을 초월하는 것과 만나는 것에 열려 있다. 이런 열림은 사방에 마녀가 있다고 가정되었던 세일럼(Salem, 미국 매사추세츠주의 한 도시로 17세기에 마녀재판의 중심지였다—옮긴이) 같은 곳에서처럼 부식될 수 있다. 대조적으로 내재성은 추를 반대쪽으로 돌리면서 자연적이고 물질적인 것에 완전한 지배권을 부여하고 그로 인해 심지어 그것 외에는 아무것도 존재하지 않는다고 선언한다.[17]

그러므로 세속 3은 내재론적인 것이 아닌 다른 무언가에 의존하는 인간의 경험에 대한 그 어떤 정의나 표현에 대해서도 곁눈질을 하며 회의적으로 바라본다.[18] 물론 사람들은 여전히 천사, 악마, 그리고 다른 것들에 관해 말할 수 있다. 하지만 내재론적 틀의 힘 안에서 그런 말들은 거칠게 판단받고 제재를 당한다.[19] (온라인 채팅방 밖

---

16 Smith, *How (Not) to Be Secular*, 141.

17 Smith는 이렇게 말한다. "세속적인 것의 출현은 또한 신성이나 초월에 대한 언급 없이 의미와 의의를 구성하는 방식의 새로운 선택—생존 가능한 사회적 이미지로서의 배타적 인본주의의 가능성—의 생산과 결부되어 있다. 그러므로 우리가 신들을 믿기를 그치는 것만으로는 충분하지 않다. 우리는 또한 초월에 의존하지 않는 의미의 방식들을 상상하기 위해 내재론적 틀 안에서 의미를 상상할 수 있어야 했다." *ibid.*, 26.

18 Taylor는 이렇게 말한다. "이런 종류의 세속적인 분위기가 나타나려면 무슨 일이 일어나야 했을까? (1) '자연적인 것'과 '초자연적인 것'을 분명하게 구분하는 문화가 발전되어야 했다. (2) 전적으로 자연적인 것 안에서 사는 것이 가능해 보여야 했다. 요점 1은 애써 얻어 낸 무엇이었으나, 요점 2는 처음에는 아주 무심코 생겨났다." "Afterword," 304.

19 이것은 다시 Taylor가 *A Secular Age* 중 특히 part 3에서 논하는 노바 효과다. 그것은

7. 세속 시대에서의 신앙 형성

에서) 그런 것들에 관해 너무 많은 말을 하는 것은 당신을 미친 사람처럼—문자적으로 정신이 나간 것처럼—보이게 한다. 그리고 이제 현실은 주로 인간의 마음 안에서 구성되므로, 마음을 벗어나는 것은 신뢰할 만하지 않고, 혼란스럽고, 미친 것으로 간주된다. 예컨대 영화 〈집에 사는 제프〉(*Jeff, Who Lives at Home*)에서 제이슨 세겔(Jason Segel)은 자신에게 위대한 목적이 있고, 세상에는 자신으로 하여금 위대한 행위를 하도록 이끄는 어떤 힘이 있고, 이 위대한 행위가 자신의 고통스러운 과거에 의미와 일관성을 부여할 것이라고 확신하는 청년을 연기한다. 그러나 영화 속의 모든 이—주로 그의 가족—는 초월적 목적에 관한 이런 말이 미친 짓이라고 여기며, 과연 그가 제정신인지 의심하고, 그가 자연적이고 물질적인 것 이상의 무언가를 찾는 것은 정신이 나간 것이라고 간주한다.

세속 3은 자기가 창조한 영성을 위한 작은 자리를 갖고 있을 수 있다. 그러나 그것은 오직 자연적이고 심리적인 선택으로서만, 고의적이고 의도적인 방식으로서만, 당신의 의지적 정신이 진정으로 자신이 될 힘을 발견하도록 도우면서 진정성을 구하는 치료적인 무언가로서만 그렇게 한다.[20] 그러므로 영성은 내재론적 틀에 묶여 있고 심지어 그것에 복무한다. 영성의 관심은 오직 시간의 영역뿐이지(당

내재론적 틀의 환원적 방식으로 의미를 구성하는 온갖 종류의 제3의 길과 새로운 영성에 대한 탐구다.

20 Taylor는 '우리의 세계에 영향을 주는 표현주의적 문화의 결과'에 관해 논할 때 이런 변화가 어떻게 보이는지 알려 주는 풍부한 창을 제공한다. 이 '새로운 곤경'에 대한 그의 설명을 위해서는 *Secular Age*, 513을 보라.

신의 시간을 의미 있게 만드는 것) 영원에 있지 않다. 세속 3의 그림자 속에서 신앙은 자연적이고 물질적인 영역으로 납작해져, 교회 참여와 어떤 것들을 믿고자 하는 의지적인 결정에 불과하게 된다. 그것은 오직 제휴와 동화에 관한 것일 수밖에 없다.

인기 있는 신앙 형성 자료들은 신앙이 무엇인지를 정의하는 데 거의 시간을 쏟지 않는 경향을 보인다. 신앙이 세속 3의 현실과 세속 2의 근심에 의해 납작하게 눌려 있기 때문이다. 신앙은 기관에 대한 소속이라는 관찰 가능한 물질적 작용이기에 정의될 필요가 없다. 우리는 우리가 신앙이 무엇인지 안다고 가정하기에(그것은 사람들을 교회에 붙잡아 두고 **무언가**를 실제로, 실제로 믿게 하는 것이다), 우리는 사람들로부터 제도적 충성을 얻을 수 있는 실용적 도구로 신속하게 이동할 수 있다. 신앙에서 초월이 제거되었고 신앙은 신비, 변화, 그리고 존재론적 만남과는 아무런 상관이 없기에, 신앙은 구태여 정의되어야 할 이유가 없다.

만약 신앙이 참으로 우주적이고 존재론적인 만남의 현실이라면, 만약 그것이 당신의 존재 속으로 완전히 이질적인 존재론적 현실을 가져온다면, 만약 그것이 당신을 휩쓸어 초월적 힘과의 만남 속으로 이끌어 간다면, 그때 그것의 형태와 가능성을 정의하는 것은 거듭해서 필요할 것이다. 예컨대 만약 세례가 실제로 죽음과 부활로 믿어진다면—거기에서 사람은 물속에서 죽고 물 밖으로 나올 때는 더는 자신이 살지 않고 자기 안에 그리스도가 산다—그때 우리는 세례가 무엇이며, 그것이 어떻게 작동하는지, 그리고 더 중요하게는 누가 이렇게 급진적인 방식으로 우리와 만나는지를 거듭해서 설명할 필요가 있다. 그러나 신앙이 세속 2의 관심사 안에 갇히고 세속 3의 숨겨졌으나 분명한 의제의 중력에 의해 하나님의 행동을 부인할 정도로 납작해졌기에, 신앙은 (주류 교회의 신자들의 마음에서든 복음주의자들의 마음에서든) 초월적 특성과는 아무런 상관이 없다.

그렇게 우리는 우리 자신을 악순환의 고리에 가뒀다. 우리는 신앙 형성의 분투를 보면서 MTD와 비신자 같은 것들과 싸워야 한다고 느낀다. 하지만 대부분의 경우 우리가 싸움에 임하는 이유는 세속 2의 관습에 사로잡혀 있기 때문이다. 우리는 자신들에게 젊은이들이 견고한 혹은 일관성 있는 혹은 지극히 의미 있는 신앙을 가져야 한다고, 그렇지 않으면 그들이 종교적인 공간을 떠나 비종교적인 공간을 향해 갈 것이라고 말한다. 그러므로 우리는 세속 3의 중력이 이미 우리의 최선의 노력을 뒤엎었음을 인식하지 못한 채 실용적으로 행동한다. 세속 3은 이미 젊은이들을 (우리 자신은 아닐지라도) 초월이나 하나님의 행동이 불가능한 어두운 구석으로 몰아넣었다.

이 모든 것은 MTD(그것은 우리가 신앙 형성에서 인식하는 분투의 전형이다) 같은 무언가가 나오게 된 것은 어느 음울한 교회가 그 마음에서 진지한 신앙 형성을 빼냈기 때문이 **아니라는** 것을 의미한다. 오히려 MTD는 세속 3의 내재론적 틀과 진정성의 시대를 위해 세워진 신앙의 직접적인 투사(와 실제로 승인되고 존경받는 견해)이다. MTD는 곰팡이처럼 우리가 보지 않을 때 자라나지 않는다. MTD는 불행하고 우연한 사건이 아니다. 그것은 세속 3에서 세상을 위해 완전하게 고안된 정교한 구성물이다. 교회 안에 있는 우리는 MTD를 계속해서 세속 2의 문제로 잘못 진단하고 있다("그들이 교회를 떠나게 될 거야!"). 우리는

MTD를 계속해서 뺄셈의 문제로 오해하고 있다. 그러나 사실 그것
은 세속 3의 제품이다. MTD는 인격적인 (존재론적으로 타자인) 하나님
의 실제성은 믿을 만하지 않으며 초월은 불가능하다는 신앙의 한 형
태다.

교차

세속 3의 내재론적 틀은 폐쇄된 시스템이다. 그것의 구성과 유
지는 초월을 불가능하게 만드는데, 이어서 그것은 하나님을 치료적
이고 도덕주의적인 **개념**(당신을 기분 좋게 그리고 바보가 아니라고 느끼게 하
는 개념)으로 만든다.

그러나 1부에서 논했던 청년 운동 이후 미국 문화에 관한 우리
의 이야기와 여기 2부에서 제기된 우리의 문제를 연결시키는 어떤
이상한 일이 일어났다. 내재론적 틀과 세속 3이 확립되도록 허락하
는 덧셈은 또한 진정성의 시대가 밝아오도록 만들었다. 엄밀히 말
하자면, 표현적이고 다공적인 자아, 과학적 실증주의, 그리고 해제
된 이성[21]은 당신을 모든 책무와 의무에서 해방시켜 당신 자신의 내
재론적이고 자연적인 갈망을 따르고 모든 초월적 부르심에 앞서 (또
한 그것에 반하여) 당신의 이드의 자연적이고 물질적인 충동을 따르도

---

21 "오늘날 유물론의 힘은 과학적 '사실'로부터 오지 않고 오히려 유물론과 도덕적 전망을
결합시키는 어떤 꾸러미, 즉 우리가 '무신론적 인본주의' 혹은 배타적 인본주의라고 부를 수
있는 어떤 꾸러미의 힘의 측면에서 설명되어야 한다. 무엇이 그 꾸러미에 힘을 부여하는가?
나는 이에 대해 ⋯⋯ 내재론적 틀에 내재된 어떤 가치의 측면에서 답하려고 해왔다. 가령 한
계까지 밀어붙여진 이성이 과학이 주도하는 '하나님의 죽음'에 관한 이야기를 낳는다는 식으
로 말이다." *ibid.*, 569.

7. 세속 시대에서의 신앙 형성

록 만들었다. 다시 말해, 이제 당신은 어떤 신적 존재나 초월적 목적의 부르심보다 당신 자신의 여행, 당신 자신의 갈망을 섬겨야 한다. 왜냐하면 결국 (세속 3이 우리에게 말하는 바에 따르면) 그런 존재나 목적은 **실제로는** 존재하지 않을 수 있기 때문이다.

젊은이들은 이드의 자연적이고 물질적인 충동을 따르는 것에 맞서는 슈퍼에고의 제약에서 가장 자유로운 사람들이기에 젊음은 아주 중요한 지지자가 된다. 세속 3에 따르면, 이런 자연적이고 물질적인 충동이야말로 가장 진정한 당신 자신이다. 프로이트에 근거한 진정성은 내재론적 틀과 세속 3을 아주 밀접하게 지원한다.

그러나 이상한 것은 진정성이 우리의 관심사가 되고 우리가 의무보다 자신의 경험에 깊은 관심을 기울이라는 요구를 받을 때, 테일러에 따르면, 우리가 교차 압력(cross-pressure)을 느끼기 시작한다는 것이다. 우리가 우리 자신의 경험을 포용하고 그것을 진리로 존중할 때, 우리 중 많은 이는 자신이 세속 3의 내재론적 틀이라는 차가운 벽과 "초월의 메아리 사이에 사로잡혀 있다"[22]고 느끼기 시작한다. 다시 말해, 우리는 초월적인 것은 무엇이든 의심하라는 세속 3의 압력을 통해 모든 것을 자연적이고 물질적인 것으로 보라는 말을 듣는다. 그러나 이런 압력은 마치 포수가 커브 사인을 보내는데 투수가 그것을 직구 사인으로 오해하는 것처럼 교차된다. 우리의 아이가 태어나고 우리가 처음으로 그 아이를 안을 때면 압도적인 사랑의 느낌이 솟아오른다. 그때 우리는 교차 압력을 느낀다. 왜냐하면 우

---

22 Smith, *How (Not) to Be Secular*, 140.

리는 존재는 그저 자연적일 뿐이라고 들었는데 이런 사랑의 느낌은 틀림없이 초월적이기 때문이다. 그때 우리는 메아리를 느끼는데, 내재론적인 틀에 완전히 익숙해진 어떤 이들에게 그것은 귀를 먹먹하게 하고 잊히지 않는다.[23] 혹은 어머니의 상실을 슬퍼하면서, 우리는 자신에게 죽음은 자연스러운 것이고, 그것은 상처를 줄 수 있으며, 인간은 고깃덩어리에 불과하기에 물질로 이루어진 몸은 사라져야 한다고 말한다. 그러나 장례식이 끝나고 닷새가 지나고 나면 우리는 어머니에 대한 꿈을 꾸고 어머니가 주는 위로를 느낀다. 우리는 내재론적 틀이라는 폐쇄적인 시스템과 현실보다 더 현실처럼 보이는 초월의 메아리 사이에 끼었다는 느낌을 받으며 교차된 상태로 깨어난다.[24]

---

23 Ruth Abbey는 인간의 경험에서 초월이 차지하는 위치에 관한 Taylor의 이해에 대해 훌륭한 설명을 제공한다.

"다른 이들은 *A Secular Age*의 종교적 변곡점에 주목했지만, 나는 존재론적 변곡점도 있다고, 세속 3에 관한 그것의 주장을 온전히 이해하기 위해 우리는 초월에 대한 인간의 본질적 지향성에 대한 Taylor의 믿음을 인식할 필요가 있다고 주장한다. 인간이 초월을 향한 지향성을 갖고 있다는 Taylor의 주장은 더 나아가 '최상의 설명' 추론의 도움을 받아 이해되어야 한다. 이것은 Taylor가 다른 곳에서 윤리학과 존재론에 관해 논하면서 전개했던 논증 스타일이다. 최상급의 사용에도 불구하고, '최상의 설명'은 최종적이거나 결정적이지 않고 인간 경험에 대한 묘사에서 근절하거나 설명하기 어려운 것을 기반으로 한다. 그가 *Sources of the Self*에서 하는 말이 여기서 잘 들어맞는다. '인간사의 세계는 사물이 우리에게 갖는 의미를 고려한 용어로 설명되고 설명되어야 한다. 그리고 그때 우리는 자연스럽게 그리고 옳게 우리의 존재론이 우리가 이런 용어들로 도달할 수 있는 최상의 설명에 의해 결정되게 할 것이다.' 그러므로 최상의 설명 추론은 언젠가 현재 가능한 추론을 뒤엎는 최상의 추론이 나타날 가능성을 허용한다. 그러나 Taylor가 종교에 대한 인간의 지향의 경우에 그러한 대체가 불가능하다고 생각하는 것은 분명해 보인다." "Theorizing Secularity 3: Authenticity, Ontology, Fragilization," in *Aspiring to Fullness in a Secular Age: Essays on Religion and Theology in the Work of Charles Taylor*, ed. Carlos Colorado and Justin Klassen (South Bend, IN: Univsersity of Nortre Dame Press, 2014), 117.

7. 세속 시대에서의 신앙 형성

그러므로 진정성은 우리를 세속 1로부터 세속 2로 그리고 세속 3으로 이동시키는 덧셈의 결과다. 하지만 우리는 진정성의 시대에 속한 내재론적 틀에 손과 발이 묶여 있기에, 우리가 초월로 돌아가고 세속 3을 다루는 신앙 형성을 상상하는 유일한 길은, 이상하게도, 진정성 그 자체가 될 수도 있다. 우리는 이렇게 말할 수 없다. "아이들이 성경을 읽기만 한다면," 혹은 "부모들이 식사 기도를 드린다면," 혹은 "우리가 정말로 이것이나 저것을 믿으면," 혹은 "우리가 잃어버린 것을 다시 덧붙인다면, 그때 우리는 괜찮아질 거야."

우리가 진정성의 시대와 세속 3의 해석에서 우리 자신을 빼낼 방법은 없다. 그러나 진정성의 시대의 경험에 대한 관심은 그럼에도 우리에게 어떤 가능성을 열어 준다. 사람들의 교차 압력 경험에, 그들이 경험하는(그러나 의심하는) 초월의 메아리에, 그들이 내재론적 틀 안에 사로잡혀 있는 방식에 관심을 둠으로써, 우리는 초월을 이해하고 하나님의 행동을 구하는 길을 찾을 수 있을 것이다. 그러므로 우리가 신앙과 신앙 형성이 무엇과 같은지 탐구할 수 있는 것은 바로 이 교차 압력 자체, 즉 세속 3과 인간 경험의 깊은 갈망의 메아리 사이에서일 수 있다.

---

24 Warner, VanAntwerpen, 그리고 Calhoun은 이렇게 쓴다. "Taylor가 이해하는 것처럼, 종교적 믿음과 경험에 맞춰진 이들은 초월에 대한 열림 쪽으로 이끌리는 반면, 다른 이들은 '내재론적인 폐쇄'의 당김을 느낀다. 그러나 이 두 극 사이에, Taylor가 강조해서 지적하듯이, 세상에 대한 '열린' 견해와 '닫힌' 견해 사이 어딘가에 사로잡혀 '교차 압력을' 받으면서 아마도 서로 다른 환경에서 서로 다른 정도로 양쪽 모두의 방향으로 이끌리는 아주 많은 이들이 있다." "Introduction," 8.

양보에 맞서기

만약 이것이 우리가 신앙 형성을 시작하는 곳이라면, 그것은 진정성의 시대를 비판하는 것과 긍정하는 것 모두를 의미할 것이다. 우리는 젊음이 청년들의 인격을 모호하게 하고 세속 3의 내재론적 틀을 지지하면서 진정성에 집착하는 방식에 반대할 필요가 있다. 젊은이들은 내재론적 틀의 주인이다. 왜냐하면 그들은 쾌락, 파괴, 그리고 욕망의 자유를 위해 살기 때문이다. 그들은 자연적인 것과 물질적인 것의 쾌락(섹스, 마약, 그리고 로큰롤) 안에서 그리고 그것들을 통해서 의미를 발견하면서 내재성이라는 폐쇄적인 시스템을 실제로 즐기는 방법을 찾기에 주인들이다. 젊음은 실제로 우리를 속여서 내재론적 틀을 흥미진진한 것으로 혹은 심지어 재미있는 것으로 잘못 해석하게 만든다. 실제로는 그것이 축소된 환원에 불과함에도 말이다. 젊음은 내재론적 틀과 세속 3을 유쾌하고 흥미로운 것처럼 보이게 만드는 핵심적 전략이고, 젊음이 없다면 그것은 내재성의 지루한 감옥에 불과했을 것이다. 젊음은 우리로 하여금 계속해서 욕망을 구하면서 아주 열심히 쾌락을 좇게 했고, 그로 인해 우리는 세속 3이 현실을 납작하게 만듦으로써 우리를 넘어뜨리고 땅에 처박아 초월의 지평과 현실의 계층화된 아름다움(과 두려움)을 보지 못하도록 만들었음을 미처 깨닫지 못하게 되었다.

먼지구덩이에 누워 초월을 보지 못하는 젊음의 전략은 우리에게 오직 순간만을 위해 살 것을 요구한다. 우리는 완전하게 자연적인 존재이기에 삶은 단지 순간들의 연속일 뿐이다. 오래된 문구 하나를 되살려 말하자면—내가 '오래된'이라고 하는 것은 두 해 전이

7. 세속 시대에서의 신앙 형성

다—우리는 '욜로'(YOLO)[25]를 세속 3의 내재론적 틀에 갇힌 진정성의 시대의 주문으로 받아들인다. 젊음이 문제가 되는 것은, 젊음이 내재론적 틀 안에서 초월의 불가능성을 강화하고 영속화하면서, 세속 3의 폐쇄적인 홀의 차갑고 두터운 벽을 힙하고 덜 무익한 것처럼 보이게 만들기 때문이다. 젊음이란 우리의 가장 진정한 자아로서의 욕구와 갈망을 추구하는 자유로서, 우리로 하여금 세속 3의 내재론적 틀이 차갑고 제한적인 감옥임을 인식하지 못하게 한다.

그러나 진정성의 시대의 젊음의 전략이 비판을 받아야 하면서도 또한 긍정되어야 하는 것은 경험(특히 젊은이의 경험)에 대한 진정성의 관심이다. 실제로 진정성은 우리에게 우리의 경험을 따르라고, 경험 안에서 혹은 경험을 통해서 진짜 혹은 참된 것을 추구하라고 부추긴다. 한편으로 진정성은 욕구와 갈망에 대한 내재론적 집착 속으로 우리를 밀어 넣는 반면, 다른 한편으로는 우리의 귀를 열어 억눌린 초월의 노래처럼 울려 퍼지는 깊은 메아리를 듣게 한다. 우리가 세속 3의 폐쇄적 시스템에서 벗어날 길을 찾는 것은 오직 진정성 안에서 이런 경험적 맥락을 따를 때만 가능해 보인다.

너무 쉬운: 부정을 통한 길

그러나 이것은 너무 쉽다. 당신이 세속 3 안에서 살아갈 수 있다고 가정하고 마루에 귀를 대보라. 그리고 희미하게 울려 퍼지는 초월의 노래를 들으며 그것의 진동을 따라가다 보면 출구를 찾는 것

---

25 'You only live once'(당신은 오직 한 번만 살 뿐이다)의 줄임말.

이 불가능하다는 것을 알게 될 것이다. 오히려 너무 많은 덧셈이 세속 3을 낳음으로써 손쉬운 탈출을 가능하게 했다. 내재론적 틀에 묶여 있는 세속 3의 사람이 된다는 것은 교차 압력을 피할 수 없음을 의미한다. 교차 압력은 우리를 일깨워 초월의 메아리를 듣게 한다. 하지만 그것은 또한 그런 경험을 의심으로 감싼다. 우리는 초월의 메아리를 경험할 수 있고 하나님의 행동과 만날 수도 있다. 그러나 우리가 그것들을 믿고자 하는 것만큼 우리는 그것을 의심한다. 왜냐하면 우리의 문화적 시스템이 내재론적 틀 밖에 있는 모든 것과 경쟁하기 때문이다. 이것은 그런 메아리가 실제일 수 있는 반면 그것들이 또한 부정되는 것을 의미한다. 우리는 초월의 메아리를 듣고 느끼지만, 세속 3의 내재론적 틀의 홀 내부에서 확성기가 소리를 친다. "틀렸어! 심리적 전이! 이동해!"[26] 그리고 우리는, 세속 3이 하나님의 행동의 실제성을 위한 모든 영역을 부정해 왔기에, 그렇게 해야 한다.[27]

---

26 여기에 내재론적 틀의 폐쇄적 시스템의 한 예가 있다. 과학자인 John T. Cacioppo와 William Patrick은 하나님을 애완동물이나 온라인 친구와 비교한다(즉 하나님은 페이스북 친구와 같은 초월자에 불과하다). "다시 말하지만, 애완동물이나 온라인 친구 혹은 심지어 하나님과 관계를 맺는 것은 필연적으로 군집적인 피조물이 강제적인 필요를 충족시키기 위해 행하는 고귀한 시도이다. 그러나 대리자는 실제의 부재를 완전하게 보충하지 못한다. 단절을 중심으로 구축된 문화에서 더 나은 움직임은 일상 세계에서 가장 피상적인 접촉조차도 공유하는 사람들에게 다가가기 위해 훨씬 더 열심히 일하는 것이다." *Loneliness: Human Nature and the Need for Social Connection* (New York: Norton, 2008), 260.

27 나는 Taylor가 여기서 내가 언급하는 부정과 같은 무언가를 지적한다고 믿는다. "그러므로 현대의 세속성은 다양한 각도에서 도전을 받을 수 있기에 모든 입장이 불안하고 의심스러워지는 점점 더 다양한 형태의 논쟁이 벌어지는 분야로 이해되어야 한다. 이런 도전은 서구에서 과거 반세기 동안 강화되었는데 그것은 우리가 '진정성의 문화'라고 부를 수 있는 것의 확산 때문이었다. 그 문화 안에서 개인과 집단은 그들 자신의 특별한 정체성을 규정하고 표현하

7. 세속 시대에서의 신앙 형성

세속 3에서는 종교적 혹은 영적 경험에 대한 단순한 긍정 이상의 견고한 그리고 신학적인 무언가가 필요하다. 오히려 그런 경험이 개인의 딸꾹질과 진정성의 여정 이상의 것이 되기 위해서는 초월이나 하나님의 행동이 부정 그 자체 내에서 다시 상상되어야 한다(왜냐하면 그것을 위한 다른 영역이 존재하지 않기 때문이다). 초월의 메아리와 부정의 불협화음 사이 어디에선가 신앙이 상상되어야 하고, 신앙 형성이 구축되어야 한다.

현대의 신앙 형성 프로그램들은 한 걸음 앞으로 나아갔다가 두 걸음 뒤로 물러서는 것처럼 보인다. 왜냐하면 그것들은 우리의 문제를 세속 3(초월의 비개연성)으로 보지 못하고 오히려 세속 2(종교적 vs 비종교적 장소)에 집중하기 때문이다. 그리고 이런 잘못된 집중은 우리가 계속해서 자신이 부정에 의해 둘러싸여 있음을 보지 못하게 한다. 신앙이 논의될 수 있는 것은 결국 부정 안에서 혹은 부정에 맞서서일 뿐이다. 그러나 이렇게 말하는 것은 우리로 하여금 새로운 질문을 하도록 만든다. 신앙이란 무엇인가? 신앙 형성은 어떤 모습을 취해야 하는가?

요약과 전망

세속 1에서 초월을 위한 영역은 영원과 현실이 겹치는 이중의

도록 부추김을 받는다. 나는 우리가 일종의 영적 '균열'로 나아가고 있다고 주장하고 싶은데, 그 안에서 전체 세계—그것이 보다 오래된 중세적 형태의 신성한 군주제이든, 아니면 현대의 '시민 종교' 형태이든—와의 이전의 연결은 한계점까지 긴장된다. 우리는 포스트 뒤르켐(post-Durkheimian) 시대로 들어가고 있다." "Afterword," 306.

차원이었다. 세속 2에서 초월의 영역은 공간적 장소로 축소되었다. 세속 2는 초월을 종교적 장소에 가뒀다. 세속 3에서 초월의 영역은 부정된다. 이제 초월의 입구에는 '닫혔음'과 '고장 남'이라는 표지가 붙은 장애물이 놓여 있다. 그러나 막힌 곳을 우회할 수도 없고 이 문을 통과할 수도 없는 우리는 진정성의 시대에 우리의 감정과 개인적 표현에 그 어느 때보다 잘 적응하고 있다. 그러므로 우리는 교차 압력을 느끼면서 우리가 무시하려고 하는 잃어버린 초월의 메아리를 느끼지 않을 수 없다. 우리는 그것을 무시해야 한다. 왜냐하면 그것은 부정되어 왔기 때문이다. 그러나 가장 이상한 방식으로 우리는 이런 부정 속으로 들어오라는 부드러운 소리를 듣는다. 아마도 세속 3이 통치하는 진정성의 시대에 신앙과 신앙 형성에 관해 상상할 수 있는 유일한 방법은, 세속 3이 우리에게 제공하는 바로 그 영역을 통해서 그것을 탐구하는 것, 즉 부정 안에서 그리고 부정을 통해서 신앙에 대한 이해를 구하는 것일 것이다―내가 '부정'(negation)이라는 말로 의미하는 것은 상실, 깨어짐, 그리고 죽음의 경험이지만, 부정된 것이 새로워지기를 구하는 기쁨과 변형적 소망의 경계를 의미하기도 한다.

신앙(과 신앙 형성)에 대한 바울 자신의 이해는 부정의 부정―십자가―을 통해서만 나타나는 급진적인 존재론적 변화다. 이제 우리가 살필 것은 신앙과 신앙 형성에 관한 바울의 이해다. 우리는 그의 견해가 어떻게 우리 자신의 시대에 신앙 형성을 상상하는 새로운 길을 우리에게 제공해 주는지 살필 것이다. 특히 우리는 바울에게 신앙과 신앙 형성이 부정(갈망, 부서짐, 그리고 기쁨의 경험) 안에서 어떻게 연결되는지를 볼 것이다. 바울의 개념 속으로 깊이 들어가는 것은 우리가 세속 3의 내재론적 틀이라는 벽으로 둘러싸인 진정성의 시대에 신앙 형성을 이해하도록 도울 것이다.

8

신앙이란 무엇인가?

어느 의미에서 바울을 이해하는 것은, 찰스 테일러의 말을 빌리자면, 그를 교차 압력을 받는 사람으로 보는 것이다. 바울이 느끼는 교차 압력은 폐쇄된 내재론적 사회적 이미지와 초월의 경험 사이의 마찰이 아니다. 바울을 세속 3의 환경에서 분투하는 현대인처럼 여기는 것은 위의 내용을 심각하게 오독하고 약화시키는 것이다. 오히려 바울은 교차 압력을 받는 사람으로 이해되어야 한다. 한 사건이 그의 삶을 뒤엎었기 때문이다. 그가 여전히 자신을 사울이라고 부르던 때에 모종의 교차 압력이 그에게 가해졌다. 그리고 사울은, 비록 현대인은 아니었으나, 세속 2 안에서 우리가 경험하는 것과 유사한 공간적 갈등에 직면했다. 이 경험이 사울로 하여금 부정 자체의 내부로부터 터져 나오는 새로운 형태의 하나님의 행동과 마주하게 했다. 신앙을 통해 예수는 부정 안으로 들어갈 것이다. 예수의 신앙은 완전히 새로운 현실을 만들어 내면서 십자가로 나아가는 것이다.[1] 그

---

1 Michael J. Gorman은 최근의 학문 연구를 지적하면서 "바울 서신에는 그동안 '예수 그리스도에 대한 신앙'(faith in Jesus Christ)으로 번역됐던 것이 …… '예수 그리스도의 신앙'(the faith of Jesus Christ)로 번역되어야 하는 구절이 몇 곳 있다"고 주장한다. 이런 본문들에서

리고 이 현실은 하나님에 대한 순종과 인간에 대한 사역이라는 이중의 행위로 신실하게 죽었던 예수의 부활한 인격을 통해 나타난다.

사울은 믿음을 부정(죽음, 부서짐, 그리고 갈망)으로부터 나오는 초월적 경험으로 보기에 이른다. 신앙은 십자가의 부정을 통해 그리스도와의 만남을 경험하는 것이다. 신앙은 **단지** 신뢰의 행위가 아니다 (이것은 세속 3의 내재성과 세속 2의 싸움에 신앙을 넘겨주는 것이다). 오히려 바울에게 신앙은 우리의 현대적인 귀에 낯설게 들리는 그 무엇이다. 신앙은 **실제로 그리스도 안으로 들어가는 것**이다. 그것은 우리 자신의 존재를 예수의 존재 안으로 가져가는 것이다.[2] 신앙은 우리의 자아가 성부께 순종하기 위해 십자가로 나아가는 그리스도의 신실함과 묶여 있음을 발견하는 것이다.[3] 예수가 십자가로 나아간 것은 예

예수의 십자가 위에서의 죽음은 그의 신앙 혹은 신실함의 행위―하나님에 대한 그의 충성―로 묘사된다. 다른 곳에서 바울은 예수의 신실함을 그의 의 그리고·혹은 순종의 행위라고 부른다. *Reading Paul* (Eugene, OR: Cascade Books, 2008), 124.

2 Gorman은 이렇게 말한다. "한 사람이 그리스도 안으로 들어갈 때 …… 그리스도(혹은 그리스도의 영)이 그 사람 안으로 들어간다. …… 그러므로 인간의 믿음은 그리스도의 충성과 사랑의 통일된 행위와의 친밀한 동일시다. 그 결과는 …… 하나님을 향한 우리의 믿음(충성)과 타인을 향한 사랑이 분리되지 않는 것이다." *Inhabiting the Cruciform God: Kenosis, Justification, and Theosis in Paul's Narrative Sotertology* (Grand Rapids: Eerdmans, 2009), 80.

3 Gorman은 다시 이렇게 말한다. "'예수 그리스도의 믿음'을 요약하자면 우리는 다음과 같은 몇 가지 사항에 대해 말할 수 있다. 첫째, 그리스도의 믿음이 율법이나 율법의 행위보다 의인과 의의 기초이자 도구이다. 이것은 모든 구절에서 강조된다. 둘째, 그리스도의 믿음은 그의 죽음, 하나님께 자기를 내어 주는 그의 순종의 행위, 그리고 인간을 위해 자기를 내어 주는 사랑을 통해 드러난다. 셋째, 그리스도의 믿음 혹은 신실함은 하나님이 주도적으로 이스라엘과의 언약을 성취하고 그것을 약속하셨던 것처럼 이방인에게 확대하실 때 드러나는 하나님의 신실하심이다. 넷째, 그리스도의 믿음은 의롭다 하심을 받고자 하는 자들에 의해 공유되어야 한다." *Cruciformity: Paul's Narrative Spirituality of the Cross* (Grand Rapids: Eerdmans, 2001), 119.

수에게 성부가 원칙에 입각한 '당위'(ought)—"너는 좋은 아들이 되기 위해 십자가로 나아가야 한다"—를 주셨기 때문이 아니다. 오히려 예수는 하나님의 존재가 하나님의 행위 안에서 발견되고 이 이스라엘의 하나님이 사역자이시기에 순종한다(하나님의 존재는 사역자로, 즉 인간을 끌어안고 인간과 함께 있기 위해 팔을 펼치시는 분으로 계시된다—이 프로젝트의 나머지 전체에서 '사역'과 '사역자'는 사랑과 친교를 위해 다른 이의 삶에 참여하는[다른 이를 섬기는—옮긴이] 행위를 의미한다). 예수는 사역의 궁극적 행위로 순종하며 십자가로 나아간다. 예수는 하나님의 행위라는 초월적 현실이 사역을 위해 부정을 통해 우리에게 온다는 것을 계시하는데 충실하다. 사역은 부정을 통해서 오는데, 그것은 부정이 변화되어 우리로 하여금 십자가와 부활 속에 있는 예수의 신실한 (순종적인) 사역을 통해 하나님의 삶에 참여할 수 있게 하기 위함이다.[4] 그러므로 우리에게 "믿음은 복잡한 인간의 경험이고, 바울은 이 복잡성을 유지하면서 그것에 독특한 비틀기를 시도한다. 바울은 신뢰와 확신으로서의 신앙의 특성을 긍정하면서도, 신앙을 하나님의 신실하신 아들이신 예수의 경험과 연결시킨다. 신앙은 신뢰 이상이다. 그것은 또한 충실함 혹은 충성심이다."[5]

사울은 이것을 부정(상실, 부서짐)에 대한 그 자신의 경험이라는

---

4 Gorman은 이렇게 말한다. "여기서 바울은 '그리스도를 아는 것'이 그에게 무엇을 의미하는지 규정하는데, 우리가 그 문장의 문법과 구조에 대한 세심하게 주의를 기울이기만 하면 정확한 정의를 알 수 있다. 바울은 그가 알고자 하는 세 가지를 열거하지 않고, 오히려 '그리스도를 아는 것'이 이중의 의미 갖는다고, 즉 '그의 부활의 능력'과 '그의 고난의 교제' 모두를 아는 것이라고 설명한다." *ibid.*, 331.

5 Gorman, *Reading Paul*, 123.

8. 신앙이란 무엇인가?

교차 압력을 통해서만 발견한다. 바로 이 부정의 경험을 통해 하나님의 행동의 초월적 사역이 사울에게 다가와 그의 충실함과 충성심을 변화시켰다. 살해 의도를 가지고 급습하는 열광주의자의 충실함과 충성심으로부터 사역자의 충실함과 충성심으로 말이다.

비느하스를 꿈꾸다

다마스커스로 여행하기 전 몇 해를 지나는 동안 사울은 아무런 갈등이 없는 사람처럼 보였다. 아니, 오히려 의롭게 되는 것이 무엇을 의미하는지에 대해 분명한 인식을 갖고 있는 사람처럼 보였다. 몇몇 신약학 학자들 특히 마이클 고먼(Michael Gorman)은 어떤 모델, 즉 사람이 의롭게 되는 방식에 대해 바울이 이해하는 어떤 모형이 있었다고 믿는다. 즉 사울이 매혹당해 모방할 준비가 되어 있던 어떤 모범이 있었다는 것이다. 이 모델은 비느하스라고 불리는 젊은이다. 비느하스라는 이름은 신약성경에서는 등장하지 않는다. 하지만 바울의 신학에서 '인정된 의'라는 주제는 핵심적이며 이런 특징을 가진 단 두 사람이 존재한다. 그중 한 사람은 아브라함이고, 다른 한 사람은 비느하스라는 이름을 가진 청년이다. (다른 것들 중에서) 이런 유사성으로 인해 고먼은 비느하스를 사울이 의를 구상하는 방법에 대한 일종의 모델로 보게 되었다.

아론의 손자인 비느하스는 출애굽 직후에 살았던 유명한 젊은 열광주의자였다. 그는 우리 중 세속 2의 정신적 틀에 갇힌 자들만이 꿈꿀 수 있는 젊은이였다. 그는 이스라엘의 공간을 위한 싸움에 열정적이었다. 비느하스는 사회학적 질문지 위의 '비신자' 칸에는 절대 표시를 하지 않을 사람이었다. 그는 머리부터 발끝까지 헌신된 자였다.

비느하스는 사울과 같은 의미에서 현대적인 사람은 아니었다 (그의 싸움은 종교적 공간과 세속적 공간 사이의 싸움이 아니었다). 하지만 그럼에도 그는 자신이 공간의 투쟁 속에 갇혀 있음을 발견했다. 이스라엘 사람들과 그들의 하나님은 요단강 인근의 부족들과 그들의 바알에게 터전을 잃고 있었다. 이집트를 떠난 후부터 이스라엘 백성은 우상숭배의 유혹에 빠지는 경향을 보였다. 그리고 이제 그들은 모압 사람과 미디안 사람들과 뒤섞여 미끄러졌고 비신자(Nones)가 아니라 바알교(Baalism)라는 칸에 체크를 하도록 만들었다.

이것이 비느하스를 크게 요동하게 만들었다(민 25). 그는 견고하고 젠체하는 생생한 신앙을 지닌 젊은이―형용사로 가득 찬 개인적이고 종교적인 헌신의 사람―였다. 그는 이스라엘 백성이 바알 숭배자들에게 터전을 빼앗기고 있음을 보았다. 그래서 그는 열정과 확신을 지니고 자신의 헌신을 행동으로 옮겼다. 그는 창을 거머쥐고 이스라엘 남자의 텐트로 가서 그것으로 그 남자와 그와 동침하고 있던 미디안 여자를 꿰뚫었다. 이 열정적인 헌신의 행위는 그 지경을 정화시켰다(세속 2의 경우처럼). 비느하스는 이스라엘 백성의 공간을 유지하고 심지어 넓혔던 영웅이었다.

우리는 무기력한 신앙 형성에 대한 답을 보다 큰 헌신이라고 여기는 경향이 있다. 우리는 우리의 사역과 교회가 더 열정적인 비느하스들을 만들어 낼 방법을 찾아야 한다고 여긴다. 비록 우리는 아이들이 신앙에 대해 열정적이 되기를 바란다고 말은 하지만, 또한 우리는 우리가 진정으로 그렇게 원하는지 의심하는데, 그것은 세속 3의 중력과 세속 2의 공간적 구성에 대한 양보 때문이다. 우리가 신앙을 열정적 헌신과 융합할 때, 우리는 (아마도 언급되지 않는 방식으로) **젊은이들이 실제로 우리를 믿고서는** 근본주의자가 되어 비느하스가 그랬던 것처럼 비종교적인 사람들에게 폭력을 휘두르거나, 친교나 변호가 불가능한 광신도가 되지는 않을까 두려워한다.

켄다 딘(Kenda Dean)은 그의 책 《열정의 실천》(*Practicing Passtion*)에서 존 워커 린드(John Walker Lindh, 미국인 탈레반으로 알려진 인물―옮긴이)를 지목하며, 그가 탈레반을 위해 싸웠던 것은 그와 유사한 헌신의 부름―그의 열정적인 마음이 갈망했던 부름―을 제공할 수 없었던 미국의 중산층 교회에 대한 대응이었다고 해석한다.[6] 나는 딘이 옳다고 여긴다. 린드(와 급진적인 집단에 연합하는 다른 젊은이들)는 미국 교회의 헌신으로의 부름이 탈레반의 것과 같은 힘을 갖고 있지 않다고 보았다. 린드는 헌신할 준비가 되어 있었고 현대의 비느하스가 되었다. 그러나 교회는 헌신과 교회의 영역을 확장할 필요(비신자들에게 땅을 빼앗기지 않는 것)에 대해 말만했을 뿐 그에게 의를 위해 싸우는 전적인 헌신을 위한 출구를 허용하지 못했다.

그리고 상황이 그렇게 된 것은 부분적으로는 세속 3이 교회로 하여금 타당성을 갈망하게 하면서도 교회가 요구하는 바로 그 현실을 의심하도록 만들었기 때문이다. 그러나 린드가 또한 교회보다 탈

6　Kenda Creasy Dean, *Practicing Passion: Youth and the Quest for a Passionate Church* (Grand Rapids: Eerdmans, 2004)를 보라.

레반에게 이끌렸던 것은 결국 (적어도 바울이 이해하듯이) 신앙이 단지 인간적 헌신과 동일시될 수 없기 때문일 수 있다. 말을 타고 다마스커스로 향했던 사울의 머릿속은 린드의 열정보다 더 깊은 열정과 비느하스가 되고자 하는 꿈으로 가득 차 있었을 수 있다.

의

비느하스가 타락한 자의 피를 흘림으로써 경계를 정화하고 율법에 온전히 헌신했을 때, 그는 훗날 청년 사울이 존경하고 부러워할 만한 독특한 영예를 얻었다.[7] 시편 106:28-31은 우리에게 공간의 정화를 위해 사람을 죽였던 그의 강력한 행위가 "그의 의로 인정되었으니"(31절)라고 말하는데, 이것은 이스라엘 민족의 조상인 아브라함과만 공유되는 특징이다. 사울은 자신의 행동이 "그의 의로 인정되기를" 바랐다. 그는 가장 이른 시기부터 헌신된 성직자로 길러졌고 비느하스처럼 하나님께 헌신하는 남자가 되도록 형성되었다.

아마도 사울이 어떤 죽은 이(예수—옮긴이)를 숭배하는 유대인 무리에 관해 들었을 때, 그는 자신의 기회를 보았을 것이다. 비느하스처럼 사울은 피에 굶주려 있지 않았다. 그는 살인을 위한 살인을 바라지 않았다. 오히려 그는 비느하스처럼 율법을 위해 행동하고자 했다. 그는 경계를 보호하고 자신을 의에 대한 헌신에 완전하게 내맡기는 의로운 행위를 하고 있었던 것이다.

---

7 물론 이것은 추측이다. 하지만 근거가 충분한 추측이다. Michael Gorman은 이에 대해 더 많은 논의를 하는데, 우리는 그것을 다음의 주에서 보게 될 것이다.

8. 신앙이란 무엇인가?

사울이 다마스커스로 여행했을 때, 아마도 그는 자신이 비느하스처럼 경계를 위협하고 우상숭배에 문을 열었던 자들을 죽이기 위한 열정적인 행위를 하고 있다고 상상했을 것이다. 그리고 사울이 믿기에 이 우상숭배는 특별히 가증스러웠다. 이런 종파보다 칼에 더 합당한 자들은 달리 없었다. 왜냐하면 이 집단은 한 인간을 주님이라고 주장했을 뿐 아니라, 그 사람은 저주를 받아 나무에 달려서 죽었기 때문이다. 이 집단의 메시아적 소망은 그들을 광견병에 걸린 개들처럼 미치게 했다. 그들의 이전 자아는 그 병에 의해 질식되었다. 사울은 그 질병이 퍼지기 전에 비느하스처럼 의로운 행위를 할 필요가 있었고 그들을 주저앉혀야 했다.

그러나 사울이 의롭다고 여겨짐이라는 비느하스의 옷으로 자신을 감싸며 자신의 운명을 거머쥐기 전에 살아 있는 예수가 그를 뒤엎었다. 사울의 눈을 멀게 하는 빛으로 다가온 예수는 그로 하여금 손에 칼을 들고 사람들을 급습하는 열광주의자로부터 무력한 맹인이 되도록 만들었고, 그를 이끌어 줄 다른 사람의 손을 필요로 하게 만들었다. 먼지 속에 누운 채로 사울은 "사울아, 사울아, 네가 어찌하여 나를 박해하느냐?"라는 음성을 들었다.

"주여 누구시니이까?"라고 사울이 응답했다.

"나는 네가 박해하는 예수라"(행 9:4-5).

직가(街)(Straight)라고 불리는 거리의 어둠에 갇힌 사울은 이제 의로운 헌신이 무엇인지 더는 확신하지 못했을 수도 있다. 그리고 어쩌면 그는 그 목소리에, 그리고 그 목소리를 예수라고 불렀던 바로 그 인격적 존재에 사로잡히지 않을 수 없었을 것이다. 이 예수는 죽었다. 하지만 그는 정말로 살아서 사울에게로 왔는데, 단순히 살아 있을 뿐 아니라 사울이 죽이려고 했던 이들과 깊이 연합한 상태였다. 예수 자신의 존재는 그들과 분리될 수 없었다. 그것은 마치 이 교회, 즉 그 도를 따르는 이 사람들이 더는 존재하지 않고 그들 안에 예수가 살아 있는 것과 같았다. 분노의 대상이었던 바로 그 십자가가 이제 새로운 현실을 열고 있었다.

사울의 등 위로 교차 압력이 모루(anvil, 대장간에서 뜨거운 금속을 올려놓고 두드릴 때 쓰는 쇠로 된 대―옮긴이)처럼 떨어졌다. 직가라고 불리는 거리에 있는 유다의 다마스커스 집에서 앞을 보지 못한 채 누워 있던 바울의 마음은 이리저리 질주하고 있었을 것이다. 그가 꿈꿨던 비느하스 모양의 운명은 그가 이 여행을 하기 전에 가졌던 모든 의의 형태를 시들게 하는 초월적인 빛에 의해 관통되었다. 하나님은, 사울이 살아 있는 예수와 만나는 일을 통해, 열광적인 헌신이 의에 이르는 길이 아님을 선언하셨다. 비느하스라는 모델은 부서졌다. 그러니 특히 우리 시대에 그 모델을 재건하려고 하지 않는 편이 좋을 것이다. 우리는 그렇게 하고자 하는 유혹을 느낀다. 왜냐하면 세속 2가 우리에게 지금은 영역 전쟁 중이라고 말하고 있기 때문이다. 우리는 건강한 신앙 형성을 위한 백신이 깊은 헌신이라고 믿으며, 이는 젊을 때 가장 잘 전달된다.

우리가 '신앙'이라고 말할 때, 특히 세속 2의 그림자와 세속 3의 중력 속에서 그렇게 할 때, 종종 우리는 그것으로 '헌신'과 같은 무언가를 의미한다. 우리는 신앙이 신뢰라고 말할 수도 있다. 하지만 우리는 언제나 초월과 하나님의 행동에 대한 우리의 경험에 대해 의

　　　　　　　　　　　　　　　　8. 신앙이란 무엇인가?

심하기 때문에, 신앙을 제도적 혹은 종교적 헌신처럼 보이는 신뢰이자 세속 2와 싸우는 한 가지 방법으로 바꿔 놓는다. 우리의 교회와 사역에서 우리는 신앙을 높은 수준의 헌신으로, 아주 높아서 신뢰를 요구할 정도의 헌신으로 여긴다. 일단 이런 '신앙'이 달성되면, 그것은 행동으로 이어진다. 그리고 이 행동은, 만약 그것이 참으로 깊은 신뢰-헌신으로부터 나온다면, 의(그것은 그 자체로 참여와 진술된 믿음으로 간주된다)를 전달한다. 우리는 우리의 젊은이들이 종교적 헌신에 매달리고, 교회에 나가고, 자신들이 믿는 것을 분명하게 표명할 때 그들이 믿음을 갖고 있다고 여긴다. 세속 3의 중력과 나란히 놓여 있는 헌신은 굉장한 이점을 갖고 있다. 그때 헌신은 초월적 힘이 아니라 우리 자신의 의지에 의존한다. 하지만 이런 식의 신앙은 사울의 모습보다는 비느하스의 그것과 더 가깝다.

의에서 의로

비느하스는 사실상 신앙에 별 관심이 없었고, 사울 역시 신앙을 주요 관심사로 여기지 않았다. 사울은 의를 추구한다. 그의 갈망은 하나님과의 언약 속에서 의롭게 살아가는 것이다. 이 의는 흔히 생각되는 것처럼 꼭 '행위의 의' 위에 세워지는 것이 아니다. 오히려 그것은 율법에 대한 전적인 헌신과 순응으로, 이 경우에 의롭다고 인정되는 이는 언약 안에서 살아가는 사람이다. 비느하스가 사울의 모델이 된 것은, 그의 의가 전적인 헌신과 언약을 위한 열광적인 (강력한) 행동이었기 때문이다.

다마스커스 길 위에서의 경험 이후로 상황이 바뀌었다. 비느하스의 의는 곤두박질쳤다. 곧 바울로 이름을 바꾸게 될 사울은 젊은 시절부터(아마도 그때 그는 비느하스의 이야기를 즐겁게 읽고 그와 같이 되기를 꿈꾸며 자신의 침실 벽에 비느하스의 포스터를 걸어 놓았을 것이다) 이 비느하스가 아주 특별해서 오직 그와 아브라함만이 "의롭다고 인정되었다"(시 106:31)는 타이틀을 지닐 만하다고 여겼다. 이제 직가의 침대에 누워 있는 바울의 마음은 어지러이 흔들리고 있었을 것이다. 교차 압력이 아주 강했을 것이다. 그는 자기가 늘 꿈꿔 왔던 존재, 즉 비느하스와 같은 열광주의자가 되는 데 실패했다. 그러나 더 나쁜 것은 그가 살아 있는 예수와 만난 후 자신의 실패에 의해서뿐 아니라 비느하스의 길이 진실성을 결여하고 있다는 사실에 의해서도 잠에서 깨어났다는 것이었다.[8]

이제 눈을 멀게 하는 예수의 빛이 문자적으로 의에 이르는 비느하스의 길을 차단했다. 어둠 속에 누워서 바울은 이제 그의 상상력을 아브라함에게 돌렸을 수 있다. 비느하스는 언제나 특별했다. 왜냐하면 그는 아브라함처럼 의로 여기심을 받았다는 타이틀을 지니

---

8   Michael Gorman은 아브라함과 비느하스 사이의 이런 대조를 발전시킨다.
    "민수기 25장에 따르면, 비느하스는 비이스라엘인들에 의해 그 공동체 안으로 도입된 부도덕함과 우상숭배로부터 백성을 정화하려는 열정으로 가득 차서 이스라엘 남자와 그의 미디안 배우자를 죽였다. 비느하스는 하나님의 승인과 영원한 제사장직을 얻었다(민 25:10-13). 심지어 그는 시편에서도 경축되는데, 시편은 그의 폭력적 행위가 '그의 의로 인정되었다'고 전한다(시 106:30-31).
    만약 이 말이 바울의 것처럼 들린다면, 그럴 수 있다(롬 4:3-11, 22-24; 갈 3:6). 그러나 그것은 아브라함의 믿음이 그에게 의로 인정되었다고 말하는 창세기 15:6에서 빌려온 것이다. 이스라엘의 성경에는 무언가가 '그의 의로 인정되었다'고 말해지는 단 두 명의 인물이 있다. 아브라함과 비느하스가 그들이다. 다마스커스 사건 이전에 바울은 비느하스에게서 의의 전형을 발견했다. …… 그는 비느하스의 것과 같은 이런 열정이 하나님과의 올바른 관계의 기초—자신의 칭의(justification)—라고 믿었다." *Reading Paul*, 13-14.

8. 신앙이란 무엇인가?

고 있었기 때문이다. 비느하스와 아브라함은 그런 영예로 서로 연결되어 있었다. 그러나 의를 향한 그들의 움직임은 크게 달랐다. 비느하스는 그의 급진적인 헌신의 행위를 통해 의를 얻었다. 그는 견고하고, 젠체하고, 중요하고, 본질적인 헌신을 했고, 이를 통해 '의인'이라는 타이틀을 얻었다.

그러나 바울이 생각하기에 아브라함의 의는 완전히 다른 방식으로 얻어졌다. 너무나 달랐기에 '얻었다'는 지시어가 부적절할 정도였다. 만약 비느하스가 가장 강력한 행위로 이어지는 헌신을 통해 의롭게 되었다면, 아브라함은 **신앙의 약한 행위 때문에** 의롭게 되었다. 만약 창이 비느하스가 의를 얻었던 무기였다면, 아브라함은 신앙으로 의를 **받았다**. 바울에게 신앙은 그의 소년 시절의 영웅인 비느하스의 강력하고 헌신된 행동에 맞서는 독특한 범주였다. 눈이 멀어 침상에 누워 머릿속으로 예수의 말을 곱씹던 바울은 처음으로 비느하스가 아닌 아브라함에게로, 창에 대한 욕망으로부터 혼란스러우나 생명을 제공하는 하나님에게서 온 초월적인 말씀과의 만남으로 이끌렸다. 만약 바울과 예수의 만남이 어떤 일관성을 갖고자 한다면, 그리고 만약 그것이 초래하는 부정(비느하스 모양의 야망의 제거)이 의미 있는 것이 되려면, 열정적인 헌신조차 넘어서는 믿음이 바울이 따라야 하는 주제가 될 수밖에 없다.[9]

그러므로 이 주제를 따르면서 바울은 아브라함이 의롭다 하심

---

9 Gorman은 이렇게 말한다. "아브라함은 (아이를 갖지 못하는 그의 아내 사라의 경우에) 정확하게 그것을 하시겠다는 하나님의 약속—그리스도의 죽음과 부활에서 성취된 것과 같은 종류의 약속—을 신뢰했기에 기독교 신앙의 원형이다." *ibid.*, 154.

을 얻은 것은 그 자신의 행위 때문이 아니라 그가 불가능한 일에서, 즉 자신의 부정의 경험(십자가형) 안에서 그리고 그것을 통해서 하나님을 구했기 때문임을 알게 되었다.[10] 아브라함이 의에 이른 것은 그가 창과 그것을 휘두를 만한 힘을 가져서가 아니었다. 아브라함은 부정 자체 안에서 약속(하나님의 행동의 선물)을 구하는 신앙의 약함만을 갖고 있었을 뿐이다.

아브라함은 그의 아버지의 집에서 유복한 삶을 살았다. 그에게는 지위, 특권, 안전, 유산, 그리고 확실한 정체성이 있었다. 하지만 초월적인 말씀이 그에게 임했을 때 그는 믿음을 갖고서 그 모든 것을 두고 떠났다. 유사한 말씀이 바울의 삶에 들이닥쳤고 그것을 뒤엎었다. 하나님은 아브라함에게 아이를 갖지 못하는 그의 아내가 한 민족을 낳을 것이라고 말씀하셨다. 하지만 이 말씀은 수십 년 동안 매년 그리고 매달 부정되었다(아브라함은 그의 아버지의 아들로서 자신의 권리였던 모든 것을 잃었을 뿐 아니라, 그의 아내의 불임은 그가 믿음 안에서 구했던 새로운 지위, 유산, 그리고 정체성에 대한 총체적인 부정이었다). 그럼에도 아브라함은 사라처럼 믿음을 가졌다. 비록 약속의 성취가 매 순간 부정되고 불가능한 것으로 드러났음에도, 그는 죽은 태의 불임으로부터 하나님의 행위가 나타나는 새로운 영역에 충실함과 충성을 제공한다(약속되었던 아이가 올 때조차 아브라함은 그 아이를 산으로 데려가 그의 피를 땅에 흘리라는 말씀을 듣는다. 그때 아브라함은 하나님의 행위와 에너지가 부정을 통해 움

---

10 혹자는 그리스도 중심적 신앙을 위해 아브라함에게로 돌아가는 것을 이상하다고 여길 수 있을 것이다. Gorman, *Inhabiting the Cruciform God*, 85를 보라.

8. 신앙이란 무엇인가?

직인다고 믿으며 믿음의 말을 한다. 설령 칼이 그 소년의 삶을 끝낼지라도 하나님께서 그를 일으키실 것이다). 아브라함이 의롭다고 인정된 것은, 그가 죽음으로부터 생명이 나오는 새로운 현실에 충실함을 보이면서 그 자신의 부정의 경험 속에서 하나님을 구했기 때문이다. 아브라함은 독특하게도 이 부정(상실)이 하나님이 그에게 오셔서 사역하시기 위한 바로 그 장소가 될 수 있다고 여겼다.

아브라함은 부정의 불가능성 안에서 그리고 그것을 통해서 자기에게로 다가오는 하나님의 말씀이라는 새로운 현실과 만났기에 믿음을 가졌다.[11] 그는 비록 자신이 아주 많이 늙었고 자신의 아내는 아이를 낳을 수 없지만, 말씀이 죽은 것을 취하여 살릴 것을 믿었다. 아브라함이 의롭다고 인정을 받은 것은 그가 어리석어서였다. 그는 하나님의 선물이라는 행위로 인해 불가능한 것이 가능해지는 현실 속으로 들어갈 준비가 되어 있었다. 아브라함은 불임의 고난을 겪고 있었기에 믿었다. 그는 하나님의 행위가 그에게 다가와 부정으로부터 생명을 섬기게 하도록 약함의 깊이를 마주하고 있었다. 아브라함이 의롭다 하심을 얻은 것은 그가 비느하스처럼 헌신된 행동을 통해서가 아니라 자신의 부정을 끌어안고 부정을 새로운 삶으로 바꿀 수 있는 사역자를 구함으로써 신앙의 선물을 끌어안았기 때문이다.[12]

---

11 Gorman은 이렇게 말한다. "'믿음'이라는 단어 그룹은 다른 성서 기자들이 하나님에 대한 사랑—우리의 신뢰, 헌신, 충실함—이라고 부르는 것을 표현하기 위한 바울의 장치다." *Reading Paul*, 154.

12 *Christopraxis: A Practical Theology of the Cross* (Minneapolis: Fortress, 2014)에서 나는 이것을 '무로부터'(ex nihilo)라고 불렀고 하나님의 사역적 행위가 사역 자체를 통해서 온다는 개념을 발전시켰다.

직가의 침상에 누워서 눈이 멀고 약해진, 그리고 하나님의 살아 계신 말씀과의 만남에 대한 생각으로 혼란스러웠던 바울은, 그자신의 부정 속에서 아브라함의 길 속으로 들어가는 입구를 발견한다. 그리고 그 입구는 비느하스의 길을 넘어서 신앙의 길에 이르게한다. 바울이 닫힌 눈과 부서진 야망이라는 이중의 어둠에 덮여 당황하며 침상에 누워 있을 때, 그는 그저 기도를 드릴 수밖에 없었다. 불과 몇 시간 전에 그는 손에 칼을 들고 비느하스가 될 준비가 되어 있었다. 하지만 이제 그는 연약했고 날카로운 칼날을 반복되는 탄원 기도로 바꾸면서, 강하고 헌신된 비느하스의 길로부터 약하고 신뢰하는 아브라함의 길로 움직이고 있었다. 기도 속에서 바울은 부정을향해 자신을 열었다. 아마도 그는 과연 자기가 아브라함처럼 자신을부정의 겉옷으로 감쌈으로써 자신을 어리석음에서 의에 이르게 해줄 신앙의 선물을 발견할 수 있을지 궁금했을 것이다.

이것은 정말로 다른 길이었다. 비느하스는 전적인 헌신을 통해의에 이르렀으나, 아브라함은 부정(십자가)의 경험을 통해 의에 이르렀다. 아브라함은 부정 안에서 그리고 부정을 통해서 하나님을 구할 신앙의 선물을 받았기에 의로웠다. 고면은 이렇게 설명한다. "바울에게, 아브라함의 신앙을 공유하는 것은 하나님이 약속을 이루시기 위해 죽음에서 생명을 가져오실 수 있음을 믿는 것이다(롬 4:16-22)."[13] 기도 속에서 바울은 자신의 부정을 끌어안고 아브라함처럼 신앙의 선물을 구한다.

---

13 Gorman, *Cruciformity*, 140.

8. 신앙이란 무엇인가?

그가 그렇게 하고 있을 때 아나니아가 그에게로 가라는 부르심을 받았다. 아나니아는 그것이 함정이라고 여길 수밖에 없었다. 1세기의 비느하스가 풀숲에서 기다리고 있다가 그의 갈비뼈와 내장 사이에 창을 꽂아 넣을 것이 분명했다. 그러나 부활하신 주님이 아나니아에게 확신을 주었다. 그래서 아나니아는 직가로 가서 유다의 집에 이르렀다. 바울이 있는 방으로 들어갈 때 아나니아는 하나님 자신의 사역 행위에 대한 증인과 성례전으로서 그의 부정에 참여하면서 바울의 사역자가 되었다. 아나니아는, 길에서 바울을 만나 비느하스가 되고자 하는 바울의 꿈을 부정했던 예수가 부정 자체로부터 나온 새로운 부르심을 갖고서 자신에게로 왔다고 바울에게 말했다. 이 부르심은 부정의 모습을 요구했다. 그것은 십자가의 형태를 지니게 될 것이다.

비느하스가 조롱하는 약함이 바울의 삶의 새로운 모습이 될 것이다. 그리고 바울은 이 약함의 길, 필요의 길, 그리고 사역자가 되는 이 길이, 그가 초월적인 빛으로 경험했던 그 깊은 연합, 그리고 아나니아가 이제 관심과 긍휼과 성령의 기도로 나타내고 있는 그 깊은 연합 속으로 들어갈 유일한 길임을 깨닫는다. 아나니아는 바울의 사역자가 된다. 그리고 그렇게 할 때 그는 바울에게 신앙의 선물을 붙잡도록 초대한다. 그가 지녔던 비느하스 모양의 의를 떠나보내고 부정(십자가) 안으로 걸어 들어가 그곳에서 바울 자신의 부정을 새로운 삶(부활)으로 변화시킬 부활하신 그리스도의 의를 경험하게 한다.

바울, 신앙, 그리고 세속인들

앞 장에서 우리는 세속 2의 그림자가 어떻게 우리를 속여서 신앙이 하나의 분명한 범주라고 여기게 하는지를 보았다. 그것은 본래 종교적 공간에 대한 헌신, 우리의 삶에서 그것을 빼내는 것에 대한 거부로 간주된다. 그러므로 신앙 형성은 (아브라함과 바울보다는) 비느하스의 맥락에 속한 그 무엇으로 바뀐다. 신앙은 사람들의 헌신을 강화하는 것이 된다. 그러므로 비느하스가 언급되지 않는 이상(ideal)이 되는데, 그것은 그가 종교적인 일에 완전히 헌신하는 젊은이이기 때문이다.

그러나 이 모든 것은 세속 3의 중력 때문에 우리에게 더욱 큰 문제가 된다. 내가 위에서 말했듯이, 세속의 세 가지 형태 각각은 초월이나 하나님의 행동을 위한 영역을 남긴다. 세속 3에서 이 영역은 부정된다. 초월과 하나님의 행동은 믿을 수 없는 것이 된다(혹은 적어도 깊이 의문시된다). 세속 3의 중력이 여러 다른 덧셈으로부터 나오기는 하지만, 주요한 세력 중 하나는 우리 자신의 개인적 욕망과 충동에 대한 진정성(보다 높은 세속적 혹은 천상의 영역에 대한 의무가 아니라)을 인간의 삶의 목표로 만드는 보헤미안적 자연주의다. 청년은 진정성 시대의 장인이 된다. 그들의 에너지와 자유가 그들로 하여금 직접 이드를 따라—쾌락과 권력에 대한 자연적 충동을 따라—살도록 이끌기 때문이다.

그러나 진정성의 시대는 세속 3의 중력에 무게를 부여하는 자연주의를 지지하는 한편, 또한 바울 자신의 것과 다르지 않은 교차 압력을 만들어 낸다. 진정성은 경험을 본질적인 것으로 만든다. 하지만 이 경험은 종종 부정이라는 차가운 벽과 마주한다. 세속 3은 비열한 속임수를 사용한다. 그것은 사람들에게 느끼라고, 그들의 경험 속으로 깊이 들어가라고 말한다("왜냐하면 결국 경험이야말로 존재하는 모든 것이기 때문이다"). 하지만 그런 경험을 너무 깊이 따르게 되면, 당신은 자연적인 것과 물질적인 것 너머를 보도록 감동시키는 신비나 갈망을 갖게 되기에 이른다. 그러므로 세속 3은 당신에게 이런 경험을 하도록 권고하면서 또한 그것을 의심하며 부정하도록 만든다.

이런 의심에 대응해 우리는 의식하지 못한 채 우리의 신앙 형성을 위해 비느하스를 향해 돌아선다. 우리는 사람들의 헌신의 수준을 높여 주는 실용적인 단계를 구한다. 그러나 역설적이게도 이것은 신앙을 자연적이고 물질적인 (그리고 초월이 없는 실존을 지지하는) 종교적 헌신으로 바꿀 뿐이다.

직가에 있는 어느 집에 누워서 바울은 신앙이 부정을 제거하는 것이 아니라 오히려 그것을 **끌어안는** 것임을 발견한다. 바울은 신앙이 부정을 끌어안기 위해, 헌신의 힘을 통해서가 아니라 공유된 부정의 행위를 통해 다가오는 살아 계신 그리스도의 임재를 발견하기 위해 주어지는 선물임을 알게 된다. 루이스 마틴(J. Louis Martyn)이 말하듯이, "분명히, 바울이 갈라디아서 3:2에서 말하겠지만, 우리를 위한 그리스도의 신실한 죽음은 우리 쪽의 신실한 신뢰를 이끌어 내는 힘을 갖고 있다."[14]

---

14 J. Louis Martyn, *Theological Issues in the Letters of Paul* (New York: Continuum, 1997), 151.

예수는 바울에게 "네가 어찌하여 나를 핍박하느냐?" 하고 묻는다.

예수는 자신의 존재를 교회에 대한 부정과 결합시켰다.[15] 아나니아는 바울을 섬기도록, 부정의 위협 안으로 들어가도록, 그리고 부정에 참여하시는 살아 계신 주님을 통해 그 자신의 길을 부정했던 눈이 먼 자의 부정에 동참하도록 부르심을 받았다. 아나니아는 바울의 부정에 참여했기에 그의 사역자가 되었다. 그렇게 할 때 아나니아는 부정 자체로부터 새로운 삶을 가져오는 성령의 행위에 참여했다. 바울은 그의 부정을 통해 시력을 얻었고 이어서 이방인을 섬기도록 보내심을 받았다. 그는 자기가 교회를 박해했음을 결코 잊지 못할 것이고 하나님의 독특한 행위가 그리스도의 십자가의 부정을 통해 우리의 삶에 참여하는 성령을 통해 온다는 것을 부정하지 못할 것이다.

바울은 영원히 자신을 사도로 이해할 것이다. 왜냐하면 비록 자신이 만삭이 되지 못하여 출생하고(고전 15:8) 예수의 지상 사역 기간에 다른 사도들과 함께 있었던 적이 없었음에도, 그는 보다 심원한 무언가를 경험했기 때문이다. 부활하신 초월적인 그리스도가 부정 안에서 그리고 그것을 통해서 그에게 오셨다. 이제 더는 바울이 사는 것이 아니라, 그 안에서 초월적인 예수께서 살고 계시다(갈 2:20).

---

15 Constantine Campbell은 이렇게 말한다. "그리스도와의 연합이라는 바울의 신학의 발전을 위한 최초의 촉매는 다마스커스 도상에서 바울에게 임했던 예수의 말씀으로 볼 수 있다. …… 그리스도인들에 대한 바울의 박해는 그리스도에 대한 박해로 간주된다. 그것은 예수와 그의 추종자들 사이의 강한 동일감을 드러낸다." *Paul and Union with Christ: An Exegetical and Theological Study* (Grand Rapids: Zondervan, 2012), 420.

8. 신앙이란 무엇인가?

이제 바울은 행위와 존재에서 그리스도의 신실하심과 묶여 있다. 그리스도는 성부를 위해 십자가의 부정 안으로 들어가셨고, 그로 인해 모든 인간이 그의 사역 행위를 통해 하나님의 삶에 참여할 수 있게 되었다.[16]

이제 바울이 사는 삶은 그가 신앙 안에서 사는 것이다(갈 2:20). 그는 사역을 위해 부정 안으로 들어가는 자로서 살아간다. 그보다 앞서 아나니아가 그랬던 것처럼, 바울은 부정의 경험 안으로 들어가 살아 계신 그리스도를 발견하는데, 그리스도는 부정(십자가) 자체를 통해 자신의 존재를 타자의 존재와 묶는다. 바울에게 신앙은 확실한 헌신이 아니라, 그리스도 안에서 발견되는, 즉 십자가의 부정 안에서 그리고 그것을 통해서 그분과의 연합 속에서 발견되는 경험이다. 바울에게 신앙은, 아브라함에게 그랬던 것처럼, 하나님의 행동과의 만남을 위해 용감하게 부정 안으로 걸어 들어가는 것이다. 신앙은 생명력이 있거나, 활기차거나, 견고할 수 없다. 세속 3의 시대에 신앙은 부정처럼 부서질 수 있고 초월처럼 미끄러질 수 있을 뿐이다.

만약 세속 3이 초월을 부정하면서도 우리의 경험의 중요성을

---

16 여기서 T. F. Torrance는 하나님이 사역자이시라는 나의 주장의 방향에 선다. 그는 또한 이런 입장이 어떻게 Aristotle과 반대 방향에 서는지를 보여 준다(이것은 내가 *Christopraxis* 에서 담대하게 주장하는 그 무엇이다. 6장을 보라). Torrance는 이렇게 말한다. "대조적으로, 특히 '부동의 활동'으로 특징지어지는 그리고 오직 '세상의 갈망의 대상'으로만 세상을 움직이는 신이라는 Aristotle적 견해에 맞서서," 하나님에 대한 Athanasius적 견해에서는 활동과 운동이 하나님으로서의 그분의 존재 자체에 본질적인 것으로 간주된다. 하나님은 결코 활동 없이 계시지 않는다. 그분의 활동과 존재는 본질적으로 그리고 영원히 하나다. 하나님의 행위와 그분의 존재가 별개가 아니다. 그 둘이 서로 불가분의 관계에 있기 때문이다." *The Trinitarian Faith* (London: T & T Clark, 1991), 73.

인정한다면, 우리는 비느하스와 같은 부정(마치 그것이 가능한 것처럼 사람들을 급습하고 학살하는 부정)이 아니라 신실한 사역자로서의 부정(우리는 다음 장들에서 그것에 대해 더 깊이 탐구하게 될 것이다) 안으로 들어갈 때 하나님의 행동을 경험하게 될 수도 있을 것이다.

이 점을 분명하게 해두어야 할 것 같다. 바울은 부정 안으로 들어가는 것이 자살과 같은 사명이라고 주장하지 않는다. 오히려 비느하스의 종교적 헌신을 신앙과 혼동하는 것은 자신의 목적을 위해 죽는 군인을 칭송하는 것이다. 부정 안으로 들어가는 것은 죽음이 아니라 연합을 구하는 사역자가 되는 것이다. 초월적 신비는 부정—어떤 힘에 의한 존재의 제거—이 인간과 신적 인격 모두에 의해 공유될 때 그것이 가장 깊은 연합을 만들어 낸다는 것이다. 그것은 성령이 죽음을 생명으로 바꾸고 하나님이 아닌 것을 하나님과 연합시키며 활동하는 공간을 만들어 낸다.

부정에서 연합으로

연합은 부정을 통해 일어난다. 그리고 이 연합은 사역의 행위 곧 다른 이의 삶에 대한 참여다. 그것은 약한 것으로 인식되지만 실제로는 존재하는 가장 강력한 힘이다.[17] 그것이 가장 강력한 이유는 오직 사역만이 부정과 연합해서 감옥을 교제로 바꾸기 때문이다. 아

---

17 Gorman은 부정을 향한 바울의 이런 전환에 대한 더 많은 설명을 제공한다. "역설적으로, 변화 혹은 영화를 발생시키는 것은 일련의 더 많은 계시나 외부의 힘에 대한 다른 경험이 아니라 약함의 경험이다(고후 12:6-10). 부활을 통한 영광으로의 변화는 사실상 그리스도의 죽음에 대한 순응에 의해 성취된다(빌 3:10)." *Cruciformity*, 25.

나니아는 바울의 부정에 참여했고, 그가 공유된 부정의 사역에 연합함으로써 부정이 공유된 삶의 연합으로 변화되었다.

하나님의 내적 삶은 공유된 연합의 사역이다. 성부는 성자가 성령 안에서 그리고 성령을 통해서 성부와의 완전한 연합을 발견할 때 성자를 섬긴다. 우리는 이 형상을 따라 지음 받았다. 우리의 존재는 위격적(hypostatic)이다. 우리는 타자와의 관계 속에 있는 존재들이다. 그리고 그러하기에 언제나 사역자를 필요로 한다.[18]

하나님의 행동은 부정의 힘으로 바울에게 왔다. 하지만 이 힘은 인격적이었다("나는 예수라!"). 그러므로 바울에게 신앙은 부정을 통한 예수의 존재와의 초월적 만남이었고, 그것이 죽음을 생명으로 바꿀 수 있는 연합의 사역을 낳았다. 이런 신앙은 우리에게 사역자가 됨으로써 하나님의 삶과 구원하는 활동에 참여하도록 요구한다. 이 하나님의 행동이 비느하스를 아브라함으로, 사울을 바울로, 살인하는 침략자를 (이방인을 위한) 사역자로 바꿨다.

---

18 아담에게는 일반적 의미의 파트너가 아니라 사역자로서의 그리고 그가 섬겨야 할 자로서의 파트너가 필요했다. 아담은 부정을 통해서 그의 사역자를 얻는다. 그가 부정되고 죽임을 당한 것(수면을 뜻함—옮긴이)은 동물들 사이에서 아무런 사역자도 찾을 수가 없었기 때문이다. 그의 부정을 통해 그의 사역이 나타난다. 그것이 그에게 죽음으로부터 새로운 생명을 제공하고 가장 깊은 연합이라는 축복을 제공한다(그가 하나님과 같이 되고자 하고 사역자 없이 살고자 함으로써 하나님에 맞서 죄를 짓기 전까지). 나는 *Christopraxis*, chap. 6에서 이에 대해 상세히 논한 바 있다.

9

멤버십에서 신비로운 연합으로

내게는 내가 거의 알아차리지는 못하지만 누군가에게 지적을 받으면 자신을 혐오할 정도로 당황하게 되는 끔찍한 습관이 하나 있다. 나는 특히 아내로부터 내가 어떤 새로운 강의나 이야기를 할 때―이미 여러 번 반복해서 그 내용을 다듬지 못한 경우에―거의 모든 문장마다 '실제로'(actually)라는 단어를 덧붙인다는 지적을 받아 왔다. 나는 그것이 새로운 강의를 해나가는 방법을 찾기 위해 사용하는 사소한 수사학적 목발이라고 생각한다. 그러나 '실제로'는 실제로는 아무것도 의미하지 않는다. 그것은 단지 내가 또 다른 중요한 요점으로 넘어가기 위한 활주로처럼 사용하는 기호일 뿐이다.

바울의 서신들을 읽을 때 우리는 바울에게도 어떤 수사학적 목발 같은 것이 있었음을 알 수 있는데, 한편으로 그것은 그가 다른 요점으로 넘어가게 해주는 공허한 문구 이상의 아무것도 아닌 반복적인 표현일 수 있다. 그러나 어쩌면 다른 한편으로 그것은 공허한 것이 아닐 수도 있다. 어쩌면 그 안에는 신앙과 신앙의 형성에 대한 바울의 이해의 핵심이 들어 있을 수도 있다. '그리스도 안에'(in Christ)라는 표현은 "논쟁적이지 않은 바울 서신에서 50차례 이상" 나타나고 "'주[예수/예수 그리스도] 안에'와 '그리스도 예수 우리 주 안에'라는 표현은 합쳐서 거의 40여 차례 나타난다."[1]

바울에게 이것은 분명히 핵심적인 수사학적 움직임이다. 문제는 이 '그리스도 안에서'가 바울이 신앙 자체를 이해하는 것과 관련해 어떤 의미를 갖느냐는 것이다. 이 문제는 한 세기 동안 신약성서 학계를 분열시켜 왔다. 그리고 학문적 요점이 우리의 직접적 관심사는 아닐지라도, 그로 인한 결과를 통해 우리는 진정성의 시대와 세속 3 속에서 신앙 형성을 다시 상상하는 데 도움을 받을 수 있고, 더 나아가 신앙의 은사가 어떻게 사역 행위로서의 부정을 통해 태어나는지를 보게 될 수 있다.

특권적 멤버십으로서의 '안에'

아주 복잡한 논쟁을 기본적 요소들로 요약하기 위해 어떤 사상가들—가령 루돌프 불트만(Rudolf Bultmann) 같은 저명한 신약학자—은 바울이 말하는 '그리스도 안에'가 일종의 멤버십 카드를 가리킨다고 주장한다. '그리스도 안에' 있다는 것은 우리의 매일의 삶에서 "단지 교회의 멤버십을 가리키는" 종말론적 공식이라는 것이다.[2] '그리스도 안에' 있다는 것은 델타 스카이 클럽(델타 항공 멤버십을 가진 이용객들에게 제공되는 특별한 라운지—옮긴이)에 있는 것과 같다. 이

---

1 Michael J. Gorman, *Cruciformity: Paul's Narrative Spirituality of the Cross* (Grand Rapids: Eerdmans, 2001), 36.

2 Constantine Campell, *Paul and Union with Christ: An Exegetical and Theological Study* (Grand Rapids: Zondervan, 2012), 39.

'안에'는 공항에 어떤 구체적인 장소를 갖고 있다. 불트만은 '그리스도 안에' 있다는 것은 종말 안에 구체적인 장소를 갖는 것이라고 믿는다. 그러나 지금 당신은 실제로는 당신이 공항 근처에 있지 않을 때조차 스카이 클럽 '안에' 있다. 당신은 멤버다. 당신은 당신이 '안에' 있을 권리와 특권을 가졌음을 의미하는 플라스틱으로 만들어진 회색 카드를 지니고 다닌다. 그러므로 '안에'가 갖고 있는 이런 의미는 법률적 어조를 지닌다. 당신은 보다 강력한 누군가가 당신에게 키카드(keycard, 전자식 자물쇠로 된 문을 열기 위해 꽂는 플라스틱 카드—옮긴이)를 주었기에 안에 있을 권리를 얻었다. 이 '안에 있음'(in-ness)은 당신에게 당신이 받을 만하지 않은 (당신은 스카이 클럽 멤버십 요금을 지불하지 못한다) 권리를 제공함으로써 당신에게 영향을 준다. 하지만 그것이 반드시 당신을 이런 법률적 혹은 심지어 인식론적 수여 이상으로 변화시키는 것은 아니다. 이 '그리스도 안에'가 어떤 존재론적 결과를 갖는다고 보는 것(그것이 당신의 존재에 영향을 주거나 당신의 존재를 변화시킨다는 의미)에는 별 의미가 없고 사실상 그런 것에 대한 직접적인 반대가 존재한다. 궁극적으로 이 안에 있음은 당신의 존재에 영향을 주기보다는, 그것의 주된 효과가 하나님에게 미친다.

　'그리스도 안에'에 대한 이런 이해는 신앙 형성에 대한 우리의 상상에 영향을 준다. 그것이 우리가 세속 2에서 느끼는 긴장과 잘 연결되기 때문이다. '그리스도 안에'가 교회의 멤버십을 가리킬 때, '그리스도 안에'서 발견되는 것은 당신이 당신의 멤버십을 진지하게 여긴다는 것을 의미한다. 당신은 훌륭한, 중요한, 혹은 헌신적인 멤버로서 교회에 참여한다. 당신은 어떤 보이지 않는 하나님에게서 출입

카드를 받았으니, 만약 당신에게 진정으로 믿음이 있다면, 당신이 할 수 있는 최소한의 일은 그 클럽에 참여하고 그것의 규범을 인정하는 것이다(이것이 사회학자들과 사회과학적 연구가 다시 그토록 중요해지는 이유다. 그들의 도구는 우리에게 사람들이 제도적 멤버십에 얼마나 잘 헌신하고 있는지 알려 줄 수 있다).

'그리스도 안에'의 이런 의미는 세속 2의 공간 싸움에 속한다. 이런 멤버십 개념이 설득력을 갖는 것은 우리의 가장 큰 문제가 비종교에 맞서는 종교적 공간에 대한 헌신을 잃어버리는 것이라고 여기기 때문이다. 우리에게는 견고하고, 중요하고, 일관성 있는 신앙 형성 프로그램이 필요하다. '그리스도 안에' 있는 것은 이런 불트만적 개념과 연결되기 때문이다—그 개념은 세속 3의 중력에 굴복하고 '그리스도 안에'가 깊은 초월적 (심지어 존재론적) 특성을 갖는다고 생각할 이유를 찾지 못한다.

신비로운 연합

이런 초월적 특성이야말로 정확하게 여러 다른 신약성서 학자들이 바울이 '그리스도 안에서'라는 말로 의미하는 것이라고 믿는 그것이다.[3] 그들은 다마스커스 길에서의 경험(그리고 나는 거기에 이어진 아나니아의 방문을 덧붙일 것이다)이 그런 초월적이고 변형적인 경험이라고 보았는데, 거기서 바울이, 그 자신이 갈라디아서 1:11-12에서

---

3 우리는 Wilhelm Bousset에서 Albert Schweitzer, Aflred Wikenhauser, E. P. Sanders, Mora Hooker, 그리고 Michael Gorman(그가 아래에서 나의 핵심적 대화 파트너 노릇을 할 것이다)로 이어지는 길을 따를 수 있다.

증언하듯이, 어떤 신비로운 만남을 겪었다고 믿어서였다. 그 만남이 신비로웠던 것은 그것이 초월적 현실과 더불어 일어났기 때문이다. 바울은 눈을 멀게 하는 빛 속에서 승천하신 그리스도와 만난다. 이 만남은 자연적이고 물질적인 것 이상의 그 무엇이었다. 이것을 신비롭다고 부르기는 하지만, 그 경험에 인격성이 빠진 것은 아니었다. 바울은 어떤 직관력이 뛰어난 본질이나 유령적 존재가 아니라 예수 자신의 인격성(초월적 인격)과 만났다.[4]

　　바울은 이것을 연합(일종의 존재에 대한 참여)으로 보았다. 이제 바울 자신의 인격이 예수 그리스도의 인격과 묶여 있음을 발견했기 때

4　나는 믿음에 대한 이런 주장을 바울의 삶과 사상에 끼워 넣는 반면, Campbell은 동일한 주제가 어떻게 요한복음에서 나타나는지를 보인 바 있다. 그는 이렇게 말한다.

　　"우리는 방금 언급한 이런 가닥들—상호 내주, 그리스도의 도구성, 그리스도의 타계적 영역, 그리스도의 몸—이 모두 요한복음에서 발견된다고 주장할 수 있다. 이런 연관성을 살피기 전에 우리는 과연 요한이 바울에게 신학적 선례를 제공하는 것이 가능한 것인지 살펴야 한다. 아마도 요한복음은 바울이 죽기 전에는 쓰이지 않았을 것이다. 비록 그 복음서의 저작 시기를 이르게 잡을지라도 말이다. 역사적으로 바울은 요한의 구성에 영향을 미친 예수의 전통 중 일부를 알고 있었을 가능성이 있다. 더 나아가 요한은 바울의 저작들에 친숙했을 수 있고, 따라서 상황이 역전되었을 수도 있다. 즉 바울이 요한의 선례일 수도 있다. 그러므로 바울과 요한 사이에 참된 병행이 나타나는 것은 이론적으로 가능하다. 그러나 요한에게 '선례'라는 용어는 피하는 것이 현명할 수 있다." *Paul and Union with Christ*, 417.

　　Campbell은 계속해서 이렇게 말한다.

　　"그러므로 우리는 요한복음 전체에서 그리스도와의 연합에 관한 바울의 신학과 연관된 최소한 4개의 핵심적 개념이 되울리는 것을 발견할 수 있다. 그리스도와의 연합은 요한복음에서 선례를 발견하는가? 가능한 일이다. 그러나 아마도 그리스도와의 연합이 예수의 말에서 선례를 발견한다고 말하는 것이 훨씬 더 정확할 것이다. 요한복음에 나오는 예수의 말씀을 유대교의 종말론과 구약성경이 전하는 신-인의 결합, 성전, 제사장의 의복에 관한 생각들과 결합해 보면, 우리는 바울과 그리스도의 연합에 관한 사고 대부분의 요소들과의 연관성을 발견한다. 그런 연관성이 그것의 발전을 온전하게 설명해 주지는 않으나, 바울의 개념은 언어, 범위, 만연함에 있어서 대담하게 독창적이기 때문에, 예수, 유대교, 구약성서의 영향의 맥락이 있는 것으로 보인다. 이처럼 바울이 단순하게 이른바 희박한 공기에서 그리스도와 연합이라는 개념을 뽑아낸 것이 아님은 분명하다." *ibid.*, 419.

문이다.[5] 그리고 그것은 부정 자체를 통해 그곳에 묶여 있다. 바울은 자신이 문자적으로 '그리스도 안에' 있다고 이해한다. 이제 바울의 존재는 그리스도 안에 있고, 그리스도는 바울 안에 있다. 왜냐하면 바울은 그리스도와 함께 죽었고, 그 죽음을 통해 예수는 삼위일체 하나님의 위격의 사역적 행위를 통해 만들어진 새로운 현실 속으로 바울을 데려갔기 때문이다(다시, 갈 2:20).[6]

바울이 생각하기에 이것은 깊고 광범위한 연합이다. 왜냐하면 그것은 서로 반대되는 것들이 충돌하는 바로 그곳에서 태어나기 때문이다. 서로 반대되는 것들의 이런 충돌은 그리스도의 임재에 대한 바울의 해석학적 이해가 된다. '그리스도 안에' 있다는 것은 그 서로 반대되는 것들의 충돌을 경험하는 것이다. 그것은 인간 안에서 하나님을, 고통 안에서 생명을, 약함 안에서 강함을, 저주 안에서 의를, 그리고 살인을 일삼는 박해자 안에서 사도를 발견하는 것이다. 이렇게 서로 반대되는 것들은 새로운 영역의 표지판인데, 그 영역에서 '그리스도 안에' 있다는 것은 그리스도가 당신의 부정의 경험 안에

---

5 오늘날 우리는 이것에 대해 거의 생각하지 않는다. 본질이 아니라 관계 속에서 사물을 상상하는 데 사로잡혀 있기 때문이다. John Ziziouas는 카파도키아 기독교에 어떻게 인격성의 존재론이 내재되어 있는지를 보이기 위해 많은 노력을 했다. 이 프로젝트의 나머지 전체에서 나는 카파도키아인들에게서 발견되는 이런 존재론적 인격주의를 따를 것이다. 나는 그것이 실제로 Taylor가 그렇게 분명하게 표현하듯이 충만함의 초월성으로 세속 3과 맞서는 방법을 갖고 있다고 여긴다.

6 Campbell은 이렇게 말한다. "사실상 바울이 관심을 갖는 그리스도의 사역의 모든 요소는 어떤 식으로든 그리스도와의 연합과 상관이 있다. 구원, 구속, 화해, 창조, 선택, 예정, 양자, 성화, 머리됨, 섭리, 그의 죽음, 부활, 승천, 영화, 자기 수여, 은혜의 은사, 평안, 영생, 성령, 영적 부요와 축복, 자유, 그리고 하나님의 약속의 성취는 모두 그리스도와의 연합과 연관되어 있다." *Paul and Union with Christ*, 332.

서 그리고 그것을 통해서 서로 반대되는 것들의 연합을 가져와 당신을 섬기고 있음을 발견한다는 뜻이다. 신앙은 이 영역 안으로 들어가는 길이다. 왜냐하면 오직 예수 자신의 신앙만이 이 서로 반대되는 것들의 경험에서 일관성을 발견할 수 있기 때문이다. 오직 신앙만이, 죽음에서 생명이 나오고 포용된 부정의 사역에서 현실의 새로운 영역이 나오는 새로운 현실을 확인할 수 있다. 바울에게 서로 반대되는 것들의 이런 충돌은 단지 이론이나 개념 혹은 생각에 불과하지 않다. 그것은 존재 자체에 영향을 주는 새로운 현실이다. 그것은 존재의 완전히 새로운 영역, 즉 그 안에서 약함이 강함이 되는 영역을 낳는 것이다. 이 영역은 '그리스도'라고 불리며, 그 안에 있는 것은 '그리스도 안에' 있는 것이다.

그러나 이것을 하나의 영역이라고 부르는 것은 잠재적으로 그것을 세속 1과 그것의 존재의 차원에 넘겨주는 것이다. 근대 이전의 사람이었던 바울이 이 '그리스도 안에'를 존재의 구별된 존재론적 차원으로 보는 것은 당연한 일이다. 세속 3의 중력 안에서 살아가는 우리에게 하나의 구별된 존재의 영역으로서 '그리스도 안에'라는 생각은 믿을 수 없는 것으로 보인다. 그러므로 멤버십에 대한 불트만의 이해가 훨씬 더 타당해 보인다. 즉 신앙('그리스도 안에' 있음)을 제도적 참여로 바꾸고 충성을 존재론적 영향보다는 인식론적 영향으로 정의하는 것이 더 타당해 보인다. 혹은, 보다 직접적으로 말하자면, '그리스도 안에' 있음은 그리스도에 **관한** 믿음을 갖는 것을 의미한다. 그러므로 당신은 사회학적 조사에서 '비신자'(None)가 아닌 무언가에 체크할 때 신앙을 갖는다.

9. 멤버십에서 신비로운 연합으로

그러나 새로운 영역에 대한 바울의 주장은 세속 3의 중력에 비추어 볼 때 구식으로 (혹은 적어도 이상하게) 보일 수 있으나, 바울의 주장과 세속 3이 충돌하는 바로 그 방식이 우리가 '그리스도 안에'를 우리 시대에조차 초월적인 (신비로운) 연합으로 상상할 길을 열어 준다. 세속 3의 진정성의 시대는 '개인'의 '경험'을 핵심적인 것으로 만든다. 세속 3은 초월 및 하나님의 행동 그리고 존재가 물질적이고 자연적인 것(내재론적인 틀)이 아닌 곳에서 발견될 수 있다는 생각을 무너뜨리지만, 그럼에도 진정성의 시대는 경험의 중요성을 납작하게 만들고자 하는 세속 3의 시도에 맞서며 세상을 완전히 비인격적인 것에 넘겨주기를 거부한다. 진정성의 시대는 "비인격적인 것이 보다 앞선 그리고 보다 인격적인 형태를 대체하는 것"을 보기를 거부한다.[7] 진정성의 시대는 오직 세속 3의 물결이 땅을 청소할 때만 그것의 문명을 세울 수 있다. 그러나 그렇게 할 때 진정성은 모든 것을 차갑고 내재론적인 세속 3의 비전에 양보하지 못한다.

물론 이것은 긴장으로 이어진다. 세속 3의 환멸과 진정성의 시대의 낭만주의 모두에 의존하는 완충된 자아는 정의상 초월적 사건이나 외래의 이질적인 존재와의 만남에 대해 닫혀(완충되어) 있다. 그러므로 진정성의 시대는 자아가 자유로운 행위자로 남아 있도록 폐쇄적으로 회전하려는 유혹을 받는다. 이것은 우리의 '~안에 있음'에 관한 모든 이야기를 이상하고 불가능해 보이게 만든다.

7   Charles Taylor, *A Secular Age* (Cambridge, MA: Belknap Press of Harvard University Press, 2007), 280.

그러나 이 새로운 영역이 터져 나오는 것을 보는 바울의 방식은, 세속 3의 상황 속에 있는 우리가 하나님의 행동을 믿기 어려운 와중에도 그것을 탐구할 방법을 제공한다. 존재론적 현실로서 '그리스도 안에' 있음에 대한 바울의 관점은 세속 3의 상황 속에 있는 우리에게는 언제나 낯선 (그리고 있을 법하지 않은) 것으로 보일 것이다. 그러나 이 현실이 입증되는 두 가지 방식은 실제로 세속 3과 정면으로 맞설 수 있으며, 진정성의 시대에 대한 몰입과 직접적인 공명을 발견함으로써 그렇게 할 수 있다. 이 두 가지 몰입을 따름으로써 우리는 세속 3과 진정성의 시대에 신앙을 하나님의 행동과의 만남으로서 탐구할 수 있고, 이 만남은 존재의 차원에서 우리를 변화시킨다. 나는 바로 이것이 바울이 '그리스도 안에'라는 말로 의미하는 것이라고 믿는다. 우리는 이미 바울 안에 있는 이 두 가지 몰입에 대해 강력하게 암시한 바 있다. 진정성의 시대와도 연관된 그 둘은 (1) 경험과 (2) 인격성이다.

(1) 경험

그리스도 자신인 이 현실은 하나의 경험으로서 바울에게 다가온다. '그리스도 안에' 있음은 경험에 의해 영향을 받는 것이다. 제임스 던(James Dunn)이 말하듯이, "그 주제의 중심에는 단지 그리스도에 관한 믿음이 있는 것이 아니라, 부활하고 살아 계신 그리스도에 대한 경험으로 이해되는 경험이 있다."[8] 그 경험은 바울에게 핵심적인 것이었다. 신앙은 당신 자신이 살아 계신 그리스도를 만나는 것 (혹은 그것에 대한 다른 누군가의 증언)과 분리될 수 없다. '그리스도 안에'

있음은 당신의 경험을 통해 이 영역 안으로 들어가는 것이다(그러나 우리가 보게 되겠지만, 이 경험은 독특한 형태를 갖는다). 바울에게 다른 길은 없다. 믿는다는 것은 당신에게 멤버십 자격을 부여하는 정보를 보유하거나 그것에 몰두하는 것이 아니라, 경험을 신뢰하는 것이다. 그것은 당신을 섬기기 위해 오시는 살아 계신 그리스도의 경험을 따르는 것이다.[9] 이 경험은 다마스커스 길 위에서 바울이 했던 것처럼 당신 자신의 경험이 될 수도 있고, 혹은 믿음의 가정 안에서(교회 안에서) 전해지는 이야기가 될 수도 있다. 그럼에도 그리스도라고 불리는 이 영역으로 들어가는 유일한 길은 경험을 따르는 것이다.

살아 계신 그리스도를 이렇게 직접 경험하는 것이 당신이든 혹은 다른 누군가이든, (만약 그것이 정말로 예수라면) 그 경험의 형태는, 바울이 믿기로는, 십자가의 형태를 띨 것이다. 바울에게 신앙은 필수적이거나 결과적이지 않다. **그것은 그저 십자가 형태일 뿐이다** (cruciform). 그리고 이것은 당신을 신앙에 이르게 하면서 그리스도께 이끌어 가는 경험의 모양이 죽음의 경험이기 때문이다. 십자가는 하나님과 인간 사이의 연합을 낳는 공통의 경험이다(갈 6장과 고후 5장을 보라). 우리는 우리의 수많은 죽음(우리가 어둠과 직면할 뿐 아니라 우리의 존재가 의문시되는 것을 느끼는 거절, 상실, 그리고 두려움) 속에서 십자가를 경험한다. 바울은 우리가 이런 경험을 할 때 부활하신 그리스도가 하

8　*The Theology of Paul the Apostle* (Grand Rapids: Eerdmans, 1998), 400.

9　이것은 내가 *Christopraxix: A Practical Theology of the Cross* (Minneapolis: Fortress, 2014), chap. 4에서 주장하는 내용이다.

나님 자신의 십자가 죽음의 경험을 통해 우리를 섬기면서 죽음으로부터 새로운 생명을 제공하면서 우리에게 다가오시는 것을 발견한다고 주장하는 듯 보인다.[10] 신앙은 부정에 대한 부정의 모습으로 나타난다. 혹은 고먼이 설명했듯이, "바울에게 신앙은 죽음의 경험, 즉 생명을 창조하는 죽음의 경험이다."[11] 당신은 당신이 죽음의 경험을 극복할 때가 아니라, 그 경험을 예수에게 넘기고 그가 사역의 경험을 통해 당신에게 생명을 제공하도록 할 때 신앙을 얻는다.

바울과 살아 계신 예수와의 만남의 핵심을 이루는 경험은 우리에게 세속 3의 내재론적 편견에 맞설 수 있는 길을 제공한다. 진정성의 시대에 우리의 경험은 우리의 현실과 동일하다. 그러나 그것들은 우리의 **경험**이기에 의심받을 수 있고 또한 결코 다른 누군가에게 직접적이고 규범적인 무게를 갖는 것으로 간주되지 않을 수 있다. 진정성의 시대에 나는 늘 당신이 **당신의** 경험을 하도록 허용할 것이다. 하지만 나 스스로 어떤 경험을 하기 전까지 그것은 나에게 별 의미가 없을 것이다.

그러나 진정성의 시대에 당신이 당신 자신의 경험, 즉 당신이 결혼의 파탄이나 아이의 질병 한가운데서 기도하는 중에 하나님의 임재를 느끼는 경험 같은 것에 관해 말할 때, 만약 내가 당신의 말을 들으면서 어떤 감동적인 경험을 한다면, 그때 나는 그리스도가 내게

---

10 이것은 Jürgen Moltmann, *The Crucified God* (Minneapolis: Fortress, 1974)의 입장을 되울린다.

11 Gorman, *Cruciformity*, 125. 우리는 다음 장에서 신앙의 형성의 문제를 다룰 때 이 문제를 좀더 상세하게 살펴볼 것이다.

9. 멤버십에서 신비로운 연합으로

로 오셨다는 것에 동의할 수 있다. 그러나 만약 내가 그것을 믿는다면, 그것은 오직 내가 그것을 경험했기 때문에, 즉 어떤 인격적인 힘이 신령한 습격자 비느하스처럼이 아니라 겸손한 사역자처럼 나에게 다가오는 것을 느꼈고, 그로 인해 이 예수가 생명을 위해 부정의 죽음 속으로 들어오는 것을 내가 느꼈기 때문일 것이다.

진정성의 시대에 우리는 더 이상 우리 자신을 질서와 의무(혹은 어떤 단절된 이성에 근거한 지성적 주장)에 넘겨주면서 그것이 우리 자신의 경험보다 더 실제적이라고 믿지 않는다. 오히려 경험 자체가 존재하는 것의 척도가 된다. 경험에 대한 이런 몰입은 과격한 개인주의를 낳는 무거운 표현적 보헤미안주의 속으로 우리를 밀어 넣을 수 있다. 그러나 진정성의 시대의 이런 경험에 대한 집중은 또한 우리를 움직여 개방시킬 수 있다. 이런 일이 일어나려면 세상이 어떤 비인격적인 질서가 아니라 매우 인격적인 질서에 묶여 있음을 인식해야 한다. 우리는 우리의 경험이 어떻게 우리를 움직여 좀 더 깊은 형태의 관계와 교제 속으로 들어가게 할 수 있는지 살펴보기 위하여 모험을 해야 한다. 바울의 경우에 우리가 우리의 경험이 타당함을 알 수 있는 것은, 그것이 어떤 인격적인(교부들이 말한 대로, 위격적인)[12] 현실로서 우리에게 다가오기 때문인데, 그것은 정반대의 차원에서 들어와 우리를 쳐서 땅에 눕히고 눈이 멀게 하는 힘을 지녔고, 그로 인해 우리는 사역이라는 아주 인격적인 현실의 긍휼과 사랑을 경험할

---

12 '위격적인'이 꼭 신약적인 개념인 것은 아니고, 오히려 바울의 경험과 같은 경험을 이해하는 데 사용되는 교부들의 개념이다. 위격에 관한 더 상세한 논의는 이어지는 각주들을 보라.

수 있다.

(2) 인격성

이 '그리스도 안에'를 신비로운 연합이라고 부르는 것은 그것의 경험적 핵심을 인식하는 것이다. 그러나 이 핵심이 주관주의 속으로 사라지지 않게 하려면, 우리가 또한 그 경험을 인격성(personhood) 안에서 인식해야 한다. '그리스도 안에' 있다는 것은 예수의 인격이 우리 자신의 인격과 만나는 경험을 하는 것이다. 인격(person) 혹은 인격성(hypostasis, 이 책에서 저자는 인격성을 위격과 동의어로 사용한다—옮긴이)은 그 기원을 초기 교회의 교부들 특히 카파도키아의 교부들에 두고 있는 독특하게 영적이고 신학적인 주장이다. 위격은 감소 없는 풍성한 연합을 낳는 일종의 구체적인 인격적이고 영적인 현실이다.[13] 그것은 상실 없이 존재를 묶는다.[14]

살아 계신 예수에 대한 바울의 경험에서 그는 그를 봉인하고자 하는 어떤 비인격적인 실재가 아니라 위격을 만난다. 바울은 온전하게 바울로 남아 있고 그 자신의 인격을 지니지만 그의 인격은 예

---

13 Norman Russell은 위격에 대해 다음과 같은 정의를 제공한다. "'위격'은 황홀한 상호 내 주와 온전한 교제 속에 있는 인격적 존재의 역동적 현실과 온전함을 의미하며 원자적 자기 완결성의 거리감과 반대가 된다." *Fellow Workers with God: Orthodox Thinking on Theosis* (Crestwood, NY: St. Vladimir's Seminary Press, 2009), 156.

14 Campbell은 이렇게 말한다. "바울의 신비주의 혹은 그리스도와의 연합은 개인의 인격 성의 온전함을 손상시키지 않는다. 이것은 거듭해서 진술되며, 이에 대한 바울의 견해는 인격 성이 상실되거나 적어도 심각하게 희석되는 헬레니즘의 신비주의 형태와 자주 대조된다. 오 히려 신자와 그리스도의 연합은 그리스도의 신분이나 신자의 신분을 흐리게 하지 않으면서 그리스도와의 심오한 동일시와 나눔을 가능하게 한다." *Paul and Union with Christ*, 63.

9. 멤버십에서 신비로운 연합으로

수의 인격 안에 감춰진다(포용된다). 하나님의 행동이 인격성을 통해, 즉 위격적 만남을 통해 나타난다. "사울아, 사울아, 네가 어찌하여 나를 박해하느냐"(행 9:4-5). 그것이 신비로운 연합인 까닭은 그것이 대체로 영적이어서가 아니라 위격적이어서다. 카파도키아인들의 관점에서 볼 때,[15] 위격은 신성과 인격이 서로 섞일 뿐 아니라 그 이상으로 서로 구별되지만 상호적인 공유의 깊은 연합을 발견하는 영역이다.[16] 위격(관계적 인격성)은 구별되고 심지어 반대되는 실재들이 결합되는 방식이며, 가장 두드러지는 예는 신성과 인격이 예수의 위격(인

---

15 아래의 인용문은 어떻게 위격이 더 나아가 존재론과 연결되는지 그리고 또한 어떻게 그것이 내가 *Christopraxis*(chap. 6)에서 맞섰던 아리스토텔레스주의와 어떻게 멀어지는지를 보여 준다. John Zizioulas는 이렇게 말한다. "'위격'이라는 개념은 오랫동안 '본체'(substance)라는 개념과 같았다. 그런 것으로서 그것은 기본적으로 …… 다음과 같은 궁극적인 존재론적 질문에 답하는 데 봉사했다. '특정한 존재를 그 자체로 만들고 따라서 존재하게 만드는 것은 무엇인가?' 그러나 4세기 동안에 '위격'이라는 용어는 '본체'를 의미하기를 그쳤고 사람의 그것과 동의어가 되었다. 용어상의 이런 변화가 함의하는 것은 존재론을 위해 가장 중요한 의미를 갖지 않을 수 없다. 왜냐하면 이런 변화를 이룬 이들이 '위격'을 존재론과 완전하게 분리했다는 것은 거의 상상할 수 없기 때문이다."

계속해서 그는 이렇게 말한다.

"만약 위격이라는 개념이 더는 '본체'가 아니라 '인격'이라는 의미에서 어떤 존재를 그 자체로 만드는 것을 가리킨다면, 그때 우리는 사실상 그리스의 그리고 특히 Aristotle의 존재론과 관련해 혁명과 마주하고 있는 셈이다. 왜냐하면 위격을 '실제'(ousia)가 아니라 인격성(personhood)과 동일시하는 것은 존재론적 질문이 '자존자', 즉 그 자신의 경계에 의해 결정되는 존재를 가리킴으로써가 아니라 황홀경 속에서 교제의 운동으로 이런 경계들을 돌파하는 존재를 가리킴으로써 답해진다는 것을 의미하기 때문이다. 궁극적인 존재론적 주장이 제기될 수 있는 것, 즉 존재하는 것만이 그 자신의 위격을 지닐 수 있는 그 자체가 될 수 있다. 그러나 '위격'은 본체가 아니라 인격성과 같기에 이 존재가 그것 자체인 것은 그리고 따라서 존재하는 것은 그것의 '자존' 안에서가 아니라 교제 속에서다. 그러므로 교제는 인격적 특수성을 위협하지 않는다. 오히려 그것은 그것을 구성한다." *Communion and Otherness* (Edinburgh: T & T Clark, 2006), 214.

16 카파도키아인들은 Athanasius의 참여에 대한 이해에 모양과 깊이를 제공하는 여러 가지 방식으로 '위격'을 사용한다. 이 모든 것은 중요하게 연합과 연관된다.

격성) 안에서 연합을 발견하는 것이다.

그러므로 '그리스도 안에' 있다는 것은 하나의 개념이 아니다. 다마스커스 길 위에서 바울은 어떤 새로운 사상이 아니라 살아 계신 그리스도의 인격을 만난다. 그리스도는 바울의 이름을 부르면서 그의 존재로 다가와 그의 인격을 예수 자신의 부활한 그리고 초월적인 인격에 결박시킨다. 신앙 자체는 예수 그리스도의 인격 **안에서** 당신의 존재(당신의 인격)를 갖는 것이다. 신앙은 그리스도의 인격에 참여하는 경험이다. 만약 신앙이 어떤 새로운 영역에 대한 성실함과 충성이라면, 그 영역은 다름 아닌 예수 자신의 인격이다. '그리스도 안에' 있다는 것은 어떤 종교적인 혹은 통찰력이 뛰어난 상태에 있는 것이 아니라, 예수의 인격 안에 있는 것이고, 사랑받는 다른 이들과의 교제 속에서 당신 자신의 인격을 되돌려 받고 그로 인해 예수의 인격의 사역을 통해 서로를 사랑하는 것이다.

분명히 이것은 멤버십보다 훨씬 깊은 그 무엇이다. 이것은 인격성의 공유를 통한 변화다. 바울은 이 신비로운 만남이 바울 자신의 존재를 그리스도의 인격과의 연합 그리고 그것에 대한 참여와 묶는다고 이해하는 것처럼 보인다. 바울은 의심할 바 없이 인격적인 초월적 실재와 만난다. 바울이 눈을 멀게 하는 빛 속에서 만나는 것은 어떤 단계의 사상이나 헌신이 아니라 연합에 관해 말하면서 그에게 다가오는 한 인격의 음성이다. 이 미느하스 지망생이 파괴하고 싶어 하는 분파(교회)는 그리스도와 연합되어 있기에, '그리스도 안에' 아주 완전하게 연합되어 있기에, 교회를 박해하는 것은 실제로 예수를 괴롭히는 것이었다.

9. 멤버십에서 신비로운 연합으로

구별된 존재론적 실재와의 만남은 세속 3의 중력에 맞서기에는 너무나 믿기 어려워 보인다. 왜냐하면 '안에 있음'(in-ness) 자체가 비논리적인 것으로 여겨지기 때문이다. 또 그것은 건전해 보이지 않는다(혹은 심지어 미신적으로 보인다). 왜냐하면 세속 3이 우리의 서구적 상상력을 현실을 인격적인 것으로 보는 것에서 비인격적인 것으로 보는 쪽으로 변화시켰기 때문이다. 지금 우리는 (특별히 뉴턴의 과학과 18세기의 이신론의 기계적 우주론 때문에) 비인격적인 질서 속에서 살아간다. 이제는 시대에 뒤진 이러한 관점의 유산으로 인해 우리는 비인격적인 세계를 가정하게 되고, 이에 따라 우리의 존재가 다른 존재에 참여한다는 가정은 아주 이상해 보인다.[17]

　　만약 모든 것이 비인격적이고 인간의 행동조차 단지 이기적인 유전자가 미리 프로그래밍된 것에 불과하다면, 그때 모종의 '안에 있음'은 어떻게 가능할까? 비인격적인 질서 안에서 '안에 있음'은 그 어떤 영적 혹은 비물질적 요소도 갖지 못한다. 비인격적인 질서 곁에 있는 '안에 있음'은 자연적인 혹은 이성적인 범주화에 불과할 수

---

17 James K. A. Smith는 비인격적 질서의 영향을 Taylor의 입장과 관련해 살을 붙여 설명한다. 그는 특히 하나님의 인격성에 대한 감각이 어떻게 문제화되는지를 보인다. "점점 더 혐오스러워지는 것(그 단어는 의도적으로 선택된다)은 하나님의 섭리, 그리고 그러하기에 하나님의 인격성이라는 개념이다. 때때로 미숙한 '열정'의 특징으로 치부되고, 다른 때에는 질서정연한 우주에 대한 위협으로 보이기도 하면서, '역사에 개입하는 행위자로서의 하나님이라는 개념을 버리는 것에 대한 관심이 증가하고 있다. 하나님은 우주의 원래의 건축가로서 행위자일 수 있으나 대중적 경건과 정통 종교의 내용인, '기적적인' 것이든 아니든 간에, 수많은 특별한 개입을 행하는 존재일 수 없다'(*Secular Age*, 275). 그러한 활동적인 하나님은 우리가 그러한 침입으로부터 자신을 보호하기 위해 만든 완충 지대를 해칠 것이다. 그러므로 우주를 다스리는 '신'은 비인격적인 질서의 건축가다. 요컨대 이제 우리 모두는 메이슨(Masons, 석공)이다." *How (Not) to Be Secular*, (Grand Rapids: Eerdmans, 2014), 57.

있다. 래브라도(Labrador, 사냥개, 인명구조견, 탐지견, 안내견, 간호견으로 유명하다—옮긴이)는 개속(Canis)이라는 자연적 범주 '안에' 있다. 혹은 더 나아가 그것은 문화적 구성을 통해 스포츠견 품종 '안에' 있는 것으로 범주화될 수 있다. 비인격적인 세상에서 '안에 있음'은 오직 문화적인 혹은 자연적인 범주까지만 나아갈 수 있다. 안에 있음은 신과 인간의 만남의 방식으로 상상되기는커녕 그 어떤 비물질적 특성도 가질 수 없다. 불트만의 멤버십 개념은 비인격적인 질서 속에서는 아주 잘 작동한다. 신앙을 갖고 '그리스도 안에' 있는 것은 다른 시간(종말)을 위해 영적이고 초월적인 것을 떠나는 것이고, 지금으로서는, 비인격적인 것을 따르는 것이고, '안에 있음'을 단순히 어떤 기관의 멤버십으로 여기는 것이다(다시, 너무 자주 우리의 신앙 형성 프로그램들은 제대로 의식하지도 못한 채 이런 비인격적인 질서를 인정하고 불트만을 따랐다).

그러나 비록 세속 3이 우리에게 물질적·자연적 범주 밖에서 상상할 수 있는 '안에 있음'에 관한 모든 대화를 이상하게 보이게 하는 비인격적인 질서를 부여할지라도, 역설적이게도, 진정성의 시대는 그것에 동의하지 못한다. 진정성의 시대는 이런 비인격적인 질서에 맞서면서 그것이 도덕적 규범을 느슨하게 하는 것을 마음껏 즐겨 왔다. 예컨대 뉴에이지나 동방의 영성에 대한 관심 혹은 성혁명에 대한 몰입은 세상을 완전히 비인격적인 것으로 여기는 것에 반대한다. 명상적 요가와 굉장한 섹스는 그것들이 우리를 비인격적인 것 이상의 무언가 '속으로' 이끌기에 감동적인 경험이다. 좋은 요가와 굉장한 섹스는 어떤 이들을 이끌어 무언가 '안에' 있음에 대한 깊은 느낌을 갖게 한다. 이런 두 가지 예는 진정성의 시대가 어떻게 비인격적

9. 멤버십에서 신비로운 연합으로

인 질서에 의해 얻어진 얼마간의 사유를 누리면서도 현실을 비인격적인 것에 양보할 수 없는지를 보여 준다. 오히려 진정성은 자신의 위치에서 (비인격적인 것) 이상의 무언가 '속으로' 들어가는 길을 발견하고자 한다.

우리를 바울에게로 데려가는 보다 덜 극적인 예를 제시하자면, 아이들을 키우고 사랑하는 것 역시 비인격적인 질서의 견고한 껍데기를 부순다. 자기를 내어주는 깊은 사랑이 당신으로 하여금, 당신의 딸이 당신과 크게 구별됨에도 여전히 딸이 어떤 신비로운 방식으로 당신의 일부라고 믿게 해주기 때문이다. 딸을 바라보는 당신은 딸이 어떻게 당신 안에 있고 당신이 딸 안에 있는지, 그러면서도 여전히 딸이 언제나 딸 자신으로 남아 있는지 알게 된다. 바로 그것이 카파도키아인들이 말로 표현하고 바울이 다마스커스 길 위에서 경험했던 위격의 경험이었다.

진정성의 시대는 몸, 마음, 감정, 그리고 역사 같은 것들의 중요성과 깊이를 여전히 고수하는 것처럼 보인다.[18] 이런 것들은 우리가 실제로 인격적인 질서 속에서 살아가고 "교제에 참여할 수 있는 종류의 존재"이기를 요구한다.[19] 우리가 (위격적 의미에서) 사람인 것은

---

18 Talyor는 이렇게 말한다. "몸, 마음, 감정, 역사. 이 모든 것은 오직 지고의 존재가 단지 중 개인을 갖는다는 의미에서가 아니라 또한 교제할 수 있다는 의미에서 인격적 존재라는 믿음의 맥락에서만 뜻이 통한다. 실제로 Athanasius와 카파도키아 교부들의 삼위일체에 대한 정의는 이 개념(교제, *Koinonia*)을 핵심적으로 사용한다. 카파도키아인들에 의해 발전된 '위격'—우리는 그것을 더는 '본체'가 아니라 '인격'으로 번역한다—의 새로운 의미는 이 새로운 신학의 일부였다. 인격이라는 개념은 교제의 그것과 서로 연결되었다. 사람은 교제에 참여할 수 있는 종류의 존재다." *Secular Age*, 278.

19 *Ibid.*

우리가 타자의 삶에 참여할 때 우리의 존재를 얻기 때문이다.[20] 우리는 오직 위격이라는 현실을 통해서만, 즉 오직 사람이 되고 그리스도의 인격성을 나누는 것을 통해서만 구별된 존재론적 영역으로서 '그리스도 안에' 있을 수 있다. 콘스탄틴 캠벨(Constantine Campbell)이 말하듯이, "바울의 신비주의는 무한과의 연합보다는 한 인격과의 연합을 포함한다."[21]

바울이 새로운 영역으로 옮겨진 것은, 바울 자신이 그리스도에게 참여할 때 예수의 인격이 자신의 인격에 참여하면서 자신에게로 오셨기 때문이라고 바울은 믿는다. 바울이 '그리스도 안에' 있는 것은 바울의 인격이 예수의 인격 안으로 취해졌기 때문이다. 성경 본문은 결혼 연합의 비유를 사용해 이것을 분명하게 밝힌다(계 21-22를 보라). 결혼한 이들은 배우자의 인격을 공유한다. 그들은 서로 구별된 개인으로 남아 있으나 그들의 교제 안에서 그리고 그 교제를 통해서 자신들의 존재를 얻는다. 관계 안에서 그리고 관계를 통해서 이루어지는 인격의 교환은 공유된 삶이라는 새로운 현실을 만들어 낸다. 오늘날에도 우리는 위격적 관계를 통해 만들어진 이 영역을 '결혼'이라고 부른다.

---

20 Smith는 이렇게 덧붙인다. "하나님의 인격성과 섭리를 거부하는 것은 교제로서의 종교라는 개념을 중심으로 하는 기독교 전체를 거부하는 것으로 이어졌다. 역사적이고 정통적인 기독교 신앙에 의하면, '구원은 우리가 하나님을 비인격적인 실재로, 혹은 단지 우리가 적응해야 하는 비인격적인 질서의 창조자로 다루는 정도까지 좌절된다. 혹자의 주장에 따르면 구원은 오직 교제 안에 있는 사람들의 공동체 곧 교회를 통해 하나님과 교제하는 우리의 존재를 통해서만 영향을 받는다.' 하나님을 비인격화하는 것은 교제의 중요성과 '성찬'이라고 불리는 식사의 본거지인 교회인 교제의 공동체를 부정하는 것이다." How (Not) to Be Secular, 58.

21 Campbell, Paul and Union with Christ, 41.

다마스커스 도상과 직가라고 불리는 거리의 침상 위에서 바울은 새로운 영역으로서의 '그리스도 안에서' 발견된다. 그러나 바울이 이 새로운 영역으로 들어가는 것은 어떤 마술적 통로를 통해서가 아니다. 오히려 바울은 자신의 인격이라는 현실을 통해서 그 안으로 들어간다. 세속 3과 초월은 불가능하다는 그 믿음은 세상에 대한 환멸과 그리고 마술 같은 것은 존재하지 않는다는 믿음과 많은 관련이 있다. 우리가 초월 혹은 하나님의 행동을 위한 자리를 회복하는 것은 세상을 다시 마술적으로 만드는 것이 **아니다**(즉 필연적으로 세상을 재주술화하는 것이 아니다).

가장 이른 시기부터 기독교는 마술에 반대해 왔다(그리고 그것 자체가 일종의 마술로 잘못 여겨져 왔다. 행 8을 보라). 세속 3의 중력 안에서 기독교의 목표는 세상을 다시 마법에 빠뜨리는 것이 아니라, 그것을 다시 인격화함으로써 초월을 위한 여지를 만드는 것이다. 인격성(위격)에 참여하는 것이 우리가 (마술 없이) 초월과 하나님의 행동에 대해 생각할 수 있는 길을 열어 준다. 그것은 행위와 존재의 수준에서 변형적인 영역으로의 이동을 허용한다. 우리는 우리 인격이 다른 이의 존재에 참여하는 경험을 할 때 하나님의 행동의 초월을 경험한다. 그리스도의 영역은 우리가 '그리스도 안에' 있음의 경험으로서 (이웃의 인격에 참여하면서) 이웃을 섬기도록 부름을 받는 인격적 질서다(마 25를 보라).

성육신은 인격성을 영원히 하나님과 인간의 초월적 만남을 위한 입구로 만든다. '그리스도 안에' 있다는 것은 마술적이 되는 것이 아니라 인격성을 공유하는 인간이 되는 것이다. 그리스도의 영역 안에 있다는 것은 인간이 된다는 것이다. 그것은 예수의 인격을 중심으로 지닌 인격적 질서로서의 존재를 주장하는 것이다. 왜냐하면 예수의 인격은 신성과 인간의 연합(hypostatic union, 위격적 연합)**이기** 때문이다. 믿음을 갖는 것은 어떤 이데올로기나 개념이 아니라 자신의 삶을 당신의 것과—그리고 그렇게 다른 이들의 것과—묶으시는 예수의 인격에 충성하고 충실하는 것이다.

그러므로 신앙은 경험과 분리될 수 없으며 또한 관계적 인격성 안에 묶여야 한다. 신앙을 갖는 것은 **당신 자신의 인격**에 다가오는 **예수 그리스도의 인격**을 경험하는 것이다. 만약 신앙이 단순히 어떤 생각을 자신의 것으로 만들거나 제도에 헌신하는 것(그것이 사회학자들이 측정하는 것이다) 이상이라면, 그때 신앙에는 타자의 존재에 대한 참여를 통해 존재의 변화로 이어지는 매우 영적인 역동성이 존재해야 한다. 신앙의 은사를 받는 것은 신성과 인간의 인격성(위격)의 구별과 열림 안에서 그리고 그것들을 통해서 '그리스도 안에서' 발견되는 것이다.

그러나 여전히 의문이 남는다. 만약 관계적 인격성이 존재의 나눔을 허용하고 자연적이고 물질적이며 문화적인 것 이상의 참된 '안에 있음'을 허용한다면, 그때 바울을 연합으로 이끌어 가는 수단은 무엇인가? 그리스도의 인격은 어떻게 일화적 사건으로부터 바울 자신의 존재의 변화로 이동하는가? 다시 말해, 만약 이 현실이 경험과 인격성을 통해 입증된다면, 바울은 어떻게 경험과 인격성을 하나로 묶는 방식으로 그리스도 안으로 인도되는가?

이야기

더 이상 바울이 사는 것이 아니라 그 안에 그리스도가 사는 깊은 변화로 이끄는 것은 마술이 아니다. 바울은 죄와 죽음의 영역에서 '그리스도 안'에 있는 상태로 옮겨 가기 위해 '아브라카다브라'(abracadabra) 같은 주문을 외우지 않는다. 비느하스가 되기를 바라는 사울에서 사역자 바울로 변신시키는 해리 포터의 지팡이 같은 것도 없다. 오히려 바울의 인격이 예수 자신의 인격의 모양—내러티브 아크(narrative arc, 소설이나 이야기에서 플롯의 연대순 구성을 가리키는 용어로 스토리 아크라고도 불린다—옮긴이)—을 취하는 경험이었다. 바울은 예수 자신의 존재의 이야기를 받음으로써 그리스도 안으로 이끌린다.

그러나 이것은 바울의 마음속에서 하나의 이야기를 다른 이야기로 대체하는 인식론적 수혈에 불과한 것이 아니다. 오히려 이야기 자체가 깊은 영적 활력을 갖고 있다. 이야기는 우리의 가장 깊은 경험에 대한 표현이자 설명이다. 그러나 이야기는 단순히 누군가에 관한 정보를 전하는 것 이상의 일을 한다. 오히려 누군가가 자신의 이야기를 할 때, 그는 자신의 인격을 드러내는 것이다. 이야기는 공유하고 공유되기 위해 펼쳐지는 인격성의 촉수다. 우리는 마술적 사술을 통해서가 아니라 우리 이야기의 말을 통해서 서로의 삶 속으로 들어가고, 이런 이야기 속으로 들어가는 것이 우리를 서로와 연결시킨다. 이야기는 관계적 인격성의 형성적 경험이고, 우리 이야기를 나누는 것은 다른 이를 우리의 존재에 참여하도록 초청하는 것이다. 내가 당신 이야기를 들을 때, 나는 당신의 존재를 나누는 것이다. 그리고 우리 이야기가 연결될 때, 우리는 상호 고백 혹은 감정적 연결을 통해 서로의 존재 '안에서'[22] 어떤 결합(공유)을 경험한다.[23]

바울이 살아 계신 그리스도의 인격성을 만난 것은 정말로 신비로운 것이었다. 하지만 그 신비로움 때문에 그것이 마술적인 것이라 여겨서는 안 된다. 오히려 바울의 신비로운 경험은 하나님의 말씀과의, 즉 예수의 인격과의 만남이다. 예수는 바울로 하여금 그의 삶을 예수 자신의 죽음과 부활이라는 서사적 형상을 통해 봄으로써 자신의 삶에 참여하도록 초청한다.[24] 고먼은 "신앙은 하나님을 향한 순종적 자기 제사라는 서사적 자세다. 이 점에서 신앙은 참으로 예수의 신앙을 나누는 것이다(롬 3:26)"라고 말한다.[25]

그러나 이것은 경험을 지나치게 약화시킬 수 있다. 다마스커스

---

22 이것이 낯선 이보다 친구에 의해 거짓말을 듣는 것(혹은 해를 입는 것)이 더 나쁜 이유다. 우리는 그들이 우리를 알았기에 그리고 우리의 이야기를 앎으로써 우리의 삶에 참여했기에 상처를 받는다. 심지어 우리는 이렇게 말한다. "당신이 어떻게 이런 일을 할 수 있어? 당신은 나의 가족을 알아. 나는 당신에게 나에 관해 그토록 많은 것을 말했어"―이것은 그들이 우리의 이야기를 공유함으로써 우리의 존재를 공유했음을 의미한다.

23 나는 *The Relatioal Pastor: Sharing in Christ by Sharing Ourselves* (Downers Grove, IL: InterVarsity, 2013), chaps. 13-14에서 이야기, 공명, 그리고 나눔의 지위에 관해 더 많은 논의를 한 바 있다.

24 나는 이 장에서 연합에 대한 바울의 삼위일체적 이해를 상술할 만한 여유가 없다. 그러나 나의 입장은 Campbell의 그것과 아주 유사하다. 그는 이렇게 말한다. "바울이 그리스도와의 연합을 신자가 성부 하나님과 맺는 관계를 위해 중요한 의미를 갖는 것으로 여긴다는 데는 의문의 여지가 없다. 이것은 단순히 그리스도가 사람들을 성부께 중재하면서 그렇지 않으면 죄악 된 인류가 접근할 수 없는 거룩하신 분에게 접근할 수 있게 하기 때문이 아니다. 그것은 또한 바울이 그리스도가 심원한 방식으로 그분의 성부와 연합한 거룩하신 아들임을 알기 때문이다. 성부와 성자 사이의 연합은 성자와 연합한 신자가 성부와의 관계 속으로 이끌린다는 것을 의미한다." *Paul and Union with Christ*, 359.

25 Gorman, *Cruciformity*, 154.

도상에서 행위와 존재 모두로서의 바울(사울)의 인격에 생기를 부여했던 이야기는 극적으로 부정된다. 그 이야기는 심판을 받고 죽음에 이른다. 비느하스로서의 바울의 이야기는 죽임을 당한다. 바울은 눈이 먼 채로 남겨진다. 그는 보지 못할 뿐 아니라, 더 나쁘게도, 그의 이야기에 대한 부정이라는 어둠 속에서 길을 잃는다(그는 정체성과 의미를 잃어버린다). 그의 삶의 내러티브 아크가 십자가형에 처해진다.

바울은 이 부정의 자리에서 심원한 무언가를 경험한다. 그런 부정으로부터 바울의 인격을 자신의 것으로 삼는 예수의 인격이 등장한다. 그것은 바울에게 예수 자신의 삶의 내러티브 아크를 제공하고 바울 안으로 새로운 생명을 불어넣는다. 그로 인해 이제 바울의 삶은 예수의 삶의 모습을 지니고, 십자가로부터 부활로 옮겨 간다. 고먼은 다음과 같이 아름답게 말한다. "바울에게 그리스도 안에 있는 것은 그리스도의 이 내러티브에 대한 살아 있는 주해가 되는 것이며, 섬기고 순종하기 위해 권리와 이기적인 이익을 자발적으로 포기하는 것으로서의 겸비(humiliation)와 그것에 이어지는 승영(exaltation)이라는 원래의 드라마를 새롭게 연기하는 것이다."[26]

바울은 예수 자신의 존재의 삶 속으로 초대될 때 그의 부정이 변화되는 것을 경험한다. 바울은 그리스도 자신의 인격과 함께 부활하기 위해 자신의 존재가 부정되는 것을 경험한다. 예수의 십자가와 부활 이야기, 즉 변화로 이어지는 겸비에 관한 이야기는 이제 바울 자신의 이야기가 된다. 고먼은 이렇게 덧붙인다. "바울에게 [그리스도

---

26 *Ibid.*, 92.

에 대한] 순응은 성격상 내러티브적인 것이고, 고난·죽음이 부활·승귀로 이어지는 2부작 드라마다. 그러므로 그리스도 안에 있는 공동체의 내러티브는 그 공동체의 주님의 내러티브에 상응해야 한다."[27]

바울은 자신의 존재를 예수의 존재 안에서 그리고 그 존재를 통해서 보는 것을 통해서만 이해할 수 있다. 예수는 부정을 통해 바울에게 오고, 그의 부정의 경험을 통해 그를 섬기며, 그의 삶에 새로운 내러티브 아크를 제공함으로써 그를 치유한다. 바울의 신비로운 연합은 과도하게 풍성한 영성주의로부터 해방되는데, 그것이 바울을 예수의 위격 속으로 깊이 끌어가는 새로운 내러티브 아크를 제공하기 때문이다. 바울의 경험은 매우 신비롭지만 또한 구체적이기도 하다. 그것이 예수의 생생한 이야기의 형태를 취하기 때문이다. 이것은 신비롭지만 그럼에도 생생하고 구체적인 것과 떼려야 뗄 수 없는 영성이다. 그것은 성육신한 예수의 삶, 죽음, 그리고 부활에 묶여 있다. 새로운 내러티브를 제공하는 이 신비로운 경험은, 바울을 더 이상 그가 살지 않는 위격 속으로 깊이 이끌어 간다. 이제 그는 더는 그 자신의 삶의 내러티브를 살지 않는다. 대신에 그는 신앙의 은사를 통해서 예수의 삶의 내러티브를 산다(이것은 부정에서 삶으로, 십자가에서 부활로 이동하는 내러티브다. 갈 2:20).

---

27 Ibid., 327. Campbell은 이렇게 덧붙인다. "그리스도와의 연합은 신자들이 그의 죽음과 매장, 부활, 승천, 그리고 영화를 포함하는 그리스도의 내러티브의 사건들에 참여하는 것을 포함한다. 신자들은 그리스도와 함께 죽었다가, 그와 함께 부활하는 등등으로 묘사되는데, 그로 인해 이런 사건들의 의미는 그에게 관계된 것처럼 우리와 관계된다." Paul and Union with Christ, 408.

9. 멤버십에서 신비로운 연합으로

바울은 오직 성령의 능력을 통해서 이것을 하는데, 그 능력이 그에게 신앙이라는 선물을 제공하고, 그의 인격이 예수 자신의 위격과 연합하는 내러티브 속으로 그를 깊이 이끌어 간다. 바울은 더 이상 그리스도 자신의 이야기가 아닌 이야기를 갖고 있지 않기에 더는 살지 않는다. 그리고 그 이야기를 살아 내고, 그것을 반복하고, 그 안에 거하는 것이 예수와 바울 사이의 위격적 연합을 낳는다. 바울은 예수의 죽음과 부활이라는 내러티브 아크에 자신을 바침으로써 예수의 인격 안에서 살고, 믿음을 통해 성령이 예수의 이야기를 자신의 것으로 만들도록 허락한다. 그리고 예수는 사역자로서 그에게 다가옴으로써 바울의 인격 안에서 살고, 바울이 그 자신의 죽음의 내러티브를 받아들이고 새로운 삶, 새로운 정체성, 그리고 완전히 새로운 의미로 그의 존재를 채우게 한다.[28] 고먼은 그것을 다음과 같이 말한다.

---

28 Jordan Cooper는 이렇게 말한다. "우리는 그리스도가 신앙이라고까지 말할 수 있다. 루터교 교의학에서 신앙은 보통 성령에 의해 신자의 마음에서 창조되는 은사로 간주되어 왔다. 그러나 Mannermaa는 Luther에 대해 말하면서 Luther 르네상스에 대한 연구가 신칸트주의의 인식론과 존재론에 과도하게 영향을 받아왔다고 주장한다. Albrecht Ritschl의 영향력 있는 Luther 연구는 Luther가 Hermann Lotze의 것과 유사한 인식론을 고수했음을 보여 주려고 했다. 이 틀 안에서는 그것 자체로 알려질 수 있는 존재는 존재하지 않으며, 사물은 오직 객체에 미치는 그것의 영향에 의해서만 알려질 수 있다. 그러므로 Ritschl이 그리스도가 신앙 안에서 분개한다는 Luther의 진술을 읽을 때, 그는 이것을 인간의 의지에 영향을 미치는 하나님의 외적 충동으로 해석했다. 그가 '우리와 함께' 혹은 '우리 안에' 있다는 것은 신자가 그리스도 안에서 그리고 그리스도를 위해서 산다고 말하는 하나의 방법이다. 신자와 그리스도 사이의 존재론적 연합은 존재하지 않는다. 그보다는 의지와 행위의 일치가 존재한다." Jordan Cooper and Peer J. Leithart, *The Righteousness of One: An Evalation of Early Patristic Soteriology in Light of the New Perspective on Paul* (Eugne, OR: Wipf & Stock, 2013), 42.

이 관계를 묘사하는 또 다른 방법은 그리스도와 신자의 상응하는 혹은 상호적인 내주다. 신자들이 그 안에서 살아가는 그리스도는 또한 개인적으로 그리고 집단적으로 그들 안에서 산다. 제임스 던 (James Dunn)이 간단하게 말하듯이, 바울과 그의 공동체들에게 이것은 "안팎에 존재하는 그리스도의 신성한 임재에 대한 신비로운 감각과 같은 그 무엇"이다. 그러나 이 "신비로운 감각"은 감정적인 경험이 아니라 상호내주라는 내러티브를 낳는다. 신자들이 세례를 받아 그리스도의 이야기 속으로 들어가듯이, 또한 그의 이야기는 세례를 받은 자들 안에서 그리고 그들 사이에서 되살아난다.[29]

신앙은 예수의 죽음과 부활이라는 내러티브 형태가 실재의 구성임을 신뢰하는 은사다. 비록 당신이 부정을 경험할지라도, 이 부정을 통해 당신의 인격이 예수의 그것에 묶일 것이다. 신앙은 어떤 정보에 대한 앎이나 종교적 참여에 대한 헌신이 아니라, 십자가와 부활의 **경험**을 통해 당신의 삶의 내러티브적 형태를 경험하는 것이다.[30] 바울의 관점에서 신앙을 전하는 것은 형용사를 추가하는 것이 아니다. 오히려 그것은 젊은이들과 노인들로 하여금 그들의 삶의 이

---

29 Gorman, *Cruciformity*, 38.

30 Gorman에게 "그리스도의 십자가는 단순히 성부 하나님의 사랑의 행위(롬 5:8)에 불과한 것이 아니라, 또한 그것은 성자 그리스도의 사랑의 행위다(고후 5:14; 갈 2:20). …… 믿음과 세례 안에서(갈 2:15-21; 롬 6:1-7:6) 그리고 그 후에 계속되는 십자가의 거룩한 삶 안에서 성자와 함께 죽는 것은 폭력적인 무언가를 적극적으로 하는 것이 아니라 타자의 유익을 위해 사랑과 은혜로 가득 채워진 무언가를 적극적으로 하는 것이다." *Inhabiting the Cruciform God: Kenosis, Justification, and Theosis in Paul's Narrative Soteriology* (Grand Rapids: Eerdmans, 2009), 145.

9. 멤버십에서 신비로운 연합으로

야기를 예수의 십자가와 부활을 통해 해석하되, 연합을 이루기 위해 성령을 보내시는 승천하신 그리스도를 통해 그렇게 할 능력을 얻도록 하는 것이다(우리는 이것이 어떤 것인지를 다음 장에서 논의할 것이다). 신앙은 십자가와 부활의 모습으로 다가오는 그리스도의 인격성에 대한 당신 자신이나 다른 이의 직접적인 경험을 통해 살아 계신 그리스도를 만나는 것이다. 바울은 그리스도와 십자가에 달리신 그분만을 알기로 하는데, 십자가가 '그리스도 안에' 있는 인격성의 모습이기 때문이다. 그것은 십자가와 부활을 통해 그리스도 안에 있는 경험에 관한 이야기다.[31]

반향 효과

그러나 사도행전 9장에는 놓쳐서는 안 되는 반향 효과가 등장한다. 이것은 내가 앞서 말한 것을 하나로 묶으면서 경험, 인격성, 그리고 이야기에 깊이를 준다. 바울이 직가라고 불리는 거리에 있는 유다의 집 방의 침상에 누워 있었을 때, 그는 그저 부정에 빠진 사람이었을 뿐이다. 그는 시력을 잃어서만이 아니라 그의 삶의 내러티브 아크가 벗겨지고 부정되었기에 앞을 보지 못하고 있었다. 바울이 기도할 때 아나니아가 바울에게 가서 그를 섬기라는 부르심을 받는

---

31 J. Louis Martyn은 이렇게 말한다. "바울의 집게손가락 선을 따라가다 보면 묵시적 극장 전체가 십자가에서 방향을 잡는 것을 보게 된다. 바울에게 십자가는 무시간적인 상징이 아니다. 반대로, 예수 그리스도의 십자가형은 그 자체가 그 이후로는 아무것도 전과 같을 수 없는 묵시다. 하나님의 메시아의 십자가형에는 침범하는 계시, 즉 묵시로 보이는 두 가지 차원이 있다." *Theological Issues in the Letters of Paul* (New York: Continuum, 1997), 285.

다. 아나니아는 예수 자신의 내러티브 아크의 화신으로서 바울에게
왔다. 아나니아는 연약한 사역자로서 왔다. 그는 처음에는 주저했으
나 마침내 순종하며 사역자로서 바울에게로 갔고, 사역자로서 십자
가와 부활의 내러티브 아크에 대한 증인이 되었다. 아나니아가 바울
을 섬기고 바울의 경험에 관한 이야기를 들을 때, 아나니아는 바울
의 삶에 참여하고 사역 행위 안에서 그리고 그 사역을 통해서 성령
의 변화시키는 능력을 구현하고 증언하면서 십자가에 달리신 이의
새로운 내러티브 아크 속으로 이끌린다. 바울은 예수가 사역을 위해
부정 안에서 그리고 부정을 통해서 자기에게로 온 것을 인정한다.
'그리스도 안에' 있다는 것은 아나니아처럼 사역자가 됨으로써 예
수의 존재에 참여하여 예수의 내러티브 아크를 취하는 것이다. 예수
이야기라는 드라마를 살아 내는 것은 사역자가 되는 것과 다르지 않
다. 그리고 신앙을 갖는 것은 사역자가 되는 그리고 그로 인해 타자
를 섬기도록 보냄을 받는 은사를 받는 것이다.

그러므로 '그리스도 안에' 있다는 것은 하나님의 본질 안으로
들어가는 것이 아니라 당신의 존재가 하나님의 행동 안으로 부름을
받는 것이다. 우리는 하나님의 행위를 통해 그분 자신의 존재의 상
태를 경험한다. 애덤 네더(Adam Neder)는 "그리스도와의 연합은 이
'차별화된 행동의 교제'의 사건이다"라고 말한다.[32] 이 행위는 사역
을 통해 우리에게 온다. 그리고 사역을 통해 그것은 우리의 부정을

---

32 Adam Neder, *Participation in Christ: An Entry into Karl Barth's "Church
Dogmatics"* (Louisville: Westminster John Knox, 2009), 79. 여기서 Neder는 Barth를 인
용한다.

9. 멤버십에서 신비로운 연합으로

끌어안고 우리에게 우리 존재의 이야기로서 예수의 이야기를 제공한다.

이것은 섬기는 그리스도의 행위로 우리에게 임하시는 하나님의 위격에 참여하는 것이다. 예수가 부정 안에서 움직이는 것은 자기 학대를 위해서가 아니고, 마치 바울의 내러티브를 제거하는 것이 어떤 모욕적인 것이 되기라도 하는 것처럼 바울을 벌하기 위해서도 아니다. 오히려 예수가 부정 안으로 들어오는 것은 그가 하나님의 행위의 충만함이기 때문이다. 예수는 성령을 통해 부정 안으로 들어오는데, 그것은 하나님이 인간의 사역자가 되기로 선택하셨기 때문이다. 삼위일체 하나님은 인간의 위격적 본성(hypostatic nature)을 완전히 존중하시는데, 그것은 인간 안에서 하나님을 반영하는 것이 바로 이 위격적 본성이기 때문이다. 인간의 이 위격적 본성을 존중하고 지지하기 위하여 하나님은 오직 겸손한 사역자로 인간에게 오심을 통해서만 인류에 참여하실 수 있으며, 이때 그분은 우리의 죽음을 포용하심으로써 인간성에 참여하시는데, 이는 우리로 하여금 위격적 연합을 통해 새로운 생명의 심원함과 영광을 발견할 수 있도록 하시기 위함이다.

바울이 '그리스도 안에' 있는 것은 그가 아나니아의 중재를 통해 사역자를 받았기 때문이다.[33] 그는 자비, 사랑, 연민의 행위를 통

---

33 바울은 갈라디아서 1장에서 그의 복음이 아무런 중재 없이 자기에게 왔다고 말한다. 하지만 나는 그의 말의 요점이 사역자가 없었다는 것이 아니라, 그의 복음이 예수의 위격에 대한 경험을 통해서 직접 왔다는 것이라고 여긴다. 이것은 그가 다른 사도들 중 하나에게서 배운 것이 아니다. 그것은 그들의 경험을 통해 중재되지 않았다. 여기서 나는 우리에게는 늘 이

해 자신이 섬김의 대상이 되는 것을 경험했다. 이런 자비, 사랑, 연민의 행위는 마술적인 것이 아니라 위격적인 것이었다. 그리고 그것들이 위격적인 것은 그것들이 섬김의 대상이 되는 자에게 예수 자신의 새로운 내러티브 아크를 선물로 제공하기 때문이다. 바울이 신앙을 갖게 된 것은 자신이 그리스도 안에 있음을 인식했기 때문이다. 그는 사역 행위를 통해 그리스도의 인격성을 경험한다. 바울의 경험에 일관성을 부여하고, 자신의 자리가 공유된다고 느끼고, 성령을 통해 성부와 성자 사이에 결속되는 위격적 연합을 맛보게 했던 것은 사역자로서 그에게 다가왔던 아나니아의 믿음이었다.

아나니아의 사역을 통해 바울은 새로운 내러티브 아크라는 선물, 즉 예수 자신의 사역의 삶을 받는다.[34] 이제 바울은 아브라함이 의인이었던 이유가 그가 신앙의 사람이었기 때문임을 이해한다. 비록 아브라함은 무(無)의 불가능성만을 경험하지만, 그는 죽음에서 생명을, 즉 불임에서 약속을 가져오는 하나님의 인격성 안에서 하나의 이야기를, 그리고 죽음 **안에서 그리고 그것을 통해서** 생명을 발견하는 존재가 되는 것과 묶여 있는 새로운 정체성을 경험했다. 아브라함이 의롭다고 간주된 것은, 하나님이 사람들에게 오셔서 죽음 대신 생명을 제공하신다는 이 이야기에 충실했기 때문이다. 믿음으로 아브라

런 경험을 구현하고 반향해 줄 사역자들이 필요하다는 것을 강조하고 싶을 뿐이다.

34 나는 Gorman이 언급하는 이 순종이 사역으로의 부르심 그 자체라고 믿는다. 예수의 신실함에 참여하는 자는 사역의 행위를 경험하며 이 행위를 통해 그들 자신이 사역자가 되라는 부르심을 받는다. 신실한 자들은 성령을 통해 사역으로 이끌림으로써 그들의 삶을 예수의 내러티브를 향해 기울어지게 만든다. 순종과 신앙에 대한 Gorman의 이해에 관한 더 많은 논의를 위해서는, *Reading Paul* (Eugene, OR: Cascade Books, 2008), 154를 보라.

9. 멤버십에서 신비로운 연합으로

함은 계속해서 그의 삶이 새로운 생명을 위해 불가능성 속으로 들어가는 자의 내러티브를 향하도록 허용한다. 아브라함이 신앙을 가졌던 것은, 사역자이신 하나님이 새로운 내러티브를 가지고 그의 인격에 다가오심을 경험했기 때문이다. 그 새로운 내러티브는 하나님 자신의 존재가 불가능성으로부터 가능성을 제공하리라고 약속했다.[35]

　아나니아는 바울에게 복음을 전하고 신앙을 선물로 제공하는데, 이때 그는 이런 믿음의 논리를 흡수하여 다른 이들에게 전하라는 요구 때문에 그렇게 하지는 않는다. 오히려 바울은 사역 행위를 통해서, 즉 그의 부서진 인격에 참여하는 사역자에 의해서 복음을 접한다. 바울은 그리스도의 새로운 내러티브 형태에 자신을 넘겨주어야 한다. 그는 이 새로운 내러티브가 실재의 구성이라는—실제로 죽음에서 생명이 나온다는—믿음을 가져야 한다. 그러나 바울이 그렇게 할 수 있는 것은 그의 인격이 그리스도를 공유하기 때문이다. 그는 예수 자신의 사역 행위를 거듭해서 그에게 반향하는 아나니아의 포용 안에서 그리고 그것을 통해서 다가오는 예수의 사역 행위를 통해서 죽음으로부터 생명을 경험했다.

35　Gorman은 이 점을 강조한다. 그러나 내가 이 각주를 덧붙이는 것은 그것이 그를 Bonhoeffer에게로 이끌어 가기 때문이다. Bonhoeffer가 이 프로젝트를 시작했기에, Gorman과 Bonhoeffer의 연결은 훌륭한 일관성을 제공한다. Gorman은 이렇게 말한다. "바울은 신앙을 아주 실제적이고, 아주 생생한 예수의 죽음에 대한 참여로 여기기에, 그것은 그리스도와 함께 십자가에 달리는 것으로 혹은 함께 십자가를 지는 것으로 묘사될 수 있다(롬 6:6; 갈 2:19). 이것은 Bonhoeffer를 사로잡았던 현실이기도 했다. '그리스도가 사람에게 명하실 때, 그는 그에게 와서 죽으라고 명하신다.'" *ibid.*, 124.

그렇다면 신앙이란 무엇인가?

우리는 세속 2의 그림자와 세속 3의 중력 안에서 신앙이 종교적 기관에 대한 참여와 특정한 신앙에 동의하는 것(예컨대 '비신자'가 아닌 것)임을 인정했다. 신앙에 대한 이런 내재론적 정의에 굴복하면서 우리는 사회학자들과 그들의 내재론적 도구들이 신앙 자체의 모양과 온도를 구성하도록—마치 신앙이 초월적 특성을 갖고 있지 않은 것처럼—허용했다. 내재론적 틀에 묶여 있는 이런 도구들은 우리가 위기에 처해 있다고, 즉 우리가 설 자리를 잃어 가고 있다고 중계한다. 그것이 사실일 수는 있으나, 신앙에 관한 모든 성찰을 사회학자들과 그들의 평가(세속 2의 비종교적인 공간이 늘어나고 있다는)에 넘겨주는 것은 우리로 하여금 젊음을 공경하려는 (심지어 그것에 집착하려는) 압도적인 유혹에 넘어가게 했다. 신앙은 세속 2의 공간 싸움에서 매력적이 되기 위해 젊어질 필요가 있다.

진정성의 시대는 실존의 경험적이고 인격적인 본성(신앙의 초월적 특성을 회복하는 데 핵심적인 것들)을 긍정하는 새로운 방식을 허용하면서도, 갈망, 개인주의, 그리고 결핍을 납작하게 만드는 경향이 있다. 청년들은 그들이 진정으로 이드의 욕망을 따라 살기에 진정성의 시대의 영웅이 된다. 이어서 청년들은 진정성의 표시가 된다. 우리는 세속 2 상황에서 입지를 잃어 가고 있다고 느끼면서, 우리의 교회가 보다 진정한 것으로 인식되게 하고 그로 인해 비종교에 맞서 더 많은 입지를 얻어 내게 하기 위해 교회가 더 젊어지도록 밀어붙인다.

신앙에 대한 우리의 이해는 약화될 것인데, 그것은 우리가 세속 3의 중력의 힘에 대해서나 어떻게 해서 이 중력이 우리의 사회적 이

9. 멤버십에서 신비로운 연합으로

미지를 초월과 하나님의 행동 자체의 불가능성 쪽으로 움직이는지에 대해 거의 관심을 가지지 않아 왔기 때문이다. 우리는 계속해서 신앙을 종교적 참여와 믿음에 대한 동의로 정의하는데, 그것은 우리가 세속 2의 싸움에서 그렇게 하는 것이 필요하다고 여기기 때문이다. 우리는 이것이 실제로 세속 3의 기세를 더한다는 것을 인식하지 못한다. 이것은 신앙에 대한 정의가 사회과학에 의해 이루어지게 하고, 단순한 질병(종교적 참여의 결여)을 해결하려다가 결국 온몸을 암으로 감염시키는(신앙이 하나님의 행동과 무관하게 형상화되게 하는) 처치를 시행하고 만다.

　　이것은 우리가 바울에게로 돌아가 그가 신앙을 어떻게 생각하는지 묻는 것을 더욱 중요하게 만든다. 우리는 바울에게 신앙이 부정을 통해 나타나는 것을 보았다. 고먼은 직접 다음과 같이 말한다. "신앙에 대한 바울의 이해는 우리가 예수의 십자가형이라는 경험 속으로 들어가는 죽음의 경험이다. 역설적으로, 신앙이라고 불리는 이 죽음의 경험은 현재와 미래 모두에서 생명을 낳는다."[36] 우리가 신앙이라는 은사를 받는 것은 이런 부정의 경험을 통해서다. 신앙은 우리가 행하거나 만들어 내는 그 무엇이 아니다. 그것은 우리가 부정을 통해 예수의 인격에 참여할 수 있도록 우리에게 주어지는 은사다. 그 부정에서 우리의 내러티브 아크는 변화되어 예수 자신의 것이 된다. "즉 신자의 신앙은 그리스도의 신앙을 따른다. 특별히 신자의 신앙은 십자가 형태의 신앙이다. 그리스도의 신실하심이 십자가

36　Gorman, *Inhabiting the Cruciform God*, 80.

위에서 표현되었기 때문이다.[37] 신앙은 우리의 삶으로 하여금 부정을 통해 우리에게 다가오는 하나님의 행동이라는 초월적 경험을 향해 구부러지게 하며, 이 부정은 우리에게 새로운 생명을 제공한다. 이것이 초월의 경험인 것은 그것이 위격적 경험이기 때문이다(그것은 자연적이고 물질적인 것 이상이다). 그것은 그리스도와의 연합 속에서 우리 자신을 발견하는 영적 현실이다.

그러므로 신앙은 언제나 당신 자신이 섬김을 받게 하고 또한 다른 이들을 섬김으로써 그리스도의 십자가와 부활이라는 내러티브 아크에 참여하는 것이다. 바울이 아브라함을 의로운 믿음의 사람으로 보는 것은 그가 종교에 참여하거나 신앙에 동의해서가 아니라(오히려 그는 깊은 의심을 갖고 있었다), 그가 계속해서—단지 일반적으로 신뢰하는 것이 아니라, 비록 태가 마르고 죽었음에도 하나님의 행동이 죽음에서 새로운 생명을 낳으며 다가올 수 있다는 내러티브에 자신을 특별하게 내맡기면서—반대쪽에 있는 내러티브 아크에 자신을 내주었기 때문이다. 고먼은 이렇게 말한다.

> 그러나 아마도 신앙에 대한 바울의 경험과 이해에서 가장 특이한 것은 …… 그것의 참여적 성격일 것이다. 즉 신앙의 응답은 그리스도의 죽음과 부활에 대한 참여다. 그것은 단순히 하나님의 신실하신 자로서의 예수에 대한 순종이나 모방이 아니라 예수의 경험 그리고 예수 자신의 실제적인 나눔이다(롬 3:26). …… 갈라디아서 2:15-21

---

37 Gorman, *Cruciformity*, 141.

에 따르면 '오직 믿음으로 말미암는 칭의'가 의미하는 바는, 그리스도의 신실함은 칭의의 객관적 근거이고, 우리가 공동으로 십자가를 짐으로써 그 신실함에 참여하는 것은 칭의의 주관적 근거라는 점이다. 그러므로 신앙은 부활 경험으로 이어지는 죽음의 경험이다.[38]

신앙을 갖는다는 것은 하나님의 행동 자체와 연합하기 위해 우리의 부정과 불임을 끌어안으면서 사역자의 겸손한 힘으로 다가오는 하나님의 행동이라는 내러티브 형태를 향해 우리의 삶을 구부러뜨리는 것이다. 아나니아가 신앙의 사람인 것은 그가 하나님의 행동에 자신을 개방했기 때문이다. 가라는 명령을 듣고서 그는 부정 안으로 들어가 부정을 통한 사역 행위로 그리스도의 신적 행동을 경험한다. 신앙의 은사를 통해 그는 바울의 부정을 섬기면서 사역 행위 속에서 회복과 새로운 생명과의 초월적인 만남을 낳는 그리스도와의 깊은 연합을 발견한다.

우리가 우리 교회에 속한 이들이 신앙을 경험하도록 돕는 것은 공간이나 헌신을 얻기 위한 싸움이 아니다. 그것은 실제로는 세속 2의 그림자로부터 걸어 나오는 것이고 특별히 세속 3과 씨름하는 것이다. 그것은 바울과 아나니아처럼 자신의 삶을 초월을 향해 개방하면서 기도하도록 사람들을 격려하는 것이다. 그것은 그들에게 오라고, 그리고 기도를 통해 그들의 부정의 경험을 분명하게 표현하고 그렇게 함으로써 섬김을 받으라고 초청하는 것이다. 그리고 그들의

---

38 Gorman, *Reading Paul*, 155.

인격을 공유하는 사역 행위 안에서 그리고 그것을 통해서 계속해서 기도하며 하나님의 행동을 구하는 것이다.

사역 행위를 통해 신앙은 새로운 내러티브를 취한다. 신앙은 사역의 약함을 통해 다가오는 하나님의 행동을 받아들인다. 사역은 부정에 참여하는 힘을 지니고 있고 새로운 생명이 부정으로 다가오는 것에 주목하는데, 그것은 부정 자체가 하나님의 행동의 장소가 되게 하기 위함이다. 신앙을 갖는 것은 당신의 삶이 십자가와 부활이라는 예수 자신의 내러티브 아크의 형태로 구부러지도록 허락하는 것이다. 그러나 이런 구부러짐의 힘은 비느하스가 아니라 아나니아의 형태로 나타난다. 우리의 삶은 예수가 우리를 섬기도록 허락함으로써 예수의 내러티브 아크 안으로 구부러진다. 사람들이 신앙을 갖도록 돕는 것은 그들이 섬김을 받고 다른 이들을 섬기는 행위를 통해 하나님의 행동을 경험하도록 돕는 것이다.

부정에 합류하는 사역 행위를 통해 초월이 온다고 보는 것은, 우리가 세속 3을 다루며 그것에 반대하는 방법을 가능케 한다. 하나님의 행동은 사역의 내러티브 아크에 참여하는 우리의 경험으로 다가온다. 신앙을 갈망하는 것은 죽음에서 생명을 가져오는 사랑과 소망 안에서 하나님의 행동을 갈망하는 것이다.

그렇다면 신앙은 어떻게 형성되는가? 다시 말해, 신앙 형성이란 무엇인가?

10

형성의 음악

그리스 신화의 판도라 상자는 모든 악을 포함하고 있는 신비로운 상
자다. 가련한 판도라는 지혜롭지 못하게 그 모든 것을 풀어놓는다.
청취자를 위한 특별한 라디오 방송국을 만들어 내는 판도라 뮤직 애
플리케이션(Pandora muic app, 이용자의 청취 경험이 누적될수록 그의 취향
에 맞는 음악을 스트리밍하는 음악 서비스―옮긴이)은 악을 풀어놓는다는 비
난을 받아서는 안 되지만, 그럼에도 그것은 여전히 신비롭다. 내재
론적 틀의 렌즈를 통해 우리는 판도라를 그저 알고리즘 정도로 볼
수도 있다. 그것은 단지 기술과 코딩, 그리고 수학의 매끄러운 조합
에 불과하다. 그러나 노래들이 연주될 때, 인간의 정신은 신비로운
방식으로 변화된다. 인정하기가 당황스럽기는 하나, 나는 홀앤오츠
(Daryl Hall and John Oats, 필라델피아에서 결성된 미국의 남성 듀오―옮긴이)의
방송을 귀가 닳도록 들었다. 어느 날 나는 공항에서 걸으면서 〈맨 이
터〉(Man Eater, 홀앤오츠의 노래들 중 하나―옮긴이)라는 노래를 들었다. 그
노래를 다시 들으면서 나는 상상 속에서 비닐 카시트를 타고 어린
시절로, 즉 나의 아버지가 필라델피아의 대릴과 존의 펑키한 반복
악절을 따라 부르며 어깨까지 내려오는 머리칼을 흔들던 1978년과

1982년으로 미끄러져 들어갔다.

음악은 우리를 감동하게 해 경험의 깊이를 느끼도록 만든다. 빌리 조엘(Billy Joel, 미국의 싱어송라이터—옮긴이)의 멜로디가 흐를 때 나는 일곱 살 때를 기억할 뿐 아니라 그때의 경험을 느끼고 심지어 맛보기까지 한다. 이상하게도 나는 나의 어린 시절의 집 냄새를 맡을 수 있다. 〈스멜즈 라이크 틴 스피릿〉(Smells like Teen Spirit, 록밴드 너바나의 노래, 갓난아기가 낚싯줄에 매달린 1달러짜리 지폐를 향해 헤엄치는 동영상으로 유명하다—옮긴이)의 한 구절을 중얼거릴 때 나는 90년대 초반으로 돌아간다. 나는 내 손에 CD 케이스를 들고 있던 것을, 그리고 더 실감 나게 처음으로 내가 줄에 매달린 1달러짜리 지폐를 따라 헤엄치는 벌거벗은 아기를 보았던 곳을 기억한다. 고교 시절의 혼돈, 시애틀 그런지(grunge, 얼터너티브 록의 한 음악 장르로 너바나가 이를 대표하는 록밴드 중 하나였다—옮긴이)의 문화적 전환, 그리고 CD의 도래가 합쳐져 나를 새로운 세계 속으로 밀어 넣었다. 너바나의 음악을 다시 들으며 나는 정신을 차렸으나 또한 더 깊은 곳으로 들어가며 나의 경험의 의미를 찾았다. 커트(Kurt, 너바나의 리더—옮긴이)의 징징거리는 보컬과 왼손 리프를 들을 때 나는 다시 한번 나의 변화를 경험하고 맛볼 수 있다. 레드핫칠리페퍼스(Red Hot Chili Peppers, 1983년 미국 캘리포니아주 로스앤젤레스에서 결성된 록밴드—옮긴이)의 〈스카 티슈〉(Scar Tissue, RHCP의 노래 중 하나—옮긴이)의 베이스라인 한 구절을 들었을 때 나는 LA의 134번 고속도로에서 나의 희망과 꿈—그중 어떤 것은 성취되었고 다른 어떤 것은 부서지고 불타 버렸다—을 기억하며 젊은 어른이 되는 것에 대한 기대감과 불안에 싸여 있었다. 음악은 우리를

10. 형성의 음악

형성하는 방법을 알고 있다. 그러나 신비로운 방식으로 또한 음악은 시간에 대한 우리의 감정을 받아들이고 그것들을 순환시켜 우리가 시간 속에서 우리의 존재를 되살리도록 감동시키는 신비한 힘을 가지고 있다.

그러므로 19세기 초의 철학자 쇼펜하우어(Arthur Schopenhauer)가 음악을 현상(現象, phenomenon)과 물자체(物自體, noumenon)라는 칸트(Immanuel Kant)의 확고한 범주를 깨는 방식으로 보았던 것은 놀랄 일이 아니다. 칸트는 우리의 문화 운동을 내재론적 틀의 비인격적인 시대 안으로 밀어 넣었다. 칸트는 현상에 대한 경험과 물자체에 대한 경험 사이에는 두꺼운 벽이 있다고 주장했다. 우리가 실제로 알 수 있는 모든 것은 초콜릿을 맛보고, 노란색 꽃을 보고, 스웨터의 질감을 만지고, 시계의 종소리를 듣는 것처럼 경험을 통해 아는 것뿐이다. 이런 감각적 경험 밖이나 너머에 있는 것은 무엇이든 물자체에 속해 있으며 모든 의도와 목적에도 불구하고 우리가 그것에 대해 아는 것은 불가능하다.[1] 물론 하나님의 행동과 초월은 이런 물자체의 벽 너머에 갇혀 있다. 칸트의 아이디어는 서구 사회에서 초월을 향한 문을 차단하는 데 필요한 몇 가지 핵심적 자료를 제공했다.

쇼펜하우어는 웅장한 천재이자 엄청난 괴짜였다. 그는 야심과 경쟁심으로 가득 차서 그의 동료 철학자였던 헤겔(George Wilhelm Hegel)을 증오했는데, 부분적으로는 그의 철학 때문이었으나 주로는

---

1 물론 Kant의 실천적 이성 속에서 그는 이러한 명목상의 실재를 포용할 수 있는 방법을 제공했다. 그러나 후기 칸트주의적 관념론은 이러한 가능성을 없애고 우리를 내재론적 틀 속으로 더 깊이 밀어 넣었다.

그의 명성 때문이었다. 헤겔은 그의 강의로 수많은 학생들을 끌어들이는 것으로 유명했다. 그 시절에 명성과 직업의 안정성은 모두 청중에게 달려 있었다. 쇼펜하우어는 오만함으로 가득 차서 도무지 승산이 없음에도 언제나 그의 강의를 헤겔의 것과 직접 경쟁하는 방식으로 정했다. 그것은 효과를 보지 못했다. 쇼펜하우어가 천재이기는 했으나, 헤겔의 강의실이 매번 수백 명의 학생들로 채워졌던 반면, 그 훌륭한 늙은 아르투르의 강의실은 겨우 두 손으로 헤아리는 것으로 충분했다.

결국 쇼펜하우어는 대학을 떠났고 그의 아버지의 유산을 축내면서 프리랜서 철학자로 살았다. 그러나 쇼펜하우어가 제시했던 아주 흥미로운 개념들 중 하나는 음악이 어떻게 현상과 물자체에 대한 칸트의 구분을 넘어서는가 하는 것이다. 쇼펜하우어는 음악이, 분명히 감각적 경험이기는 하나, 인간의 경험이 생각하는 것보다 이런 신비로운 현실에 더 가깝다는 것을 보이면서 우리를 물자체에 해당하는 무언가를 향해 열어 주는 방법을 알고 있다고 믿었다.[2]

음악이 바울의 경험과 신앙 형성에 대한 그의 이해 모두에서 핵심적 역할을 한다는 것은 놀랄 일이 아니다. 그러나 이 음악이 연주되기 전에 우리는 악기들이 어떻게 조율되는지 그리고 세속 2와 세

---

2 이 장의 범위를 넘어서는 것이기는 하나, Schopenhauer가 기본적으로 유명해지지 않은 상태로 죽었음을 기억하는 것은 흥미로운 일이다. 그러나 그의 음악 이론은 19세기 말에 Wagner에게 영향을 주었다. Wagner는 Nietzsche와 아주 가까운 친구가 된 지휘자였다. 바그너는 Nietzsche에게 Schopenhauer를 읽도록 설득했다. 아주 분명하게 Schopenhauer는 Nietzsche의 철학에 핵심적 영향을 주었다. 그러나 Schopenhauer처럼 Nietzsche 역시 유명해지지 않은 채 죽었다.

          10. 형성의 음악

속 3이 우리의 신앙 형성 방식으로 하여금 어떻게 음정에서 벗어나게 했는지 이해할 필요가 있다.

음정 이탈

신앙 형성에 관한 바울의 노래가 변혁적이기 위해서는 그 정신과 내용에 신앙에 대한 바울의 이해가 포함되어야 한다. 이것은 아주 논리적이어서 말할 필요가 없을 정도다. 그러나 이상하게도 오늘날 우리의 여러 신앙 형성 프로그램에는 신앙 형성의 **과정**(우리가 신앙을 전수하기 위해 사용하는 방법과 접근법)과 신앙 자체의 **대상**(예수 그리스도의 인격으로서 하나님의 행동에 대한 경험) 사이에 큰 차이가 존재한다.[3]

우리는 세속 2의 그림자와 세속 3의 중력 안에서 살고 있기에 과정과 대상을 구분하려는 유혹을 받는다. 우리는 MTD와 같은 투쟁에 대한 해결책이 단지 더 좋은 과정일 것이라고 잘못 생각한다. 그래서 우리는 너무 자주 단순히 우리가 자신의 신학적 입장을 증

---

3 이 장 전체를 통해 나는 신앙의 과정과 대상을 대조할 것이다. 그러나 신앙의 대상으로 향하는 것이 하나님을 대상화하도록 이끌어서는 안 된다. 오히려 Karl Barth가 여러 곳에서 말했듯이, 하나님은 순수한 주체로서 신앙의 대상이다. Barth는 내가 따르는 이 입장을 부분적으로 Luther로부터 가져온다. Tuomo Mannermaa는 우리가 신앙의 대상에 대해 말할 때 늘 이 대상이 순전한 주체라는 것을 의미한다는 것을 상기시키는 좋은 인용문을 통해 Luther의 입장을 설명한다(나의 위격적 존재론은 그것이 달리 되는 것을 허락하지 않는다). Mannermaa는 이렇게 말한다. "만약 우리가 그리스도를 단순히 신앙의 대상으로 여긴다면, 우리는 Luther의 신앙 개념을 올바르게 이해하는 것이 아니다. 오히려 신앙의 대상으로서의 그리스도는 스스로 현존하며, 따라서 사실상 그는 또한 신앙의 '주체'이기도 하다. Luther는 그리스도는 신앙의 대상이지만, 단순히 대상은 아니라고 말한다. 오히려 '그리스도는 신앙 자체 안에 현존한다.'" "Justification and Theosis in Lutheran-Orthodox Perspective," in *Union with Christ: The New Finnish Interpretation of Luther*, ed. Chal Braaten and Robert Jenson (Grand Rapids: Eerdmans, 1998), 36.

축할 수 있다고 믿으면서 신앙 형성의 새로운 모델을 찾기 위해 온 갖 종류의 새로운 과정을 제공하는 커리큘럼이나 회의를 향해 달려 간다. 세속 2는 우리에게 가장 중요한 것이 사람들을 헌신하도록 만 드는 과정이라고 믿게 만든다. 하나님의 행동의 형태에 대해서야 누 가 신경을 쓰겠는가? 만약 그런 것이 필요하다면 (우리는 그것에 대해 의심하지만) 우리는 나중에 그것을 덧붙일 수 있다. 특정한 사람들로 서 우리가 우리에게 다가오시는 예수를 어떻게 경험했는지에 대해 도대체 누가 신경을 쓰겠는가? 우리 자신의 이야기에 누가 신경을 쓰겠는가? 이 커리큘럼에서는 티셔츠를 줘! 중요한 것은 이 과정이 종교적 헌신을 얻어 내는 데 성공하리라고 약속하는 것이다. 그러 니 교회가 죽는 것을 바라지 않는다면, 우리는 이것을 시도해 보아 야 한다.

세속 3은 우리가 어떻게 하더라도 신앙의 대상(살아 계신 그리스도 안에 있는 하나님 자신의 행위와 존재)을 초월적 실재로 경험하는 것이 불 가능하다고 암묵적으로 가정하도록 이끈다(그것이 우리가 하나님의 행동 의 형태에 대해 생각할 필요가 없다고 확신하는 이유다). 우리가 신앙의 과정에 만 집중할 수 있는 것은, 세속 3이 우리에게 신앙의 대상은 살아 있 는 인격이 아니라 그에 대한 헌신을 얻기 위해 매끄러운 과정이 필 요한 생명 없는 내용일 뿐이라고 확신시켜 왔기 때문이다. 우리가 무모하게 젊음에 빠져드는 것은, 우리의 신앙 형성 과정을 정당화하 고 하나님의 행동의 구체적인 형태(예수라는 순수한 주체)에 주의를 기 울이지 않으면서 신앙의 대상을 인증하는 방법이 바로 젊음이기 때 문이다.

세속 2의 드잡이 속에서 인증에 대한 욕망으로서의 젊음은 우리로 하여금 하나님의 행동의 구체적인 형태를 기껏해야 성가신 것으로, 그리고 나쁘게는 주의를 산만하게 하는 것으로 보도록 만든다. 그것은 우리의 문화화된 귀에는 음정에서 벗어난 노래처럼 들린다. 그리고 우리가 젊음의 형태를 취함으로써 진정한 타당성을 위한 싸움에서 이기려고 할 때, 하나님의 행동에 대한 숙고―혹은 우리의 형성 과정이 하나님의 행동이라는 노래에 맞춰 춤추게 하려는 갈망조차―는 세속 2의 영역을 위한 싸움에서 쓸데없이 주의를 산만하게 하는 것처럼 보인다(물론 우리는 그런 태도로 인해 세속 2의 작은 전투에서 이기는 반면 세속 3에 자신을 넘겨줌으로써 전쟁에서 질 수도 있다는 것을 결코 인식하지 못한다).

신앙 형성은 종교적 헌신을 얻는 과정이 된다. 그리고 신앙 자체는 그 과정의 목표다. 신앙은 제도적 참여와 공언된 믿음의 조항들처럼 사회학적으로 정의된 범주들을 통해 종교적 공간에 적절하게 헌신하는 것이다. 그러므로 우리는 이 목적을 충족하기 위해 우리의 과정을 연마한다. 신앙 형성이란 사람들로 하여금 교회에 머물고 가르침 받은 것을 믿게 하는 것이 된다. 신앙 형성이 하나님의 행동의 구체적 형태와 분리되도록 허락하는 것은 신앙의 과정과 대상에 대한 관심이 배제됨을 의미한다. 그리스도와의 실제적인 존재적 결합(존재와 존재의 연결)은 상실된다(적지 않게 이것은 사회학자들이 이것을 측정할 도구를 갖고 있지 않기 때문이고, 또한 세속 2의 근심과 세속 3의 숨겨진 중력 속에서는 오직 내재론적 틀에 묶인 사회학자들만이 신앙과 신앙 형성을 정의할 수 있기 때문이다).[4]

우리가 신앙 형성 과정과 씨름하는 (그리고 그렇게 많은 신앙 형성 과정들이 그토록 무능한) 이유는 그것들이 하나님의 행동 자체에 대한 경험으로부터 단절되어 있기 때문이다. 신앙 형성에 대한 우리의 상상력이 하나님의 행동의 신비 밖에서 구성될 수 있을 때 우리는 하나님의 행동에 개연성이 없음을 확인한다. 그때 우리는 분열 속에서 살아간다. 우리는 신앙 형성 과정을 하나님의 행동의 형태에 대한 고려 없이, 단순히 방법과 모델을 만들어 내는 초실용주의로 바꾼다. 그리고 이어서 우리는 신앙의 대상이 살아 있는 주체가 되는 것을 너무 자주 방해하는 불투명한 학문 분야에 하나님의 행동에 대한 고려를 넘겨준다.

사역의 음악

바울의 비전은 아주 다르다. 바울이 바라보는 형성의 과정은 오직 그것이 예수 자신의 존재와의 실제적인 존재적 결합이기에 하나님의 행동이라는 형태를 취할 수 있다. 신앙을 갖는다는 것은 그리스도 **안에** 있는 것이다. 그것은 그리스도가 당신 안에서 살기에 그

---

4 이 프로젝트 전체에서 나는 얼마간 사회학을 공격해 왔다. 나는 이것이 경솔한 일이 되지 **않기를** 바란다. 나는 사회학에 대해 큰 존경심을 갖고 있다. 그러나 나는 특히 실천신학자들이 사회과학에 너무 많은 것을 넘겨주었다고 생각한다. 나의 관심사에 관해 더 많은 것을 알기 위해서는, "Regulating the Empirical in Practical Theology: On Critical Realism, Divine Action, and the Place of the Ministerial," *Journal of Youth and Theology* 15, no. 1 (2016): 44-64를 보라. 나는 또한 Christian Smith와 함께 사회학이 거의 진술되지 않고 여러 방식으로 세속 3의 책무와 내재론적 틀을 완전하게 확증하는 숨겨진 규범적인 신성한 프로젝트를 갖고 있다고 믿는다. Smith, *The Sacred Project of American Sociology* (London: Oxford University Press, 2014)를 보라.

리스도**의** 신앙을 갖는 것이다. 그리스도 안으로 들어가는 길은 프로그램, 원리, 혹은 심지어 교리를 통하지 않는다.[5] 마이클 고먼에 따르면, 이 연합 '안으로' 들어가는 유일한 길은 죽음의 경험(십자가, 부정)을 통해서다. 신앙 형성의 과정은 부정 안에서 그리고 부정을 통해서 우리에게 다가오시는 예수 자신 안으로 들어가는 길 외에 달리 있을 수 없다. 바울은 그의 내면에 있던 비느하스의 죽음을 경험함으로써, 즉 그가 한때 율법이 할 수 있다고 여겼던 것을 할 수 없음을 경험함으로써 신앙 안으로 이끌렸다. 바울이 자기 안에서 예수 자신의 인격을 경험한 것은 바로 이런 죽음의 경험을 통해서였다. 예수는 박해라는 죽음의 경험을 통해 자신을 교회와 묶었던 것처럼 죽음(십자가)의 경험을 통해 자신의 존재를 바울의 존재와 묶는다. 바울에게 이것은 참으로 **존재론적인** 현실이다. 왜냐하면 바울 자신의 존재(그의 존재에 응집력을 부여하는 바로 그 이야기)는 죽었으나 이제 예수의 부활한 인간성 안에 감춰짐으로써 되살아났기 때문이다.

---

5   우리는 값싼 은혜에 대한 Bonhoeffer의 표현의 메아리를 들어야 한다. Bonhoeffer는 이 프로젝트를 시작한 일종의 방향키였다. Gorman에 따르면, 그리고 나는 개인적으로 이에 동의한다, Bonhoeffer의 사고는 내가 지금껏 설명해 왔던 그리고 아래에서 상세하게 발전시키고자 하는 유형의 신화(theosis)의 방향으로 기울어져 있다. 이것이 흥미로운 것은 Bonhoeffer가 Karl Holl(튀빙겐과 베를린의 신학 및 교회사 교수였으며 당대 가장 영향력 있는 교회 역사가 중 한 사람—옮긴이)의 학생이었고 Luther에 대한 그의 해석을 아주 많이 받아들였기 때문이다. 그러나 Bonhoeffer의 그리스도에 대한 순응 의식은 이 방향으로 움직이는 것처럼 보인다. Gorman에 따르면, Bonhoeffer는 "결국에 제자도는 외적 부름이나 규범에 대한 모방 혹은 심지어 순종이 아니라는 것을 인정한다. 그것은 변화, 즉 신화에 관한 것이다." 그는 계속해서 이렇게 말한다. "우리가 Bonhoeffer에게서 발견하는 것은 주로 바울의 참여 신학·영성에 관한 말을 통해 표현되는 제자도에 대한 급진적 해석과 통합된 동방 정교회의 신화에 관한 전통이다." *Inhabiting the Cruciform God: Kenosis, Justification, and Theosis in Paul's Narrative Soteriology* (Grand Rapids: Eerdmans, 2009), 170.

그러나 이 죽음의 경험을 예수의 인격 안에 있는 연합으로 인증하는 것은 하나님의 행동이 **사역(섬김)**이 되어 죽음 안으로 들어가는 것이다. 바울이 섬김을 받을 때, 즉 그가 자신의 죽음의 경험 안에서 그리고 그 경험을 통해서 십자가로부터 부활로 이끌릴 때, 그는 삼위일체의 존재적 연합에 참여하도록 휩쓸리는데, 그것이 그의 존재에 새로운 내러티브 아크를 부여한다. 성자가 성부를 섬기듯, 성부는 성령을 통해 성자를 섬긴다. 삼위일체의 상호내주(perichoresis)는 (종종 그렇게 정의되는 것처럼) 단순한 춤 이상이며 가장 심원한 형태의 현존과 나눔이다.

상호내주는 단순히 관계성을 기독교의 핵심으로 정당화하는 것이 아니라[6] 사역이라고 불리는 존재적 관계성의 구별되고 심원한 형태, 즉 위격적 연합(hypostatic union)을 가리킨다. 사역은 일반적인(자연적인) 관계성 이상이다. 오히려 사역은 정신을 성령 속으로 이끄는 형태의 행동이다. 사역은 참여라는 존재론적 사건을 만들어 낸다. 그것은 연합을 위격으로 만드는 사건이다. 예수는 사역을 위해 신적 본성과 인간적 본성을 연합한 존재다. 이런 나눔의 연합은 이제 제자들에게 제공된다. 예수는 제자들에게 그들이 "땅에서 매면 하늘에서도 매일 것"(마 18:18)이라고 말한다. 사역 행위는 약해 보이지만 아주 강력한 것이어서 그 자체의 존재론을 포함할 정도다. 이것이 같은 장에서 (단지 두 절 후에) 예수가 "두세 사람이 내 이름으로

---

6 상호내주와 사회적 삼위일체에 관해 보다 섬세하고 아름답게 제시된 토론을 위해서는 Kathryn Tanner, *Christ the Key* (London: Cambridge University Press, 2010)를 보라.

10. 형성의 음악

모인 곳에는 나도 그들 중에 있느니라"(마 18:20)라고 말하는 이유다. 사역 행위는 신적 차원과 인간적 차원에 존재론적 연합을 가져온다. 그것은 십자가가 부활로 바뀌는 구체적이고 살아 있는 이야기다. 그리스도 안에 있다는 것은 살아 계신 예수가 당신의 죽음의 경험을 통해 당신을 섬길 때 당신 안에서 그를 만나는 것이다.

사역은 가장 깊은 형태의 관계성이다. 사역 안에서 당신은 당신의 존재를 다른 이와 깊이 공유함으로써 당신의 존재에 일관성을 부여하는 이야기를 새로운 이야기, 즉 당신의 자리에 참여하는 사역자의 사랑, 연민, 그리고 긍휼이라는 새로운 이야기로 완전하게 바꾸기 때문이다. 사역은 창조되지 않은 영역에서의 상호내주이고,[7] 창조된 영역에서 그것은 자리의 나눔(place-sharing)이다(마 25).[8] 삼위일체로서의 하나님은 하나님 자신의 존재 밖에서 오는 사역자를 필요로 하지 않는다. 왜냐하면 신성의 상호내주적 본성이 자신을 섬기기 때문이다.[9] 그러나 모든 피조물에게는 사역자가 필요하다. 바울

---

7   이것은 하나의 본질 안에서의 완전한 연합이다.

8   나는 앞선 작품들인 *The Relational Pastor: Sharing in Christ by Sharing Ourselves* (Downers Grove, IL: InterVarsity, 2013와 *Revisiting Relational Youth Ministry: From a Strategy of Influence to a Theology of Incarnation* (Downers Grove, IL: InterVarsity, 2007)에서 자리 나눔이라는 이 개념을 발전시킨 바 있다. 그것은 대리(*Stellvertretung*)에 관한 Bonhoeffer의 개념으로부터 나왔다. Bonhoeffer에게 이 개념은 우리가 예수 그리스도의 행위와 존재에 순응하는 방식이다.

9   여기서 Gorman은 바울에 대한 자신의 읽기가 어떻게 이보다 큰 프로젝트와 연결되는지를 밝힌다. 그동안 나는 사역이 실천적으로 영향력보다 나은 무엇이라고 강력하게 설득하면서 관계란 권력을 얻기 위한 것이 아니라 타자의 삶에 참여(자리 나눔)하기 위한 것이라고 주장해 왔다. 여기서 Gorman은 바울의 입장이 영향력이나 재구성된 권력 자체와는 거의 아무런 상관이 없음을 분명하게 밝힌다. "바울의 서신들은 십자가 형태의 사랑을 각 공동체에서 발휘되어야 하는 권력으로 승격시킨다. 이것은 …… 자기 비움, 자기 비하, 그리고 자기 공

에게 신앙의 대상은 성부에게 순종하기 위해[10] 인간의 몸을 입고 인간의 사역자가 된 신실한 예수다.[11] 인간이 하나님의 존재에 참여하고 그 존재를 나누는 것은 우리의 죽음의 경험을 통해 우리와 만나는 사역의 행위 안에서다.

죽음의 경험은 신앙에 불가분의 중심이 된다. 그것은 바울이 자기 학대적이어서가 아니라, 그리스도와의 존재적 연합이 바로 죽음의 경험을 통해서 일어나기 때문이다. 죽음의 경험은 우리에게 사역자가 필요하지 않다는 기만적인 이야기를 거짓말로 드러낸다. 죽음의 경험에서 우리는 우리의 이야기를 다시 쓰는 것처럼 우리의 죽음에 참여하면서 우리를 섬기러 오는 한 인격의 임재를 만난다.

바울에게 신앙의 대상은 살아 계신 그리스도다. 그리고 신앙의 과정은 십자가 자체다. 바울은 오직 그리스도와 십자가에 달리신 분만을 알기로 작정한다(고전 2:2). 그것이 하나님의 행동의 형태이기 때문이다. 신앙의 과정과 대상을 하나로 묶어 서로 연결하는 것은 십자가 경험이다. 우리는 우리 자신의 죽음의 경험을 통해 십자가

여의 권력, 즉 그리스도의 십자가가 드러내는 바로 그런 종류의 활동이다." *Cruciformity: Paul's Narrative Spirituality of the Cross* (Grand Rapids: Eerdmans, 2001), 303.

10 요한복음 10:30과 14:9을 의역하면 이렇다. "너희가 나를 보았다면 아버지를 본 것이다. 나와 아버지는 하나이기 때문이다"—이것은 상호내주의 사역에 묶여 있는 연합에 관한 심원한 말씀이다.

11 Mannermaa는 다음과 같이 유용하게 말한다. "신앙에 대한 Luther의 개념은 만약 그리스도가 단지 어떤 물품이 인간의 지식의 대상인 것과 같은 방식으로 신앙의 대상으로 간주된다면 올바르게 이해될 수 없다. 오히려 신앙의 대상은 현존하는 인격이고, 그러기에 그는 사실상 또한 '주체'이다. Luther는 그리스도가 신앙의 대상이지만, 단순히 대상이 아니라고 말한다. '그리스도는 신앙 자체에 현존한다.' 신앙은 '아무것도 보지 않는' 지식이다." *Christ Present in Faith: Luther's View of Justification* (Minneapolis: Fortress, 2005), 26.

위에서의 예수 자신의 죽음의 경험 속으로 이끌림으로써 예수의 인격성을 얻는다. 우리의 죽음의 경험은 이제 예수 자신의 죽음의 경험이 된다. 그리고 죽음을 경험한 이 예수가 하나님이신 아들이시기에 성부가 성자의 죽음의 경험 속으로 들어가실 것이 분명하다. 그래야 그분이 성령을 통해 성자를 섬기실 수 있기 때문이다. 의심할 바 없이, 십자가는 죽음 경험의 궁극이다. 그러나 동시에 그것은 가장 깊은 단계(하나님의 존재 자체)에까지 이르는 사역의 궁극적 행위이기도 하다. 십자가가 대속이 되게 하는 것은 예수가 우리의 죄를 대신 짊어지셨기 때문만이 아니라, 그가 죽음 안으로 깊게 들어가셨기 때문이다. 그로 인해 이제 모든 죽음의 경험은 예수가 그의 존재를 우리의 존재에 내주고 우리를 그분의 사역의 삶 속에 감추기 위한 구체적인 장소가 된다. 우리의 존재를 그의 존재에 묶는 사역 행위를 통해, 더 이상 우리가 사는 것이 아니라 우리 안에서 그리스도가 사시게 하기 위함이다(갈 2:20).

십자가 위에서 예수는 죽음의 경험을 온전하게 경험해야 하지만, 성부는 성자를 그 경험 안에 남겨둘 수 없다. 왜냐하면 그들의 삼위일체적 삶이 사역의 상호내주로 구성되어 있기 때문이다. 그러므로 성부가 죽은 예수에게 와서 그에게 새로운 생명을 주실 수밖에 없다. 부정을 새로운 존재로 바꾸는 것은 예수를 부활시키는 마술이 아니라 사역 행위를 통한 사랑이다. 예수가 부활하심은 하나님이 사역자가 되신다는 우주적 선언이며, 이때 하나님은 부정 안으로 들어오셔서 사역에 묶인 새로운 존재론을 통해 부정을 부정하신다. 우리는 우리가 섬김을 받고 다른 이들을 섬기도록 이끌릴 때 예수의 존재와의 연합 속에서 우리 자신을 발견하면서 하나님의 존재와의 만남을 경험한다(마 25:31-46을 보라).

신앙 안에서 형성된다는 것은 죽음의 경험 안에서 그리고 그 경험을 통해 당신에게 혹은 당신이 아는 누군가에게 다가오는 예수의 이야기에 당신 자신을 넘겨주는 것이다. 신앙 안에서 형성된다는 것은 살아 계신 예수가 어떻게 부정을 통해 우리에게 다가와 우리를 섬기는지에 관한 이야기를 거듭해서 말하는 공동체 안에 있는 것이다. 이것은 우리의 관심을 십자가에서 살아 계신 예수를 만났던 이들의 이야기로 향하게 함으로써 젊음의 목조르기를 타파한다. 그러나 신앙 안에서 형성된다는 것은 그 이상을 의미한다. 그것은 아나니아처럼 되고 타인을 섬기는 자가 됨으로써 예수의 존재와 연합하는 것, 그로 인해 하나님의 존재에 참여하는 것으로서 타인의 죽음의 경험에 참여하는 것을 의미한다. 신앙 안에서 형성된다는 것은 섬김을 받고 타인의 죽음의 경험이라는 십자가를 통해 그들을 섬김으로써 그리스도 안에 머물며 우리 자신의 인격이 부활의 가시적 징후가 되게 하는 것이다.

다시 음악으로 돌아감

바울은 사도행전 9장에서 놀라운 변화를 경험했다. 그는 불과 며칠 사이에 직가라고 불리는 거리에서 혼란에 빠져 눈이 먼 채 침상에 누워 있던 상태에서, 회당에서 자신의 이야기를 전하는 사람으로 바뀌었다. 사역 경험을 통해 살아 계신 그리스도를 발견한 이가 곧 자기 스스로 사역에 참여하는 것은 이치에 맞는 일이다. 우리가 그 장을 너무 빨리 읽을 경우, 우리는 바울에게 신앙 형성 과정이 부재했다고 느낄 수도 있다. 우리는 그가 그의 경험을 했고, 예수의 신앙을 받았고, 앞으로 달려 나갔다고 생각할 수 있다. 그러나 사도행전 9:19은 아나니아의 반향 효과가 계속해서 울려 퍼졌을 가능성을 지적한다.[12]

다마스커스에 있는 제자들이 바울에게 그의 신앙 형성의 핵심적 내용이 되는 노래를 가르쳐 주었을 가능성이 있다. 그 노래는 예수의 경험과 아나니아의 목회적 포용의 아름다운 조화를 반영한다. 우리는 이 노래를 빌립보서 2:6-11에서 발견한다. 대부분의 신약성서 학자들은 이 다섯 구절이 서신서나 복음서들보다 앞서는 가장 이른 시기의 교회에 기원을 둔 찬송이라는 데 동의한다. 그들이 이 노래를 신앙 형성을 위한 내용으로 여기는 것은, 그것이 사역자로 우리에게 오시는 신적 존재의 형태를 분명하게 표현하기 때문이다. 특별히 바울이 아름답게 구성한 이 노래는 자신의 죽음의 경험을 통해 예수와 만난 이야기를 완벽하게 표현하고 세상에서 그의 행동을 형성하게 될 내러티브를 제공한다.

머리에 두건을 쓴 바울이 주저하면서, 그러나 기대감에 차서 어느 작은 집으로 들어가는 모습을 상상하기는 어렵지 않다. 방의 분위기가 근심으로 가득 차자 아나니아가 그를 이끌면서 모든 게 괜찮다고 안심시킨다. 이 작은 집단은 피에 굶주린 한 남자가 자기 이름

---

12 이것 또한 추측에 불과하지만, 바울은 예루살렘으로 이끌려 간 후 여러 해 동안 나타나지 않았는데 이때 그는 신앙 전통에 깊이 빠져든 것처럼 보인다. 갈라디아서 1-2장을 보라.

을 내기 위해 사람들을 죽이러 오고 있다는 소식을 듣고 지난 몇 주 동안 적색경보 상태에 있었다. 그러나 놀랍게도 예수의 빛이 그를 죽은 자처럼 땅에 눕혔고 아나니아가 그를 만나러 갔다는 소식을 들었다.

어쩌면 다른 이들은 바울을 보려고 하지 않았을 수도 있다. 그러나 두려움과 호기심 때문에 계속해서 그를 주시하지 않을 수 없었다. 하지만 노래가 시작되자 방에서 두려움이 떠났고 그들의 목소리는 하나가 되었다. 몇 분 전에 두려움 속에서 바울을 응시했던 그 눈들이 노래를 따라 부르기 위해 애쓰는 그의 모습을 보았을 때, 그들의 근심은 초월의 느낌으로 대체되었다.

그리고 그들이 노래할 때 어쩌면 바울 역시 다시 한번 예수의 가까움을 맛보았을 것이다. 바울이 그 말들을 익히는 데는 얼마간 시간이 필요했으나, 그는 그것들을 배운다기보다는 인식했다. 이 노래는 그의 경험을 녹음한 것과 같았고, 그는 그 모든 내용을 통해 하나님의 행동에 관한 이야기의 골격을 얻으면서 형성되었다. 그 이야기는 이 공동체 한가운데에 있는 바울에게 그것에 바울 자신의 경험이라는 살을 입히도록 초청하고 있었다. 그들은 함께 이렇게 노래했다.

그는 근본 하나님의 본체이시기에(because)
하나님과 동등됨을 취할 것으로 여기지 아니하시고
오히려 자기를 비워
종의 형체를 가지사

사람들과 같이 되셨고

사람의 모양으로 나타나사

자기를 낮추시고

죽기까지 복종하셨으니

곧 십자가에 죽으심이라

이러므로 하나님이 그를 지극히 높여

모든 이름 위에 뛰어난 이름을 주사

하늘에 있는 자들과 땅에 있는 자들과

땅 아래에 있는 자들로

모든 무릎을 예수의 이름에 꿇게 하시고

모든 입으로 예수 그리스도를 주라 시인하여

하나님 아버지께 영광을 돌리게 하셨느니라(빌 2:6-11).[13]

바울은 이 찬송가가 십자가에 달리신 그리스도가 가져오는 바로 그 현실을 포괄하고 있다고 들었다. 그리고 바울은 그것을 인식했는데, 왜냐하면 바울 자신이 먼지 나는 길 위에서 했던 경험과 아나니아와 함께했던 경험 모두가 그것과 일치했기 때문이다. 아나니아는 자신의 죽음의 경험을 통해 바울을 포용하면서 겸손한 사역자로서 바울에게 다가옴으로써 그 찬송가를 구현했다. 다른 이를 섬기

---

13 내가 아래에서 묘사하겠지만, Gorman은 '비록'(although)보다 '때문에'(because, 인용문 첫 줄 강조체)가 더 나은 번역이라고 여기면서 이 찬송가를 하나님의 행동의 형태 자체와 연결시킨다. 나는 이 인용문에서 그것에 보다 노래와 같은 특성을 부여하기 위해 RSV가 하지 않는(NRSV는 그렇게 한다) 운문 형태를 사용하기로 했다.

는 자가 되는 겸손은 하나님 자신의 존재라는 새로운 현실을 중재한다. 예수는 바로 이 공동체의 죽음의 경험을 통해 바울에게 다가와 자신을 비우고 종의 형체 곧 사역자의 모습을 취했다.

바울은 예수 자신의 존재의 상태가 자기 비움(kenosis)이라는 것을 인식했다. 위격의 공유(인격의 나눔)를 허용하는 것이 바로 이 자기 비움이다. 존재는 자기 비움에 싸일 때 공유될 수 있다. 예수 안에서 신적 본성과 인간적 본성이 공유될 수 있는 것은, 예수가 짓밟히고도 가만히 있는 사람이 아니라 사역자로 자신을 낮췄기 때문이다.

그러나 이 찬송가에는 그보다 더 급진적인 것이 있다. 그리고 바울에게 깊은 변화를 가져왔음에 틀림없는 것은 이 자기 비움(자기 비하)이 하나님 자신의 존재 상태로 계시된다는 것이다. 바울은 십자가가 이 나사렛 예수를 메시아적 고려 대상에서 제외시키는 결정적 증거라고 상상했다. 그러나 이제 이 공동체 안에서 거듭해서 이 찬송가를 부르면서 바울은 십자가가 하나님의 존재와 예수 자신의 존재 사이의 피할 수 없는 불연속성이 아니라는 사실을 깨닫는다. 오히려 자기 비움은 하나님의 존재의 형태 자체다. "만약 십자가 위에서 그리스도가 하나님께 순응했다면, 그때 하나님은 십자가에 '순응하신다.' 십자가는 그것을 통해 하나님이 보이는 해석적 혹은 해석학적 렌즈다. 그것은 그것을 통해 하나님이 알려지는 은총의 수단이다."[14]

---

14 Gorman, *Cruciformity*, 17. Gorman은 다른 곳에서 바울은 "하나님의 본질적 속성의 의미 그리고 그러하기에 신성 자체의 의미를 재구성한다"고 말한다. "하나님의 지혜 및 하나님의 권능처럼, 하나님의 모습 자체도 바울에게는 십자가 위에서 하나님과 동등하셨던 그리

10. 형성의 음악

십자가는 예수의 선택을 제거하는 것—그의 선택의 종결—이 아니라 오히려 확실하게 보증하는 것이다. 나는 바울이 훗날 그의 손으로 빌립보서에 적어 넣은 이 찬송가를 부르면서 십자가가 예수에게서 메시아의 자격을 박탈하는 것이 아니라 오히려 예수가 하나님의 충만하심임을 드러낸다는 것을 깨달았을 것이라고 상상한다. 왜냐하면 예수는 자기 비움을 통해 하나님의 위격적 존재에 온전하게 참여했기 때문이다.

'비록'에서 '때문에'로

너무 자주 빌립보서 2:6에 대한 번역문들은 휘파르콘(*hyparchōn*, 'be' 동사의 분사형)을 '비록'(although 혹은 though)이라는 단어를 사용해 마치 형편없는 곳을 방문하는 듯한 느낌을 자기 비움에 부여해 왔다. 그로 인해 우리는 자주 빌립보서 2:6을 "**비록** 예수가 하나님의 본체이심에도"—이것은 그분이 부요하고, 강력하고, 섹시하고, 아주 굉장하다는 것을 의미한다(그것이 하나님의 본질이기 때문이다)—"그가 그것에 대해 오만하게 굴지 않고, 땅으로 내려와 우리를 돕기 위해 십자가까지 지셨다"라는 식으로 번역한다. 그러니 우리에게 신앙 형성이 어려운 것은 놀랄 일이 아니다. 우리는 자기 비움의 필수적인 조직을 잘라내어 신성한 작용의 모양을 납작한 것으로 만들었다.

고 동등하신 분에 의해 드러난다. 2:6-8에 실려 있는 그리스의 이야기는 우리에게 자기 비움—특히 십자가 모습의 자기 비움 혹은 십자가 형태—이 하나님의 본질적 속성인 동시에 역설적으로 하나님의 자유에 대한 표현임을 보여 준다." *Inhabiting the Cruciform God*, 27.

그리고 그것은 납작하기에 버려질 수 있다.[15]

그러나 그동안 신약성서 학계 안에는 휘파르콘을 인과적 의미로 번역하고자 하는—이것은 바울의 상상력이 자신의 경험을 '비록'이 아니라 '때문에'로 해석하는 노래에 사로잡혔음을 의미한다—강력한 움직임이 있었다.[16] 예수가 십자가에서 죽기까지 자신을 낮춘 것은 그가 **비록** 하나님의 본체임에도가 아니라, 그가 하나님의 본체**이셨기** 때문이다. 십자가는 하나님 자신의 본질에 대한 계시다. 그것은 하나님의 행동의 형태 자체다.[17] 십자가는 하나님 자신의 행위와 존재의 독특한 특이점이 아니라 그것의 핵심 자체다. 성자가 자기 비움의 궁극적 행위로서 인간이 되신 것은 그것이 성부의 존재 자체의 구성이기 때문이다.[18] 삼위일체로서 신성 안에 계신 하나님

---

15 Gorman은 십자가는 '결정적 현현'이라고 말한다. "그러나 불행하게도 대부분의 그리스도인들에게 내재된 신학은 십자가 형태가 아닌 하나님의 권능의 모델을 중심으로 돌아가고 있기에 결정적인 교정책이 필요하다. 만약 우리가 십자가에 달리신 하나님을 안다면, 그때 우리는 또한 하나님의 위엄이 약함 속에서 드러나는 권능의 위엄이라는 것도 알아야 한다." *Inhabiting the Cruciform God*, 34.

16 Gorman은 우리가 적절하게 "빌립보서 2:6a를 '정확하게 그리스도가 하나님의 본체이시기에 하나님과 같이 되셨고 자기를 비우셨다'고 번역할 수 있다"고 말한다. *ibid.*, 29.

17 러시아 정교회의 위대한 학자인 Sergius Bulgakov는 이것을 더 상세히 설명한다. "다시 말해, 이 구절은 단지 인간의 삶의 한계 안에서 발생하는 세속적인 사건에 관해서가 아니라 신성의 깊은 곳에서 발생하는 천상의 사건에 관해서도 말한다. 그러므로 그 본문은 이 자기 비움의 특성과 권능을 드러내는데, 그것은 동일한 사도 바울에 의해 고린도후서 8:9에서 아주 정교하고 간결하게 표현된다. '우리 주 예수 그리스도의 은혜를 너희가 알거니와 부요하신 이로서 너희를 위하여 가난하게 되심은…….' 이런 자기 비움 혹은 비하는 무엇으로 구성되는가? 빌립보서 2:7에 의하면, 그것은 하나님의 본체(*morphē*)가 '종의 형체'로 바뀌는 것으로 구성된다." *The Lamb of God* (Grand Rapids: Eerdmans, 2008), 216.

18 Bulgakov는 하나님에게 '때문에'로의 이런 이동이 어떻게 생성으로 이어지는지를 지적한다. 이것은 또한 이 프로젝트를 *Christpraxis*에서의 나의 프로젝트와 그리고 하나님의 존재는 하나님의 생성 안에 있다고 주장하는 Jüngel에 대한 나의 기울어짐과도 깊이 연결된다.

10. 형성의 음악

은 자기 비움 안에서 그리고 자기 비움을 통해서 성부, 성자, 성령의 위격에 참여하시는데, 그것은 이 삼위일체 하나님이 인간의 사역자가 되고자 자기 비움의 형태를 취하심으로써 창조 세계 안에서 활동하실 때 그렇게 하신 것과 같다.[19]

바울은 자신의 경험과 이 찬송가의 형성적 노래를 통해 "하나님이 …… 본질적으로 자기 비움적이며 실제로 본질적으로 십자가 형태이시라는 것"을 인식한다. "그러므로 자기 비움은 그리스도가 자신의 신성(혹은 다른 무언가)을 비운다는 뜻이 아니라, 오히려 그리스도가 자신의 신성, 즉 하나님과의 동등성을 시행하는 것을 의미한다."[20]

Jüngel과 Bulgakov는 상황을 얼마간 다르게 본다. 그러나 하나님의 이 자기 비움 행위는 그들이 하나님에 대한 우리의 경험의 존재론적 형태에 동의하도록 이끈다. Bulgakov는 이렇게 말한다. "하나님은 하나님이 되기를 그치지 않으면서 하나님이 되기를 그치시고(비록 이것이 상상할 수 없고 불가능한 일임에도), 그분은 인간이 되신다. 즉 그분은 가장 실제적인 의미에서 인간의 삶 속으로 들어오신다. 그분은 이생의 삶을 자신의 것으로 만드신다. 본질적으로 그분은 인간의 삶의 근본적인 특성들을 취하신다. 일시성, 생성, 점진적 발전, 그리고 그러하기에 온전함을 얻기 전까지 각 단계에서 나타나는 한계들을 취하시는 것이다. 다시 말해, 영원하신 하나님이 신-인 속에서 생성되는 하나님이 되신다. 그분은 자신에게서 영원한 신성을 제거하시고 인간의 삶으로 내려오셔서, 이 삶 안에서 그리고 그것을 통해서, 인간이 하나님을 받는 것을, 하나님의 삶을 사는 것을, 신-인이 되는 것을 가능하게 하신다." ibid., 221. 그는 계속해서 이렇게 말한다. "그러므로 자기 비움은 세상에 대한 하나님의 일반적 관계를 표현한다. 세상의 창조는 하나님의 자기 비움적 행위다. 하나님은 자신 밖에 그리고 자신 곁에 이 세상의 생성을 위치시키셨다. 그러나 이런 자기 비움은 창조 세계와 연합해 인간이 되신 말씀의 겸비 속에서 전적으로 새로운 방식으로 드러난다." ibid., 223.

19 T. F. Torrance는 이렇게 덧붙인다. "자기 비움에 대한 바울의 개념은 하나님의 무한한 존재의 수축, 감소, 혹은 자기 제한을 포함하는 것으로 형이상학적인 방식으로 해석되지 않고, 비천함, 빈곤, 혹은 자기 비하라는 표현할 수 없는 신비 속에서 이루어지는 자기 부정이라는 측면에서 해석되었다. 그가 그리스도 안에서 되고 행한 모든 일은 전적으로 우리를 위한 것이었다." The Trinitarian Faith (London: T&T Clark, 1991), 153.

20 Gorman, Inhabiting the Cruciform God, 28.

예수는 그의 몸으로 아브라함이 이미 경험했던 것, 즉 이스라엘의 하나님이 인격적(위격적)이고 겸손한 사역자로서(자기 비움) 창조 세계와 만나기로 하셨다는 사실을 계시하고 완성한다. 바울은 십자가의 형태로 형성되고 있는 중이고, 십자가는 바울 자신의 이야기의 형태가 되고 있다.[21] 바울의 관점에서 신앙 형성은 위격(신비로운 만남에 대한 인격적 이야기)과 자기 비움(사역자로 불림을 받고 사람들에게로 보내지는 것)을 연결하는 것을 의미한다. 하나님의 존재에 참여하는 것은 하나님의 형상을 따라 사는 것이고, 그것은 사역 안에서 인격이 되는 것(자기 비움 안에서 위격이 되는 것)이다.[22]

자유

우리가 십자가로서의 형성(자기 비움을 통한 위격)에 대한 바울의 이해를 계속해서 탐구해 나갈 때, 우리는 자유를 해쳐 가면서까지 그렇게 해서는 **안 된다**.[23] 신앙과 그것의 형성에 대한 바울의 이해

---

21 바울의 겸손한·자기 비움적 입장에 관한 Gorman의 논의를 위해서는, *Cruciformity*, 128과 139를 보라.

22 John Zizioulas는 자기 비움이 어떻게 위격의 공유에 기초하고 그것을 허용하는지를 다음과 같이 아름답게 표현한다. "그러므로 금욕적 삶은 개인의 내적 심리적 경험과 관련이 없다. 그것의 근거는 존재론적이다. 우리는 타자가 우리 안에서 위격되도록 자신을 비우는 동안 타자 안에서 위격화되는 한에서 참으로 우리 자신이 된다. 이런 위격화가 교제의 본질을 이룬다. '더는 내가 사는 것이 아니라, 내 안에서 그리스도가 사신다'(갈 2:20). …… 타자와의 이런 종류의 교제 안에서 그리고 그것을 통해서가 아니라면, 그 어떤 특별한 존재도 세상에서 살아남을 수 없다." *Communion and Otherness* (Edinburgh: T&T Clark, 2006), 85.

23 Zizioulas는 이렇게 말한다. "이런 의미에서 자유는 도덕적이지 않고 존재론적이다. 즉 그것은 위격이 구성되는 방식에서 비롯된다. …… 자유는 어떤 경우에도 삼위일체에 적절하지 않은 '선택'의 자유로서가 아니라 독특하게 특별한 자신이 될 수 있는 자유로서 존재론적으로 이해되어야 한다." *ibid.*, 122.

가 발전할 때, 자유가 그에게 핵심적인 것이 된다. 바울은 이 찬송가 안에서 혹은 예수에 대한 경험 안에서 새로운 율법을 발견하지 않는다. 오히려 바울은 자유를 경험한다. 왜냐하면 예수가 그에게 어떤 교리나 원리로서가 아니라 하나의 인격으로 다가왔기 때문이다 "나는 네가 박해하는 예수니라"(행 9:5). 바울은 예수 안에서 그리고 그를 통해서 자신의 삶을 발견하거나 계속해서 죄와 죽음의 영역에서 살아가거나 할 수 있다. 다른 이의 인간성이 죽음의 경험—십자가—을 통해 드러나지 않는다면, 이웃을 섬기는 자가 되는 것조차 하나의 율법이 될 수 있다. 우리가 어떤 이에게 사역자가 필요한 것을 볼 때, 우리는 그의 인간성을 보고 하나의 역동적이고 영적인 현실로서 그의 인간성에 참여한다. 죽음의 경험의 드러남은 치명성에 대한 미화가 아니라 우리의 이웃의 위격에 대한 계시다. 그 이웃의 이야기를 만날 때 우리는 자신의 인격성의 자유를 통해 사역자가 **되는** 자기 비움적 성향 속으로 이끌린다.

그러므로 그 노래를 여는 '때문에'는 감옥이 아니다. 오히려 그것은 하나님 자신의 자유로부터 태어난다. 하나님은 사역자가 아닌 다른 무언가가 되실 수 있다. 자기 비움을 자신의 존재의 상태로 만드는 것은 하나님 자신의 결단이다. 하나님은 그분의 주권을 사용해 폭군이 되실 수도 있고 완전히 물러나실 수도 있다. 그러나 하나님은 자기 비움 속에서 위격을 통해 우리에게 오시면서 사역자가 되는 것을 선택하셨다. 그리심으로써 자유 안에 계시는 하나님의 존재의 상태라는 것을 안다. 왜냐하면 우리는 자기 비움적 위격을 통해서, 즉 우리의 죽음의 경험 안에서 그리고 그것을 통해서 우리에게 자신

을 제공하시는 것을 통해서 우리에게 다가오시는 살아 계신 예수를 경험했기 때문이다.[24]

'때문에' 곁에 '비록'

휘파르콘의 원인적 의미('때문에')는 성부와 성자의 자기 비움 사이의 연결을 드러내며 삼위일체적 존재의 상태가 자기 비움적임을 보여 준다. 그럼에도 또한 휘파르콘은 여전히 '비록'이라는 의미를 포함하고 있다. 예수는 자유롭게 사역자가 아닌 무언가가 될 수 있었음에도 인간의 형체를 취하면서 인간에게 사역자가 됨으로써 성부의 자기 비움적 존재에 순응하며 종이 되었다.

이 찬송가는 이어서 신앙의 과정과 신앙의 대상을 융합하는 구조를 만들어 낸다. 그리고 바울은, 아마도 아나니아와 그 공동체가 함께 있던 이 작은 집에서, 앞으로 몇 년에 걸쳐서 이 찬송가의 심층 구조를 신앙 형성의 형태로 발견하게 될 것이다. 이 찬송가는 십자가라는 하나님의 행위 안에서 신앙의 대상과 과정이 융합하는 구조를 제공한다. 바울에게 신앙 안에서 형성된다는 것은 자신의 죽음의 경험 안에서 그리스도의 자유를 발견하고 예수를 따라 타인의 죽음의 경험 안으로 들어가 신성의 존재에 대한 참여로서 그들을 섬기는

---

24   나는 이것이 순환 논증이라는 것을 인정한다. 그러나 나는 Luther와 함께 하나님이 그분의 자유 안에서 예수 그리스도의 계시 바깥에 있는 숨겨진 영역에서 그분이 바라시는 모든 존재(심지어 피에 굶주린 폭군조차)가 되실 수 있다고 주장한다. 그러나 나는 바울이 Luther를 따르고 있으며 우리가 알아야 하는 유일한 하나님이 우리가 예수 그리스도 안에서 그리고 그분을 통해서 경험하는 하나님이시라고 주장한다고 여긴다. 이 하나님은 자유로우시다. 하지만 그 자유 안에서 사역자가 되는 쪽을 택하셨다.

것이다. "십자가에 못 박히신 그리스도의 이야기는 단순히 말로만이 아니라, 그리고 개인의 구원을 위한 수단으로서가 아니라, 이 세상에서의 일상생활의 방식으로서 노래되고, 전파되고, 재연된다."[25]

제자의 패턴

우리는 아나니아의 부르심에서 이런 자기 비움의 구조를 발견한다. 아나니아는 바울의 사역자가 됨으로써 자기 비움을 통해 그의 죽음의 경험에 참여한다. 아나니아는 **비록** 자신을 지키고 자기를 보존하며 살 수 있었음에도, **비록** (그의 회의에서 나타나듯이) 그것이 아나니아 자신의 권리였음에도, 그는 자신이 겪은 예수의 인격에 대한 경험을 통해 바울의 죽음의 경험 속으로 초대를 받아 들어가 그의 사역자(그를 섬기는 자)가 된다. 아나니아는 그것이 하나님의 존재의 실제**이기 때문에** 사역자가 됨으로써 하나님의 존재에 참여하라는 초대를 받는다. 아나니아는 하나님의 존재 자체의 형상으로만 사역자가 될 수 있다. 사역자가 된다는 것은 (젊어지거나, 힙해지거나, 진정성이 있게 되는 것이 아니라) 자기 비움적(kenotic)이 되는 것이다. 만약 그것이 자기 비움적인 것이 아니라면, 그때 사역은 하나님의 존재와 단절되고 사역이 아닌 무언가가 된다. 자기 비움적인 것이 되지 않을 경우, 십자가가 제거되기 때문에 위격의 변형적 연합이 상실된다. 자기 비움이란 행위를 통하여 존재의 역동적 연합으로서의 사역을 구성하는 것이다. 이웃의 죽음의 경험에 참여하는 자기 비움적 성향을 취

---

25 Gorman, *Cruciformity*, 385.

함으로써 우리는 우리의 존재를 그들과 연합시킨다. 우리는 자기 비움을 통해 하나님의 존재와 연합함으로써 하나님의 위격 안으로 이끌린다. 아나니아는 바울의 경험을 나눔으로써 그리스도와의 연합 속으로 이끌리면서 하나님의 존재에 참여한다. 그는 부정을 통해 하나님과 인간의 연합을 반영하고 그것에 참여하는 인격성(위격)의 연합 속에서 바울을 자기 비움적으로 섬긴다. 존재적 연합으로 이어지는 이런 참여는 하나님의 존재 자체가 인격에 대한 사역자로 구성되어 **있기 때문에** 발생한다. 아나니아가 바울의 사역자가 되는 것은 하나님의 존재에 참여함으로써 신앙 안에서 형성되는 것이었다. 이런 일은 그가 다른 이를 섬기는 십자가 형태의 행위를 함으로써 일어났다.

그러므로 음악이 깊은 자유를 허용하는 구조를 갖고 있듯이(재즈조차 어떤 구조를 갖고 있다), 신앙 형성 역시 그러하다. 음악의 구조가 형성되는 동안, 그것은 현실을 환원하기보다는 (훌륭하게 늙은 쇼펜하우어가 말했듯이) 현실의 깊이를 향해 우리를 열어 준다. 음악의 구조는 초월의 신비롭고 본체적인(noumenal) 공간 안으로 우리를 이끌어 간다. 바울과 살아 계신 예수와의 만남의 경험에 대한 사운드트랙에 해당하는 빌립보서 2:6-11은 바울에게 신앙 형성의 구조를 제공한다.[26] 바울이 이 찬송가에서 보는 구조는 '비록 [x]지만 [y]가 아니

---

26 Gorman은 이렇게 말한다. "종교개혁자 Martin Luther는 우리가 바울의 '마스터 스토리'라고 불러 왔던 빌립보서 본문을 주해하면서 십자가 형태의 사랑에 대한 이 부르심을 웅변적으로 표현했다." Gorman은 계속해서 다음과 같이 Luther의 말을 인용한다.
"비록 그리스도가 하나님의 형상으로 가득 차고 모든 선한 일에 부요하기에 자신을 의

라 [z]'이다. 바울에게는 정확하게 이것이 신앙 형성의 구조다. 바울의 사고에서 이 구조를 훌륭하게 구체화했던 고먼은 다음과 같이 말하면서 그것을 빌립보서 2장과 연결시킨다. "그리스도께서는 비록 '[x]지만 [y]가 아니라 [z]'라는 형태를 따라 행동하고 순종하는 고난의 종으로서 참된 신성뿐 아니라 참된 인격도 나타내신다. 아담과 달리, 그분은 하나님 형상의 담지자로서의 지위를 부당하게 사용하거나 성부 하나님께 불순종하지 않으신다. 오히려 그분은 자신이 아니라 타인을 섬기는 방식으로 그들을 죄에서 구속하면서 성부께 순종하며 행동한다."[27]

　　'비록 [x]지만 [y]가 아니라 [z]'(그가 하나님의 형체임에도·이기에 [x], 하나님과 동등 됨을 취할 것으로 여기지 아니하시고[y], 오히려 자기를 비워 종의 형체를 가지사 사람들과 같이 되셨고[z])라는 귀에 쏙쏙 들어오는 후렴구[28]는 십자가 형태인 사역의 내러티브 형태가 된다. 하나님의 존재

롭게 그리고 구원을 얻도록 만들기 위해 그 어떤 일이나 고난도 필요하지 않았음에도(왜냐하면 그분은 이 모든 것을 영원히 갖고 계시기 때문이다), 그분은 얼마든지 그렇게 하실 수 있었음에도, 그것들로 교만해져서 우리보다 자신을 높이고 우리를 지배하지 않으셨다. 그러므로 비록 그리스도인은 모든 일에서 자유로울지라도, 그는 이 자유 안에서 자신을 비우고 스스로 종의 형체를 취하고 …… 섬겨야 한다. 그는 '비록 내가 무가치하고 정죄받이 미땅한 사람일지라도, 나의 하나님께서 그리스도 안에서 내 편의 아무런 공로 없이 모든 의와 구원을 나에게 주셨으니 …… **그리스도께서 자기 자신을 내게 주신 것 같이 나도 그리스도로서 내 이웃에게 주리라**'고 생각해야 한다. …… 믿음으로 말미암아 주님 안에서 사랑과 기쁨이 흘러나오는 것을 보라." Martin Luther, *The Freedom of a Christian, in Martin Luther; Selections from His Writings*, ed. John Dillenberger (Garden City, NY: Doubleday, 1961), *Cruciformity*, 214에서 재인용(강조는 원래의 것).

27　Gorman, *Inhabiting the Cruciform God*, 31-32.

28　Gorman은 '비록 [x]지만 [y]가 아니라 [z]' 구조에 대해 좀 더 상세한 설명을 한다. "바울의 편지들에서 공통적으로 나타나는 패턴은 …… 자기 비움적 혹은 십자가 형태의 사랑의 본질을 지적한다. 그것은 바로 '비록 [x]지만 [y]가 아니라 [z]'이다. 이것은 비록 어떤 이

가 십자가와 부활에 관한 하나님의 이야기에서 발견되기에, 신앙 안에서 형성되는 자들 역시 그 이야기를 취해야 한다. 신앙 형성은 사역자가 됨으로써 '비록 [x]지만 [y]가 아니라 [z]' 내러티브를 수행하는 것이다. 신앙 형성 과정은 '비록 [x]지만 [y]가 아니라 [z]'라는 이 자기 비움적 후렴구를 통해 당신의 삶을 구성하고, 당신으로 하여금 세상에서 사역자가 되도록 요청한다.

세속 2의 그림자 때문에 신앙 형성은 너무 자주 사람들을 종교적인 것에 헌신하게 하는 과정으로 생각되어 왔다(그럴 경우 그것은 단지 의지의 행위일 뿐이다). 그러나 바울에게 신앙 형성은 그리스도 자신에게 (그분의 형체를 취하면서) 순응하는 것에 다름 아니다. 그리스도의 형체 속으로 초대받는 (그에게 순응함으로써 그의 존재와의 연합을 발견하는) 과정은 '비록 [x]지만 [y]가 아니라 [z]'라는 자기 비움적 후렴구를 수행하는 것을 통해 시작된다. 신앙의 과정과 대상을 융합하는 것은 바로 이 후렴구다.[29] 고먼은 다음과 같이 좀 더 상세하게 설명한다.

바울이 자신을 그리스도를 본받는 자로 묘사하고 다른 이들에게 자기와 그리스도를 본받으라고 요구할 때(고전 11:1), 그는 어떤 선택지에 대해서가 아니라 사도로서의 참된 정체성(과 진정한 사도적 자유) 또

가 어떤 지위를 갖고 있음에도[x], 그가 그것을 이기적인 목적을 위해 사용하지 않고[y], 타인의 선을 위해 행동한다[z]는 것을 의미한다." *Reading Paul* (Eugene, OR: Cascade Books, 2008), 84.

29 바울이 '비록 [x]지만 [y]가 아니라 [z]' 패턴을 사용하는 것에 관한 보다 상세한 논의를 위해서는, Gorman, *Inhabiting the Cruciform God*, 25를 보라.

10. 형성의 음악

는, 더 일반적으로는 '그리스도인'으로서의 정체성(과 참된 자유)을 부정하지 않고 오히려 행사하는, 타협할 수 없는 명령에 대해 말하고 있다. 그리스도를 본받는 것(*imitatio Christi* 혹은 *conformation Christi*)은 타협할 수 없다. 왜냐하면 그들의 자유가 그리스도 안에 있다고 규정되는 자들은 빌립보서 2:5이 주장하듯이 그리스도께 순응해야 하기 때문이다. …… 그러므로 바울이나 고린도 공동체가 '비록 [x]지만 [y]가 아니라 [z]' 내러티브를 수행할 때, 이 수행은 또한 '[x]가 [y]가 아니라 [z]**이기에**'의 문제이기도 하다.[30]

바울의 서신들에 귀를 기울이면, 우리는 모든 곳에서 이 '비록 [x]지만 [y]가 아니라 [z]'의 후렴구가 진동하는 소리를 들을 수 있다. "바울은 여러 경우에 예수의 이야기를 하기 위해서만이 아니라 그 자신의 사도적 삶을 묘사하고 다른 이들에게도 예수의 이야기에 참여하도록 권유하기 위해 이 내러티브 패턴을 채택하고 적용한다."[31] 다시 말해, '비록 [x]지만 [y]가 아니라 [z]'는 신앙의 과정과 대상을 모두 융합한다. 우리는 특히 데살로니가전서 2장에서 이 자기 비움적 후렴구 소리를 크게 듣는다.

우리는 그리스도의 사도로서 마땅히 권위를 주장할 수 있으나[x와 y] 도리어 너희 가운데서 유순한 자가 되어 유모가 자기 자녀를 기

---

30 *Ibid.*, 23.
31 Gorman, *Reading Paul*, 157.

름과 같이 하였으니[z] 우리가 이같이 너희를 사모하여 하나님의 복음뿐 아니라 우리의 목숨까지도 너희에게 주기를 기뻐함은[자기 비움을 통한 위격] 너희가 우리의 사랑하는 자 됨이라. 형제들아 우리의 수고와 애쓴 것을 너희가 기억하리니 너희 아무에게도 폐를 끼치지 아니하려고 밤낮으로 일하면서 너희에게 하나님의 복음을 전하였노라(살전 2:7-9).

그 패턴은 빌립보서 2:1-4에서 다시 나타난다.

그러므로 그리스도 안에 무슨 권면이나 사랑의 무슨 위로나 성령의 무슨 교제나 긍휼이나 자비가 있거든 마음을 같이하여 같은 사랑을 가지고 뜻을 합하며 한마음을 품어 아무 일에든지 다툼이나 허영으로 하지 말고[x와 y] 오직 겸손한 마음으로 각각 자기보다 남을 낫게 여기고 각각 자기 일을 돌볼뿐더러 또한 각각 다른 사람들의 일을 돌보아 나의 기쁨을 충만하게 하라[z].

이 후렴구는 여러 다른 곳에서도 볼 수 있다. 바울은 우상에게 바쳐질 제물과 관련해 '비록 [x]지만 [y]가 아니라 [z]' 패턴을 사용한다(고전 8-10). 비록 너희가 모든 음식을 먹을 자유가 있으나[x], 연약한 자를 섬기기 위하여 먹지 말라[y와 z]. 혹은 고린도후서 8-9장에서 바울은 이렇게 말한다. "비록 너희가 예루살렘에 있는 교회에 돈을 보내지 않을 자유가 있을지라도[x], 그런 특권을 내려놓고[y] 아낌없이 주면서 나의 사역에 동참하라[z]."[32] 혹은 바울은 빌레몬

10. 형성의 음악

에게 이렇게 말한다. "너는 너의 종 오네시모를 벌할 모든 권리를 갖고 있다[x]. 그러나 나는 그리스도의 이름으로 너에게 그 권리를 포기하라고[y], 대신에 우정의 섬김으로 오네시모를 받아들이라고[y] 권한다. 왜냐하면 그는 믿음 안에서 바울의 아들이기 때문이다"(빌 1:10).[33]

이 '비록 [x]지만 [y]가 아니라 [z]'가 자기 비움의 구조다. 그것이 신앙을 형성하는 과정인 것은 그것이 하나님의 존재 자체의 구성이기 때문이다. 신앙의 과정과 대상은 '비록'이 빌립보서 2장에 나오는 그리스도의 후렴구의 '때문에'이기 때문이다. 겸손의 **행위**인 '비록'이 하나님의 **존재**인 '때문에' 안에 묶여 있다. 이것이 부정을 통해 하나님의 행동을 구하는 길, 즉 사역 자체를 통해 그리스도와의 연합에 참여하는 길이 된다. 자기 비움은 인격성(위격)에 대한 초월적 참여로 이어질 수 있다. 그것이 십자가 형태인 사랑의 온전함을 포함하기 때문이다.[34]

32　Gorman은 천막 제조업자가 되기로 한 바울의 결정조차 '비록 [x]지만 [y]가 아니라 [z]'의 구조를 따라 사는 삶이었다고 주장한다. "천막 제조는 보통 노예나 최근에 노예 상태에서 풀려난 자유인들에 의해 이루어졌다. 장인들은 열심히 일했으니 보통 가난한 상태에 머물렀다. 그리고 그들의 사회적 지위는 아주 낮았다. 교육받은 로마 시민으로 꽤 높은 사회적 계급 출신이었던 바울에게 천막 제조업자로 일하기로 한 결정은 자기를 노예화하는 행위로 의도적으로 자신의 사회경제적 지위를 낮추고 포기하는 것이었다. 고린도의 일부 사람들, 특히 소수지만 영향력 있는 지혜롭고 유력하고 고귀한 사람들(고전 1:26)은 바울을 가장 굴욕적인 일에 종사하고 존경받을 가치가 없는 종으로 여겼을 것이다." *Cruciformity*, 183.

33　"이 패턴에서 [x]는 이미 갖고 있는 지위를 나타낸다. …… 그러한 지위를 진정으로 소유하고 있다는 증거는 그것을 이기적으로 이용하기를 거부함으로써 그것의 사용이 지위의 포기인 것처럼 보이지만 사실은 그 지위를 구현하는 일반적인 방식과는 다른 방식으로 사용하는 것이다." Gorman, *Inhabiting the Cruciform God*, 24.

34　Gorman은 바울 서신 중 이 '비록 [x]지만 [y]가 아니라 [z]' 후렴구가 사랑의 노래로 연

이 '비록 [x]지만 [y]가 아니라 [z]'는 특별히 세속 3의 교차 압력을 다루는 데 적합하다. 테일러가 설명했듯이, 세속 3의 교차 압력은 신앙 형성의 그 어떤 과정도 누군가를 의심으로부터 확신으로 옮겨 가게 할 수 없음을 의미한다. 우리의 모든 질문은 결코 해소되지 않는다. 세속 3의 상황에서 사는 것은 언제나 이중으로 시달리는 것을 의미한다. 한편으로 우리는 내재론적 틀이 너무 폐쇄적이어서 초월은 불가능하다는 말을 들으며 시달린다. 그러나 그런 부정 속에서도 (혹은 내가 주장했듯이 **특별히** 부정 속에서) 우리는 실재가 우리가 추정하는 것보다 훨씬 더 심원하다는, 뇌리에서 떠나지 않는 암시를 받는다. 그러나 설령 우리가 세속 3의 상황에서 신앙 안으로 들어가는 길을 찾을지라도—예수 그리스도의 살아 있는 인격과 만나고 부정 안에서 그리고 부정을 통해서—우리는 여전히 의심에 사로잡힐 것이고, 이것이 모두 우리 마음속에 있는 것인지, 진화학적인 속임수인지, 혹은 심리학적인 집단적 생각인지를 두고 씨름할 것이다.

신앙 형성을 '비록 [x]지만 [y]가 아니라 [z]'로 여기는 것은 우리가 교차 압력의 한가운데에서 견디도록 해준다. 그것은 세속 3의 중력 안에서 살아 계신 그리스도를 찾도록 초청하는 실천적 방법이다. 우리는 사람들에게 '비록 [x]지만 [y]가 아니라 [z]'의 관행을 시도하도록, 즉 이 구조를 취하고 사역자가 되도록 초대한다. 우리는 그들이 매일의 삶을 살아갈 때, 비록 부정을 향해 움직이게 하지만

주되는 곳들을 더 지적한다. "바울은 십자가 형태의 사랑이라는 원칙을 두 여성 교회 지도자의 사이가 좋지 않거나(빌 4:2-3) 신자들이 서로를 이교 법정에 데려가는 것과 같은 가장 일상적인 상황과 분쟁에 적용한다." *Reading Paul*, 158.

10. 형성의 음악

이어서 하나님의 행동으로 이끌어 가는 노래로서 '비록 [x]지만 [y]가 아니라 [z]'라는 패턴을 실천하도록 초대한다.

그러므로 비록 당신이 바쁘고 당신의 동역자의 이야기를 들을 시간이 없을지라도[x], 당신은 그를 만날 결심을 하고 당신의 일을 미뤄 두고[y] 그의 자리를 공유하고 그의 사역자가 되어야 한다[z]. 비록 당신의 딸이 오늘 아침에 아주 무례하게 굴고 당신이 딸을 크게 꾸짖을 권리가 있다고 느낄지라도[x], 당신은 딸이 스트레스를 받고 있고 과도하게 지쳐 있음을 인정하고 그 상황을 개인적으로 받아들이지 않고[y] 딸을 인격적으로 대하면서 친철하게 딸의 좌절을 어루만져야 한다[z]. 비록 당신이 은퇴 상황에서 당신 자신의 재정적 필요에 대해 근심하고 있을지라도[x], 당신의 친구의 누이가 두 달이나 집세를 내지 못하고 있다는 소식을 들었다면, 당신은 그의 상실감에 대해 공감하면서 기도하면서 당신 자신의 두려움을 밀쳐 두고[y] 자선 행위로서가 아니라 그를 섬기는 마음으로 그의 한 달 치 집세를 대신 지불해야 한다[z].

'비록 [x]지만 [y]가 아니라 [z]'라는 이 내러티브적 후렴구는 그것이 하나님 자신의 존재에 관한 노래이기에 형성적이다. '비록 [x]지만 [y]가 아니라 [z]'라는 자기 비움적 행위를 하는 것은 위격적이다. 그것은 하나님의 형상인 예수 그리스도를 닮는 사람이 되는 것이다. 바울이 보기에 우리가 그리스도를 닮는 것은 우리가 어떤 영적 권능을 드러내거나 무언가 굉장한 일을 행할 때가 아니라(바울은 고린도후서 11장에서 그런 것들을 자랑하지 않기로 한다), 우리가 겸손하게 우리의 이웃의 삶 속으로 들어가 그의 사역자가 될 때다. 그러므로 자기 비움은 위격 속으로 들어가는 길이다. 자기 비움은 사랑 안에서 타인의 자유를 지지하는 연합 속으로 들어가는 통로다.

바울에게 자기 비움이 핵심적이고 이 후렴구가 그토록 형성적인 것은, 그것이 바울 자신의 경험에 일관성을 부여하기 때문이다. 예수는 죽음의 경험("네가 핍박하는")을 통해 공유된 인격의 연합("나는 예수라") 속에서 바울에게 다가온다. 예수는 교회를 섬김으로써 위격의 연합이 있게 하는(교회는 그리스도 안에 숨어 있다) 하나님의 존재의 계시로서 자신을 낮췄다. 아나니아는 바울의 인격이 그리스도와의 연합 속으로 이끌리게 하는 방식으로 이 현실을 반향했다. 아나니아는 바울을 섬김으로써 그의 죽음의 경험의 이야기를 나눴다. 아나니아의 자기 비움적 성향은 인격(위격)의 공유를 가능케 했다.

'비록 [x]지만 [y]가 아니라 [z]'은 선행주의(do-goodism)가 아니다. 거기에는 인간의 행위를 통해 세상이 선하게 혹은 하나님을 위해 변하게 하려는 야심이 들어 있지 않다. 거기에는 다른 이의 인격을 삼키려는 목적을 달성하려는 야망이 존재하지 않는다. 오히려 '비록 [x]지만 [y]가 아니라 [z]'는 우리를 우리 주변 사람들의 죽음의 경험 속으로 들어가 우리 자신을 낮춤으로써 그들의 인격을 경험하고 그들의 존재에 참여하도록 초청하는 감동적인 후렴구일 뿐이다. '비록 [x]지만 [y]가 아니라 [z]'는 우리를 이웃의 인격 속으로 이끌어가 사역자로서 그들의 죽음의 경험(십자가)에 참여하게 하는 예비적 전례로 불리는 전주곡일 뿐이다. 신앙은 세속 2 상황에서 어떤 공간을 확보하기 위해 형용사를 추가함으로써 헌신의 수준을 높이는 것을 통해 형성되지 않는다. 오히려 신앙은 우리가 '비록 [x]지

10. 형성의 음악

만 [y]가 아니라 [z]'를 노래함으로써 형성된다. '비록'이 '때문에'로 계시되는 것은 이것을 행할 때다. 그러므로 자기 비움은 우리를 위격 속으로 이끌면서 우리에게 하나님의 존재와의 연합과 초월에 대한 경험을 제공한다.[35]

신화

신앙의 과정과 대상을 함께 유지하는 것은 신앙 형성을 자기 비움적 행위로 여기는 것이며, 그것은 우리를 위격 안으로 이끌고 사역 행위를 통해 우리를 예수의 존재에 순응시킨다. 신앙 형성에 대해 이런 주장을 하는 것은, 위격으로 이어지는 자기 비움(인격에 대한 참여)이 신화(theosis)라고 불릴 수밖에 없는 변화를 시작한다고 주장하는 것이다.

신화는 실제로 바울의 사고 깊은 곳에서 발견되는 아주 오래된 사상이다. 신화 사상에 따르면 하나님은 사역적이고 자기 비움적인 행위를 통해 인간이 되셔서 우리의 인격에 참여하시고(위격의 연합) 그렇게 하심으로써 우리가 하나님의 존재에 참여할 수 있게 하신다(신화).[36] 고먼은 그 개념을 다음과 같이 정의함으로써 신화가 바울

---

35 Gorman은 이렇게 말한다. "그리스도의 내러티브 정체성은 그분의 선재와 성육신의 삶에서 유사한 성향을 드러낸다. …… 그것은 바울에게 참된 인격과 참된 신성이 가장 근본적인 수준에서 유사하다는 것을 보여 준다." *Inhabiting the Cruciform God*, 35.

36 여기서 비인격적인 시대에 관해 논하면서 Charles Taylor는 신화에 대해 논한다. "하나님의 역사에 대한 개입 특히 성육신은 우리를 하나님이 계시는 교제 안에 참여하게 하심으로써 우리를 변화시키려는 의도를 갖고 있었다. 그것은 우리의 '신격화'(deification, 신화)를 낳도록 의도되었다. 이런 중요한 의미에서 구원은 우리가 하나님을 비인격적인 존재로 혹은 단순히 우리가 거기에 적응해야 하는 어떤 비인격적인 질서의 창조자로 다루는 정도까

의 사고에서 어떻게 연결되는지 보여 준다. 그는 이렇게 말한다. "신화는 우리가 바울에게서 발견하는 참여적인 십자가 형태의 거룩을 표현하는 적절한 용어다. 이제 우리는 …… 바울에게 적용되는 신화의 정의를 제공할 수 있을 것이다. 신화란 하나님의 형상이신 성육신하고, 십자가에 달리고, 부활하고 영광을 얻으신 그리스도에 대한 성령이 가능케 하는 순응을 통해, 하나님의 자기 비움적이고 십자가 형태인 특성과 삶에 변형적으로 참여하는 것이다.[37] 아타나시우스(Athanasius)는 바울의 이런 주제를 다음과 같은 말로 요약했다. "하나님은 우리가 하나님이 되게 하시기 위해 인간이 되셨다."[38]

하나님이 "우리가 하나님이 되게 하시기 위해" 인간이 되셨다는 이 진술은 우리의 귀에는 이상하게 들린다. 세속 3의 중력 안에서 하나님은 고사하고 **무언가**와의 존재론적 연합이라는 것은 생각

지 방해를 받는다. 구원은 친교 안에 있는 인간 공동체인 교회를 통해 하나님과 교통하는 우리의 존재에 의해서만 영향을 받는다." *A Secular Age* (Cambridge, MA: Belknap Press of Harvard University Press), 279.

37 Gorman은 계속해서 말한다. "이것은 오직 믿음으로 말미암는 칭의의 구현이다. 왜냐하면 그것은 참여, 즉 공동으로 십자가를 짐으로써 공동으로 부활하는 것을 통해 사는 삶이기 때문이다. 그것은 하나님과 같은 신실함과 사랑이 특징인 삶이다. 그것은 의인의 생명이다." *Inhabiting the Cruciform God*, 125.

38 Athanasius, "*Contra Gentes*" and "*De Incarnatione*," trans. R. W. Thomson, Oxford Early Christian Texts (Oxford: Clarendon, 1971), 268을 보라. Jordan Cooper는 Luther, 신화, 그리고 칭의를 중심으로 하는 다음 장에 관한 논의를 예고하면서 이렇게 말한다. "Athanasius와 함께 Luther는 구원을 법적인 용어(즉 아담의 범죄 때문에 모든 인간이 하나님께 지고 있는 '사망의 빚'을 갚는 것에 관한 Athanasius의 말)로뿐 아니라 참여적 측면(즉 그리스도와의 연합을 통한 신성에 대한 참여)에서 구원에 관해 말할 수 있다." Jordan Cooper and Peter J. Leithart, *The Righteousness of One: An Evaluation of Early Patristic Soteriology in Light of the New Perspective on Paul* (Eugene, OR: Wipf & Stock, 2014), 64.

10. 형성의 음악

할 수 없는 것처럼 보인다. 그리고 이런 신적 존재가 당신을 그 자신의 형체로 변화시킨다는 생각은 터무니없어 보인다. 마치 그것은 저예산 공상과학 네트워크 시리즈를 위한 자료처럼 보인다.

내재론적 틀과 그것에 대한 완충된 자아의 이해는, 우리가 아무것도 우리의 존재의 상태를 건드릴 수 없다는 타고난 (거의 무의식적인) 편견을 갖고 살아간다는 것을 의미한다. 만약 우리가 변화되어야한다면, 만약 변화와 같은 무언가가 존재한다면, 그것은 단지 우리의 인식론적 개념의 변화, 즉 우리의 개인적 의지의 선택에 새로운방향을 주는 것에 불과할 것이다. 이것은 신앙이 단지 의도적인 종교적 참여와 신앙의 조항에 대한 동의라는 생각을 결정적인 것으로만든다. 우리는 별다른 반성 없이 존재론적 변화를 포기하기에, 우리의 신앙 형성 과정은 세속 2의 그림자 속에서 종교적 소속을 추진하는 것에 불과할 수 있다. 존재론적 변화에 대한 의식이 없다면, 신앙은 MTD에 불과할 수도 있다.[39] 그리고 이것은 신앙이 하나님의

---

39 Zizoulas에게서 가져온 다음의 인용문은 위격에 대한 배경을 제공하며 그것이 어떻게 존재론적으로 이해될 수 있는지를 보여 준다.

"고대 그리스와 로마 모두에서 …… 휘포스타시스(*hypostasis*, 위격)는 **실체**(*ousia*)와 동일하며 무언가가 존재**한다**는 것과 그것이 **그것 자체**라는 것을 가리키는 반면, **프로소폰**(*prosopon*, 얼굴, 가면)은 다양한 뉘앙스와 형태로 무언가가 다른 존재와 관계하는 방식을가리켰다. 사람을 '존재의 양식'(*tropos hyparxeos*)라고 부름으로써 카파도키아인들은 그리스의 존재론에 혁명을 도입했다. 왜냐하면 그들이 역사상 처음으로 (i) 프로소폰이 존재에부차적인 것이 아니라, 그것의 휘포스타시스라고, 그리고 (ii) 휘포스타시스 곧 존재론적 범주가 그 본질상 관계적이며, 그것이 프로소폰이라고 말했기 때문이다. 이것의 중요성은 인격(person)이 이제 우리가 하나님께 적용할 수 있는 **궁극적인** 존재론적 범주라는 사실에 있다. 실체는 존재론적으로 인격에 앞서는 그 무엇이 아니라(그 어떤 고대 그리스어도 이에 대해 말하지 않는다), 그것의 실제 존재는 인격 안에서 발견되어야 한다." *Communion and Otherness*, 185-86(강조는 원래의 것).

행동 자체에서 분리될 수 있기에 그러하다.

만약 하나님의 행동이 현실이라면, 만약 하나님의 존재가 십자
가의 모습으로 사역의 연약함을 통해 우리의 삶 속으로 파고들어온
다면, 그때 신앙은 단순한 인식론적 전환 이상의 무엇이 될 수밖에
없다. 바울에게 우리의 존재론적 상태는 아담의 존재로부터 그리스
도의 존재로 변화된다.[40] 더는 우리가 살지 않고 우리 안에서 예수가
사신다. 신화에 따르면 그리스도와의 연합이란 우리를 변화시키고
우리에게 신적 존재에 대한 참여를 가능케 하면서 우리를 하나님으
로 만드는 존재적 관계다.

그러나 바로 이것이 서구의 기독교에 정통한 자들조차 신화(와
동방 기독교 사상)를 미심쩍게 바라보는 지점이다.[41] 라틴 기독교의 이
야기는 법정적 의인—우리가 어떻게 죄의 용서를 통해 구원을 받는

Zizioulas는 또한 위격(휘포스타시스)에 대한 나의 초점을 다음과 같이 요약한다. "인간이 아
니라 신의 인격을 반영하는 인격 개념을 만들어 내기를 …… 거부하는 것은 정확하게 현대의
실존주의적 인격주의다." *ibid.*, 177.

40 '신화와 변형 언어 대 모방의 언어'에 관한 보다 온전한 논의를 위해서는, Gorman,
Inhabiting the Cruciform God, 37을 보라.

41 Constantine Campbell은 이렇게 말한다. "신격화가 보통 정교회 신학과 연결되는 반면,
Luther와 Calvin에 대한 최근의 평가는 그들의 작품들에서도 모종의 신격화를 확인하고 있
다. Billings는 Calvin이 특정한 종류의 신격화를 가르친다고 주장한다. '일부 바울과 요한의
구절에서 나타나는 참여, 접붙임, 그리고 입양의 언어에 의존하면서 Calvin은 창조와 구속에
서 인간과 하나님의 차별화된 연합을 확인하면서 삼위일체 하나님에 대한 인간의 참여에 대
해 가르친다'(J. Todd Billings, 'United to God through Christ: Assessing Calvin on the
Question of Deification,' *Harvard Theological Review* 98 [2005]: 316-17). Billings에
따르면, Calvin은 '신자들은 그리스도의 신적 본성에 참여하는 것이 아니라 그리스도의 인격
전체에 참여한다. 그리스도에 대한 이런 참여를 통해 신자들은 삼위일체에 참여한다'(*ibid.*,
327)." *Paul and Union with Christ: An Exegetical and Theological Study* (Grand
Rapids: Zondervan, 2012), 365n31.

지, 그리고 이런 죄들이 어떻게 사함을 받는지—에 관심이 아주 많아서 우리는 존재의 변화를 이상하게 여긴다. 법정적 칭의에 대한 우리의 집착 때문에 신앙에 대한 우리의 이해에서 존재론이 빠져나왔고, 세속 3이 우리 사회를 통해 중력을 행사하기 시작하는 데 필요한 근거를 제공해 주었다. 서구 기독교에서 너무나 자주 중요했던 것은 사람들이 예수의 대속 사역의 법정적 행위에 대해 **아는 것** 그리고 **그러므로 거기에 동의하는 것**이다. 사람들은 교회에 가는 것을 통해 자기들이 이것을 믿는다는 것을 보인다. 믿음은 어떤 인식론적 틀에 동의하는 것이지 죽음의 경험 안에서 새로운 존재를 발견하는 경험이 아니다.

그러나 서구 기독교에 신화를 낯설게 만드는 것은 이런 법정적 칭의에 대한 과잉 집착만이 아니다. 아타나시우스가 "하나님은 우리가 하나님이 되게 하시기 위하여 인간이 되셨다"고 말할 때, 우리는 이것을 다신론적 진술로 듣는다. 우리는 하나님처럼 되는 것이 하나님과 동일한 본질을 갖고 마치 우리가 총알보다 빠르고 기관차보다 강력하고 단번에 큰 건물을 뛰어넘을 수 있는 슈퍼히어로가 되듯이 하나님과 동등하게 되는 것[42]이라고 여긴다.[43] 우리는 신화가 우리

---

42 Elizabeth Theokritoff는 이에 대해 다음과 같이 추가적인 설명을 한다. "Maximus는 '하나님과 같아지는 것'으로서의 신격화에 관해 말한다. 하지만 그는 이것이 본질을 제외한 모든 면에서의 동일성임을 분명하게 밝힌다. 범신론으로 빠져들지 않으면서 하나님의 내재성의 충만함을 표현할 수 있게 하는 것은 바로 이 전통적인 구별이다. 신적 본질(하나님 자신이 어떠하신지)과 신적 에너지 혹은 능력(하나님이 피조물과 상호작용하시는 것)의 구분은 카파도키아인들과 Athanasius를 거쳐 알렉산드리아의 Clement와 Philo에게까지 거슬러 올라간다. 그러나 그것이 체계적이고 상세한 공식화를 얻는 것은 4세기의 St Gregory Palamas에게 이르러서다." "Creator and Creation," in *The Cambridge Companion to Orthodox*

가 인간이 아닌 다른 속성, 즉 신적 속성을 갖는 것을 의미한다고 상
상한다.

그러나 동방 기독교는 그런 주장을 한 적이 없다.[44] 오히려 신

Christian Theology, ed. Mary B. Cunningham and Elizabeth Theokritoff (London: Cambridge University Press, 2008), 67.

James Payton은 이런 사고에 다음과 같은 설명을 덧붙인다. "신적 본질과 신적 에너지의 이런 구분과 더불어 정교회는 한편으로는 자신의 피조물에 대한 하나님의 절대적이고 비타협적인 초월을 그리고 다른 한편으로는 자신의 피조물에 대한 하나님의 동등하게 절대적이고 희석되지 않는 내재성을 확언하는 길을 발견했다. 정교회의 가르침에 따르면, 이런 구분을 떠나서는 창조 세계에 대한 하나님의 활동은 신적 본질을 흐리게 하고 모종의 범신론으로 이어지거나, 신적 본질을 제거함으로써 우리가 하나님과 전혀 아무런 접촉을 하지 못하는 상황에 이르거나 한다. 처음에는 사변적이거나 추상적인 것처럼 보일 수도 있는 이런 구분은 전혀 그렇지 않다. 그것은 하나님에 대한 깊은 인격적 경험을 위한 토대다." *Light from the Christian East: An Introduction to the Orthodox Tradition* (Downers Grove, IL: IVP Academic, 2007), 82.

43 Jordan Cooper는 이렇게 말한다. "'하나님이 된다'는 개념은 서구인의 귀에는 들리지 않는다. 그것은 어떤 위대한 인물, 황제, 혹은 파라오가 신적 존재가 되었다는 고대의 영웅 숭배의 이미지를 불러일으킨다. 혹은 어쩌면 모르몬교의 신격화에 관한 이해가 떠오를 수도 있는데, 거기에서 인간은 단순히 참여를 통해서가 아니라 본질에 있어서 진정으로 하나님이 될 수 있다. 이런 오해는 더 진행되기 전에 명확하게 할 필요가 있다. 우리는 교부들이 조심스럽게 시도했던 것처럼 신화(theosis)와 신격화(apotheosis)를 구분해야 한다. 신격화는 인간이 신적 실체가 될 수 있다고, 즉 인간성이 초월되고 본성이 신으로 바뀔 때 완전한 존재론적 변화가 일어난다는 개념이다. 이것은 삼위일체 하나님을 대체하고 범신론을 낳는다." *Christification: A Lutheran Approach to Theosis* (Eugene, OR: Wipf & Stock, 2014), 4.

44 Campbell은 다음과 같이 추가적인 설명을 제공한다. "정교회적 관점은 '신성시'(divinization) 혹은 '신격화'(deification)가 하나님의 존재에 대한 '문자적이고 존재론적인 참여'를 의미하는 한편, 결과적으로 개인의 인격을 상실하면서 신성에 흡수된다는 암시를 피하는 것을 의미한다. '하나님의 존재에 대한 존재론적 참여'라는 강한 표현에도 불구하고, 신성시는 신자들이 하나님이 된다는 것이 아니라, 오히려 '피조물인 인간이 창조하지 않은 신적 에너지 혹은 은총에 참여하는 인격적 관계 안으로 이끌린다'는 것을 의미한다. [Daniel] Helminiak은 인간의 신성화를 가능케 하는 것은 그리스도와의—그의 성육신과의—연합이라고 주장한다. '예수 그리스도 안에서 처음으로 신성시가 실제적인 인간의 가능성이 되었다. 발생한 일은 확실하게 가능하다.' '신적-인간적 가능성을 구성하는 연대는 그리스도 안에서의 집단적 연합이다.'" *Paul and Union in Christ*, 365; Helminiak, "Human Solidarity and Collective Union in Christ," *Anglican Theological Review* 70, no. 1 (1988): 53 재인용. 또한 Gorman, *Inhabiting the Cruciform God*, 5을 보라.

화는 예수 그리스도의 모습을 닮아 가는 완전한 인간화다.[45] 우리는 신화가 고양된 신-인이 되는 것을 의미한다고 여기는 혼돈에 빠지는데, 그것은 우리가 하나님처럼 되는 것이 꼼짝없이 수동적인 최고 세력으로서 왕좌에 앉는 것이라고 상상하기 때문이다. 그러나 그렇게 상상할 때 우리는 '비록'이 '때문에'라는 것을 잊는다. 우리는 하나님이 이스라엘의 역사 안에 계시되셨다는 것과, 예수 그리스도의 삶이란 섬김을 받아야 하는 유명인사의 삶이 아니라 섬기는 사역자의 삶이라는 점을 잊는다. 이런 하나님의 존재는 자기 비움 안에서 그리고 그것을 통해서 우리에게 다가온다. 하나님의 존재에 참여하는 것, 이 하나님에게 참여함으로써 이 하나님처럼 되는 것은 사역자가 되는 것이다. 그러므로 신화는 하나님의 본질을 얻는 것이 아니라 하나님의 에너지에 참여하는 것이다.[46]

신화는 인간이 하나님의 본질을 얻는 것은 불가능하다고 주장한다(그것은 늘 창조주와 피조물을 구분한다).[47] 하지만 신화에 따르면 우리

---

45 Gorman은 이렇게 말한다. "그러므로 빌립보서 2:9-11은 참된 인간과 참된 신의 이야기로서 그리스도의 이야기를 하나님이 정당화하시는 것에 대해 서술한다. 바울의 마스터 스토리의 이 부분에서 우리는 하나님이 성자를 높이시는 것이 어떻게 참된 신성의 성품을 확증하는지 그리고 어떻게 인간을 부르셔서 그 신성에 대한 참여를 통해 참으로 인간이 되게 하시는지를 본다." *Inhabiting the Cruciform God*, 32.

46 이것은 4세기에 Palamas에 의해 발전된 개념이고 고백자 Maximus와 깊은 관계를 갖고 있다. 나는 본질과 에너지의 이런 구분을, Barth가 하나님의 행위와 존재를 구분하는 것과 유사하다고 여긴다. 여기서 나는 에너지라는 개념을 사용하지만, 나는 에너지라는 개념이 별 도움이 되지 않음을 발견하고 대신 신화를 위한 참여적 도구로서 위격과 교제를 향해 돌아선 Zizioulas에게 훨씬 더 공감한다. 나는 또한 위격을 핵심적인 것으로 여기고 그러기에 다른 동방의 신학자들보다 Zizioulas를 더 따른다.

47 위대한 루마니아 정교회 신학자인 Dumitru Staniloae는 신화에서 창조주와 피조물의 구분을 강력하게 주장했다. Emil Bartos가 그의 입장을 훌륭하게 묘사한다.

는 하나님의 사역 행위로서 하나님의 에너지에 참여하고, 우리 존재의 자기 비움적 변화는 성령을 통해서 우리를 사역자로 만든다.[48] 우리는 사역 행위의 교제 속에서 존재론적으로 변화된다.[49] 신화에 따라 우리는 하나님의 에너지에 참여함으로써 하나님처럼 되는데, 우리는 하나님의 행위에 연합하고 사역자가 되는 것을 통해 그 에너지에 참여한다. 노먼 러셀(Norman Russell)은 그것을 이렇게 말한다. "신화 혹은 '신처럼 되는 것'은 구속이나 구원 이상의 것을 의미한다. 그것은 단순히 우리의 흠 있는 인간적 상태를 치유하는 것에 불과하지 않다. 그것은 우리가 하나님과의 동반자 관계 속으로 들어가는 것, 우리가 그분의 동료 사역자가 되는 것을 의미한다(고전 3:9)."[50]

"우리는 또한 Staniloae에게 피조물이 피조물이며 신화에 이른 후에조차 그런 상태로 남아 있음을 보았다. 신화를 향해 나아가는 우리의 피조물로서의 소명은 우리의 피조성을 소멸하지 않고 오히려 그것을 완성시킨다. 우리가 신성시된다는 것은 하나님이 의도하셨던 대로 하나님의 피조물이 된다는 것이다. Staniloae는 신화가 문자적으로 간주되어서는 안 된다고 주장한다. 우리는 문자적으로 하나님이 될 수 없다. 그것은 우리가 하나님이 피조물이라고 말하는 것만큼이나 터무니없는 일이다. 만약 하나님이 피조물이라면, 그때 그분은 정의상 하나님이 아니다. 왜냐하면 시간 속에서 시작을 갖는 것은 피조물일 수밖에 없기 때문이다. Staniloae는 어느 의미로도 하나님을 세상과, 혹은 인간을 포함해 그것의 일부와도 동일시하지 않는다. 그는 세상을 하나님과 동일시하지도 않는다. 신화는 하나님과 피조물 사이의 구별을 없애지 않는다." *Deification in Eastern Orthodox Theology: An Evaluation and Critique of the Theology of Dumitru Staniloae* (Carlisle, UK: Paternoster, 1999), 145.

나는 또한 이것을 *Christopraxis: A Practical Theology of the Cross* (Minneapolis: Fortress, 2014)에서 발전시켰다. 이 구분은 의인의 목적에서 핵심적인데, 나는 그것이 신화와 같은 개념에 대해 열려 있다고 믿는다. *Christopraxis*, chap. 6을 보라.

48 Gorman은 이렇게 말한다. "다시 말해 성령은 바울을 십자가와 연결시키고, 십자가를 통해 고난당하는 그리스도와, 그리고 사랑 안에서 다른 이들과 연결시킨다." *Cruciformity*, 57.

49 *Christopraxis*, chaps. 5-7을 보라.

50 Norman Russell, *Fellow Workers with God: Orthodox Thinking on Theosis* (Crestwood, NY: St. Vladimir's Seminary Press, 2009), 36.

10. 형성의 음악

    그러므로 이것은 신화가 오직 자기 비움을 통해서만 가능하다는 것을 의미한다.[51] 자기 비움은 우리 존재의 성향이 십자가 형태의 겸손을 지향하도록 허용한다. 이런 자기 비움적 모습은 우리를 어떤 마술적 상태로 데려가는 것이 **아니라** 십자가와 부활이라는 예수의 내러티브 안으로 이끌어 간다.[52] 그러나 이러한 움직임은 세속 2에서의 전투가 종교적 (예수) 이야기와 비종교적인 세속적 이야기 사이의 싸움이라고 상상하면서 예수 이야기를 인식론적으로 (아는 것 차원에서) 주장하는 것 이상이다. 그보다는, 예수의 이야기를 주장하는 것은 더 깊은 그 무엇이다. 그것은 예수의 존재 자체에 **참여하는** 것이

---

51 전통적으로 신화라는 개념과 연관된 성경 본문들에는 다음과 같은 것이 포함된다.
  "하나님이 미리 아신 자들을 또한 그 아들의 형상을 본받게 하기 위하여 미리 정하셨으니 이는 그로 많은 형제 중에서 맏아들이 되게 하려 하심이니라"(롬 8:29).
  "죽은 자의 부활도 그와 같으니 썩을 것으로 심고 썩지 아니할 것으로 다시 살아나며 욕된 것으로 심고 영광스러운 것으로 다시 살아나며 약한 것으로 심고 강한 것으로 다시 살아나며 육의 몸으로 심고 신령한 몸으로 다시 살아나나니 육의 몸이 있은즉 또 영의 몸도 있느니라.…우리가 흙에 속한 자의 형상을 입은 것 같이 또한 하늘에 속한 이의 형상을 입으리라"(고전 15:42-44, 49).
  "우리가 다 수건을 벗은 얼굴로 거울을 보는 것 같이 주의 영광을 보매 그와 같은 형상으로 변화하여 영광에서 영광에 이르니 곧 주의 영으로 말미암음이니라"(고후 3:18).
  "그런즉 누구든지 그리스도 안에 있으면 새로운 피조물이라 이전 것은 지나갔으니 보라 새 것이 되었도다. …… 하나님이 죄를 알지도 못하신 이를 우리를 대신하여 죄로 삼으신 것은 우리로 하여금 그 안에서 하나님의 의가 되게 하려 하심이라"(고후 5:17, 21).
  "내가 그리스도와 그 부활의 권능과 그 고난에 참여함을 알고자 하여 그의 죽으심을 본받아 어떻게 해서든지 죽은 자 가운데서 부활에 이르려 하노니 …… 그는 만물을 자기에게 복종하게 하실 수 있는 자의 역사로 우리의 낮은 몸을 자기 영광의 몸의 형체와 같이 변하게 하시리"(빌 3:10-11, 21).
52 Norman Russell은 이렇게 말한다. "말씀의 자기 비움에는 신자의 신화, 인간의 피조물로서의 능력의 한계 안에서 신적인 삶의 무한대로의 확장에 의한 인간 삶의 제약에 대한 신의 수용이 뒤따른다." *The Doctrine of Deification in the Greek Patristic Tradition*(London: Oxford Universtiy Press, 2004), 262.

다(신화). 이 참여는 '비록'의 자기 비움적 성향이 '때문에'이기에 발생한다. 이것은 당신이 예수의 이야기를 경험할 수 있는 것은 오직 그의 존재를 만나는 것을 통해서만 가능하다는 것을 의미한다. 예수의 이야기는 자기 비움 안에 묶여 있기에, 그것은 현명한 자들에게는 이해되지 않는다. 왜냐하면 그들은 그것을 오직 지적이고 인식론적인 차원에서만 이해하려고 하기 때문이다(고전 1:17-25). 그러나 그 이야기가 예수 자신의 인격을 만나는 사건을 통해 다가올 때—초월이 자기 비움을 통해 당신에게 들어올 때, 예수의 이야기는 존재론적 무게를 지니고 당신에게 임한다. 그러면 더는 당신이 살지 않고 당신 안에서 그리스도가 사신다(갈 2:20).

그리스도의 이야기는 당신의 죽음의 경험 곁에 있는 위격적(인격적) 힘과의 만남으로서 다가온다.[53] 자기 비움이 신화로 이어지는 것은 그것이 부정을 통해 위격 안으로 들어갈 수 있기 때문이다. 즉 사역의 자기 비움은 우리를 하나님의 존재에 대한 참여 속으로 이끌어 가는 깊은 변화로 이어질 수 있다. 왜냐하면 그것이 공유된 인격성 안으로 들어가는 길이기 때문이다. 깊은 연합은 위격의 공유를 통해 나타난다. 그리고 이런 연합의 접착제는 십자가 곧 죽음의 경험이다. 믿음 안에서 우리는 우리 자신의 존재가 자기 비움에 관한 예수의 이야기를 통해 우리에게 다가오는 예수의 사랑의 존재에 의해 둘러싸여 있음을 발견한다. 그 자기 비움은 우리를 섬김으로써

---

53 이것은 특히 내가 Zizoulas의 강조점을 취하는 부분이다. 이 강조점은 나를 Bonhoeffer의 대리(*Stellvertretung*)라는 개념과 내가 *The Relational Pastor*에서 발전시켰던 인격주의(personalism)와 강하게 연결해 준다.

10. 형성의 음악

우리의 존재에 참여하며, 우리의 죽음의 경험 안에서 그리고 그 경험을 통해서 이루어진다. 그러므로 이런 자기 비움의 모양을 취하는 것은 하나님의 에너지를 통해 하나님의 존재에 참여하는 것(신화)인데, 이것은 하나님의 위격적 존재의 행위다.[54]

그러므로 신화는 자기 비움의 겸손을 통해 하나님의 존재 안으로 이끌리는 것인데, 이것은 우리를 아나니아처럼 예수의 사역적 겸손을 통해 하나님의 존재에 참여하는 것에 대한 표현으로서 우리 이웃의 죽음의 경험 안으로 들어가게 만든다.[55] 신화는 죽음의 경험(십

---

54 Myk Habets는 개혁신학자인 T. F. Torrance의 사상이 어떻게 신화에 대해 열려 있는지는 보인다. Torrance의 그리스도와의 연합은 내가 *The Relational Pastor*에서 전개했던 주요한 대화의 파트너였다. Habets는 "이 타당한 정의에 따르면, 그리스도와의 연합이라는 개혁주의 교리는 신화라는 교리와 양립할 수 있다"고 말한다("Reforming Theosis," in *Theosis: Deification in Christian Theology, ed. Stephan Finlan and Vladimir Kharlamov* [Eugne, OR: Pickwick, 2006], 147). Habets는 계속해서 다음과 같이 말한다. "대부분의 동방 정교회의 신학과 마찬가지로, Torrance에게 신화의 목표는 '하나님'이 되거나 '신들'이 되는 것이 아니다. 그것은 그 어떤 문자적 의미에서도 인간의 본성의 한계를 초월하는 문제가 아니라 오히려 인간이 참된 인간성을 얻는 과정과 수단의 문제다. 신화는 우리의 피조성을 제거하지 않고 오히려 그것을 완성한다. 유사한 맥락에서 동방 정교회 신학자인 Staniloae는 신화를 문자적으로 이해해서는 안 된다고 주장한다. 우리는 문자적으로 하나님이 되지 못한다. 그것은 마치 우리가 하나님이 피조물이시라고 말하는 것만큼이나 터무니없는 일이 될 것이기 때문이다. 각 사람의 인격에 심어지고 그리스도 예수에게 연합한 자들에 의해 실현되는 '초월적 결정론'은 남자와 여자들이 그들이 창조된 대로 되고 행할 수 있다는 것, 즉 성령을 통해 그리스도 안에서 하나님께 돌아가 하나님의 반영이 될 수 있다는 것이다. 이것은 교부적 작가들, 동방 정교회, 그리고 Torrance 자신의 개혁 신학 안에서 신화라는 용어로 요약되는 인간의 목표다." *ibid*., 161.

55 나의 프로젝트에는 언제나 그 안에 신바르트주의적 성향을 갖고 있었다. 특히 *Christopraxis*에서는 한 장 전체가 Barth의 협력하는 하나님(*concursus Deoi*)라는 개념에 바쳐졌다(7장). 혹자는 신화로의 이런 전환이 Barth의 성향과 모순된다고 여길지도 모른다. 그러나 이것이 Barth의 사상의 한계를 뛰어넘을 수도 있지만, 나는 그것이 일관성을 유지한다고 믿는다. Adam Neder는 그의 책 *Participation in Christ*에서 Barth가 신화에 대해 불안하게 남아 있기는 하나 그의 작업이 그럼에도 여러 지점에서 그것과의 일치를 발견한다는 것을 보였다. Neder는 이렇게 말한다.

자가)을 통해 위격 혹은 인격에 참여하고자 하는 하나님의 자기 비움적 에너지를 만남으로써 하나님의 존재에 참여하는 존재론적 변화다. 신화는 자기 비움을 통해 위격에 참여하는 사역자가 되는 것을 의미한다.[56] 러셀은 "그리스도에 의해 변화된 그리스도인들로서 우리는 인간의 화해와 영화를 위한 [하나님의] 신적 계획에 참여하면서 그분의 '본질'(who)이 아니라 그분의 '모습'(what)이 된다"고 설명한다.[57] 신화는 살아 계신 예수의 존재를 얻는 것이다. 그것은 **그리스도 안에** 있는 것이다. 사역자가 된다는 것은 하나님의 인격이 당신의 존재에 생기를 불어넣게 함으로써 당신을 다른 이들의 죽음의 경험

"Barth가 그렇게 자주 신격화를 거부했음을 감안한다면, 그가 그것의 기본적 관심사를 그런 것으로서 무시한다고 결론 내리기 쉬울 것이다. 그렇지 않다. '우리는 본성의 교류(*communio naturarum*)에 대한 특별히 루터교적인 관심사의 매력을 인식하지 못하거나, 그 밑바탕에 있는 우려를 무시하기를 원치 않는다.' 우리가 이미 보았듯이, Barth는 루터교의 관심사를 '동방교회의 신학의 먼 효과'로 간주하기에, 그가 신격화의 신학이 동방 교회 안에서 같은 방식으로 나타났다고 본다고 결론지을 수 있을 것이다. 이런 관찰은 그가 다음과 같이 쓰고 있기에 추가적인 확증을 얻는다. '우리는 적어도 그리스 교부들의 독특한 동방 기독론 및 구원론과 너무나 유사한 이 교의(*theologoumenon*)의 의도와 거리를 둘 수 없다. 그러나 이 모든 것에 대해 말한 후에 또한 이 의도가 이런 맥락에서 시도된 것처럼 실행될 수 없다는 것이 인식되고 말해져야 한다." *Participation in Christ: An Entry into Karl Barth's "Church Dogmatics"* (Louisville: Westminster John Knox, 2009), 68.

56 나는 여기서 Zizioulas를 따르면서 신화와 인격을 강력하게 연결시킨다(이것은 또한 신화에 대한 나의 이해를 그리스도를 닮은 것에 관한 Bonhoeffer의 입장과 아주 유사한 것으로 만들어 준다). Russell은 Zizioulas의 입장을 다음과 같이 설명한다. "Zizioulas에게 우리가 신화에 이르는 것은 오직 그리스도 안에서 하나님과 인간의 위격적 연합을 통해서만 가능하다. 그리스도는 우리의 참된 인격의 모델이다. 우리는 그리스도를 통해 하나님과 관계할 때만 참으로 인간—참된 인격—이 된다. 신격화는 우리가 인간이 되기를 그치는 것을 의미하지 않는다. 그것은 우리가 오직 우리가 그리스도 안에 있는 인격의 단계에까지 올라가는, 창조된 것과 창조되지 않은 것의 연합에 참여할 때만 인간으로서 우리의 본래적 정체성을 얻는다는 것을 의미한다." *Fellow Workers with God*, 52.

57 *Ibid.*, 36.

10. 형성의 음악

속으로 밀어 넣고 그들을 섬기게 하는 것을 의미한다. 신화는 '비록 [x]지만 [y]가 아니라 [z]'라는 내러티브 구조를 취함으로써 하나님의 인격적 행위를 공유한다. 신화는 '비록 [x]지만 [y]가 아니라 [z]'라는 자기 비움적 노래가 성령을 통해 당신에게 불릴 때 당신 존재의 영혼을 살아 있게 한다.[58]

결론

그러므로 신앙은, 내가 앞 장들에서 말했듯이, 그리스도와의 연합이다. 그것은 신화다. 그리고 신앙 형성은 자기 비움의 노래가 당신의 삶의 단계들을 지휘하도록 허락하는 것이다. 신앙의 과정과 대상이 하나님의 행동 자체에 의해 하나가 된다. 자기 비움은 신앙 안에서 형성되는 자들의 삶의 방향이다. 왜냐하면 그것이 하나님의 존재의 모습이기 때문이다. 케노시스, 즉 사역의 자기 비움은 신화, 즉 하나님과의 연합에 이르는 통로다.

그러나 세속 3의 중력 안에서 그리고 위격이 없는 초월의 불가능성 안에서 이 모든 것은 상실된다. 바울은 죽음의 경험("네가 왜 나를 핍박하느냐?") 안에서 그리고 그것을 통해서 그 자신의 인격에 다가오는 예수의 인격(위격)("나는 예수라")을 경험한다. 예수의 인격은 바울의 경험에 대한 부정에 이르러 바울의 인격에 참여하고, 신화로 이어지는 자기 비움의 성향을 통해 바울을 예수 자신의 인격 안으로

---

58 *Christpraxis* (chap. 7)에서 나는 성령이 이런 움직임 안에서 어떻게 역사하시는지를 더 설명한다.

이끌어 간다. 자기 비움은 죽음의 경험을 통해 위격 안으로 들어가는 사역의 행위로서 그런 경험을 새로운 삶으로, 즉 우리의 이웃의 인격(위격)에 대한 예수의 (자기 비움적) 사역 행위에 참여함으로써 존재론적으로 그리스도 안에 있는 믿음의 삶(신화)으로 이끌어 간다.

세속 2의 그림자와 세속 3의 중력 안에서 신앙 형성을 위한 싸움이 MTD—도덕적 치유적 이신론(Moralistic Therapeutic Deism)—와 같은 그 무엇이었다면, 그것은 HKT—위격(Hypostasis), 자기 비움(Kenosis), 신화(Theosis)—와 같은 그 무엇을 통해서만 맞설 수 있다는 것이 나의 주장이다. 우리는 사람들이 그들의 죽음의 경험을 분명하게 표현하는 공간을 창조하고, 그들에게 이런 죽음의 경험 안에서 그리고 그것을 통해서 섬김을 받는 길을 제공하고, 그들이 죽음의 경험이라는 부정을 통해서 어떻게 서로의 사역 행위 안에서 그리고 그것을 통해서 예수의 인격의 임재와 만나는지를 표현하는 것을 통해 MTD의 도덕주의(M)에 맞설 수 있다. 고먼은 이런 위격적 특성을 다음과 같이 지적한다. "바울이 자신과 자신의 동역자들이 사랑 안에서 데살로니가 신자들과 나눴다고 말할 때, 그는 자신들의 사역이 십자가 형태의 사랑의 모습을 갖고 있다고 말하는 것이다."[59] 인격성(위격)의 만남은 도덕주의에 맞서는 길이 된다. 왜냐하면 인격성은, MTD의 납작한 도덕주의와 달리, 인간 행동의 한 형태이지만, 위격에 대한 이런 관심은 인간의 행동을 하나님의 행동으로 이동시키기 때문이다.

---

59 Gorman, *Cruciformity*, 195.

　　　　　　　　　　　　　　　　　10. 형성의 음악

MTD의 치료적인 것(T)—하나님이 나의 삶을 지지하고 나를 행복하게 하기를 바라신다는 것—은 자기 비움과 대조된다. 자기 비움은 삶을 치료적인 것이 아니라 사역적인 것으로 만든다. 구체적인 삶의 모습은 치료에 관한 풍선껌 같은 노래가 아니라 '비록 [x]지만 [y]가 아니라 [z]'라는 겸손한 리듬에 맞춰 춤을 춘다. 자기 비움은 신적 존재에 참여하고 그로 인해 그것을 공유하는(*Stellvertretung*, 자리 나눔) 인간의 삶의 형태가 된다. '비록 [x]지만 [y]가 아니라 [z]'가 성령에 의해 우리의 영혼을 향해 불리는 노래가 되게 함으로써, 우리는 우리의 이웃의 죽음의 경험이라는 십자가를 통해 인격을 나누는 사역자가 되어 하나님의 존재에 온전히 참여한다. 우리를 변화시켜 사역자가 되게 하는 이 자기 비움적 성향은 신화를 가져온다. 그리고 이 참여는 신적 존재 자체가 자기 비움적이기에 가능하다. 그것은 '비록'인 것처럼 '때문에'이기도 하다. 우리는 거룩에 이르는 산을 오름으로써가 아니라 자기 비움이라는 열쇠에 의해 열리는 부정(십자가)의 통로를 통해 들어감으로써 하나님께 참여하도록 지음 받았다.

MTD의 이신론(D)은 하나님이 우리의 애완동물이고 우리를 변화시킬 뚜렷한 존재론적 힘을 갖고 있지 않다고 확언한다. 이런 하나님은 나의 삶을 지금 그대로 지지하고 나를 행복하게 해주고(T) 바보가 되지 않게 하는(M) 그럴듯한 개념이다. 신화는 예수가 우리의 죽음의 경험의 부정을 통해 우리의 인격 안으로 들어옴으로써 우리의 존재에 참여할 때 "더는 우리가 사는 것이 아니라" 예수의 존재가 우리 안에서 그리고 우리를 통하여 산다는 바울의 말로 이신론에 맞선다. 그러므로 신앙과 그것의 형성은 우리의 기관을 젊게 만들어서 그것들을 효율적이 되게 하는 프로그램과는 급격하게 다른 무엇이다. 오히려 우리의 죽음의 경험의 진정성을 통해 우리는 겸손한 사역자로서 우리에게 다가오는 한 인격을 만난다. 그 사역자는 자신의 존재를 우리의 부서짐에 대한 치유로 제공하고 우리를 새로운 존재로 만들어 세상 속으로 돌려보낸다(고후 5:17). 이 새로운 존재가 우리 안에서 나타나는 것은 권력이나 지성을 통해서가 아니라 우리의 이웃을 그의 사역자의 입장에서 겸손하게 포용하는 것을 통해서다.

그러나 우리가 이 프로젝트의 결론에 이르기 전에 살펴보아야 하는 두 가지 질문이 남아 있다. 이 두 가지 질문이 이 책의 나머지의 틀을 이룰 것이다. 우리는 오직 믿음으로 말미암는 칭의를 어떻게 이해할 것인가?[60] 그리고 이 모든 것은 우리의 교회의 맥락에서 어떻게 보일 것인가?[61] 다음 장과 이 책의 결론 부분에서 나는 이것이 죄와 구원에 대한 우리의 견해의 측면에서 무엇을 의미하는지를 살피고 이것이 우리의 회중의 신앙 형성에 어떻게 적용되는지에 대한 약간의 전망을 제공할 것이다.

---

60 이것이 나에게 개인적으로 중요한 문제인 것은 내가 *Christopraxis*에서 의인을 핵심적인 것으로 여기고 있기 때문이다.

61 *The Relational Pastor*에서 나는 어떤 프로그램이나 직접적인 실천이 아니라 상상력을 위한 전망을 제공하면서 이와 유사한 일을 했다.

10. 형성의 음악

11

호의를 베푸시는 분인가,
은사의 제공자인가?

그것은 좋은 소식이어야 했지만 그렇게 느껴지지 않았다. 그 캠프의 연사는 우리 어린이들에게 이렇게 말했다. "하나님이 정말로 여러분을 보신다면, 하나님이 보시는 모든 것은 여러분의 죄일 것이고, 그 죄는 하나님을 역겹게 할 것입니다. 하나님은 거룩하시고 완전하게 의로우시기 때문입니다. 그런데 여러분은 그렇지 않습니다, 그렇지 않나요? 어린이 여러분은 여러 면에서 자신들이 형편없다는 것을 압니다, 그렇죠? 제가 말씀드리는 것은 저 역시 형편없다는 것입니다! 하지만 여기에 좋은 소식이 있습니다. 하나님이 여러분을 보실 때, 그분은 여러분을 전혀 보시지 않습니다. 그분이 여러분을 보실 때 그분이 실제로 보시는 모든 것은 예수님입니다. 그리고 예수님은 죄가 없으시고 의로우십니다. 하나님이 이런 예수 안경을 쓰고 계신다는 것은 그분이 우리를 보실 때마다 사실은 예수님을 보신다는 것을 의미합니다. 그러니 이제 우리는 의롭습니다. 예수님에게는 죄가 없으시기 때문입니다. 그리고 더 좋은 소식이 있습니다. 예수님이 십자가에서 죽으신 것은 하나님이 이런 예수 안경을 영원히 쓰고 계시게 하시기 위함이라는 것입니다. 여러분은 벌을 받아야 마땅

합니다. 그러나 예수님의 죽으심이 여러분을 의롭게 하셨습니다. 그리고 이보다 **훨씬 더 좋은** 소식이 있습니다. 그것은 여러분이 이 사실을 받아들이는 것 외에는 아무것도 할 필요가 없다는 것입니다. 이일은 여러분을 위하여 이루어졌습니다. 하나님께서 당신이 의롭다고 선언하셨습니다!"

이어서 우리는 지도 교사와 함께 오두막에 모여 앉아 그 연사의 말이 우리의 삶에 무슨 의미가 있는지에 대해 대화를 나눴다. 우리는 마치 그것이 **예수께서 우리를 위해 시험을 치르셨기에** 우리가 도저히 받을 만하지 않은 A학점을 받는 것과 같다는 말을 들었다. 우리 모두는 그것이 꽤 좋은 거래라는 데 동의했다. 이 비유에서 우리 중 누구도 그런 학습 과정을 통해 변화되지 않았다는 것은 빼놓고 말이다. 우리의 대리 시험자는 우리에게 좋은 점수를 얻게 해주었지만 여전히 우리를 무지한 상태에 남겨 두었다. 우리는 삶의 요체는 우리 자신을 넘어서는 무언가에 참여하는 것이 아니라 좋은 학점을 얻는 것이라고 여겼다.

칭의(稱義, justification)는 하나님과의 관계에서 바르게 되는 것 혹은 (비느하스와 아브라함처럼) 하나님이 보시기에 의롭게 되는 것을 의미한다. 내가 앞 장 끄트머리에서 말했듯이, 이 예수를 따라 자기 비움을 통해 위격 안으로 들어가는 것은 하나님의 존재에 참여하는 신화(theosis)라고 불릴 수 있는 변화로 이어진다. 그러나 이런 변화는 칭의와 어떤 관계가 있는가? 바울이 '칭의'라는 말로 의미하는 것은 무엇인가? 그리고 칭의에 대한 루터의 핵심적 집중이 어떻게 변화의 감각으로 이어질 수 있는가? 만약 우리의 문제가 비종교적 공간

11. 호의를 베푸시는 분인가, 은사의 제공자인가?

에 맞서는 종교적 공간을 잃는 것이 아니라(세속 2) 초월에 대해 인식된 부정과 하나님의 행위의 불가능성이라면, 그때 신앙은 어떤 방식으로든 변화에 대해 증언해야 한다. 프로테스탄트에게 칭의와 신앙은 서로 맞물려 있다. 하나님의 행동의 인식된 형태와 인간의 반응은 '오직 믿음으로 말미암는 칭의'(justification by faith, 이하에서는 단순하게 칭의라고 부르겠다―옮긴이) 안에 묶여 있다. 그러나 세속 2의 그림자 때문에 신앙 형성 프로그램들 중 신앙 및 그 형성과 관련해 칭의의 핵심성에 주목하는 것은 거의 없다. 그러므로 이 장에서 우리는 칭의 그리고 칭의와 신앙의 불가분의 연관성에 집중하는 것이 과연 신앙에 근본적으로 변화를 일으키는 하나님의 행동과의 만남 속으로 우리를 이끌어 가는 방식에 새로운 관점을 우리에게 제공하는지 살펴볼 것이다.[1]

물론 나는 그럴 것이라고 믿는다. 그러나 내가 이렇게 말하는 것은 이 장을 열었던 이야기를 무시하는 것처럼 보인다. 세속 3의 중력 안에서 칭의는 합리적이지 않은 무언가로 보인다. 그리고 그것을 어떻게든 인간 경험의 형태와 하나님의 행동을 보여 주는 것으로 상상하는 것은 초월을 더욱더 믿지 못할 것으로 만드는 것처럼 보일 뿐이다. 피 흘림을 통해 우리에게 의를 부여하시는 흠 없는 하나님

---

1 *Christopraxis: A Practical Theolgoy of the Cross* (Minneapolis: Fortress, 2014) chap. 6에서 나는 실천신학을 위한 칭의의 문제를 살펴보았다. 나는 그것을 원교리(proto-doctrine)라고 부르고 칭의가 어떻게 살아 있는 구체적 현실과 어떻게 연결될 수 있는지 그리고 어떻게 너무 자주 교리를 하나님의 행동에 대한 경험과 절연된 무언가로 변화시키는 정형화로부터 빠져나올 수 있는지를 보이려 했다.

이 계신다는 생각은 세속 3의 사회적 이미지 안에서는 대부분의 사람들에게 비논리적이다(심지어 공격적이기까지 하다).

결국 세속 3에서 의는 (그것이 500년 전에 그랬던 것만큼) 우리가 추구하는 것이 **아니다**. 그것은 희생, 속죄, 명예, 의무라는 틀을 먼지투성이의 유물로 보이게 만들고, 현재를 살아가는 존재가 추구하는 것이 아닌 것으로 보이게 만든다. 그보다 우리가 갈망하는 것은 진정성이다. 진정성은 칭의를 가져오는 속죄에 관한 모든 위계적 사고를 이상한 것으로 만들면서 '칭의'를 '믿음'으로부터 분리시킨다. 진정성의 시대에 신앙은 칭의 밖에서 상상할 수 있는 무언가가 된다. 신앙에는 칭의가 필요하지 않다. 루터는 그 방법을 상상하기가 쉽지 않았을 것이다. 칭의가 없으면 신앙은 터전을 잃어버린다. 오늘날 우리가 신앙을 정의하기가 어려운 것은 그것이 우리가 살고 있는 세속 시대의 들쭉날쭉한 가장자리에 의해 칭의로부터 단절되었기 때문이다.

우리의 사회적 이미지가 변화됨에 따라 (신칼뱅주의자와 급진적인 루터교인들 같은) 어떤 그룹들은 하나님의 대속과 엄격한 주권적 의를 더욱 강력하게 밀어붙였다. 그러나 세속 3의 지속적 흐름이 자신도 모르게 대속을 세속 2의 바닷속으로 이동시키면서 그런 관점의 토대를 침식시켰다. 칭의는 비종교적 공간과 종교적 공간의 전투 안에 사로잡히게 되었고, 그것의 핵심은 비워지고 그것의 초월적 특성은 상실되었다. 칭의가 세속 2의 싸움에 휘말려 납작해질 때, 의롭다고 칭함을 받는 이들은 하나님의 행동과 만나 변화되지 않는다. 오히려 단지 그들의 의지가 움직여 (특정한) 기독교적 사상에 충성을 바치고

(올바른) 제도적 종교에 참여할 뿐이다. 그런 사람들은 칭의가 세속 2의 공간적 갈등에 지나지 않음을 드러내고, 순전한 교리에 대한 자신들의 이해에 동의하는 것이 비종교적 공간에 맞서는 종교적 공간에 사람들을 위치시킨다고 믿으면서 전투 의식을 구체화한다. 물론 우리가 인식하는 데 종종 실패하는 것은 그런 관점이 우리도 모르는 사이에 세속 3이 게임의 조건을 정하도록 허락해 왔다는 점이다.

여기서 다시 우리는 세속 2와 세속 3이 어떻게 나란히 작동하는지를 본다. 세속 3은 우리가 비종교적인 공간들에 맞서 싸울 수 있다고 믿으면서 우리를 세속 2의 품속으로 밀어 넣는 망토와 단검 게임(the game of cloak and dagger, 망토 속에 몰래 단검을 숨기고 있는 모습을 말하는 것으로 17세기 유럽의 극장에서는 비밀스럽고 행동이 미심쩍은 캐릭터들이 주로 이런 복장으로 등장했다―옮긴이)을 행한다. 그러나 세속 3은 이 싸움이 자체적인 규칙에 의해서만 이루어지도록 함으로써 초월성과 하나님의 행동의 가능성에 맞서서 게임이 조작되도록 만들었다.

그러므로 칭의를 신앙과 다시 연결하는 것은 (신칼뱅주의자와 급진적인 루터교인들이 그런 경향을 보이듯이) 진정성의 시대에 맞서 싸우는 것이 아니라 그것을 끌어안는 것이다. 적어도 부분적으로라도 말이다. 내가 이 책 2부에서 줄곧 말했듯이, 진정성은 (특히 그것이 젊음을 물신화할 때) 스스로 폐쇄적인 회로 속에서 회전할 수도 있지만, 또한 우리의 경험에 개방의 가능성을 허용하기도 한다. 진정성의 이런 개방에서 핵심적인 것은 변화에 대한 감각이다. 진정성의 시대에 우리는 내재론적 틀의 차갑고 가차 없는 (그러나 견고한) 광선에 부딪친다. 내재성의 발판을 두드리면서 많은 이들은, 역설적이게도, 세속 3의 초월 없는 가정(presumption) 너머에서 의미와 변화를 찾지 않을 수 없다. 테일러는 이런 경향을 '노바 효과'(nova effect)라고 불렀다.[2]

진정성의 시대는 우리 모두가 계속해서 '충만함'의 감각, 즉 우리에게 의미와 목적을 부여하는 변화와 같은 느낌을 갖게 하는 경험을 구하게 한다. 거기에서 노바 효과, 즉 새로운 치료, 영성, 성적 표현, 패션 등등의 이런 변화를 추구하는 온갖 종류의 새로운 방식이 등장한다. 이상하게도, 세속 3은 존재가 **단지** 물질적이고 자연적이라고 주장하는 반면, 우리는 그것만으로 살 수 없으며, 진정성의 시대는 그것을 견디지 못하고 우리에게 충만감을 주는 온갖 종류의 변화를 추구하도록 우리를 압박한다.

진정성의 시대의 이런 경향은 다시 우리에게 칭의와 연관된 하나님의 행동을 변호할 기회를 제공한다. 이것은 '믿음만'(faith alone)을 주권자의 통치에 대한 인식론적 복종으로만 만들지 않고, 우리의 죽음의 경험(자기 비움)에 묶여 있는 위격적(hypostatic) 연합을 통해 우리를 변화시키는(신화) 그리스도의 실제적 임재와의 만남으로 만든다.[3] 그러므로 칭의는 또한 사역 행위 자체로 생각되어야 한다.

---

2 Charles Taylor는 모든 '세 번째 선택지'를 노바 효과라고 부른다. 초월의 반향이 그것들을 낳는다. *A Secular Age* (Cambridge, MA: Belknap Press of Harvard University Press, 2007), 특히 3부를 보라.

3 이 프로젝트의 가장 어려운 요소 중 하나는 내가 논의하는 종류의 존재론을 기억하는 것이다. 그러므로, John Zizioulas는 이것이 어떻게 은사와 연결되는지를 보이면서 우리에게 다음과 같이 상기시킨다. "존재는 은사이지 자생적이고 스스로 설명할 수 있는 현실이 아니다. 은사로서의 존재는 타자를 전제한다. 수여자가 없는 은사는 존재하지 않는다. 이것은 실체론적 존재론(substantialist ontology)과 구별되고 어느 의미에서는 그것에 맞서는 인격적 존재론(personal ontology)의 핵심이다. 인격적 존재론에서는 타자성이 존재를 구성한다. 그것이 이런 종류의 존재론에서 **인과 관계**가 일차적이고 가장 중요한 이유다. 실체론적 존재론에

오직 믿음으로 말미암는 칭의는 믿음**만**이 하나님의 사역적 존재에 자신을 개방하는 인간의 성향이라고 여기는 것이며, 이때 하나님은 성령의 변화의 능력으로써 우리의 죽음을 극복하심으로 성자의 인격성을 통해 우리와 연합하신다. 우리는 우리에게 죽음에서 벗어난 그분의 삶을 제공하시는 그리스도의 사역을 경험함으로써 그리스도처럼 된다(신화). 칭의는 단순히 주권적으로 통치하시는 하나님에 대한 설명이 아니라 하나님 자신의 사역의 깊이에 대한 표현이다. 칭의는 다음과 같은 신적 선언으로 시작된다. 우리는 죄와 죽음 안에서 잃어버린 바 되었고, 그로 인해 언제나 (성령을 통한) 성자에 대한 성부의 사역으로써 우리의 존재를 죽음으로부터 삶으로 변화시켜야 한다.[4] 나는 세상을 변화시키는 힘은 사역 자체라고 주장한다. 생명, 온전함, 그리고 치유를 가져오는 모든 형태의 변화는 사역의 모습을 지닌다. 교회 밖에서 나타나는 그런 변화의 표현들조차

서 인과 관계는 존재 안에서 발생한다. 존재는 다른 존재로부터 파생되지만 언제나, 그 밑에 혹은 이전에, 어떤 기반이 존재한다. 그것은 가령 Aristotle의 존재론의 경우에 '물질' 혹은 '형태'처럼 영원하고 원인이 없는 것으로 남아 있다." *Communion and Otherness* (Ediburgh: T&T Clark, 2006), 88(강조는 원래의 것).

4 Zizioulas는 어째서 죽음이 우리의 핵심적 문제인지를 다음과 같이 설명한다.

"죽음은 인간을 그의 인격성이라는 관점에서 볼 때만 인간의 삶에 가장 치명적인 사건처럼 보인다. 생물학자에게 죽음은 생명의 한 형태일 수 있고, 이상주의자에 그것은 보다 숭고한 목적을 위한 개인의 의미 있는 희생일 수 있으나, 기독교 신학에 그것은 인간의 최악의 적, 즉 모든 것 중에서 가장 받아들일 수 없는 것으로 남아 있다. 우리 안에 아주 깊숙이 뿌리를 내리고 있는 죽음에 맞서는 이런 외침은 그것이 표현되든 숨겨지든 우리의 가장 우선적이고 궁극적인 두려움, 즉 우리가 하는 모든 일의 조건을 구성한다는 점에서 우리의 인지 활동과 심지어 우리의 의식보다도 선행한다. 죽음에 대한 두려움이 단순히 심리학이 아니라 존재론의 문제인 이유가 여기에 있다. 그것은 비존재로 존재를 위협하는 것, 즉 인격성이 물성으로 변화될 가능성이다. …… 창의성과 예술은 죽음에 맞서는 인간의 방어인 동시에 죽음에 대한 맛봄이다. 이 창의성이 부재 속의 존재로 이어지기 때문이다." *Ibid.*, 227.

종종 (그 단어를 사용하지 않으면서) 사역이 변화의 촉매라고 주장한다(가령, 어떤 이는 "로라가 없었다면, 나는 술주정뱅이가 되어 틀림없이 내 머리를 총으로 쐈을 거야"라고 말할 수 있을 것이다). 칭의가 어떻게 변화의 사역이 되는지 이해하기 위해 우리는 바울과 의에 대해 살펴보아야 한다.[5]

칭의, 신앙, 그리고 정신 나간 회계원

의는 늘 바울의 관점에서 핵심적인 것이었다. 훌륭한 유대인이었던 바울은 인간 존재의 목적은 언약 안에서 의롭게 사는 것이라고 이해했다.[6] 그러나 바울을 뒤엎은 것은 이 의가 그 자신의 행위의 열정을 통해서가 아니라 신앙을 통해서 성취된다는 깨달음이었다. 비느하스는 자신의 열정적인 행위의 힘으로 의롭다고 간주되었다. 그러나 아브라함의 경우 죽음의 경험과, 죽은 것을 새 생명으로 변화시키면서 말씀을 성취하시는 하나님의 신실하심에 대한 그의 믿음을 통해서 의롭다고 간주되었다. 아브라함이 의로웠던 것은, 그

---

5 독자들이 결말을 살짝 엿보게 하도록, 나는 칭의를 Michael J. Gorman이 그것을 정의하는 것과 유사한 방식으로 설명하고자 한다. "칭의는 그리스도의 죽음과 우리가 그와 함께 십자가를 지는 것에서 나타나는 하나님의 은총을 수단으로 삼아 바른 언약적 관계—하나님에 대한 충성과 이웃에 대한 사랑—를 수립하는 것이다. 그러므로 칭의는 지금 하나님의 백성 안에서 그리스도와 함께 새 생명으로 부활하는 것, 무죄방면에 대한 확고한 소망, 그리고 그로 인해 심판의 날에 영생으로 부활하는 것을 의미한다." *Reading Paul* (Eugene, OR: Cascade Books, 2008), 117.

6 여기서 나는 바울에 대한 새 관점(the New Perspective on Paul)에 경의를 표한다. 부분적으로 나는 바울이 언약을 염두에 두었고 자신의 유대적 정체성으로부터 벗어난 적이 없다는 주장에 설득당한다. 또한 나는 바울에 대한 어떤 프로테스탄트적 읽기가 칭의를 온통 개인의 죄와 용서의 문제로 만들었다는 것에 동의한다. 아래의 논의에서 나는 그에 대한 신칸트주의적 읽기의 배후를 모색하는 Luther의 개념으로 돌아감으로써 그런 관점을 심화시키기를 희망한다.

가 '죽음에서 새 생명으로'라는(부정의 부정이라는, 십자가로부터 부활이라는) 이 이야기가 그의 삶을 형성하도록 하면서, 사역자를 필요로 하고 또한 몸소 사역자가 될 수 있는 상태에 언제나 자신을 열어 두었기 때문이다.[7]

갈라디아서와 로마서에 있는 바울의 말을 인용하면서 '오직 믿음으로' 의롭다 하심을 얻는 것을 핵심적인 것으로 만든 이는 루터다.[8] 개신교의 많은 이들은 루터를 따르면서 인간 행위자의 의는 언제나 외부로부터 오는 의라고 주장해 왔다.[9] 그것은 인간의 의지나

---

7 "비느하스의 길은 행위를 논리적 극단으로까지 가져가는 것을 통한, 즉 열심, 자기 의, 그리고 치명적인 폭력에 의한 칭의의 길이다. …… 반면에 아브라함의 길은 신앙에 의한, 즉 신뢰, 용서, 그리고 삶—죽음으로부터의 부활—에 의한 칭의의 길이다. …… 그것은 포용과 회복으로 이어지는 길이다(롬 4:9-17; 갈 2; 엡 2)." Gorman, *Reading Paul*, 122.

8 "바울이 그 주제에 관한 가장 중요한 언급인 갈라디아서 2:15-21에서 칭의에 대해 묘사할 때, 그는 그것이 (1) 예수의 십자가형에 의한 신실한 죽음 안에 객관적 기초를, (2) 신자들이 그와 함께 십자가를 지는 것에 주관적 혹은 실존적 기초를 갖는다고 말한다." *ibid.*, 125.

9 Constantine Campbell은 이렇게 말한다.
   "그 종교개혁의 아버지가 그리스도와의 연합에 의존하는 전가(imputation)라는 관점을 가졌던 반면, 후기 개신교의 궤적은 Luther보다는 Melanchton을 따랐다. Melanchton은 십자가를 일차적으로 거래(transaction)라고 여겼다. 그리고, [Mark] Seifrid에 의하면, '칭의를 "그리스도의 의의 전가"라고 정의한 후기 개신교의 공식적 설명은 Melanchton의 견해를 발전시킨 것이다.' 전가는 Luther와 Melanchton의 사고 안에서 다르게 기능했다. 후자에게 '전가'는 그리스도의 십자가 사역을 신자에게 중재하기 위해 필요했던 반면, Luther에게 '그리스도의 구원하는 유익은 신앙의 연합 안에서 이미 중재된다.' 그러므로 Seifrid는 칭의를 전가의 측면에서 규정하려는 그 어떤 주장도 '종교개혁 후기의 프로테스탄트 이해를 채택하는 것이라고 주장한다.' 더 나아가 'Luther를 이 패러다임 속으로 밀어 넣는 것은 불가능하다. Melanchton 자신이 그것을 시도했으나 실패했다. 그렇다면 우리가 Luther가 종교개혁 밖에 있다고 선언해야 할까?'" *Paul and Union with Christ: An Exegetical and Theological Study* (Grand Rapids: Zondervan, 2012), 403; Seifrid, "Luther, Melanchton and Paul on the Question of Imputation," in *Justification: What's at Stake in the Current Debates*, ed. Mark Husbands and Daniel J. Treier (Downers Grove, IL: InterVarsity, 2004를 인용하면서).

행위 안 어느 곳으로부터도 오지 않고 신앙에 의해 인간에게 부여된다. 우리는 우리 자신의 행위나 노력에 의해서가 아니라 예수의 삶과 죽음과 새 생명을 통해 의롭게 된다. 예수는 우리에게 자신의 의를 부여하시는 죄 없는 의로운 분이시다. 그러나 만약 이것이 신앙에 의해 우리에게 부여된다면, 그것은 무슨 뜻인가? 그리고 의롭게 하는 행위를 부여받고 그로 인해 구원을 얻기 위해서는 신앙이 활기 있거나, 강건하거나, 일관성이 있어야 하는가?

종종 우리 모두를 묶어서 혼란스럽게 하는 것은 부여의 감각(sense of bestowing)이며, 그것은 칭의로 하여금 부작위(inaction)를 초래하거나 우리 안에 변화에 대한 두려움을 낳는 일종의 진정제가 되도록 이끈다. 여러 가지 방식으로 세속 3이 우리의 사회적 이미지의 중력이 되도록 만든 철학적 관점 덕분에, 이런 부여의 감각은 존재론적 영향이 거의 없는 것으로 상상되었고, 이로 인해 신앙은 단지 신뢰하기로 한 결정에 불과해졌다.[10] 여러 방식으로 서구 세계의 법률적 틀 때문에, 우리는 칭의가 존재의 변화 없이 권리를 부여받는 것이라고 추정해 왔다.[11]

찰스 하지(Charles Hodge)의 관점 같은 것들 덕분에 우리는 이런 안셀무스적(Anselmian) 의의 부여와 칭의 선언을 하는 이가 멀리 있

---

10 그것은 Taylor가 말하듯이, 신앙을 육체와 분리된 이성적 체계로 만들면서 탈육화되었다.

11 Gorman은 이렇게 말한다. "전통적인 프로테스탄트 정의는 칭의를 위에서 언급한 법정 이미지의 흐름을 강조하는 신적 선언으로 보는 반면, 다른 견해는 칭의를 신적 변화로 여기면서 언약적 및 윤리적 흐름을 강조한다." *Reading Paul*, 116.

는 냉정한 왕,[12] 즉 정죄할 권리를 갖고 있으나 그 자신의 완전함과 권능을 통해 우리를 용서하고 의롭다고 칭하기로 선택하는 군주라고 생각하는 경향이 있다. 우리는 만남은 왕의 영역에 더 충실하게 남겨 두고, 대신 왕의 통치에 대해 지적(합리적)으로 동의하고 비종교적 공간에 맞서 종교적 공간에 기꺼이 소속되려고 한다. 우리가 받을 만하지 않은 무언가를 얻었다는 것을 알기 때문이다. 그러나 결국 우리는 이 왕의 삶과 존재에 대한 보다 가깝고 보다 참된 참여를 느끼지 못한다.

칭의를 참여 밖에서 보는 것은 '비록'이 '때문에'에 근거한다는 사실을 잊는 것이다. 다시 말해, 그것은 칭의에 대한 우리의 시각에서 자기 비움을 벗겨 내는 것이다.[13] 그것은 '비록'이 그것 자체를 왜

---

12 Daniel Clendenin은 이렇게 말한다. "동방교회가 구원 교리를 다루는 방식은 일반적으로 인류의 딜레마와 그리스도의 사역 안에서의 하나님의 반응을 서방과는 다른 관점에서 해석한다. 정교회 신학자들은 서방에서 죄와 구원의 교리가 과도하게 법률적, 사법적, 그리고 법정적 범주들에 의해 지배되어 왔다는 데 동의한다. 그들은 이런 범주들은 과도하게 부정적이고 동방 기독교의 정신에 이질적일 뿐 아니라, 그것이 지배적인 것이 되도록 허용될 경우, 성경의 메시지에 대한 사실상의 왜곡이 될 수 있다고 주장한다." *Eastern Orthodox Christianity: A Western Perspective* (Grand Rapids: Baker, 1994), 122.

Peter Bouteneff는 유사한 맥락에서 다음과 같이 말한다. "그리스도의 희생이 성부께 바쳐졌다는 Anselm의 가르침은 그분의 명예, 정의, 그리고 위엄이 훼손되었기에 만족 혹은 보상을 요구하시는 하나님을 전제하는 것처럼 보인다. 이것은 하나님에 대한 특징적 묘사일 뿐 아니라, 그 결과로 나온 '대속적' 속죄론은 십자가에서의 희생적 죽음을 너무 강조하느라 세상의 구원을 위한 그리스도와 성령 안에서의 하나님의 포괄적 사역을 훼손했다. 대속 모델이 요즘 자주 정교회의 이해(그것은 그리스도가 단순한 인간이 할 수 없는 희생을 드리셨다는 데 동의한다)와 비슷하게 들리는 방식으로 정형화되고 있기는 하나, 정교회 신학은 그런 모델들의 왜곡뿐 아니라 어떤 식으로든 성부에 의해 성자의 희생이 요구된다는 근본적인 원칙을 포기한다." "Christ and Salvation," in *The Cambridge Companion to Orthodox Christian Theology*, ed. Mary B. Cunningham and Elizabeth Theokritoff (London: Cambridge University Press, 2008), 98.

곡의 지점까지 반복하면서 지속적인 순환에 빠지게 하는 것이다. 우리는 거듭해서 "**비록** 하나님은 강력하고 의로운 힘이시고 너희는 벌레이지만, 하나님이 너희를 의롭게 하신다" 그리고 다시 "**비록** 하나님은 강력하고 의로운 힘이시고 너희는 벌레이지만, 하나님이 너희를 의롭게 하신다"는 말을 듣는다. 그러나 이 울려 퍼지는 소음은 그것의 '비록'이라는 음표에 '때문에'라는 멜로디가 수반되지 않기에 선율이 없고 새 생명의 노래가 되지 못한다. 바울에게 칭의를 핵심적인 것으로 만드는 것은 '비록 [x]지만 [y]가 아니라 [z]'이다. 그것은 이런 형태를 지니고 이 노래를 연주한다. 간단히 말해, **비록**[x] 하나님은 의로우시고, 이 의는 하나님이 우리를 버리시도록 내버려 두지 **않으나**[y], 하나님이 우리를 섬기시시기 위해 **오히려**[z] 우리를 위해 죄가 되신다(고후 5:21). 그러나 만약 우리가 '비록'이 '때문에'임을 기억하지 못한다면, 칭의는 차갑고 무딘 도구가 될 수 있고 신앙은 존재론적이고 변혁적인 깊이를 갖지 못한 무언가가 될 수 있다.[14]

그러나 바울에게 '비록'은 참으로 '때문에'인데, 그것은 하나

---

13 *Chritopraxis*, chap. 6에서 나는 Jüngel을 인용하면서 칭의가 실천신학에 핵심적임을 보였다. 이 책에서의 나의 주장과 *Chritopraxis*에서의 표현 사이에는 일치하는 부분이 많다. *Christopraxis*에서 칭의의 자기 비움적 요소는 '무로부터'(ex nihilo)로 설명된다. 하나님은 무로부터 들어가시고 칭의는 무로부터 본래대로 복귀하는 것이다. 그러므로 하나님은 군주가 아니라 사역자로서 거듭해서 우리를 만나시면서 신화에 이르는 사역으로 멸망 안으로 들어가시는 예수의 위격을 통해 하나님 자신의 위격 안으로 우리를 이끄신다.

14 다시 말해, 칭의는 비인격화되고(de-hypostasized), 이어서 이상하게도 우리에게 우리가 오직 믿음으로 말미암는 칭의를 해칠 수 있다는 두려움 때문에 이웃의 사역자가 되기를 피하라고(de-kenotic) 경고한다(이것은 Bonhoeffer가 *Discipleship*에서 반대했던 값싼 은혜, 즉 칭의를 죽음의 경험에 참여하는 신적 행동을 통해 초월을 풀어놓는 인격성의 변화가 없는 하나의 개념으로 바꾸는 은혜다).

11. 호의를 베푸시는 분인가, 은사의 제공자인가?

님이 사역자**이시기** '때문에' 의롭게 하시는 '비록' 행동('although' action)을 취하신다는 뜻이다. 칭의에 대한 우리의 견해가 '때문에'를 잊을 때, 하나님은 오직 무고한 자의 피 때문에 긍휼을 보이시는 엄격한 통치자가 되신다. '때문에'가 없으면, 하나님은 우리에게 거듭해서 우리에게 자금이 부족하고 청구서 대금을 지불하기 위해 믿음을 보여야 한다고 상기시키는 완고한 회계원에 지나지 않는다. 그러나 '비록' 행동은 '때문에'라는 존재론적 성향에 의존하므로, 하나님은 그분이 새 생명을 가져오기 위해 부정 안으로 들어가는 사역자이시기 '때문' 우리를 의롭게 하신다.

칭의와의 관계에서 신앙은 단순히 우리의 은행 계좌가 가득 차 있다고 믿는 신뢰가 아니다. 오히려 그것은 **그리스도를 우리의 존재 안으로 받아들이는 경험**이다. 칭의는 우리가 경험할 수 없는, 따라서 우리의 유일한 반응이 맹목적인 신뢰로서의 믿음이 될 수 있는 어떤 추상적이고 우주적인 해프닝이 아니다. 오히려 칭의는 그리스도의 임재와의 만남의 구체적 형태다. 칭의는 어떤 추상적인 계산이 아니라 사역자이신 하나님의 임재의 충만함을 제공하는 것이다. 칭의는 예수가 우리의 죽음 안으로 들어와 우리로 하여금 하나님의 삶에 참여할 수 있게 하는 것이다. 그러므로 칭의는 신앙이 궁극적으로 우리 자신의 행위가 아니라 예수 자신의 신앙에 참여하게 하는 초대다. 투오모 만네르마(Tuomo Mannermaa)가 말하듯이, "루터의 빈번한 표현인 '그리스도의 믿음'(*fides Christi*)은 임재에 대한 이런 생각을 극단으로 이끌어 간다. 우리의 믿음은 그리스도의 믿음이다. 즉 그리스도 자신이 우리를 믿으신다. 그리스도 자신이 우리 안에서 사랑하신다. 그리스도인은 하나님의 자기 증여의 사랑 안에서 그리스도에게 참여한다."[15]

그러므로 칭의를 통해 계시되는 이 하나님은 회계원이나 점수 기록인이 아니라 사역 행위로서(자기 비움) 당신의 죽음의 경험 안으로 들어가는 인격성(위격)을 지니고 당신의 죽어 가는 인격에 다가오는 사역자이시다. 이것은 당신이 죽음을 섬기는 데서 자유롭게 되어(투시력을 지닌 샤먼이 아니라) 이웃을 섬기는 사역자가 되게 하기 위함이다(신화).[16] 당신에게 필요한 것은 당신의 태도를 변화시키는 외부로부터 오는 의라는 개념이 아니라 당신의 존재를 변화시킬 수 있는, 그래서 이제 당신이 사람을 사랑하는 사역자로서 자유롭게 죽음 안으로 다시 들어가게 하는 사역자의 인격성이다. "그러므로 칭의는," 고먼이 말하듯이, "화해, 언약, 공동체, 부활, 그리고 생명에 관한 것이다. 그리고 이런 현실은 죽음에 의해, 즉 과거에 우리를 위한 그리스도의 죽음과 현실에서 그와 함께하는 우리의 죽음에 의해 초래된다."[17]

그러나 우리는 우리를 위해 죽음 안으로 들어온(자기 비움) 사역

---

15 Tuomo Mannermaa, "Luther as a Reader of the Holy Scripture," in Engaging Luther: A (New) Theological Assessment, ed. Olli-Pekka Vainio (Eugene, OR: Cascade Books, 2010), 227.

16 Michael Gorman은 이렇게 말한다. "칭의와 성화 사이의 신학적 틈은 불가능하다. 동일한 성령이 신자들 사이에서 그리스도와 함께 겪는 최초의 십자가형과 지속적인 십자가형 모두에, 즉 일생에 걸쳐 지속되는 십자가 닮기 경험 곧 신화(theosis)에 영향을 주기 때문이다." *Inhabiting the Cruciform God: Kenosis, Justification, and Theosis in Paul's Narrative Soteriology* (Grand Rapids: Eerdmans, 2009), 40.

17 Gorman, *Reading Paul*, 117.

11. 호의를 베푸시는 분인가, 은사의 제공자인가?

자의 인격성을 통해 의롭다 하심을 입고 그의 인격 안에서 생명의 사역으로 이 죽음을 극복하기 때문에(위격), 우리의 칭의는 우리의 변화다(신화). 우리는 죽음 속에 있는 우리의 자리에 참여하기 위한 예수의 의롭게 하는 행위를 통해 그의 죽음을 받는다. 즉 우리는 그와 함께 십자가에 못 박힌다. 그리고 그리스도와 함께 십자가에 못 박히는 것은 또한 그의 부활에 참여하는 것이다. 그것은 십자가와 부활 이야기를 통해 우리의 존재를 얻는 것인데, 그것은 우리에게 부작위의 칭의(값싼 은혜)를 부과하지 않고 예수를 따라 사역 안으로 들어가라는 요구를 우리에게까지 확대한다.[18] 바울은 칭의를, 우리에 대한 하나님의 태도를 바꾸는 모종의 우주적 선언이 아니라 존재의 상호교환으로 여긴다. 예수는 우리에게 자신을 부여함으로써 우리를 의롭게 한다. 그는 우리와 함께 죽음으로써 우리를 섬긴다. 그것은 우리가 그의 인격을 얻음으로써 그의 부활에 참여하게 하기 위함이다. 칭의는 우리에게 예수의 신앙이라는 은사를 제공한다. 참으로 '비록'이 '때문에'인 것이다. 그러므로 우리는 **비록** 죄 속에서 죽었으나 하나님이 위격의 연합을 통해 새 생명을 주시는 사역자이시기 **때문에** 살아난다(엡 2:1-5).

---

18 나는 Gorman과 같은 입장을 취하는데, 그는 "칭의-참여는 지극히 인격적이지만 사적이거나 개인적이지는 않다. 우리는 공동체의 상황에서 그리고 보다 넓은 세상과의 관계 속에서 세례를 받고, 그리스도께 참여한다. ……우리와 타인의 언약적 연결은 우리에게 정의와 포용의 과업 같은 윤리적 책임을 부여한다"라고 말한다. *ibid.*, 130.

사역으로서의 칭의

그러므로 칭의는 당신이 형편없다는 선언이 아니라 "네가 반드시 죽으리라"(창 2:17)는, 그래서 당신에게 언제나 사역자가 필요하다는 선언이다. 그리고 칭의는 그 이상의 것에 대해 진술한다. 그것은 당신이 너무 자주 자신을 이런 죽음으로부터 보호하기 위해 죽음을 다른 이의 어깨에 떠맡기고, 죽음의 노예가 되거나 죽음에 중독이 되어, 마치 당신이 자신의 신인 것처럼 그리고 사역 너머에서 살 수 있는 것처럼 살아간다고 지적한다.[19] 당신은 사역자의 사랑 어린 연약함보다 노예 주인의 활력을 선택했다. 죄에 빠지는 것 그리고 그러하기에 칭의의 필요를 경험하는 것은 사역자와 정반대가 되는 것이다. 당신에게 사역자가 필요하지 않다고, 당신은 사역을 필요로 하기에는 너무 강하다고 선언하는 것은 오만이고 자기에게로 굽는 것(incurvatus in se)이다. 그리고 그러하기에 당신은 그리스도의 모습으로 변화되어야 하는 신앙이라는 은사를 거부한다. 신앙은 오직 예수의 신앙일 수밖에 없는데, 그것은 오직 예수만이 성부의 사역을 따라 완전하고 온전하게 살기 때문이다. 신앙은 오직 예수 안에서만 발견된다. 오직 예수만이 그의 존재가 사역으로 이루어진 성부의 사역하는 성령으로부터 모든 호흡을 취하기 때문이다.

신앙을 갖는 것은 그리스도 안에 있는 것이다. 역설적으로 그것은 당신을 의롭게 하는 행동을 받아들이는 것이며 당신을 수동적으

---

19 "오직 믿음으로 말미암는 칭의는 …… 궁극적인 역설이다. 삶이 죽음으로부터 나온다, 그리스도의 죽음과 우리의 죽음 모두로부터. 칭의는 우리가 공동으로 십자가에 못 박히는 것, 즉 하나님의 은총의 역사를 통해 이루어진다." *ibid*., 126.

11. 호의를 베푸시는 분인가, 은사의 제공자인가?

로 만든다. 당신은 일을 그치고 당신 안에 있는 성자를 통해(당신은 그리스도 안에 감추어져 있다—골 3:3) 성부의 값없는 사역을 받아들이라는 말을 듣는다. 그러나 이 값없는 사역을 수동적으로 받아들인 후 당신은 또한 성령에 의해 당신의 이웃을 섬김으로써 예수와 연합하도록 보내심을 받는다. 이것은 '때문에'를 '비록'으로 변화시키는 칭의를 통해서 오기에, 이 사역은 무거운 역할들의 꾸러미, 즉 의무사항들로 이루어진 짐이 될 수 없고, 단지 수동적으로 그러나 활발하게 당신의 이웃의 삶에 참여하며 그를 친구로서 사랑하는 일을 향해 움직이는 자유가 될 수 있을 뿐이다. 당신의 존재가 예수의 존재로 변화되는 것(마 25:31-46), 즉 십자가에서 취함을 받아 부활의 변화 속으로 들어가는 것은 인간의 위격의 사역적 연합 안에서다. 사역의 자리에서 당신은 관계 속에 있는 인격들의 (위격적) 연합을 통해 예수의 신앙이라는 은사를 받는다.

십자가에서 부활로

칭의는 십자가를 통해 일어난다. 고면이 말했듯이, 바울은 칭의(혹은 다른 무언가)를 십자가 밖에서 상상하지 못한다. 그러나 바울에게 십자가는 상황을 납작하게 만들지 않는다. 그것은 현실에 새로운 (아주 새로운) 차원을 부여한다. 칭의는 사역하시는 하나님의 존재의 '때문에'에 묶여 있기에, 십자가는 새로운 삶에 대한 초대다. 십자가는 하나님의 섬기는(저자는 일관되게 사역을 섬김과 동일시한다—옮긴이) 존재가 인간에게 주어지는 자리가 된다. 십자가에서 죽음은 신과 인간의 융합의 자리로 변화된다. 성부가 성령을 통해 죽은 성자를 섬기려

오셔서 그를 부활시키셨기에, 예수의 몸의 모든 새로운 분자는 생명이다. 예수가 (그가 요한복음 11:25에서 마르다에게 선언했듯이) 이제 '부활'이요 '생명'인 것은 그의 몸이 인간 안에서 하나님의 사역의 융합이 되었기 때문이다. 예수에게 참여하는 것은 그의 생명을 부여받는 것인데, 그것은 당신의 죽음을 통해서뿐 아니라, 오직 이 예수가 자기 비움적 섬김의 행위로 당신의 죽음 안에 들어옴으로써 위격의 연합을 통해 인간 안으로 신성을 가져오기 때문이다. 고먼이 말하듯이, "그러므로 오직 믿음으로 말미암는 칭의는 죽음과 부활의 경험이다."[20] 십자가가 없다면, 그리스도의 실제적 임재라는 변화를 가져오는 칭의 사역은 상실된다.

그러나 당신은 그리스도와 함께 부활하고 그의 생명을 가졌기에(신화) 당신의 이웃의 죽음의 경험 속으로 보내심을 받고 살아 계신 그리스도와의 거듭되는 만남으로서 그들의 위격에 참여한다(마 25). 우리가 예수 자신의 신앙이라는 은사로서의 신앙만을 얻을 수 있는 것은, 예수가 하나님의 사역의 충만함을 경험했으며 부활을 통해 하나님의 신실하심의 온전함을 맛보았기 때문이다. 신앙은 예수의 존재에 묶여 있다. 왜냐하면 예수는 성부의 사역을 통해 그 자신이 생명이 될 정도까지 죽음의 경험을 했던 분이기 때문이다.

그러므로 예수의 생명을 갖는 것은 단순히 멸망이나 위험을 피하는 것이 아니라 새로운 생명을 얻는 것이다. 디는 당신이 살지 않고 당신 안에서 예수가 산다. 당신이 사는 이 생명을 당신은 **예수의**

---

20 Gorman, *Inhabiting the Cruciform God*, 70.

믿음 안에서 살아 낸다(갈 2:20). 당신은 부활한 그리스도와의 연합 안에서 사는데, 그리스도는 당신으로 하여금 자신의 인격에 참여함으로써 신앙이라는 은사를 포용하고, 당신의 이웃의 사역자가 됨으로써 당신의 삶을 자기 비움의 노래에 맞춰 형성하도록 요구한다. 그러므로 의롭다 하심을 얻는 것은 그리스도와 함께 공동으로 십자가에 달리는 것이며, 그런 상태에서 공동으로 부활하는 것이다. 그리고 우리가 부활에 참여하는 것은 신들로서가 아니라 우리의 이웃에 대한 하나님 자신의 사역에 참여하기 위해서다. 칭의로 인한 변화는 신화다. 그리고 신화는 권력과 힘으로가 아니라 위격적 연합을 통한 신과 인간의 융합을 경험함으로써—사람들에게 참여하고 그들을 섬김으로써—하나님의 영광에 참여하는 사역자로서 하나님께 참여하는 것이다.

몸

그러므로 의롭게 되는 것은 예수 안에서 당신을 발견함으로써 그의 몸에 참여하는 것이다. 인격성(personhood)은 자연적이고 생물학적인 유기체 이상이다. 인격성(위격)은 하나님 자신의 삼위일체적 존재의 형상이 반영된 영적 현실이다. 그러나 인간의 인격성은 자연적인 것으로 축소될 수 있는 것 이상인 반면, 그럼에도 그것은 체현(embodiment)으로부터 분리될 수 없다. 인간이 된다는 것은 몸을 갖는 것이고, 신화의 변화를 경험하는 것은 몸에서 벗어나는 것(disembodiment)이 아니다(이것은 신화에 대한 서방교회의 오해다). 오히려 신화의 변화를 경험하는 것은 당신의 몸이 섬김을 받고 다른 이의 몸을 섬기도록 보냄을 받는 것이다. 신화에 대한 견고한 표현은, 그것이 사역의 자기 비움과 묶여 있기에, 언제나 구체적인 경험, 즉 기도 속에서 다른 이의 손을 잡는 것, 친구와 더불어 웃는 것, 혹은 낯선 이에게 음식과 침대 혹은 경청하는 귀를 내주는 것이다.

물론 거룩은 덕과 도덕의 한 차원이다. 그러나 그 핵심에서 거룩은 자기 비움을 통해 위격 안으로 들어감으로써 성자의 삶에 참여하는 것을 통해 섬김을 받는 것이다.[21] 거룩은 신화로 인한 변화다. 이것은 노력을 통해서가 아니라 사역을 통해 주어지는 신앙이라는 은사로서 온다. 사마리아인이 변화되어 '선하다'고 불리는 것은 그가 매 맞은 사람을 섬기고 구체적인 자기 비움적 행위로 그 사람의 죽음의 경험 안으로 들어감으로써 그 사람의 인격성에 참여하는 것을 통해서다.[22] 그는 옳은 일을 행한 선한 (옳은 행동을 하는) 사람이어서 선하거나, 의롭거나, 거룩한 게 아니다. 그가 거룩한 것은 성령으로 하여금 자신을 사역자로 변화시키고 자신을 위격 속으로 이끌어 다른 이의 죽음의 경험에 참여하게 하도록 허락했기 때문이다.[23] 거룩은 하나님의 영광에 참여하는 것이다. 그러나 이 영광에는 오직 새로운 생명이 죽음 속에 융합되는 경험을 통해서만 참여할 수 있

---

21 십자가 형태의 하나님의 위엄과 관계성의 불가분성에 관한 Gorman의 논의를 위해서는, *ibid.*, 33을 보라.

22 Gorman은 바울의 성결관이 어떻게 내가 사역의 성향이라고 여기는 자기 비움과 연결되는지를 보인다. *ibid.*, 123.

23 Sergei Bulgakov는 이렇게 말한다. "성령은 신-인(그리스도─옮긴이)에 관한 좋은 소식을 전파하고 그를 섬길 뿐인 것처럼 보인다." *Sophia: The Wisdom of God* (London Lindisfarne, 1993), 104.

다.[24] 거룩의 영광은 인간이 만들어 낸 덕이 아니라 자기 비움을 통해 죽음의 경험 속으로 들어가는 기꺼움에 있다. 이것은 부활하신 그리스도와의 직접적인 만남 속으로 우리를 이끌어, 사역이라는 우리의 부서진 행동을 통해 부활과 생명을 나누는 일에 직접 참여하는 사역자로 변화시킨다. 예수는 그의 제자들에게 이렇게 말한다. "진실로 너희에게 이르노니 무엇이든지 너희가 땅에서 매면 하늘에서도 매일 것이다"(마 18:18). "너희가 누구의 죄든지 사하면 사하여질 것이요 누구의 죄든지 그대로 두면 그대로 있으리라"(요 20:23). 거룩과 신화는 연결되어 있다. 그러나 그중 어느 것도 부활과 분리될 수 없다. 그것은 신화로 인한 변화를 초래하는 사역자의 행위와 존재의 증언에서 드러나는 부활이다. 신화로 인한 변화와 거룩의 경험은, 사역의 **행위**로서 십자가와 부활로 나아가는, 죽었다가 부활한 그리스도의 구체적인 행위에 묶여 있다. 거룩한 것은 예수뿐이지만, 우리의 몸에 임하는 사역의 자리 나눔을 통해 드러나는 위격적 연합(그리스도 안에 있음)을 통해서 우리는 거룩해지는데, 그것은 단지 우리가 자기 비움적 사역자, 즉 타인의 인격을 섬기기 위해 우리의 몸을 위

---

24   John Webser는 다음과 같이 아름답게 말한다. "거룩은 관계의 반대가 아니다—그것은 하나님을 거룩하지 않은 것에서 끌어내 그분을 절대적으로 순수한 분리 속에 가두지 않는다. 오히려 하나님의 거룩하심은 하나님이 거룩하지 않은 것과 맺으시는 관계의 특성이다. 거룩하신 분으로서 하나님은 단순히 분리 속에 남아 계시지 않고 자기 백성에게 오셔서 그들을 순결하게 하시며 그들을 자신의 소유로 삼으신다. 하나님의 거룩하심에 관한 말은 주권자이신 하나님이 사람들과 **관계하시는** 방식을 지적한다. 거룩한 분으로서 하나님은 죄를 심판하시고 그것을 부정하신다. 그러나 거룩하신 하나님은 이런 일을 멀리서 초연한 입법자로서가 아니라 성자의 화해시키는 사역과 성화시키는 성령의 부으심을 통해서 하신다." *Holiness* (Grand Rapids: Eerdmans, 2003), 47(강조는 원래의 것).

험에 빠뜨리는 아나니아와 같은 바보이기 때문이다.

그러므로 이것이야말로 바울에게 신앙이 몸의 부활에 달려 있는 이유다. 만약 칭의가 내 자신의 존재에 아무런 변혁적 영향도 없이 단지 나의 죄를 위해 무고한 피를 흘리고 나에 대한 하나님의 태도를 바꿀 필요에 불과하다면, 도대체 왜 몸의 부활이 필요하겠는가? 그러나 만약 칭의가 우리의 몸에 예수의 부활한 몸을 가져옴으로써 신화의 변화로 이어진다면, 그때 우리의 몸은 의롭게 하시는 하나님의 행위에 의해 예수가 우리를 섬겼던 것처럼 다른 이들의 몸을 섬기도록 보냄을 받는다. 고먼은 그것을 이렇게 말한다.

> 몸은 우리가 타인을 만나고 하나님을 섬기는 수단이다. 몸 안에서 신자의 새로운 삶은, 제사장이 신에게 하듯이 영적 제사로서(롬 12:1-2), 그리고 종이 주인에게 하듯이 순종의 행위로서(롬 6:11-13), 자신의 몸과 그것의 다양한 '지체들'을 하나님께 바치는 것으로 이루어진다. 바울이 몸의 모든 행위를 무거운 영적 의미를 지닌 문제로 선언할 수 있는 것은 몸이 하나님에 의해 창조되었고, 구속 행위(그리스도의 십자가)를 통해 하나님에 의해 '구입'되었고, 언젠가 하나님에 의해 부활할 것이기 때문이다(고전 6:12-20).[25]

칭의와 구원

여전히 세속 2의 사고방식에 사로잡힌 이들은, 종교적 공간과

---

25 Gorman, *Reading Paul*, 107.

비종교적 공간 사이에 영역 싸움이 벌어지고 있다고 믿으면서, 누군가로부터 도전을 받을 때 종종 다음과 같은 말로 자신들의 입장을 강화하려 한다. "이런, 내가 신앙이 온통 제도적 종교에 대한 소속이라고 여기는 것은 아니에요. 내가 정말로 관심을 두는 것은 사람들이 구원을 얻는 것이지요." 역설적이게도 (혹은 그렇지 않게도) 구원에 대한 이런 식의 이해는 세속 2의 사고방식의 공간적 범주와 유사해 보인다. 이런 사고에서 칭의는 당신이 신앙의 개념에 동의했다는 것을 입증하는 티켓에 불과하다. 이런 개념 안에서 신앙이 미끄러지기 쉬워지는 것은 놀랄 일이 아니다. 그것은 자발적인 인간의 마음 이상으로 깊은 변형적 영향을 지니지 못한다. 그럴 때 우리는 사람들이 그들의 티켓을 잊거나, 포기하거나, 버리거나, 다른 것으로 교환하지 못하게 하는 신앙 형성 프로그램을 찾는다.

바울이 구별의 자리를 갖고 있음은 사실이다. 아담의 영역에 충성하는 자들과 예수의 새로운 인격으로 살아가는 자들이 있다. 그러나 불행하게도 우리는 상반되는 이데올로기의 렌즈를 통해 이것이냐 저것이냐(아담이냐 그리스도냐)의 구분을 읽어 내면서 이런 구분의 위격적 특성을 놓쳤다. 바울은 우리가 이 브랜드나 저 브랜드를 택하면서 저 개념보다 이 개념에 충성할 것인지를 묻고 있는 게 아니다. 오히려 그는 과연 우리가 인격성의 연합을 통해 예수의 인격 안에서 우리 자신을 발견하면서 예수의 인격에 의해 섬김을 받을 것인지를 묻고 있는 것이다. 구원은 예수의 인격이라는 심원한 은사에 다름 아니다. 구원을 받는 것은 단지 무언가를 **아는 것**보다 훨씬 깊은 변혁적인 무엇이다. 그것은 그리스도의 인격 자체를 **받는 것**이다.

우리는 구원에 대해 논할 때 너무 자주 그리스도의 **사역**(ministry)에 관해 말하면서 그것을 그의 **인격**(person)과 분리시킨다. 우리는 예수의 사역을 통해 구원을 얻는다. 그러나 예수는 그의 피 흘리는 사역을 통해 우리의 죄를 용서하는 일을 했기에, 그의 인격은 불필요하다.[26] 하지만 (신화를 초래하는 위격적이고 자기 비움적인 현실인) 사역의 맥락에서 보자면, 예수의 사역과 인격 사이의 구분은 있을 수 없다. 예수에게 사역은 사역자가 **됨**으로써 인간을 섬기는 것이다('비록'은 '때문에'다). 그리스도의 사역은 인간에게 자신의 인격을 제공함으로써 그의 인격을 통해 우리가 하나님의 삶에 참여하는 구원을 얻게 하고, 생명과 온전함과 긍휼의 공기를 영원히 들이마시게 하고, 우리의 모든 부분이 성자에 대한 성부의 사역인 성령을 통해 영원토록 지탱되게 하신다.

예수의 사역과 인격이 하나로 묶일 때, 칭의는 호의의 제공**이자** 은사의 제공으로 보일 것이 분명하다. 서방 기독교는 호의에 대해 특별하게 열중하면서 칭의를 거의 완벽하게 하나님의 호의라는 렌즈를 통해서 보았다. 그러나 그럴 경우 우리는 내재론적 틀이라는 닫힌 논리에 매우 취약하다. 호의는 그 어떤 존재론적 영향도 갖고

---

26 Mannermaa가 말하듯이, "Luther에 따르면, 삼위일체 하나님의 신성은 '그분이 주신다'(He gives)는 것으로 이루어진다. 그리고 그분이 주시는 것은, 궁극적으로, 그분 자신이다. …… 하나님이 몸소 인간에게 주시는 것은 하나님 자신과 별개의 것이 아니다." "Why Is Luther So Fascinating? Modern Finnish Luther Research," in *Union with Christ: The New Finnish Interpretation of Luther*, ed. Carl Braaten and Robert Jenson (Grand Rapids: Eerdmans, 1998), 10. 여기에 나는 하나님이 그분 자신을 주시는 것은 우리를 사역자로 변화시킨다고 덧붙인다.

있지 않은 전적으로 인식론적인 범주처럼 보인다. 열두 살 먹은 아이와 충분히 오랫동안 대화를 해본다면, 칭의에 대한 '호의만'(favor only)이라는 견해가 지닌 문제가 드러나면서 그것이 세속 3의 중력을 견디지 못함을 알 수 있을 것이다. 열두 살짜리는 이렇게 말할 것이다. "글쎄요, 우리가 나쁜 일을 한 것은 분명하지만, 하나님이 하나님이시라면, 어째서 우리가 죄인들임에도 우리를 택하실 수 없는 거죠? 내가 말하는 것은 하나님이 결국 하나님이시라는 거예요. 당신이 사람들을 용서하기로 결정할 수 있을 때 어째서 누군가를 죽여야 하는 거죠?" 이 장의 첫머리에 실려 있는 이야기는 호의를 두 배로 증폭시키고 은사를 위한 여지를 남기지 않는 문제를 강조한다. 그 연사가 하나님이 우리의 인격을 무시하면서 우리를 보지 않으신다고 말할 수 있었던 것은, 하나님을 추동하는 것이 사역의 위격적 연합에 대한 갈망이 아니라 오직 호의였기 때문이다. 그 연사는 우리의 인격성을 비워 냈고, 하나님을 사랑과 긍휼이라는 은사를 갖고 우리에게 다가오시는 사역자가 아니라, 그것을 이루기 위해 인격성을 죽이고 흡수해 버리는 호의에 집착하는 존재로 만들었다.

그러나 그 연사가 이런 말을 듣는다면, 자기는 단지 루터를 따르고 있을 뿐이라고 말할 것이다. 어쨌거나 루터는 특별히 호의에 집착하는 것처럼 보이고, 그를 통해 프로테스탄트 전통이 선례를 따랐다. 오직 믿음으로 말미암는 칭의의 돌파구는 루터가 하나님의 호의를 받는 것이 우리 자신의 행위에 달려 있지 않고 오직 은혜로부터 옴을 인식했을 때 찾아왔다. 믿음을 통해 우리는 하나님의 호의를 신뢰하면서 하나님의 긍휼 안으로 들어가는 우리의 길을 내려고 하지 않고 단지 그것을 받아들이려 한다. 그러나 우리는 무엇을 받는가?

약간의 핀란드어 추가하기

투오모 만네르마(핀란드 헬싱키 대학의 에큐메니칼 신학 명예 교수였다—옮긴이)와 핀란드의 루터 해석자들[27]은 지난 500년 동안 (18세기와 19세기의 특별한 흐름을 집어내면서) 루터가 존재론을 위한 여지를 거의 남기지 않았던 신칸트주의(neo-Kantianism)를 통해 해석되어 왔다는 설득력 있는 주장을 했다. 이것은 신앙을 거의 전적으로 하나님의 호의를 믿는 것에 대한 인식론적 동의로 만들었다. 신앙은 본체적 특성을 빼앗기고 인간의 이성적 동의라는 현상에 불과한 것으로 간주되었다. 만네르마는 우리가 루터를 왜곡하고 칸트의 외투로 그를 덮었다고 주장한다. 이것은 우리에게 호의를 베푸는 하나님의 주관적인 동의 이외에는 칭의를 통해 받는 것에 대해 말할 실제적인 방법

---

27 Jonathan Linman은 이렇게 말한다. "요약하자면, 새로운 핀란드 학파는 그리스도와의 연합이 신앙으로 가능하다고 주장한다. 따라서 오직 믿음으로 말미암는 칭의는 더는 단순히 죄의 용서로서가 아니라 우리의 신적 삶에 대한 참여(신화)를 위한 수단으로 이해된다." "Martin Luther: Little Christ for the Word," in *Partakers of the Divine Nature: The History and Development of Deification in the Christian Tradition*, ed. Michael Christensen and Jeffery Wittung (Grand Rapids: Baker Academic, 2007), 190.
Gosta Hallosten은 이렇게 덧붙인다. "핀란드 학파의 주된 논지는 이것이다. 칭의에 대한 Luther의 가르침은 결국 하나님과의 연합으로 이어지는 의인(義人, the justified)의 '실제적-존재적' 갱신을 배제하지 않고 오히려 함의한다. 의인의 실제적인 갱신, 변화, 혹은 변모가 있다. 그것은 그리스도를 통한 신적 존재에의 참여로 묘사될 수 있다. Mannermaa는 이것이 동방교회의 신격화 교리의 핵심이며 이 핵심이 Luther에게서도 발견된다고 주장한다." "Theosis in Recent Research: A Renewal of Interest and a Need for Clarity," in Christensen and Wittung, *Partakers of the Divine Nature*, 282.

이 없음을 의미한다. 이러한 관점에서 칭의는 매우 비실용적이며, 아마도 우리에 대한 하나님 자신의 주관적인 경험을 변화시키기는 하나, 우리 자신의 존재에는 변형적인 영향을 미치지 않는다.

만네르마와 그의 동료들은 루터가, 의심할 바 없이, 칭의를 호의(의)의 수여로 보았음을 보였다.[28] 그러나 우리가 받는 것은 단순히 인식론적 정보가 아니라 실체적 은사이다. 그리고 이 은사는 신앙으로 경험하는 예수 그리스도의 실제적 임재다. 만네르마는 이렇게 말한다. "그리스도가 하나님의 호의(favor)이자 그분의 은사(donum)라는 개념은 루터의 신학 전체에 스며든다. '호의'는 하나님의 용서와 그분의 진노의 제거를 의미한다. 그리고 그리스도는 하나님의 실제적 자기 공여가 그분을 통해 인간에게 온다는 점에서 '은사'이다."[29]

만네르마의 주장에 따르면 루터는 칭의를 우리가 신앙에 의해

---

28 그러나 그들의 입장은 서로 경쟁하는 상태로 남아 있다. 예컨대 William W. Schumacher, Who Do I Say That You Are? Anthropology and the Theology of Theosis in the Finnish School of Tuomo Mannermaa (Eugene, OR: Wipf & Stock, 2010)을 보라.

29 Mannermaa, "Justification and Theosis in Lutheran-Orthodox Perspective," in Braaten and Jenson, Union with Christ, 33. 다른 곳에서 그는 이렇게 말한다. "이 문제에 대한 답은 Luther의 신학의 근본적인 개념에서 발견될 수 있다. Luther의 기본적인 관점에 따르면, 그리스도는, 분리됨 없이 그리고 혼란 없이, 하나님의 호의(favor)이자 하나님의 은사(donum)이다. '호의'로서의 그리스도는 인간에게 자비로우신 하나님의 마음, 즉 하나님의 용서, 그리고 하나님의 진노의 제거를 의미한다. 이어서 '은사'라는 개념은 그리스도의 실제적 임재를 의미하며, 따라서 그것은 또한 그리스도를 통해 신자가 '신적 본질'에, 즉 의, 생명, 구원('행복'), 권능, 축복 등등에 참여하는 자가 된다는 것을 의미한다. 그러나 그리스도는, 현존하심과 동시에, 또한 하나님의 호의(favor), 즉 용서이시다. 우리는 '우리로부터' 유래하는 무언가 때문에가 아니라, 신앙 안에서 우리에게 현존하시는 그리스도 때문에 의롭다 하심을 얻는다. 그리스도는 우리의 칭의이자 성화이시다." Chrsit Present in Faith: Luther's View of Justification (Minneapolis: Fortress, 2005), 57.

그리스도 안으로 이끌리는 깊은 변화라고 보았다.[30] 신앙으로 우리
는 그리스도처럼 변한다.[31] 동방교회의 전통처럼, 이것은 우리가 예
수와 동등하다는 것이 아니라, 루터가 말하듯이, 우리가 '작은' 그리
스도가 된다는 것을 의미한다.[32] 이 '작은'은 근본적인 구별을 의미
한다. 그러나 그럼에도 신앙은 (십자가의 자기 비움을 통해) 위격적 실재
인 예수의 인격을 받는 은사이기에, 그것은 관계를 통한 존재의 변
화를 가져온다. 우리가 작은 그리스도인 것은, 우리가 강력하고 그
때문에 사역자를 필요로 하는 상태에서 자유롭기 때문이 아니라, 오
히려 예수의 인격이 죽음을 통해 새로운 존재를 전하는 사역 행위로
써 우리의 존재에 참여하면서 우리의 인격에 다가오기 때문이다. 그

---

30 Mannermaa는 비판에서 예외가 되지 않는다. 예컨대 아래의 인용문에서, Jordan
Cooper는 그가 너무 나간다고 여긴다. 개인적으로 나는 Mannermaa와 함께 그렇게 멀리까
지 가고자 하는데, 그것은 그것이 Luther를 참으로 나타내기 때문이 아니라(나는 Luther 학자
가 아니다), 그것이 우리가 세속 시대의 신앙과 신앙의 형성에 대해 생각하도록 돕기 때문이
다. Cooper의 비판은 이러하다. "Luther에게 그리스도가 신앙이라고 말할 때 Mannermaa는
너무 나간다. Luther는 신앙을 창조되지 않은 은총으로가 아니라 성령에 의해 신자의 마음 안
에 창조된 것으로 여긴다. '바로 이것이 우리가 계속해서 그리스도와 신앙에 대한 지식이 인
간의 일이 아니라 전적으로 하나님의 은사라고 가르치는 이유다. 하나님이 신앙을 창조하시
듯, 그분은 그 안에서 우리를 보존하신다.' 갈라디아서 주석의 몇 문장이 창조된 것으로서의
믿음에 대해 유사한 언급을 한다." Jordan Cooper and Peter J. Leithart, *The Righteousness
of One: An Evaluation of Early Patristic Soteriology in Light of the New Perspective of
Paul* (Eugene, OR: Wipf & Stock, 2013), 62.

31 Myk Habets는 칭의에 대한 T. F. Torrance의 이해가 이런 호의를 넘어 은사로 옮겨 가
는 방식을 보여 준다. Habets는 이렇게 말한다. "그러므로 Torrance에게 유일하게 옳은 결
론은 칭의가 단순히 그리스도의 용서를 통한 우리의 죄의 비전가(non-imputation)가 아
니라 또한 그분의 신-인적 의에 대한 적극적인 참여를 가리킬 수 있다는 것이다. 성화는 칭
의와 상관관계에 있다. 하나를 받는 것은 다른 하나를 받는 것이다." "Reforming Theosis,"
in *Theosis: Deification in Christian Theology*, ed. Stephan Finlan and Vladimir
Kharlomov (Eugene, OR: Pickwick, 2006), 165.

32 *Career of the Reformer* I, Luther's Works 31 (Minneapolis: Fortress, 1957)을 보라.

11. 호의를 베푸시는 분인가, 은사의 제공자인가?

러나 우리가 신앙의 은사에 의해 이웃을 섬기도록 세상 속으로 보냄을 받을 때 우리는 작은 그리스도들에 불과하다(신화). "신화에 대한 루터의 가르침은 …… 그리스도인이 이웃에게 그리스도가 되었다는 것이다(*Chrsitianus Christus proximi*)."[33] 신앙은 존재론적 변화, 즉 십자가를 통해 우리의 인격성(위격)을 예수 자신의 것에 묶는(*theologia crucia*) 은사이다.[34]

그리고 나서 루터는 세속 3의 중력에 맞서 크게 도움이 될 수 있는 방식으로 신앙을 재상상하면서 우리가 세속 2의 그늘에서 걸어 나오도록 도왔다. 신앙의 경험은 살아 계신 그리스도의 인격과의 만남이다. 신앙은 우리의 존재에 새로운 존재를 부여하는 예수의 임재라는 은사를 받는 것이다. 그러나 그리스도이신 이 새로운 존재를 받으면서 우리는 위로 올라가는 과정 속으로 보냄을 받지 않

---

33 Mannermaa, "Why Is Luther So Fascinating?," 19.

34 Mannermaa는 이렇게 말한다. "나는 신화와 십자가의 신학이 서로를 배제하지 않는다는 것을 강조해야만 한다. 한편으로 그것들은 불가분리하게 서로에게 속해 있다. 십자가의 신학은 하나님에 대한 참여라는 개념에 필요한 맥락이다." "Justification and Theosis in Lutheran-Orthodox Perspective," 39.

다른 곳에서 그는 이렇게 말한다. "Luther는 그리스도인의 삶 전체가 두 가지 것으로, 즉 신앙과 사랑으로 이루어진다는 견해를 갖고 있다. 신앙은 인간이 하나님과 맺는 관계에 속한 반면, 사랑은 이런 맥락에서 그들이 그들의 이웃과 맺는 관계에 속한다. 둘 다 똑같이 중요하고 통합적으로 함께 속해 있다." *Christ Present in Faith*, 63.

Antti Raunio는 이 사랑의 사역이 어떻게 존재론적인지에 대해 덧붙여 말한다. "연합하는 사랑은 타인의 고통과 필요에 참여하는 것을 통해 구체화된다. 타인의 삶에 참여하는 것은 단지 행동하는 것뿐 아니라 '존재론적' 의미에서 그들의 고난을 나누는 것을 의미한다. 연합하는 사랑은 타인의 고난을 또한 자신의 것으로 만든다. 그리고 그리스도인들이 신적 사랑 안에서 자신을 내줄 때, 타인이 그 사랑에 참여할 수 있게 된다." "Natural Law and Faith: The Forgotten Foundation of Ehtics in Luther's Theology," in Baraaten an Jenson, *Union with Christ*, 116.

는다. 루터가 이해하는 바 초월은 더 높이높이 올라가는 움직임으로 경험되지 않는다. 오히려 초월과 하나님의 행동과의 만남은 신앙의 은사와 같은 모습을 취한다. **초월은 신앙에서 사랑으로 옮겨지는 것이다.** 그것은 예수가 우리의 인격에 참여했듯이 우리의 이웃의 인격에 참여함으로써 그들의 사역자가 되는 것이다.[35] 초월과 하나님의 행동은 부정의 문을 통해 심원하게 경험된다. 만네르마는 다음과 같이 강력하게 말한다. "인간이 하나님과 맺는 관계는 초월—즉 여전히 '하늘'에 머물러 계시는 하나님—을 향한 끊임없는 움직임으로 보이지 않는다. 루터에 따르면 참된 신앙이란 하나님의 아가페 사랑속에서 우리에게 '내려오신', 그리고 하나님의 모든 충만함 속에 신앙 안에 임재하심으로써 죄인 안에 임재하시는 하나님과 그리스도인을 연합시킨다. 신앙은 '하늘'이다."[36]

루터에게 신앙이 가져오는 변화를 드러내는 것은 사랑이다. 신앙은 역동적인 교환을 낳는다. 예수의 신앙이 우리에게 그의 실제적 임재라는 은사를 제공한다.[37] 우리에게는 예수의 인격이 주어지는

---

35 Mannermaa는 이렇게 설명한다. "그러나 사랑 안에서 신자들은 자신들을 값없이 그들의 이웃에게 제공하고 그들의 짐, 그들의 고통, 그들의 죄, 빈곤, 그리고 연약함을 마치 그것들이 자신의 짐, 고통, 죄, 빈곤, 그리고 연약함인 것처럼 짊어진다. 이어서 그리스도인들은, 그리스도처럼, '인간의 본성,' 즉, 이웃의 고통과 짐을 스스로 짊어진다. Luther는 그의 신학적 요약인 그리스도인의 자유에 관한 논문에서, 그리스도인은 자기 자신이 아니라 그리스도 안에서 그리고 그들의 이웃 안에서 살아간다는 생각으로 결론짓는다." "Why Is Luther So Fascinating?," 19.

36 Mannermaa, *Christ Present in Faith*, 45.

37 Gorman은 이렇게 말한다. "고린도후서 5:21에서 바울이 주장하는 그리스도 안에서의 '교환'은 …… 분명히 단순히 일종의 어떤 법률적 거래를 의미하지 않는다. 오히려 그것은 인간의 죄가 그리스도 안에서 신적 의·정의로 변화됨에 따라 그리스도와 하나님 모두의 삶 자

데, 그것은 우리가 죽어도 살 수 있게 하기 위함이다. 그러나 예수의 인격을 받은 후 우리의 변화는 우리의 이웃에 대한 사랑에서 분명하게 드러난다. 우리를 의롭게 하는 신앙이란 섬김을 받는 것에 굴복하는 것을 의미한다. 의롭다 하심을 얻는 것은 우리가 부서졌음을 인정하고 우리의 인격을 예수의 섬기는 인격에 개방시키는 것이다. 신앙은 사역자로서 우리에게 다가오는 예수의 실제적 임재의 은사이다.

만약 칭의가 단지 호의에 관한 것이라면, 그것은 (나치 독일에서 그랬던 것처럼) 부작위로 이어질 수 있다. 그러나 칭의가 단지 호의가 아니라 또한 예수의 실제적 임재의 은사라면, 그때는 요한이 말하듯이 "서로 사랑할지니 이로써 …… 모든 사람이 너희가 내 제자인 줄 알" 것이다(요 13:35). 사람들은 우리를 알 것이다. 우리가 영웅이나 실세이기 때문이 아니라, 그것과 정반대이기 때문에 우리를 알 것이다. 그들이 우리를 아는 것은 우리가 이 세상에서 사역자로서 사랑이라는 초월적 경험으로서 사람들의 죽음의 경험 속으로 들어가기 때문이다. 세속 3의 중력과 내재론적 틀의 폐쇄적인 회전에 맞서, 진정성 시대는 사랑이 변화를 가져온다는 강한 주장으로 이어진다(가령, 해시태그 #사랑이_이긴다). 진정성 시대의 보헤미안적 영향은 올바르

체에 참여하는 것을 의미한다." *Inhabiting the Cruciform God*, 87.

　　Antti Raunio는 교환 혹은 거래와 관련해 다음과 같이 덧붙인다. "Luther는 칭의에 대한 평결이 이 운동의 시작이나 끝에 오지 않는다고 주장한다. 오히려 그것은 완전히 새로운 상황을 설정한다. 따라서 즐거운 교환은 실질적인 교환이 아니라 관계적 교환이다. 그것은 실질적인 변화를 의미하든 그렇지 않은 사람을 일련의 다른 관계 속에 집어넣는다." "The Human Being," in Vainio, *Engaging Luther*, 28.

게도 사랑을 변화의 핵심 동력으로 보았던 반문화를 낳았다. 그러나 이것은 (오늘날 종종 해시태그가 그러하듯이) 사역의 지혜로부터 떨어져 나간 사랑이었다. 이 사랑은 이드의 욕망과 결핍의 쾌락주의에 너무 묶여 있어서 너무 자주 사역을 철수시켰다. 우리는 여전히 이런 사랑 개념의 분화구 속에서 살아간다. 우리의 로맨틱 코미디와 시트콤들은 사랑과 그 변화시키는 능력을 갈망한다.

그러나 이에 대해 기독교 신앙은, 이렇듯 온전함을 가져오며 변화시키는 사랑이란 오직 존재에 대한 참여를 제공하는 사역 행위, 즉 다른 이의 자리에 참여하는 깊은 우정을 통해서만 온다고 덧붙이면서 동의한다. 이웃을 섬기는 바로 이 경험이 세속 3에 답하는 십자가 형태의 초월을 가능케 하며, 이는 하나님과 이웃에 대한 사랑으로 드러나는 신앙을 통해 이루어진다.

당신은 형편없지 않다. 하나님이 당신을 보실 때, 그분은 예수만 보지 않으신다. 오히려 그분은 당신이 고립, 거부, 외로움, 그리고 두려움이라는 당신의 자리를 인식하고 인정하도록, 그리고 예수가 그곳에 당신과 함께 계심을 발견하도록 초청하신다. 당신의 부서짐 속에서 당신은 자신이 사역자에 의해 사랑을 받고 있음을 그리고 이웃을 섬기도록 세상 속으로 보냄을 받고 있음을 발견한다.

사역의 집에서 일어나는 실천들

교회 주보는 이상하다. 대부분의 교회에서 그것은 부분적으로는 전례적 도움을 주는 것이자 또한 부분적으로는 마케팅 도구인 것처럼 보인다. 그것들은 회중에게 어떤 찬송가나 성경 구절을 보아야 하는지를 알려 주지만 또한 회중의 달력에 나타나는 모든 중요한 이벤트에 대한 개요를 제공하기도 한다. 어떤 교회들에서 주보는 잡지처럼 보이기도 한다. 당신이 의사의 진료실에 앉아서 시간을 보내기 위해 뒤적거리는 잡지처럼 말이다. 회중석에서 살짝 지루하게 앉아 있을 때 당신은 마치 그것이 〈엔터테인먼트위클리〉(*Entertainment Weekly*)인 것처럼 여덟 차례나 주보를 훑어 내리며 살펴본다.

보통 주보의 뒷장 하단 어딘가에는 교회 직원들의 명단이 실려 있다. 특히 중소규모의 교회들에서 이 명단은 보통 글자가 도드라지게 인쇄되어 있다. 그것은 목회자, 하프타임 청년 사역자, 쿼터타임 주일학교 교장, 그리고 일주일에 10시간 정도 일하는 사무원의 이름을 열거한다. 그 명단은 보통 지위, 콜론, 그리고 이름 순으로 배열된다.

목사: 아무개

청년 사역자: 거시기

때로 그 명단 맨 위에, 그러니까 목사 이름 위에, '사역자들'(Ministers)이라는 항목이 나오기도 한다. 그리고 콜론 다음에 '사람들' 혹은 '레이크스트리트 감리교회 신도들' 혹은 '당신' 같은 표현이 등장하기도 한다. 대개 이것은 교인들에게 그들이 봉급을 받는 사람들만큼이나 회중에 대해 책임이 있다고 격려하거나 수동공격적으로 상기시키기 위함이다. 그리고 물론 그것은 또한 만인제사장설에 대한 프로테스탄트적 헌신을 가리키기도 한다.

우리가 밟아 온 땅

이 프로젝트에서 나는 우리 시대에 어째서 신앙과 신앙 형성이 그토록 어려운 것인지에 대해 살펴보았다. 우리는 진정성을 얻고자 하는 갈망 속에서 젊음에 집착하게 되었다. 그러나 우리가 놓치고 있는 것은 젊음이 단순히 힙한 반역적 기풍일 뿐 아니라 다수의 매우 물질 중심적인 헌신을 제안한다는 것이다. 이런 현실의 깊이를 보지 못하는 우리는 만약 우리가 교회 안에 젊은이들을 붙잡아둘 수 있다면 우리가 케이크(진정성)를 얻을 수 있고 또한 그것을 먹을 수도 있다고(교회를 나시 활성화하는 것) 여기면서 젊음을 회복시키려 한다. 그래서 우리의 목표는 교회 안에 젊은이들을 붙잡아 둠으로써 교회의 젊음을 유지하는 것이 된다. 우리가 바라는 것은 (본회퍼가 여러 해 전에 말했듯이) 젊음이지 젊은이들이나 성령의 역사가 아니다.

결론

이것은 우리를 종교적 공간을 위한 싸움 속으로 이끌어 간다. 젊은이들이 우리의 모임에서 떠나는 것을 깊이 우려하는 우리는, 우리의 문제를 세속 2의 틀 안에서 상상하면서, 우리의 싸움이 종교적인 공간과 비종교적인 공간 사이에서 벌어지고 있다고 주장한다. 그러나 이것은 보다 새롭고 보다 열정적인 신앙 프로그램들을 구하면서 판돈을 키우는 기만으로서, 결국 우리를 종교적 공간의 싸움에서 우리가 출발했던 곳으로 돌려보내는 것에 불과하다. 우리는 눈이 멀어서 우리의 실제 문제를 보지 못한다. MTD가 그토록 전염성이 강하고 근절하기가 거의 불가능한 이유는, 우리가 세속 2의 싸움에서 승리하기 위해 내달리는 동안, 세속 3의 중력이 우리를 뒤덮어 초월을 불가능한 것으로 만들고, 우리의 삶에서 하나님의 행동의 가능성을 무력화하거나 우리의 애완동물 같은 것으로 만들었기 (혹은 완전히 무시하게 했기) 때문이다. 역설적이게도, 세속 2의 상황에서 종교적 공간을 차지하려는 열정을 가지고 사람들로 하여금 신앙을 붙잡게 하는 방법을 찾으면서, 우리는 우리의 신앙이 실제로 하나님의 행동과 무슨 관계가 있는지를 분명하게 표현하지 못하게 되었다.

　　이 프로젝트의 후반부에서 우리는 바울에게로 돌아가 신앙에 대한 그의 이해가 우리에게 세속 3의 중력 안에서 하나님의 행동을 구할 길을 열어 줄 수 있는지 살펴보았다. 우리는 바울에게 신앙이 새로운 생명(부활)으로 이어지는 죽음의 경험(십자가)임을 보았다. 그러나 십자가로부터 부활에 이르는 이 움직임을 가능케 하는 것은 사역자의 실제적 임재다. 예수는 우리에게 새로운 생명인 자기 자신을 주기 위해 우리의 죽음의 경험이라는 부정 속으로 들어오면서 우리에게 다가오는 사역자다(예수는 부활이자 생명인데, 그런 존재로서 스스로 사역자가 된다). 예수가 사람을 섬기는 형태는 신화(예수가 사역자이듯이 사역자가 되는 변화)로 이어지는 위격(인격성의 연합)과 자기 비움(겸손한 자기 제공)이다.

세속 3에 맞서서 하나님의 행동에 대한 경험을 말할 방법을 제공하는 것은 바로 이 위격적이고 자기 비움적인 신화다. 우리는 우리 이웃의 죽음의 경험 안에서 그리고 그것을 통해서 그들을 섬기는 일의 충만함을 발견할 때 초월을 경험한다. 그럴 때 우리는 그들의 사역자로 겸손하게 행동함으로써 이웃의 존재에 참여하고, 우리의 존재에 예수 자신의 존재를 주입하고, 자신의 존재로 우리를 만나시는 예수의 실제적 임재를 발견한다.

주보가 교회에 속한 이들을 사역자라고 진술하는 것이 그들을 하나님의 행동 자체만큼이나 깊은 무언가로 초대한다는 것에 대해서는 이쯤 해두자. 사역자가 되는 것 혹은 섬김(섬김)을 받는 것은 하나님의 행동 안으로 들어가는 바로 그 수단이다. 사람들을 '사역자'라고 부르는 것은 그들에게 자원봉사를 하라고 상기시키는 수동공격적인 방법도 아니고 만인 제사장설에 대해 어설프게 경의를 표하는 것도 아니다. 오히려 그들을 사역자라고 부르는 것(그들을 섬김에 임하도록 돕는 것)은 우리의 세속 시대 안에서 하나님의 행동을 경험하는 방법을 그들에게 제공하는 것이다.

교회

그러므로 교회는 사역의 집(the house of ministry)이다. 교회는 사

결론

역의 가정(household)이기에 신앙의 가정이다. 그리고 사역은 이 가정을 신앙이신 예수의 실제적 임재 안으로 이끌어 간다. 우리는 세속 2의 영향 때문에 신앙을 어떤 기관에 대한 소속과 참여로 여기는 경향이 있다. 나는 이런 견해에 대해 매우 비판적이었는데, 그것은 어디까지나 교회의 중요성을 강조하고, 사역자로서의 하나님 자신의 행동이라는 경륜 안에 있는 교회에 핵심적 지위를 부여하기 위해서였다.

사역의 가정으로서 교회는 우리가 사역자로서의 예수의 실제적 임재를 경험하는 곳이다. 이런 일은 그 가정 안에서 서로를 섬기는 것(ministering to one another)을 통해 그리고 그 가정이 우리들 각자를 세상 속으로 보내 이웃을 섬기게 할 때 일어난다. 그러므로 교회는 단지 자신만의 삶을 추구하는 기관이 아니다. 오히려 교회는 타인들을 포용함으로써 예수의 섬김을 받는 모임의 장소다. 그렇게 죽음의 경험을 통해 포용됨으로써 섬김을 받는 이들은 이웃을 섬기도록 임명되어 세상 속으로 보냄을 받는다. 교회는 섬김을 받고 제공하는 것 외에는 살아갈 방법이 없다. 섬김을 받고 제공하는 역동성이 없다면, 교회에는 예수 그리스도가 존재하지 않기 때문이다.

예수 그리스도가 없을 때 우리가 회중과 세상에게 제공할 수 있는 모든 것은 우리 자신을 중심으로 이루어지는 프로그램과 재미있는 이벤트를 지닌 기관뿐이다. 그러나 자기 발전과 재미를 제공하는 다른 모든 기관들과 경쟁할 때, 교회는 어려운 싸움을 할 수밖에 없다. 교회의 일은 세속 2 상황에서 공간을 차지하기 위해 싸우는 것이 아니라 세상에서 섬김의 전초기지가 되는 것이다. 교회가 세상에 제공하는 **유일한 것**은 섬김이다! 그리고 우리가 보았듯이, **이 유일한 것이 모든 것이다**. 그것이 바로 예수 그리스도의 위치다. 그것은 죽음을 생명으로 바꾸고 우리가 섬김 안에서 그리고 섬김을 통해서 존재와 행동을 얻는 새로운 존재로 만드는 에너지다. 아나니아가 섬김을 향한 그의 소명을 발견한 것은 이 가정에서였다. 그가 부서진 바울을 자신의 생명 안으로 이끌고 그에게 자신의 생명과 우정의 섬김을 제공한 것은 이 가정이었다. 이 섬김이 바울을 변화시키고 그에게 예수의 실제적 임재를 제공했다. 그것은 이 가정의 삶을 통해 바울을 세상 속으로 보내 이방인들을 섬기게 했다.

사역의 가정으로서, 교회에서 모임의 삶의 모습은 다음 세 가지의 핵심적 성향을 중심으로 이루어지며, 이 세 가지가 계속해서 섬김으로서의 가정을 갱신시킨다. 이 세 가지 성향은 그 가정 자체가 아니라 섬기는 분인 예수를 향한다. 섬기는 예수의 존재에 순응하는 이 가정에는 감사, 은사, 그리고 휴식이 있다. 이것은 우리 자신의 힘에 근거하지 않으며, 교제를 통한 자유로운 섬김의 삶에 근거한 인간의 세 가지 성향이다.

(1) 감사

사역의 가정으로서 교회는 무엇보다도 감사(gratitude)의 공동체다. 하나님의 행동이라는 섬김을 받고 하나님의 섬기는 존재의 드러남을 통해 하나님의 존재 자체를 경험하는 우리는 단지 감사로 반응할 수 있을 뿐이다. 섬김을 받는 존재에게 유일하게 적절한 반응은 감사다. 그것은 새로운 생명을 낳기 위해 부서진 것에 참여하면서 죽음의 경험 속에 있는 당신과 연합하는 다른 누군가의 존재에 대한 '감사'다.

칭의는 살아 계시며 섬기시는 그리스도의 실제적 임재를 받는 것을 의미하기에, 그것은 감사로 이어진다.[1] 신앙은 섬김의 레일을 타고 당신에게 다가오는 예수 자신이라는 선물이다. 모든 선물이 그렇듯이, 우리가 참으로 그것을 받았을 때 우리는 죄책감을 느끼거나 받을 자격을 얻는 것이 아니라, 감동해서 감사에 이른다. 교회는 먼저 섬김을 **받음으로써** 사역의 가정이 될 수 있을 뿐이다. 우리는 섬김을 먼저 받지 않고 **줌으로써** 시작하지 못한다. 왜냐하면 섬김은 하나님 자신의 존재에 묶여 있기 때문이다. 그리고 이런 형상으로 지음 받은 우리는 먼저 그것을 선물로 받음으로써 우리의 인격성을 얻는다. 위격의 모습은 먼저 **받고** 그 후에야 **주는** 식으로 형성된다. 우리는 다른 이의 사랑과 긍휼을 받음으로써 우리의 인격성을 얻는데, 그것은 우리의 삶의 첫날에 어머니와 더불어 시작된다. 어머니는 우리를 섬기고, 우리를 먹이고, 우리를 씻기고, 우리의 울음에 반응함으로써 우리에 대한 자신의 사랑을 드러낸다.

어머니가 보답으로 받는 것은 보화보다도 크다. 어머니는 자신의 섬김을 받아 존재에 영향을 받았음을 알리며 만족스러운 미소로

---

1 나는 이미 교회와 감사에 대해 상세하게 쓴 바 있다. *The Relational Pastor: Sharing in Christ by Sharing Ourselves* (Downers Grove, IL: InterVarsity, 2013), chap. 13을 보라. 그 작품에서 나는 특히 Matthew Boulton의 탁월한 작품에 의존했는데, 그는 감사의 신학적 깊이에 대해 탁월하게 논하면서 그것과 하나님의 행동과의 연관성을 보였다. *God against Religion: Rethinking Christian Theology through Worship* (Grand Rapids: Eerdmans, 2008)을 보라.

자신에게 다가오는 갓난아기의 감사를 받는데, 바로 그것이 그들을 깊은 연합으로 이끈다. 갓난아기가 섬김이라는 선물을 받는 것이 그의 어머니에게는 섬김이 된다. 어머니는 그의 감사로 섬김을 받는다. 어머니는 참으로 초월적인 곳으로 이끌려지고 충만함이라고 부를 수밖에 없는 새로운 생명의 결합으로 축복을 받는다.

하나님에 **대한** 우리의 섬김(우리가 보통 예배라고 부르는 것)은 하나님의 자유 안에서 하나님이 우리의 사역자가 되기로 선택하신 것에 대한 우리의 감사에 지나지 않는다. 사역의 가정은 예배의 자리이고, 그 가정의 예배는 섬김을 받은 것에 대한 감사다. 교회는 사실은 예수 그리스도의 행동 안에서 그리고 그것을 통해서 다가오는 하나님의 섬기는 존재에 대한 감사의 예배를 하나님께 돌려드림으로써 삼위일체 하나님을 섬긴다. 이 감사는, 어머니와 그 아이처럼, 자연적이고 물질적인 것 이상의 그 무엇(초월)으로서 우리 너머에 있는 것으로 묘사될 수밖에 없는 깊은 연합 속에서 우리가 발견된다는 표시다. 감사의 실천은 세속 3의 중력을 밀어내는 성향인데, 그것은 그와 같은 실천이 섬김을 받는 것(그리고 받음으로써 주는 것)이기 때문이다. 그리고 섬김에는 우리의 존재를 타자와 신비 속으로 데려가는 충만함의 정신이 빠지지 않는다. 섬김의 이런 의미를 지적하면서 존 지지울라스(John Zizioulas)는 다음과 같이 강력하게 말한다. "그러므로 신앙은 모든 타자에 대한 감사와 모든 타자를 지으신 가장 탁월한 타자에 대한 송영(頌榮)의 태도다. 이런 종류의 신앙은 합리적 확신이라는 안전을 제공하지 않는다. 그것이 제공하는 유일한 확실성은 타자에 대한 사랑 안에 있다. 하나님의 존재에 대한 유일한 증거

결론

는 우리 자신이 존재에 의해 타자성과 친교 속에서 나타나는 그분의 사랑이다. 우리는 사랑을 받는다, 그러므로 그가 존재한다."[2]

(2) 은사

우리가 우리의 은사를 발견하는 것은 섬김을 선물로 받고 그것을 받은 것에 대해 감사를 표하는 이런 역동성 속에서다. 종종 우리는 은사(giftedness)를 천재(prodigy)로 여긴다. "그 여섯 살짜리는 은사를 받았어. 그 아이는 피아노의 천재야." 천재는 우리를 내재론적 틀에 열린 이해로 다가가게 하는 일종의 개인적 속성이다. 우리는 천재가 어디로부터 오는지 알지 못한다. 그것은 하나님이나 우주로부터 오는 일종의 축복이다. 혹은 그것은 어느 곳으로부터도 오지 않는 그 무엇이다.

그러나 섬김의 가정 안에서 우리는 은사를 천재와 혼동하지 말아야 한다. 은사는 필연적으로 재능과 연결되지 않고 오히려 당신의 존재가 타인의 존재에 영향을 줄 수 있는 선물이라는 발견이다. 자기 어머니와의 관계에서 갓난아기는 (어떤 언어 이전의 깊은 단계에서) 자신이 은사를 받았음 을, 자기가 어머니의 삶에 참여함으로써 어머니를 섬길 수 있음을 발견한다. 미소에 묶인 그의 은사는 어머니의 존재에 영향을 미치며 계속되는 섬김의 공유를 약속하는 깊은 영적 유대를 만들어 낸다.[3] 그 갓난아기의 은사는 관계 자체에 묶여 있고 그

---

2 John Zizioulas, *Communion and Otherness* (Edinburgh: T&T Clark, 2006), 98.

3 나에게 이것은 애착이론(attachment theory)을 깊은 신학적 틀 안에서 생각하는 비순

의 어머니의 섬김의 행위에 그 기원을 두고 있다. 그의 은사는 그 자신의 것이지만 그의 어머니의 섬김을 받은 것에 대한 감사를 통해 계시로서 그에게 나타난다. 지지울라스는 이렇게 덧붙인다. "신앙은 이성적 확신이나 심리적 경험으로부터가 아니라 모든 것을 개인적 원인에 돌리는 정신에서 비롯된다. 우리의 본질과 소유 모두가 어떤 타자(an Other)—자아나 자연이 아니라—에게 귀속된다. 그리고 우리의 존재를 포함해 모든 것이 선물이기에, 우리는 모든 것 배후에 그것을 제공하는 존재가 있다고 추정하지 않을 수 없다."[4]

우리는 예수 그리스도 안에서 하나님 자신의 섬김이라는 선물을 받는 역학을 통해 성령의 은사를 받는다. 우리의 감사는 우리의 예배다. 우리가 우리의 존재가 하나님을 **향한** 선물임을, 하나의 가정으로서 우리 전체가 하나의 선물임을 발견하는 것은, 바로 이처럼 섬김을 받고 감사의 예배를 통해 그 섬김에 반응함을 통해서다. 그러나 다시 말하지만, 이 은사는 재능이 아니다. 교회는 재능 있는 사람들이 아니라 은사를 받은 사람들로 채워진다. 우리는 하나님의 섬김이라는 선물을 받고 이어서 이 섬김을 받은 것에 대한 감사를 통해 우리가 하나님을 섬긴다는 것을 발견한 사람들이다.[5]

환적 방법이다. 그것은 Kirkpatrick과 Pinker 같은 이들이 주장하는 순환은 피하지만 기본적인 진화적 현실의 일부를 허용한다. Lee Attachment, *Evolution, and the Psychology of Religion* (New York: Guilford, 2005)와 Steven Pinker, *How the Mind Works* (New York: Norton, 1997)를 보라.

4 그는 계속해서 다음과 같이 말한다. "이것은 신앙에 이르는 성찬의 길이다. 이런 사고방식에서 무신론은 감사치 않음의 한 형태, 성찬의 정신의 결여로 보인다." Zizioulas, *Communion and Otherness*, 98.

5 하나님은 우리의 섬김이 필요하지 않으나 그것을 받으신다. 마치 하나님이 우리의 예배를

교회에 속한 이들은 재능이 있는 이들이 아니라 섬김을 위한 은사를 받은 이들이다. 바울에게 은사는 섬김과 별도로 고려되지 않는다. 바울은 재능 있는 말솜씨를 지닌 이에게, 만약 공동체 안에 해석의 섬김이라는 은사를 제공할 해석자가 없을 경우에는 차라리 그 재능을 사용하지 말라고 권한다(고전 14). 재능은 개인을 유명인으로 만든다. 그러나 은사는 그를 섬기는 자로서 세상 속으로 보낸다. 은사는 하나님이 자기에게 이웃을 섬기도록 주신 은사를 사용함으로써, 즉 섬김이라는 삼위일체적 공동체이신 하나님께 기쁨과 즐거움을 가져다드림으로써 하나님의 존재에 참여할 수 있게 해준다. 그러므로 은사는 우리가 타인을 섬기는 선물이 되면서 또한 그들도 은사로 가득 찬 선물임을 인정하는 감사를 낳고, 그러한 섬김의 관계 속으로 타인을 이끌면서 계속해서 하나님의 삶에 거듭 참여하도록 이끈다.

그러므로 사역의 가정은 단순히 완충된 자아가 다시금 확신과 의미를 얻도록 돕는 방법으로서 (예컨대, 은사 목록을 작성함으로써) 그들의 은사를 발견하도록 돕지 않는다. 오히려 교회는 우리들 각자가 그리스도와 맺는 깊이 있는 연합을 전하는 방법으로서 우리의 감사의 예배라는 맥락에서 은사들을 찾아낸다. 예수를 통한 연합은 어머니가 자신의 아이와 맺는 연합만큼이나 깊다. 우리가 신앙의 선물로부터 나오는 우리의 특별한 은사들을 발견하는 것은 바로 이 연합을 통해서다. 그 후에 우리는 세상에 선물이 되기 위하여 세상 속으로 보내진다.

필요로 하지 않으나 그것을 받으시면서 받음과 줌의 역학을 계속하시는 것처럼.

(3) 휴식

은사는 천재의 재능으로부터가 아니라 (섬김을 받고 주는) 섬김의 역학으로부터 나오기에, 사역의 가정은, 마지막으로, 휴식(rest)의 장소가 된다. 만약 은사가 재능과 구별되지 않는다면, 그때 휴식은 불가능하다. 당신은 계속해서 노력해야 한다. 그렇게 하지 않으면 더 많은 재능이 있는 어떤 이가 가장 많은 재능을 가진 당신을 따라잡을 것이다. 하지만 은사는 오직 하나님 자신의 섬김에 대한 감사로부터 발견되기에, 그것은 하나님의 섬김을 받는 자를 휴식에로 초대한다. 창조는 하나님의 섬김이다. 그리고 창조가 최초의 여섯 날에 하나님의 섬김을 받았을 때, 그것은 일곱째 날의 휴식으로 초대되었다. 안식과 사역은 묶여 있다. 이것은 사역이 결코 짐이 아니라 정반대의 것임을 의미한다. 그것은 휴식의 교제 안으로의 초대다.

사역의 가정은 휴식의 가정이다. 우리는 다른 이들을 휴식에로 초대하는 방법으로서 그들의 삶에 참여함으로 그들을 섬긴다. 우리는 사람들의 죽음의 경험 속으로 들어가 그들에게 새로운 짐이 아니라 교제를 제공한다. 사역의 가정은 사람들이 와서 휴식하고 기도하게 하도록 초대하는 기도의 가정이다. 우리가 감사 안으로 들어가 우리의 은사를 발견하는 것은 이 기도를 통해서다.

신앙을 통해 휴식이라는 선물을 받은 우리는 휴식에 대해 말하기 위해 세상 속으로 보냄을 받는다. 섬기시는 하나님의 존재라는 틀 안에서 칭의는 인간이 잘못된 것을 바로잡기 위해 애쓰는 것이 아니다. 칭의가 그런 것으로 환원될 때, 그것은 세속 3에 굴복하는 것이 된다. 초월이 더 불가능한 것이 될 때, 교회 안의 담론이 거의 전적으로 내재론적인 틀에 묶이는 형태의 칭의로 바뀌는 것은 놀랄 일이 아니다.

오히려, 예컨대 마틴 루터 킹 주니어(Martin Luther King, Jr.)가 추구했던 종류의 칭의는 언제나 행동을 하나님 자신의 섬기는 존재와 연결시키는 초월적 특성을 가졌던 것처럼 보인다. 그렇다면 칭의에 대한 킹 박사의 비전이 휴식의 이미지였다는 것은 놀랄 일이 아니다. 교회는 사역의 가정이기 때문에 세상에 대한 교회의 섬김은 휴식하라는, 즉 교제의 겸손을 통해 연합을 발견하라는 위격적 초대다. 사역의 가정으로서 교회는 그 어떤 위격(인격성)이 질식하는 것을 견디지 못한다. 왜냐하면 이런 위격적 실재들은 하나님의 행동 자체와의 초월적 만남 속으로 들어가는 통로이기 때문이다.

사역의 가정으로서 교회는 어떤 무슬림, 세속주의자, 혹은 범죄자가 압제당하는 것을 (아무런 저항 없이) 허용하기를 거부한다. 우리가 세속 2에 사로잡혀 있을 때, 그런 이들은 우리의 경쟁자들이고 따라서 우리의 관심사가 아니다. 그러나 하나님의 행동이 위격을 통해 섬김으로서 우리에게 다가올 때, 교회는 시스템과 구조들이 위격―그것이 사역의 가정을 증오하는 자들의 위격일지라도(혹은 특별히 그러할 때)―을 지지하도록 요구해야 한다. 교회는 위격을 통한 섬김을 온전하게 지지하기에 자신들을 원수라고 부른 자들조차 더 넓은 사회에서 존중받고, 보호받고, 부양되어야 한다고 요구한다(마 5:44). 그리고 사정이 이러한 것은, 다시 말하지만 위격이란 하나님의 행동 안으로 들어가는 입구이고, 섬김이란 존재가 그리스도 안에서 겪는 변화의 경험이기 때문이다. 우리는 사회의 구조와 시스템들이 특별히 가장 가난한 자와 가장 부서지기 쉬운 자들에게 휴식의 기회를 제공하고 그들의 인격이 짓밟히지 않게 함으로써 그들이 섬김이라는 값없는 선물을 받을 수 있도록 (그리고 받음으로써 줄 수 있도록) 함으로써 위격을 지지할 것을 요구한다.

그러나 사역의 가정은 오직 자신의 삶을 통해 예수의 섬김이라는 가벼운 멍에를 계속해서 멜 때만(마 11:30) 칭의에 대해 말할 수 있는데, 그 섬김은 성부가 성령을 통해 성자에게 베푸는 섬김 안으로 우리를 불러 모아 쉬게 한다. 그러므로 교회는 감사, 은사, 그리고 휴식이라는 성향을 취함으로써 섬기시는 하나님께 충성한다.

인격성의 가정

위의 마지막 문단이 지적하듯이, 교회는 감사, 은사, 그리고 휴식이라는 성향을 취할 수 있는데, 그것은 교회가 사람들의 공동체이기 때문이다. 사람들의 집단으로서 교회는 독특하지 않다. 다른 집단과 공동체들 역시 교제 가운데 있는 사람들로 이루어진다. 가족, 스포츠팀, 그리고 클럽 등등이 그러하다. 사람이 되는 것(위격적이 되는 것)은 인격성에 참여하는 행동(섬김)을 통해 하나님의 존재의 형상을 반영하는 것이다. 이런 일은 교회 밖에서도 적절하게 일어날 수 있고 일어난다. 교회가 위격적 참여(섬김의 발생)를 찾아내는 모든 곳에서 그리고 그런 모든 때에, 교회는 하나님의 행동에 대해 감사하며 간증하고 선포해야 한다. 이런 간증을 통해 교회는 세속 3의 내재론적 틀이라는 폐쇄된 회전이 존재하는 모든 것일 수 없음을 선언한다. 세속 3은 우리의 고백적 능력 너머에서 오는 섬김의 활동에 대해 답을 내놓지 못한다. 가장 강고한 무신론자조차 섬김에 대해 개방적인 듯 보이고, 자신의 존재를 임의적인 생물학적 물질 이상의 무엇으로 포용한다. 그가 지적으로 하나님께 동의할 수 없을지라도, 그는 친절, 관계, 연민, 그리고 긍휼을 갈망하면서 섬기고 섬김을 받는 깊은 (심지어 초월적인) 경험에 대해 열려 있는 것처럼 보인다.

비록 섬김이라는 위격적 만남이 온갖 종류의 집단들로부터 나오면서 교회 너머에서 발생할 수 있다고 할지라도, 이런 집단들 중 어느 것도 그 시작과 끝을 인격성 자체에 갖고 있지 않다. 어느 스포츠팀은 어느 선수가 다른 선수를 섬기는 장소가 될 수 있다. 하지만 이것은 팀의 근거가 아니다. 비록 라커룸에서 인격성을 인정하는 섬김의 정신이 그 팀에 있을 때 더 훌륭한 경기를 펼칠 수는 있으나, 그 팀은 인격성을 위해서가 아니라 경기에서 이기기 위해 존재한다. 그리고 승리가 없을 때 그 집단은 해산된다(선수들은 트레이드되거나, 방출되거나, 마이너 리그로 쫓겨난다. 바로 그것이 선수들이 탄식하며 "너는 이걸 알아야 해, 하키는 비즈니스야"라고 말하는 이유다).

교회의 차별성은 그것이 섬김의 위격적 근거 외에 다른 목적을 갖고 있지 않다는 것이다. 다른 집단들이 간신히 인격성을 구성하는 (혹은 그것에 대해 감사하는) 곳에서, 사역의 가정은 그것의 모든 관심을 인격성 자체에 둔다. 사역의 가정은 공동체 안과 밖에 있는 이들의 위격을 섬기는 것을 통해 오직 하나님의 위격만을 추구한다. 교회는 사회 속에서 오직 인격성 자체를 위해 존재하는 유일한 집단이다(신학적으로, 그것은 다른 목적을 갖고 있지 않다).[6]

물론 어떤 (사실은 아주 많은) 교회들이 인격성 외에 다른 것에 근거를 두고 있다. 그리고 그런 이유 때문에 교회들은 세속 3이 무게를 갖도록 허용해 왔다. 교회의 위격적 근거와 관심이 없으면(우리가 정신이 산만해져서 다른 무언가를 위해 존재한다고 여길 때), 우리는 초월적 만남 자체의 영역을 잃어버린다. 사역의 가정이 된다는 것은 교회가 언제나 서로의 인격성을 나눔으로써 모든 관심을 인격성의 자리가 되는 것에 두면서 예수 그리스도의 인격을 구하는 것이다. 교회가 사역의 가정인 것은, 교회가 사람들이 섬김을 받고 사람들을 섬기기 위해 보냄을 받는 곳이기 때문이다. 감사, 은사, 그리고 휴식이라는 성향은 모두 우리가 하나님의 행동을 만나는 구체적인 장소를 창조하여 위격을 지탱하고, 긍정하고, 사랑하기 위함이다.

이런 위격적 실재는 끊임없이 이야기를 통해서 계속 갱신된다, 즉 감사, 은사, 그리고 휴식 안으로의 초대가 된다. 교회는 계속해서 그것의 명백한 관심을 오직 위격에 둔다. 그러면서 이야기하기(narration)를 위한 열린 공간(open spaces)을 만듦으로써,[7] 그리고 이야기하기와 기도를 통해서 인격성의 장소인 사역의 가정이 된다.[8] 신앙은 사역자로서 우리에게 다가오는 예수의 실제적 임재다. 예수가 인격으로서 우리에게 다가오실 때, 우리는 그가 십자가와 부활의

---

6   이것은 사실은 사실이 아닐 수 있다. 가족 역시 인격성의 만남만을 위해 존재한다. 그러나 바로 이것이 가족과 교회가 그렇게 자주 유비적으로 그리고 실제적으로 연결되는 이유이기도 하다.

7   Charles Taylor는 이와 아주 유사한 무언가를 믿으면서 [William] James의 열린 공간이 초월과 그가 충만함이라고 부르는 것을 추구한다고 주장한다. *A Secular Age* (Cambridge, MA: Belknap Press of Harvard University Press, 2007), part 5를 보라.

8   나는 *The Relational Pastor*, chaps. 13-15에서 이에 대해 보다 직접적이고 구체적인 설명을 제공한 바 있다.

결론

이야기를 통해 사람을 섬기는 것에 대한 내적 논리를 발견한다. 고먼은 예수의 십자가와 부활의 이야기 안에서 그리고 그 이야기를 통해서 바울 자신의 삶을 보면서 바울이 예수 자신의 내러티브를 통해 예수의 삶 속으로 들어가는 입구를 본다고 주장했다.

사역의 가정은 우리가 예수에 관한 성경의 이야기를 거듭해서 들으면서 그 이야기를 실천하는 곳이다. 그러나 우리는 단순히 그 이야기를 듣고 아는 것 이상을 해야 한다. 우리는 이 이야기를 취하여 이 이야기를 통해 우리 자신의 경험을 해석하라는 요구를 받는다. 이것은 우리가 우리의 이야기의 경험을 계속해서 새롭게 바라보고, 해석하고, 이해할 필요가 있음에 동의하면서 진정성의 시대에 대응할 수 있게 해준다. 그런데 우리의 삶을 계속해서 예수 자신의 이야기를 통해 해석하는 것은 우리를 예수 자신의 인격 안으로 데려다준다. 왜냐하면 이야기가 연합의 섬김을 허락하는 메커니즘이기 때문이다. 우리는 이야기 자체를 통해 위격에 참여한다. 바로 이것이 다른 이의 이야기를 듣는 것이 믿기 어려운 섬김의 행위인 이유다. 다른 이의 이야기를 들을 때 우리는 그의 인격의 계시를 받는다. 그리고 섬김을 통해 인격성이 공유될 때, 예수 그리스도가 구체적으로 그리고 **실제로** 임재한다.

그러므로 사역의 가정은 이야기의 장소인데, 이것은 그 가정이 그것의 핵심을 간증의 실천에 두고 있다는 의미다. 어맨다 혼츠 드루리(Amanda Hontz Drury)의 책《말하기가 믿기다》(*Saying Is Believing*)는 간증을 교회의 삶의 핵심으로 삼아야 할 이유와 그것을 위한 실천적 방향 모두를 아름답게 그려 낸다.[9] 어맨다는 간증이 신앙 형성을 MTD 너머로 이끌어 간다고 주장한다. 나는 그런 주장에 동의한다. 특히 진정성의 시대에 세속 3의 중력 안에서 간증은 가장 중요한 것이 된다. 우리가 초월에 이르는 길을 발견하는 것은 우리의 경험을 분명하게 표현하고 그 안에서 하나님을 구함으로써 가능하다. 바울은 자신이 살아 계신 그리스도를 경험한 일에 대해 거듭해서 말한다. 바울의 이야기의 핵심이자 간증의 원동력은 섬기는 예수의 존재에 대한 경험이다. 그 이야기의 줄거리와 목적은 우리의 위격을 만나시는 신적 위격을 드러내는 것이다. 엠마오로 가는 길 위의 여행자들은 그들의 경험을 '이야기하면서' 자신들의 죽음의 경험에 대해 간증한다. 그렇게 할 때 그들의 마음이 그들 안에서 불타올랐다. 왜냐하면 그들의 이야기 경험을 통해 예수의 섬기는 존재가 그들에게 드러났고 죽음이 변화되는 새로운 존재의 삶 속으로 그들을 이끌어 변화시켰기 때문이다(눅 24:13-35).

그러나 이것은 믿음의 가정이 단지 이야기들이 아니라 자기 비움의 이야기들(위에서 논의되었던 '비록 [x]지만 [y]가 아니라 [z]', 여기서는 'xyz 이야기'라고 부르겠다)을 말해야 함을 의미한다. 교회는 사역의 가정이기에, 그것의 이야기는 영광이나 감흥에 관한 이야기가 아니라 사역자로서 우리에게 오시는 하나님의 임재에 대한 간증이다. 이것은 교회가 죽음의 경험에 대해 간증하는 공간을 창조하는 것으로 시작한다. 왜냐하면 예수의 인격이 우리에게 신앙을 부여하면서 우리

---

9 Amanda Hontz Drury, *Saying Is Believing: The Necessity fo Testimony in Adlescent Spiritual Development* (Downers Grove, IL: InterVarsity, 2015).

결론

에게 오는 것은 죽음의 경험 안에서 그리고 그것을 통해서이기 때문이다. 그러므로 자기 비움 행위로서의 사역의 가정은 사람들이 그들의 죽음의 경험에 대해 간증할 공간을 만들어 낼 방법을 찾는다. 교회의 지도자들은 죽음의 경험이 근심, 두려움, 혹은 함정에 빠지지 않고 분명하게 표현될 수 있는 공간을 만들어 내고자 한다.[10] 그것은 이야기들이 xyz 패턴을 취하도록 부추김으로써 이루어진다. xyz는 사역으로서 우리 이야기의 순서가 된다. 그러므로 지도자들은 자기 비움의 xyz 패턴을 직접 가르치고 모델링함으로써 이런 이야기들을 형성하는 데 도움을 줄 수 있다. 우리는 이야기들이 인격성에 대한 간증으로서 이런 패턴을 따라 말해지는 공간을 창조할 수 있다.

xyz식 스토리텔링의 한 예로서, 내가 나의 책(*Christopraxis*)을 위해 인터뷰했던 한 여성은 이렇게 말했다.

나는 남편이 시카고 출장 중에 죽어서 깊은 슬픔에 빠진 채 죽어 가고 있었어요. 마치 어떤 심연이 나를 집어삼키려고 다가오고 있는 느낌이었어요. 비록[x] 깊은 슬픔에 빠졌고, 사라지고 싶었지만[y], 나는 시카고에 있는 택시 정류장에 도착했고 택시 운전사에게 시체 안치소 주소를 넘겨주었어요. 내가 남편의 시신을 확인하기 위해 걸어갔을 때, 그 운전사가 나를 따라 들어왔어요. 그리고 내가 남편의 시신을 보았을 때, 그 운전사가 내 곁에 서서 내 어깨에 손을 얹어 주었어요[z]. 나는 그때처럼 내가 섬김을 받는다는 느낌을 가져 본

---

10 나는 나의 책 *The Relational Pastor*에서 이에 대해 보다 상세하게 설명했다.

적이 없어요.[11]

이 xyz 이야기는 섬김을 받는 것의 경험에 대해 간증한다. 그는 섬김의 경험을 통해 예수를 만났기에 신앙을 얻었다. 그것은 죽음의 경험에 참여하는 것에 관한 구체적인 경험이다. 이 이야기는 사역의 가정에서 들려졌고 섬김에 대한 지속되는 메아리가 되었다. 그의 이야기는 다른 이들을 섬겼다. 그리고 그가 그 이야기를 말했을 때, 다른 이들은 그에게 자신을 개방함으로써 그의 죽음의 경험에 더 깊게 참여했고, 스토리텔링이라는 자기 비움적 형태를 통한 위격적 연합 안에서 그리고 그것을 통해서 충만함의 경험을 드러냈다.

그러나 믿음의 가정은 또한 섬김의 이야기를 듣고 그것이 공동체 안에서 울려 퍼질 수 있게 할 수 있다. 만약 그 이야기가 **섬김을 받는 경험**을 둘러싸고 있다면, 사역의 가정은 또한 그 운전사 자신의 **섬김의 이야기**를 들을 수도 있다. 그 운전사는 그 이야기를 이렇게 말할 수도 있다.

비록[x] 교대 시간이 다가왔고 그동안 너무 많은 사람들을 아주 이상하고 미친 장소들로 데려다 준 후였지만, 이 여자가 내 택시로 다가왔어요. 정말로 그에게 특별한 것은 아무것도 없었어요. 나는 그저 이렇게 생각했어요. "또 다른 젊고 부유한 백인 여자로군." 그런

---

11 이 여성의 경험에 대해 더 많은 것을 알고자 한다면, 나의 책 *Christopraxis: A Practical Theology of the Cross* (Mineapolis: Fortress, 2014), esp. chap. 3를 보라.

결론

데 바로 그때 그가 나에게 이 카드를 내밀며 말했죠. "시립 병원 시체 안치실이요." 내가 백미러를 보았을 때 우리의 눈이 잠시 마주쳤어요. 그리고 나는 그가 슬픔에 빠져 있음을 느꼈어요. 그래서 택시를 멈췄을 때, 비록 교대 시간이 되었고 지쳐 있었지만[y], 그리고 그 부인에 대해 아는 것도 없었지만, 나는 그와 함께 시체 안치실로 들어가기로 했어요. 나는 그저 그의 뒤를 따라갔어요. 나는 다른 손님을 태우고 다른 요금을 받을 수도 있었지만, 어떤 이유에선가 그를 내버려 둘 수가 없었어요. 그래서 그를 따라 방 안으로 들어갔어요. 그리고 아주 이상한 방법으로, 사람들이 그에게 남편의 시신을 보여 주었을 때, 나는 내가 그를 위해 무엇을 해야 할지를 알았어요. 나는 그저 그의 어깨에 내 손을 얹었을 뿐이에요[z]. 나도 왜 그랬는지는 모르겠어요. 하지만 내가 알았던 것은 하나님이 어떻게든 그곳에 계셨다는 거예요. 그리고 나는 느꼈죠. 그래요, 무언가가 있었어요. 그리고 나는 바로 그것을 경험했어요.

섬김의 이야기를 말하고 듣기

세속 3의 중력 안에서 우리의 죽음의 경험을 통해 우리를 섬기시는 하나님의 행동에 대한 간증들은 초월을 붙잡는 길이 되고, xyz 이야기는 그런 간증들을 해석하는 방법이 된다. 우리의 세속 시대는 사역의 가정에 속한 이들조차, 심지어 자신들에 대한 하나님의 섬김의 임재를 경험한 그 여자와 택시 운전사조차, 여전히 의심과 마주할 수 있음을 의미한다. 우리의 죽음의 경험을 통한 섬김의 경험 속에서 태어나는 간증은, 우리를 의심 너머로 이끌어 가는 우리의 토대주의(foundationalism, 정당화된 믿음이나 건전한 전제로부터 추론된 결론과 같이 확실한 기초에 의존하는 인식론—옮긴이)가 아니라, 우리가 우리의 '최상의 설명'(best account)이라고 부를 수 있는 것이 된다. 세속 3의 상황에서 교회는 사람들이 최상의 설명, 즉 그들의 경험에 대한 최고의 이야기나 해석에 대해 성찰하도록 돕고자 한다. 인간으로서 우리는 언제나 우리의 경험을 이해하려고 하고 이해하기 위한 가장 좋은 길을 찾는다. 섬김을 경험한 후 당신이 내놓는 최상의 설명이 우주는 폐쇄된 혼돈과 물질의 펼쳐짐이나 다름없다는 것인가? 혹은 섬김을 경험하고 당신 너머에 있는 무언가를 맛본 후에 세상에는 당신에게 생명과 연합을 제공하고자 하는 인격적이고 초월적인 힘이 존재한다고 여길 가능성이 있는가?

만약 교회가 세속 시대에 어떤 변증거리를 갖고 있다면, 그것은 섬김의 경험과 그리고 섬김을 받고 다른 이를 섬기는 심원하게 충만한 경험을 이해하고자 하는 겸손한 열망과 묶여 있어야 한다. 세속 3의 상황에서 사역의 가정은 우리에게 최상의 설명을 상기시키는 거듭되는 방식으로서 간증을 필요로 할 것이다.

그러나 사역자로서 우리는 또한 자신을 열어 다른 이들(사역의 가정 밖에 있는 이들)의 최상의 설명에 귀를 기울이고 우리 입장에서의 비판이 아니라 우리의 경험에 관한 이야기를 제공하고, 오직 섬김을 받는 구체적인 행위를 통해서만 알 수 있는 우리의 최상의 설명을 알도록 초대해야 한다. 교회는 논증을 통해서는 결코 무신론자를 회심시킬 수 없으며 오직 그가 섬김의 행위를 경험함으로써 신앙을 경험하도록 초대할 수 있을 뿐이다. 같은 방식으로 종교 간의 대화를

결론

갖는 유일한 방법은 우리의 헌신을 벗어 버리는 것이 아니라 우리의 무슬림 형제와 자매들에게, 예컨대 우리의 섬김을 받고 우리를 섬기는 경험을 하게 하는 것이다. 과연 기독교가 진리를 갖고 있는지 아는 길은 기독교 교리를 암기하는 것이 아니라 섬김의 행위로서 자신의 사람들을 포용하고 사랑하는 이들의 섬기는 행위를 통해 들려지는 기독교의 이야기를 듣는 것이다.

그리고 세속 시대에 우리를 신앙 형성 안으로 이끄는 것은 풍부한 표현을 지닌 사역이다. 그것은 살아 있고 구체적인 경험을 통해 하나님의 행동 자체에 주목할 길을 제공하고, 우리의 존재를 섬기는 예수 그리스도 자신이신 신앙과의 연합 안으로 이끌어 간다.

찾아보기

ㄱ

감사(gratitude) 374-377

값싼 은혜(cheap grace) 348n14

개인주의(individualism) 181-182

게오르그 빌헬름 헤겔(Gerog Wilhelm
Hegel) 289-290

경험(experience) 36-37, 114

진정성의 시대의~ 257, 258-262

죽음과 부활의~ 273-277

의심에 의해 부정되는~ 265

오순절주의자들과 은사주의자들 사이
에서의~ 163n15

'인격적인'~ 257

~와 초월 51

계층화된 영적 현실(tiered spiritual
reality) 110-111, 113n4

계획된 구식화(planned obsolescence)
83-86, 88, 94, 114, 143

고딕 대성당들(gothic cathedrals) 205

고백자 막시무스(Maximus the Confessor)
327n46

고스타 헬로스턴(Gosta Hallosten)
362n27

공산주의(Communism) 67-68, 93

과학적 실증주의(scientific positivism)
203

과학주의(scientism) 158, 162, 182-183

교리교육(catechesis) 173

교외(suburbs) 70

~와 진정성의 추구 109

~에 대한 반란 135

교육(education), ~과 대중사회 74-76,
89-91

교제(commnion) 267n18, 268n20

교차 압력(cross-pressure, 초월의 메아
리와 내재의 벽) 219-221, 223-225,
228, 230-231, 236, 244, 318

교황 그레고리오 13세(Gregory XIII,
Pope) 8-9

교회

지루함으로서의~ 40-45

섬김의 가정으로서의~ 373-391

~와 젊음 53-55, 370-372

교회 멤버십(church membership) 68,
251-253, 266

교회협의회(National Council of
Churches) 156n8

구스타브 플로베르(Gustave Flaubert)
130

군힐트 O. 하게스타트(Gunhild O.
Hagestad) 73n16

그레고리우스 팔라마스(Gregory
Palamas) 325n42, 327n46

그레이스 팰러디노(Grace Palladino) 62,
74n17

그리스도를 본받음(imitation of Christ)
315

'그리스도 안에'(in Christ) 250-277

그리스도와의 연합(union with Christ)
248-249, 271-278, 285, 293, 294-

찾아보기

~과 순응 90-92, 105-106

억압 102-104

페데르 울렌베르크(Peter Uhlenberg) 73n16

펩시(Pepsi) 148

평화 381

폐쇄된 세계 시스템(closed world system) 198n6

폭스바겐(Volkswagen) 86n2, 167

폴 굿먼(Paul Goodman) 118n10

폴 잰츠(Paul Janz) 111n1, 195n3

폴 틸리히(Paul Tillich) 88

표현주의적 개인주의(expressive individualism) 45n9, 77, 125, 159, 203

풀러신학교 169

풍요(affluence) 59, 69, 76n19

프랑크푸르트학파(Frankfurt School) 87n3

프랭클린 델러노 루스벨트(Franklin Delano Roosevelt) 61, 108

프레스턴 샤이어스(Preston Shires) 118n10, 155n7, 161n13, 171

프로이트주의(Freudianism) 166

프로테스탄트 종교개혁(Protestant Reformation) 9

프리덤라이더스(Freedom Riders) 115

프리드리히 니체(Friedrich Nietzsche) 37, 39, 63n4

프리드리히 슐라이어마허(Friedrich Schleiermacher) 39, 40

피터 바우테네프(Peter Bouteneff)

347n12

필로(Philo) 325n42

필립 멜란히톤(Philip Melanchton) 345n9

ㅎ

하나님

~의 자유 309

사역자로서의~ 241n12, 247n16, 327-328, 351-352

인격적인~ 201

하이트애쉬베리(Hight-Ashbury, 샌프란시스코) 89, 128, 162-163

한나 아렌트(Hannah Arendt) 88n4

헤르만 로체(Hermann Lotze) 275n28

헤르베르트 마르쿠제(Herbert Marcuse) 87, 104n20

호의(favor) 362-368

홀로코스트(halocaust) 86-88

화해(reconciliation) 350

휴식(rest) 380-382

히피(hippies) 108-109, 122, 126, 128, 148-149, 162-166

힙(hip) 129-131, 132, 137-148

세속 시대의 기독교 신앙 형성

초판 1쇄 펴낸날 2024년 3월 25일

지은이 앤드루 루트
옮긴이 김광남
펴낸이 박종태

책임편집 옥명호
교열 주예경
디자인 스튜디오 아홉
제작처 예림인쇄 예림바인딩

펴낸곳 비전북
출판등록 2011년 2월 22일 (제 2022-000002호)
주소 10849 경기도 파주시 월롱산로 64 1층(야동동)
전화 031-907-3927 | **팩스** 031-905-3927
이메일 visionbooks@hanmail.net
페이스북 @visionbooks **인스타그램** vision_books_

마케팅 강한덕 박상진 박다혜 전윤경
관리 정광석 박현석 김신근 정영도 조용희 이용주
경영지원 김태영 최영주

공급처 (주)비전북
        T.031-907-3927 F.031-905-3927

ⓒ 비전북, 2024

ISBN 979-11-86387-57-3 03230

• 비전북은 몽당연필, 바이블하우스, 비전CNF와 함께합니다.
• 잘못된 책은 구입하신 서점에서 바꾸어드립니다.
• 책값은 뒤표지에 있습니다.